写字艺术漫谈

肖祈福 著

海峡出版发行集团｜海峡文艺出版社

图书在版编目(CIP)数据

写字艺术漫谈/肖祈福著. —福州:海峡文艺出版社,2024.5
ISBN 978-7-5550-3642-5

Ⅰ.①写… Ⅱ.①肖… Ⅲ.①书法课—小学—教学参考资料 Ⅳ.①G624.753

中国国家版本馆 CIP 数据核字(2024)第 065137 号

写字艺术漫谈

肖祈福 著

出 版 人　林　滨
责任编辑　林可莘
出版发行　海峡文艺出版社
经　　销　福建新华发行(集团)有限责任公司
社　　址　福州市东水路 76 号 14 层
发 行 部　0591—87536797
印　　刷　福州万达印刷有限公司
厂　　址　福州市闽侯县荆溪镇徐家村 166—1 号厂房第三层
开　　本　787 毫米×1092 毫米　1/16
字　　数　500 千字
印　　张　27.25
版　　次　2024 年 5 月第 1 版
印　　次　2024 年 5 月第 1 次印刷
书　　号　ISBN 978-7-5550-3642-5
定　　价　78.00 元

如发现印装质量问题,请寄承印厂调换

序

徐小敏

与肖祈福先生相识多年。在每次交谈中，我都能感受到他对书法教育的执着与热爱。他曾表示要将自己教学生涯中关于书法教育这部分的心得汇集出书。原以为祈福先生只是说说而已，没想到他一直在酝酿这事儿，为了这个目标而努力。准备了几年后，集子终于付梓，心愿达成，在此表示祝贺。

教育是"一棵树摇动另一棵树，一朵云推动另一朵云，一个灵魂唤醒另一个灵魂"的事业，需要教师眼里有光，心中有爱，摒弃功利心。书法学习需要较长的时间，学生训练有素的书写总是悄悄地融在各个学科的作业、考试中，笔迹背后的文化、美学等素养也是隐隐地透过笔墨散发出来。书法教学想要有立竿见影的效果，并成为中小学科目中的"显学"是困难的，加之书法教师在职称评聘上往往划归语文或者美术学科，站在功利的角度，从教育投入与产出的比来说是不划算的。诸多因素的叠加也导致了从事书法教育研究的人员为数不多。书法教育需要教学者的教育情怀与坚守。祈福先生像一个辛勤的老农，躬耕于书田，用时光的沉淀垒叠起书法教育的地基。热爱书法教学是他从事此项工作的动力和源泉，激励着他不断前行。在课堂一线的教学中，他与学生密切交流互动，共同完成目标，如水般荡成涟漪的教学感悟也就此生成。书稿浸润着他多年的汗水，积蓄着个人的教育理想与教学实践。

书法对于传承优秀传统文化、提升学生素养具有无可替代的作用。只有通过专门的书写教育与训练，学生才能对汉字构造、文化心理进行理解，才能体会其魅力。学生书写字迹是否工整、是否美观不仅会对考试成绩产生影响，还对学生自信心的建立起到作用。写字不仅是学习书写技巧，背后还关乎人的审美、文化修养、个性倾向、审美情趣、心智特征等方面内容。当一个人把字写得有骨力、有气势、有神韵、有意境，以至抒发性情，融入个人的喜怒哀乐，达到悦目、感人的艺术效果时，就步入了书法之境。学习书法须从写字开始，掌握写字的基本技巧和要素，才能更好地掌握书法的精髓。小学阶段是写字教学的一个关键的阶段。小学生正处于书写习惯和字形结构认知的形成期，在这个阶段进行有效的写字教学，对于培养学生的书写技能、提高文化素养具有基础性和长远性的作用。

结集成册的《写字艺术漫谈》围绕书法的文化与审美、写字教学与评价、字的笔画与结构等方面展开，并结合小学生的实际情况，提供了一些实用的教学案例，论述几乎囊括了小学书法教学的方方面面。在他的书稿里看不到对书法教育体系的宏观叙述和高大上的理论，有的只是对具体教学中的运笔、字形、笔画笔顺的实在叙说，如数家珍般地，生怕错过每一个细节。这种叙述特点的呈现源于他长期从事一线教学的工作习惯。在外人眼里很多看似简单的目标与任务一旦落到小学教学中就会变得琐碎、复杂起来。比如，教师教学某字的书写，看似只教一个字，其实还要顾及许多，如要学生注意笔尖的角度，调整写字的坐姿，教学生观察字在格中的位置，留意学生的握笔姿势，教学时还要认真思考如何精讲巧练，激发兴趣，让学生写出规范、端庄、整洁的汉字，等等。在看似细碎的阐述中，我们看到了一个教育工作者对教育规律的尊重和对待教学的认真态度。

在教育部《中小学书法教育指导纲要》颁布后，许多学校开始重视书法教育，将书法课程纳入学校课程体系，中小学书法教育得到了广泛发展。然而，不少人对书法的重要性依然认识不足，这也导致书法教学在一些地方流于形式，没有得到足够重视。书法教育的普及和提高还需全社会的共同努力。我们相信，随着社会对传统文化价值的认识不断提高，书法教育将更受重视，越来越多的家长、教育机构和社会团体也将关注和参与其中，为教育的发展提供更多支持和助力。从探讨书法教学的开展和提高人们的认识这个视角来看，《写字艺术漫谈》一书的出版无疑具有积极意义。

2024 年 1 月

（本文作者系福建教育学院科研处处长，编审，福建省教育学会书法教育委员会会长）

目　录

第一章　书法文化与书法教育

中华优秀传统文化源远流长、博大精深，是中华民族独特的精神标识。《中国共产党第十七届中央委员会第六次全体会议公报》指出："当代中国进入了全面建设小康社会的关键时期和深化改革开放、加快转变经济发展方式的攻坚时期，文化越来越成为民族凝聚力和创造力的重要源泉、越来越成为综合国力竞争的重要因素、越来越成为经济社会发展的重要支撑，丰富精神文化生活越来越成为我国人民的热切愿望。"党的十八大以来，习近平总书记深刻把握新时代历史方位，以坚定的文化自觉、宏阔的历史视野、深远的战略考量，就文化建设提出了一系列新理念新思想新战略，指出"中华民族在几千年历史中创造和延续的中华优秀传统文化，是中华民族的根和魂"。中共中央办公厅、国务院办公厅印发《关于实施中华优秀传统文化传承发展工程的意见》，引领推动中华优秀传统文化创造性转化、创新性发展。汉字和以汉字为载体的书法，记录了中华民族五千多年文明，是中华民族的"第二长城"，是中华优秀传统文化的标识和重要组成部分。我们要顺应新时代发展要求和全面实施素质教育的需要，在中小学开展书法教育，继承和弘扬中华优秀传统文化，"坚守中华文化立场、传承中华文化基因，不忘本来，吸收外来、面向未来"，推进戏曲、书法、高雅艺术、传统体育进校园，丰富拓宽校园文化，让下一代增强民族认同、文化认同。让我们把"中小学书法教育"融入复兴中华文化波澜壮阔的伟大实践中，铸就中华文化新的辉煌。

第一节 书法是中华优秀传统文化的标识

汉字和以汉字为载体的书法艺术是中国文化的象征。汉字是独立创造、独立发展起来的文字，没有受到外来的影响。一个方块形的结体，把字的音、形、意三者关系巧妙地结合起来，成为一个丰富多彩的文字体系，这在世界文字史上具有独特的意义。书法传承几千年，甲骨文、钟鼎、石鼓、大篆、小篆、汉简、魏碑、楷书、行书、草书，都是在前进，都是在演变。它始终是中华民族的文化根基，是维系中华儿女的精神纽带。著名诗人流沙河说过："每个汉字都是一条路，带领我们回到传统文化的故乡。"在大力弘扬和发展书法文化的当代中国，让孩子们在一笔一画书写中感受汉字的体温，在转折连接的运笔中呵护汉字的感情，捍卫书法文化的纯粹性，无疑是功在当代、利在千秋的大事。

一、书法是中华民族的血脉

中国书法，与中国政治、经济、文化、教育、宗教、艺术以及日常生活等方方面面密切相关，发挥巨大功能。很难想象，在中华民族文化发展与传承中，如果没有汉字和汉字书写，中国的文明史会是什么样子。中国书法有极丰厚的文化历史意味。看一块拓片、一帖古代书法，透过那斑驳失据的点划，那墨色依稀的笔画，感悟到的是中国文化历史的浑厚气息，尤其是在面对残碑断简时，那种历史人生的苍茫感油然而生。

中国书法是中国对外友好交往的历史见证。2014年6月，在中国和斯里兰卡两国人民的共同见证下，"布施锡兰山佛寺碑"被移至斯里兰卡科伦坡国家博物馆，并且用玻璃罩密封，象征着两国的友谊。这块碑用三种文字雕刻，其他两种外文已经模糊不清了，唯有中国汉字依稀可辨。碑文从右向左一共11行，共计275个汉字，详细记录了明代郑和的船队来到锡兰（今斯里兰卡）时对锡兰的佛寺进行布施、供奉佛像、立碑的情景。开头的文字是："大明皇帝遣太监郑和、王贵通等昭告于佛世尊，曰：仰惟慈尊、圆明广大……谨以金银、丝织、香炉、花瓶、灯烛等物，布施佛寺……"据史料记载，郑和当时率领着世界上最大、最先进的船队进入南海、印度洋，航程十万余里，对南洋诸国拥有压倒性的优势。但郑和船队并不是去侵略和殖民的，他们是带着贸易和和平的使命去结交诸国。如此一来，不仅打通了中国和途经诸国贸易的海上通道，更彰显了中国的国威，令万国对中国肃然起敬，这就是郑和下西洋的伟大之处。从郑和"布施锡兰山佛寺碑"就可以看出郑和船队丝毫没有半点傲慢和凌弱的意思，充分说明郑和下西洋是为了和平和经贸，也可以佐证中国书法的重要作用和历史文化价值。

中国书法是气魄雄伟的中国"第二长城"。消失了2000多年的"封狼居胥碑"重新出现，震惊我国历史界和考古界。1990年，两位蒙古国牧民在山上避雨的时候，无意中发现了有一处石头上面刻有文字。蒙古国专家经过20多年的仔细研究，还是没有办法准确研究出来上面的字迹。时间到了2014年，蒙古国正式邀请我国专家前往这个地方进行研究。这块碑上的汉字依稀难辨，经过历史学家三年多研究才发现，这就是消失了2000多年的那块"封狼居胥碑"。公元前119年，我国西汉时的霍去病联合卫青继续攻打匈奴，历史上把这次战役叫作漠北之战。这次战役可以说是大获全胜，汉朝军队主力攻入了漠北，还把匈奴的首领拿下了。这时候的霍去病，趁着这股劲头，率兵一路向北追到了"狼居胥山"，也就是今天蒙古国的境内。为了庆祝这次战役的全面胜利，霍去病在"狼居胥山"举行了声势浩大的祭天大礼。一直以来，"封狼居胥，勒石燕然"都被认定为汉代王朝卫国戍疆最辉煌的篇章，历代以来，被无数豪杰和诗人加以歌颂。当年范仲淹带兵驻扎在西北最边关时，写下"浊酒一杯家万里，燕然未勒归无计"这样的千古名句，由此可见当时的汉朝有多么强大。"封狼居胥碑"的中国文字中国书法让暗淡的刀光剑影熠熠生辉，让远去铮鸣的鼓角阵阵回响，让荒芜的烽火边关成为诗意的远方。

中国书法是历史天空中的星光和记忆。被誉为"天下第二行书"的《祭侄文稿》背后有故事：安禄山起兵作乱时，颜真卿和兄长颜杲卿为社稷安危担忧，兄弟共同挺身而出、坚决抵抗。因孤立无援，颜杲卿不幸被俘，一家三十余口为国尽忠。据史料记载，当叛军将刀架在颜杲卿的儿子颜季明脖子上，威胁道："投降，可保你孩子性命。"颜杲卿好似没有听到一般，对叛军的话置之不理。当确定颜杲卿无心归顺自己以后，安禄山终于收敛起了自己的假面，下令手下用最残酷的手段杀害了颜杲卿一家三十余口。后来，在收拾尸骨的时候，颜真卿目睹兄长一家的惨状，悲痛欲绝，写下了被誉为"天下第二行书"的《祭侄文稿》。他在撰写祭文时，内心饱含悲怆，情真意切，情不自禁。通篇笔力遒劲，但因为太过悲痛，文辞多处删改涂抹，行笔峻涩，显得有些凌乱，随着感情的变化和运笔节奏起伏，意态丛生，结尾纵墨飞腾，狂笔当哭，气韵生动。颜真卿家族满门忠烈，慷慨激昂，气贯长虹，彪炳千秋。可以说，"天下第二行书"的《祭侄文稿》就是一座英雄的丰碑。

二、书法是人民的精神家园

传统的儒家观念，一直都将"书"列为"六艺"之列，从汉代开始，就确立了"以书为教""以书取士"的制度。到了唐代，经济繁荣，文化昌盛，专门设立"书学"。从此，书法不仅仅是文人舞文弄墨、满足审美娱乐的小技，更是读书人"登堂入室"的一门专业。在古代社会中，书法深深融入人们的生活中，庙堂、园林、碑石、馆舍、庭院、楹柱、家具、摆设、器皿、书籍、文牍、信札、柬帖等，书法所起的作用可以说无处不在，无时不有。书法被视为一种文化熏陶和精神享受。中国人民热爱书法已有数千年历史，学习书法有广泛的群众基础。书法是古代劳动人民追求"诗意地栖居"的精神家园。

中国书法深蕴中国哲学精神。书家仰观万物，独出机杼，将大千世界精约为道之动、道之迹、道之气，使人在诗意凝神的瞬间与道相通，与生命本源相通，重新拥有那为日常生活所遮蔽的气息。日本当代著名学者、著名书道教育家石川九杨指出，"所谓书道，实则谓信仰，是身体与心灵的契合，是书写者的精神与心性的表现"。"书道"一词源自中国，即"书法"。书法是中华民族固有的一种文化现象，人们不仅可以从中揣摩书者书艺技法灵气，还可以从中品悟出书者精神、气质和信仰等高雅追求。写字从表面上看起来是一种简单的个人书写行为，从本质上看却是在传承一种文化，启迪一种精神。书法的价值绝不仅仅停留在练字本身，而是体现于对人们智能的开启，对精神世界的提升，对人生境界的塑造，以及对现实生活的终极关怀。书法中的横平竖直、上覆下载、均匀布白等，无不体现了中国的儒家哲学、中庸之道、为人之道，所谓"不偏不倚""文质彬彬"的文化教育，都对学生主流价值观的形成非常有益。从某种意义上看，书法不仅要靠学，更要靠养，所谓学之、修之、养之、化之，要通过教育最终内化成学生精神血液里的一种价值内涵，化作他们血液里流淌的一种文化追求。

三、书法是人类文明的宝贵财富

中国书法源远流长，博大精深，是中华民族宝贵的文化遗产。2008年间两会代表、委员们纷纷支持中国书法申遗。从金甲文字到楷行草篆隶，加上王羲之的《兰亭序》、颜真卿的《祭侄文稿》、苏轼的《黄州寒食帖》，3000多年的中国书法历史，被融汇在一部10分钟的申遗宣传片中，向世界和评委们阐释中国书法独特魅力和独特风貌。2009年9月30日在阿联酋的阿布扎比，中国书法和端午节、福建南音等项目正式入选联合国"人类非物质文化遗产代表作名录"（简称"世界非遗"）。申遗的成功再次证明，中国书法是中华民族对人类文明和文化的卓越贡献。

历史上，中国汉字和书法在世界上有着广泛的影响。它主要覆盖东亚及东南亚部分地区，以中国为中心，辐射朝鲜半岛、日本、越南等周边国家。中国汉字和书法一起传播到这些国家，形成"儒家文化圈"。据史料记载，华夏文明在西周初年就传播到了朝鲜半岛。汉初（前108），汉武帝在朝鲜半岛北部设立四郡，汉文化大量传入。立于东汉元和二年（85）的"蝉神祠碑"，是朝鲜境内现存最早的石刻，书法风格与中原地区遥相呼应。两晋期间，儒家经典著作在高句丽（朝鲜古国）广泛传播，汉字被普遍使用。清末，吉林集安出土了一通立于东晋义熙四年（408高句丽，长寿王二年）的"好太王碑"，是高句丽长寿王为其父好太王所立的巨碑，书法风格古朴宽博，端庄圆融。统一新罗时代，汉字书法在朝鲜半岛进入鼎盛时期，出现了被誉为"东海书圣"的大书法家金生，他的书法深受晋唐书法的影响。王羲之、欧阳询、颜真卿、苏轼、黄庭坚、赵孟𫖯、董其昌、翁方纲等在朝鲜受到普遍的尊崇。其中，赵孟𫖯的书法被称为"松雪体"，在朝鲜风行了200余年。16世纪，在王羲之、赵孟𫖯的影响下，朝鲜出现了被称为"朝鲜书法第一人"的韩濩（1543—1605），号石峰，其书法被称为"石峰体"，长期流行。其后朝鲜还陆续出现了许穆及"东国真体"的代表性书家李溆、尹淳、李匡师、李三晚等。金正喜（1786—1856）则是另一位受到朝鲜社会普遍尊崇的大书法家。

据《剑桥中国秦汉史》记载，朝鲜深受中国文化的影响，并成为将中国文化元素传入日本的代理人。西汉时（3世纪），中国汉字和书法从百济、高句丽传到日本。据日本《应神记》和《日本书记》等书的记载，在日本应神天皇十五年（284），百济国王遣精通汉学的阿直岐入贡日本，后又推荐儒学博士王仁代替阿直岐。王仁赴日时，携带《论语》十卷、钟繇《千字文》一卷。日本皇子跟随他学习，并精通了汉学。从中日交流的历史来看，古代日本人最早从秦汉以后开始大量接触汉字，而大量借用是在隋唐以后。隋唐时期，中日文化交流频繁，日本派出大规模的遣隋使、遣唐使来到中国，源源不断地从中国带回了大量典籍图书，包括法书名迹。渡日的中国人都对日本的汉字书法的发展做出了贡献。鉴真和尚东渡带去了王羲之父子书法，晋唐书风传遍日本。今天仍能看到的王羲之书法唐摹本，如《丧乱三帖》《孔侍中帖》等，多半藏于日本。1973年，在日本发现了王羲之书法的精摹本《妹至帖》。时隔40年，2013年1月初，又发现了王羲之的《大报帖》，引起了中日文化界极大震动。这些都是中日文化交流史上保留下来的珍贵历史文化遗产，是全人类弥足珍贵的伟大精神财富之一。被日本人民尊为"书圣"的空海，也曾随遣唐使到中国学习书法。由于中日交流频繁，唐代的书法风尚在日本也多有反映。宋元时期，中国书法主要伴随禅宗渗透到日本，参寥道潜、宗杲、一山一宁等的书法东传，受到广泛推崇。日本借用汉字，创造了一种与"真名"（汉字）相对应的"假名"标音文字，并在10世纪之后普遍应用。"假名"书法与汉字草书关系密切，尤其是借鉴了王羲之草书的写法，在平安时代涌现出了大批假名书法家，形成了独特的书法类型。时至今日，汉字在日本文字中仍占有举足轻重的地位。

　　越南从秦汉到唐代都是中国的郡县，越南独立之后的八百余年间，仍作为中国的藩属国而存在，因此，越南文化与中国文化渊源甚深。据《史记》等史书记载，早在先秦时期，中国西南边疆就与越南有所接触，到了秦汉时期，越南属南越王赵陀管辖。汉字传入越南，当在秦汉之间。在越南历史上，多数朝代都以使用汉字为主，在漫长的汉字使用历史中，汉字书法在越南也积累下深厚的文化传统。早在初唐，大书法家褚遂良因得罪武则天，被贬为爱州刺史，爱州即今天的越南清化省，在越南书法史上留下了深深的印记。唐显庆三年（658），褚遂良卒于爱州，享年63岁。两年后，褚遂良被追削官爵，子孙也被流配爱州。武则天死后，其方被平反昭雪。越南立国之后，国君多次派遣使臣向宋朝求书。1010年，李朝开国皇帝李公蕴派遣使臣向宋朝皇帝乞赠"大藏经"及"御札八体"书法。越南的汉字书法正是在宋朝书法的影响下逐渐成形的。越南帝王、文臣、僧侣中善书者颇多。近代以来，越南人编印过不少经典法帖，热衷于举办书法展览等活动。13世纪，越南有了本国文字——字喃。字喃是以汉字为基础，运用形声、会意、假借等造字方法创造出的一种新型文字。20世纪以来，拼音文字在越南逐渐占统治地位。

新加坡、马来西亚都曾受到中国汉字和中国书法的深刻影响，促进了他们民族文化的发展。而欧美国家的人士也对中国汉字和中国书法有了广泛的重视，从中得到美的启迪和情趣意境的享受。可以这样说，中国汉字和中国书法增进了世界各国（地区）人民对中国语言文化的了解，丰富了海外国家和地区的精神世界。

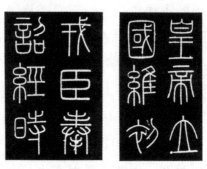

李斯《峄山刻石》

第二节 中小学开展书法教育的重要意义

《中小学书法教育指导纲要》开宗明义："汉字和以汉字为载体的中国书法是中华民族的文化瑰宝，是人类文明的宝贵财富。"书法艺术蕴含着丰富的中国文化元素和人文情怀，深刻体现着中国文化的审美意境和艺术精神，是最具有中国特色的代表性文化元素，是中华民族卓越的文化创造，是对人类文明与文化的卓越贡献。中国书法将伴随着中华民族文化伟大复兴的步伐，走向更为广大的发展空间和光辉前景。

一、汉字是最有生命力的一种语言

以汉字书法记载的华夏数千年文明画卷，是民族的血脉，是中华传统文化最重要的文化元素。进入 21 世纪，汉字仍然焕发出青春光彩，是世界上最具有生命力、最有魅力的文字之一。记得有一位历史教师王磊在电视台演讲时慷慨激昂地说："我们现在所用的汉字，是世界上唯一仍在广泛采用的意音文字；我们的汉字也是唯一一个一脉相承至今，不曾断绝的古文字。"从这个角度来说，汉字不管在过去还是未来，都是最有影响力的一种语言。虽然也曾历经波折，但是经过一代又一代人的不懈努力，20 世纪 80 年代，汉字顺利输入电脑，震惊了世界，再一次有力地证明汉字顽强的生命力。至此，"汉语拼音化道路走不通，汉字必须存在"在当代中国已经成为主流共识。2011 年 10 月 18 日通过的《中共中央关于深化文化体制改革推动社会主义文化大发展大繁荣若干重大问题的决定》中明确指出："加强对优秀传统文化思想价值的挖掘和阐发，维护民族文化基本元素，使优秀传统文化成为新时代鼓舞人民前进的精神力量。"广大人民教师应该担负起历史责任，不断增强对中国书法文化的认同感、亲切感和自豪感，旗帜鲜明地搞好识字写字教学，发展汉字书法，做繁荣文化的捍卫者、守望者和传承人。

二、信息时代依然离不开书法艺术

信息时代使得键盘输入成为常态，下笔书写机会日益减少，学生书写能力普遍下降已经成为世界性的现象。英国一项调查研究显示，每 3 个成年人中就有 1 个人半年没动手书写过一次文字，每位受访者平均 41 天没有执笔写字。当下正在就读的中小学孩子们，一般也就是在做作业和考试时才正儿八经地进行书写。随着"智慧教室"建设的大力推进，无纸化课堂教学逐渐普及，进一步促成手写退化，以致常常提笔忘字，"丑书"横行，汉字书写的实用功能日渐式微。许多国家著名学者都担心下一代"手写萎缩，大脑退化"，大声呼吁"拯救手写"。加强学生书写能力，已成为许多国家基础教育的新任务，我国也不例外。提高年轻一代的书写能力，必须从学校教育抓起。教育部于 2011 年 8 月 2 日正式发出《关于中小学开展书法教育的意见》（教基二〔2011〕4 号），并于 2013 年 1 月 8 日下发《中小学书法教育指导纲要》。这些意见和文件标志着新时期中小学为贯彻《国家中长期教育改革和发展规划纲要（2010—2020年）》，继承与弘扬中华民族优秀传统文化，开展书法教育进入新的快速发展阶段，给汉字书写带来了机遇和挑战。党的十八大以来，习近平总书记关于传承发展中华优秀传统文化发表一系列重要讲话。他高度重视中华优秀传统文化的创新与发展，强调要增强文化自觉和文化自信，告诫我们搞"以洋为尊""以洋为美""唯洋是从"那一套，绝对是没有前途的。迈向新征程，我们广大教育工作者要坚定文化自信，大力弘扬书法文化，提高青少年书写水平，提升书法审美能力和文化品位，积极探索书法文化创造性转化、创新性发展，"以鲜明的中国特色、中国风格、中国气派屹立于世界"。

三、让书法文化更好地传承和发展

让书法文化得以更好地传承和发展，是书法教育面临的重要课题。作为中国的近邻，日本自古以来对传自中国的书法怀有一种神圣感，十分重视"书道"教育，它与"茶道"一样，已经融入大众生活之中，成为一种文化精神。2017 年日本文部科学省出台的新版《高等学校学习指导要领》明确指出，今后将更加重视"书道"教育对于理解日本传统文化的重要性。我们的另一个近邻韩国，曾将我们的国粹"书法"以"书艺"为名向联合国申遗。北京大学书法艺术研究所所长王岳川先生说："如果书法被韩国或日本抢先成功申遗，我们再去跟人家争谁是书法的原创国，这将是使所有中国人蒙羞的事情。我们应该捍卫自己的文化权利。"各中小学校要顺应时代发展的要求，以弘扬中华优秀传统文化为己任，增强责任感和使命感，把书法教育作为基础教育的重要内容之一，扎扎实实地开展，做到进课程，进教材，进课堂，通过书法教育，让学生感受汉字和书法的魅力，激发热爱汉字和学习书法的热情，努力培养书写技能、审美情趣，提高文化素养，增强文化自信和爱国情感，促进全面发展，充分发挥书法"以美育人，以文化人"的功能。作为中华民族最具特色的文化符号，每一个中国人都应当重新审视书法在文化中的地位，每一个教育工作者都应当充分认识开展书法教育的重要意义，自觉投身书法繁荣发展的时代潮流之中，让书法文化在中华文明的深厚土壤中得以更好地传承和发展。我们相信，随着我国综合国力的日益强盛，国际地位的不断提高，随着国际文化交流的不断扩大和深入，中国书法必将在世界范围内有更广泛、更深入的传播。

《泰山经石峪》

第三节　学习书法的重要功用

梁启超先生说："凡人必定要有娱乐，娱乐的工具很多，但是书法为第一等娱乐！"他认为写字有好几种优美便利处：可以独乐；不择时候，不择地方；费钱不多；费时间不多；费精神不多；随时进步，随时快乐；收摄身心。书法是民族的血脉，是人民的精神家园，是中华优秀传统文化的重要组成部分，是我国广大人民精神文化生活方式之一。书法书写功能十分显著，得到广泛认可。近几十年来，学习书法日益受到重视。

一、书法养学

汉字和以汉字为载体的中国书法是中华民族的文化瑰宝，是人类文明的宝贵财富，是世界艺术之林的奇葩。《中小学书法教育指导纲要》明确指出："通过教学活动适当进行书法文化教育，使学生对汉字和书法的丰富内涵及文化价值有所了解，提高自身的文化素养。"书法是中华优秀传统文化，它以汉字为载体，涉及语言、文学、历史、美学等方面，又与音乐、美术相通。每一个中华儿女都有责任去继承和弘扬这一个传统。学习书法不仅仅是在学写字，练字的过程也是学生性情、态度、审美情趣养成的过程，同时也受到传统文化的熏陶。从汉字的起源中，认识、了解原始社会晚期祖先在各种器物上"刻画符号"的诞生经过，华夏文明由此绵延5000多年；从书法中的一点一画、一揖一让中，体悟儒家的"中庸"，道家的"自然"，释家"渐修"的哲学思想；从抄习、诵读经文史集、古典诗句中，感受中华文化博大的精神意蕴和浑厚的历史气息。通过书法教育"适度融入书法审美和书法文化教育"，让中小学生对历史悠久、内涵丰富、影响深远的汉字和书法有所认识，激发孩子们对汉字和书法的热爱和学习热情，增强孩子们对民族优秀文化的认同感和自信心，增进爱国热情，帮助孩子们夯实中华优秀文化的根基，让孩子们担当起实现文化复兴的历史使命。

二、书法养美

汉字和以汉字为载体的书法的产生和发展，是中华文明发展史上的光辉篇章。经过几千年的演化和调整，形成了固定而成熟的篆、隶、草、楷、行五种字体，它们具有线条美、结构美、章法美、意蕴美……可谓缤纷灿烂，博大精深。线条有瘦硬、圆润、流畅、古拙的美；结构有平衡、对称、呼应、穿插的美；章法有工整、飘逸、奇崛、疏密的美；意蕴有神采、情韵、生气、格调的美。中国书法这五种字体既相互联系，又各有不同的特点。孙过庭在《书谱》中说："篆尚婉而通，隶欲精而密，草贵流而畅，章务检而便。"意思是说，篆书崇尚委婉圆通，隶书须要精巧严密，今草贵在畅达奔放，章草务求简约便捷。鲁迅先生对书法美也有过精辟的概括："它不是诗，却有诗的韵味；它不是画，却有画的美感；它不是舞，却有舞的节奏；它不是歌，却有歌的旋律。"因此，《中小学书法教育指导纲要》明确指出："书法教育既要重视培养学生汉字书写的实用能力，还要渗透美感教育，发展学生的审美能力。"一笔一世界，一字一乾坤。从笔画的曲直、向背、转折、方圆中体会刚柔相济、生动活泼的力量美；从笔画上下俯仰、左右顾盼、气息连贯中体会连贯呼应、生机焕发的神采美；从起收简洁、虚实分明、有提有按、有轻有重中体会到节奏感和韵律美，还可以从结构、章法、神采、意境等方面的学习中"初步感受汉字的形体美、神采美、意蕴美，感受汉字无穷的魅力，提高审美情趣，既有利于写好字，陶冶性情，还有利于提高识字效率，提高文化品位，培养学生热爱祖国文字的情感"。

三、书法养心

书法养心是书法教育的一项重要目标。郭沫若说过："培养中小学生写好字，不一定要人人都成为书家，总要把字写得合乎规格，比较端正、干净、容易认。这样养成习惯有好处，能够使人细心，容易集中意志，善于体贴人。草草了事、粗枝大叶、独断专行，是容易误事的。"学习书法可以培养人的静心、敬心、细心、耐心的素质。

1. 静心神也

书法养神，能让人的心沉静下来，凝神静虑，少躁动。一个人心静不下来，精神集中不起来，是练不好字的。古人云，写字以观其静躁，就是体现对良好心理状态的追求。书法教育本身也承担着培养学生集中注意力的内在要求。在训练过程中，时时处处启发诱导，严格要求，教育学生努力做到"非礼勿视，非礼勿听"，久而久之才会养成心气平和、专一不杂、动中求静、静以修身的良好心境。

2. 敬心诚也

这里说的"敬"，就是"执事敬"的"敬"的意思，其本义就是遇事要全心全意认认真真去做。《弟子规》说："墨磨偏，心不端。字不敬，心先病。"写字要有虔诚之心、敬重之心。倡导"提笔就是练字时"的意识，就是要求学生能够做到以认真的态度对待每一次的书写，逐渐养成一丝不苟的书写习惯，而这样的良好习惯对于做任何事都是有益的。

3. 细心微也

书法要耳濡目染，心悟手出，所以学习书法可以培养细致的观察力。孙过庭在《书谱》中说："察之者尚精，拟之者贵似。"读帖时，在笔画上，既要在静态上把握笔画形态，又要在动态上揣摩点画间的呼应；在结构上，既要看到线条本身在空间中的安排，又要对线条分割平面后的留白分布予以足够重视，弄懂空间分布的原理，真正做到看得准，写得像。

4. 耐心恒也

毛泽东说过："贵有恒，何必三更起五更眠；最无益，只怕一日曝十日寒。"学习书法是个慢活，要有相当的时间积累，没有捷径，难以速成，太急了不行，不下功夫也不行。只有一步一步地学，老老实实地练，持之以恒，循序渐进，加上方法正确，勤奋不辍，方能日有所进，学有所成。天道酬勤，相信能够"苦心人天不负，有志者事竟成"。

四、书法养正

学习书法还是一个培养高尚品格的过程。柳公权说："用笔在心，心正则笔正。"通过习字培养学生的人格。书法艺术不仅讲法则、法度，而且崇尚个性。从古到今，万千个书法大家的作品表现出不同的精神风貌，他们无论写的是什么内容，什么字体，也无论是鸿篇巨制，还是精致小品，都彰显出极其鲜明的个性风格。有人这么说过，从毛泽东的书法中能读到龙威虎震的豪笑，从周恩来的书法中能读到彬彬有礼的谦笑，从朱德的书法中能读到大度而木讷的憨笑……这就是"千人千面"的道理。每个学生都有区别于他人的个性，同样会表现在书法的学习中。比如欣赏书法者，有的喜欢颜真卿的挺然奇伟之美，有的喜欢柳公权骨鲠气刚之美，有的喜欢金农淳古方正之美，有的喜欢吴昌硕苍劲雄浑之美等。染于苍则苍，染于黄则黄。学生一笔一画心摹手追，长年累月涵养心灵，不知不觉潜移默化受到熏陶感染。孟子说"吾善养吾浩然之气"，这是一种向上向善的精神。正如习近平总书记对文艺工作者的要求：胸中有大义，心里有人民，肩头有责任，笔下有乾坤。通过书法教育培养学生高尚的情操，塑造高尚的人格。

五、书法养身

书法是一种刚柔相济、动中寓静的活动，与气功、太极拳等活动有异曲同工之妙。书法学习过程中，用意，随意所适，气不盈息；入静，神舒体静，身正气和；运气，引气丹田，行气全身，注力毫端，有锻炼身体，祛病防身，促进身心健康之功效。对于中小学生而言，书写练习除了能促进认知和审美外，也具有调节健康心态，促进身心健康成长的作用。《黄帝内经》说："静则神藏，躁则消亡。"学习书法必须凝神静虑，全神贯注，专心致志。汉朝蔡邕说："夫书，先默坐静思，随意所适，言不出口，气不盈息，沉密神采，如对至尊，则无不善矣。"写字时坚持做到"头正，身直，臂开，足安"，一心一意，心无旁骛，则血脉畅通，呼吸和平，身安意闲，动静协调，想行便行，想止便止，渐入佳境，物我两忘。用笔如用气，借着书写过程中产生的心理变化，配合正确的吐纳转换，达到血液的畅通，脉搏与呼吸的调节。整个过程身体和精神都是舒服的，是一种"积极的休息"，它能让每一个孩子在"砚田笔耕"中收获健康的身心。

第四节　书法与写字

"书法"一词有广义与狭义之分。广义的"书法"是指汉字的书写法则，包括汉字一般写字法则和特殊要求的汉字书法艺术欣赏及书法艺术创作。狭义的"书法"就是指文字的书写艺术，特指用毛笔写汉字的艺术。随着时代的发展，汉字书写工具的不断丰富，一般意义上的"书法"二字，也发生了意义变化，书法之"法"，不仅包括应该遵循的"法则"，还包括一般性的"技法"。《现代汉语规范词典》（第2版）将"书法"一词解释为两个义项：一为广义，即指"文字的书写艺术"；另一为狭义，即指"用毛笔书写汉字的艺术"。"写字"字典里解释为"用笔在纸或其他东西上做字"。这样的字可以是其他民族的文字，也可以是没有艺术性，纯粹地涂鸦的汉字。由此可见，"写字"比"书法"内涵更广。

一、书法教育与写字教学的联系与区别

中小学教育中的"书法教育"，应包括汉字的书写法则、书写技法和汉字书法文化教育，是从广义上来理解。它不仅包括毛笔书写，也包括硬笔书写。中小学书法教育的主要任务应着重最基本的书写法则，培养最基本的书写技能和正确的书写态度，同时也应关注书法的文化艺术教育价值。

"写字教学"与"书法教育"紧密联系，一脉相承，两者的总目标比较接近，教育内容、教学方法大体一致，遵循的教学规律是相通的，但是"书法教育"内涵更丰富，更顺应新时代文化大发展的要求。写字教学，其教育目标主要包括培养中小学生书写的基本技能和书写习惯，强调书写正确、规范、端正、整洁、流利、美观，强调培养正确的书写习惯，但是并不要求学生书写汉字成为"艺术品"，不涉及书法艺术的情感意象分析。书法教育则进一步要求在书写训练的同时，"适度融入书法审

美和书法文化教育"。在教学过程中，渗透美感教育，发展学生审美能力，关注学生书法欣赏中的体验、感悟和个性化表现。这就大大丰富了书法教育的内涵，拓宽了书法教育的视野。这是写字教学与书法教育的最大区别。

二、硬笔写字与毛笔书法的联系与区别

1. 硬笔书写与毛笔书写源流相同

硬笔书写与毛笔书写的侧重点不同。硬笔书写更关注写字的实用性；毛笔书写更关注写字的艺术性。不管是实用性还是艺术性的"写字"，同样要求掌握汉字书写的基本技能、基本规范和基本要求，体会汉字的形体美，不要把二者割裂开来。我国的汉字，已有几千年的历史，它和世界各国的文字一样，都是广大劳动人民在生产劳动实践中，在社会发展的过程中，逐步创造和发展的。大凡有汉字的场所，都有硬笔书法与毛笔书法的身影。从历代书法家的作品看，每一个时代书法家的字，都在前人的基础上有所发展，推陈出新。因此，硬笔书写与毛笔书写都要从书法艺术中汲取营养，共同继承源远流长、博大精深的书法文化。

2. 硬笔书写与毛笔书写基础相同

早期的《语文教学大纲》（1986 年版）和《语文课程标准》（2011年版）里都是使用"写字"这个通俗概念；后来颁发的《中小学书法教育指导纲要》里使用了"写字"和"书法"这两个名词。这说明"书法教育"是"写字教学"的发展，并不排斥"写字"，而且强调是在"写字"的基础上同时适当进行"书法文化教育"。在《语文课程标准》（2011 年版）里，小学阶段要求学生用硬笔熟练地书写正楷字，"做到规范、端正、整洁""行款整齐，力求美观""能用毛笔书写楷书，在书写中体会汉字的优美"。初中阶段要求能用毛笔"临摹名家书法，体会书法的审美价值"。这些写字课程目标和内容与《中小学书法教育指导纲要》里的提法是一致的。从小学到初中二者主要学习目标是学习硬笔和毛笔书写的基本书写法则、基本书写技能，让每一个学生达到规范书写汉字的基本要求，初步感受书法之美。纲要明确指出："硬笔书写教学要贯穿中小学书法教育的全过程。"

3. 硬笔书写与毛笔书写重点不同

硬笔写字与毛笔写字的出发点不同。硬笔写字的重点是，进行实用书写能力的培养，掌握汉字的书写规律和技能，"是学生系统接受文化教育的开端，是终生学习的基础"，把字写得正确、规范、端正、整洁和美观是基本要求，是每一个学生必须掌握的一项技能，是终生学习、生活和工作的需要。毛笔书写的重点是，通过学习毛笔书法艺术，提高学生汉字书写能力，培养书法艺术审美情趣和能力，陶冶情操，培养爱国情怀，提高学生的文化修养和文化自信。硬笔书写教学在强调实用的基础上要兼顾审美；毛笔书写教学在注重审美的同时也要关照实用。无论是硬笔书写还是毛笔书写，都有一个从"技术"到"艺术"，从实用到审美的过程。只有在不同阶段的教学中处理好"技术"与"艺术"、实用与审美之间密切关系，做到既相辅相成，又各有侧重点，将两者有机结合起来，才是完整意义上的书法教育，才能收到好的效果。

4. 硬笔书写与毛笔书写目标不同

硬笔书写是基础，基础不牢，行之不远。硬笔书写以法为主，它研究的内容主要是汉字的基本笔画、常用偏旁部首、基本的笔顺规则以及笔画的变化，运笔的方法，结构的规律，书写的技巧等。换言之，中小学生初学硬笔书写主要学习和掌握执笔法、运笔法、结字法、临帖法等。硬笔书写的基本要求和目标是把字写得正确、规范、工整，讲究格式，力求美观，并具有一定速度。

毛笔书写，尤其书法是以意为主，它研究的主要内容是笔法、墨法、章法的变化，通过掌握这门艺术的优美语言，表达自己的思想、感情和个性。中小学阶段的毛笔书写训练为培养学生成为学习书法艺术的优秀人才奠定基础。学习毛笔书写对继承和弘扬书法文化具有不可替代的优势。中小学"书法文化艺术教育"重在熏陶和欣赏。对于对书法有兴趣、有特长的学生,可以鼓励他们尝试进行书法创作,不过这种层次的书法创作有别于书法家的专业创作。这是《中小学书法教育指导纲要》对"中小学书法教育"的基本定位。这一基本理念是为确保中小学书法教育将培养每个学生写好汉字作为首要目标,同时也关注书法艺术文化教育内容,体现书法教育的基础性和阶段性。有兴趣的学生,可以继续深入学习,发展特长。通过欣赏书法范本的种种韵美,追求和把握书法范本的意象和神采特征及其构成方式,从而提高鉴赏能力,并具备复制范本意象和神采的能力。这是书法的升华,是创作阶段的学习,也是汉字书写的高级阶段。

5. 硬笔书写与毛笔书写用帖不同

由于二者目标不同,所以在选帖上也不同。硬笔书写应选择教材中的印刷楷书或者规范、工整的钢笔字帖作为练字的范本。很多中低年级语文教师对选帖存在着误区和盲目性,认为只有选经典名帖才能真正练好字。经典名帖的字固然艺术水平高,能把字练好,但是脱离了学生的生活实际。因为年代的原因,多数经典名帖夹杂着许多繁体字,这些字的笔画不规范。这样容易给学生造成误导。教育心理学告诉我们,儿童记忆要经过识记、保持、再认识和回忆四个阶段。在这过程中,如果受到一些其他学习材料的干扰(如内容相似、相近、相关的材料引起的干扰),就会严重影响记忆,或产生错误的记忆。小学生习字过程也是这样,小学生如果受到经典名帖中不规范字体的干扰,往往很容易模糊已经初步保持在大脑皮层中的正确字体的痕迹,甚至取而代之,以错为正,积重难返。毛笔书写可以选择适合小学生经典字帖,在书法教师指导下进行临摹学习,也可以以义务教育《书法》教材中的"名帖集字"作为范本。

赵孟頫小楷《汉汲黯传》   黄自元《百字铭》民国版本

第五节　建设"墨香雅韵"的校园文化

学校文化建设，要以学校核心价值观为基本遵循，培育学校文化精神，创建以人为本的教育生态系统，使学校的教育、教学、管理与服务等方面和谐并进，并呈现出一种积极奋进的人文风貌。为推进中小学书法教育，传承中华民族优秀文化，以书法教育为突破口，形成鲜明的办学特色，深入挖掘学校文化内涵，总结办学经验，提炼和确立学校办学宗旨和理念，明晰主张和愿景，加强书法教育载体建设，切实保障书法教育的基础条件，争创书法教育特色校。

一、提炼和确立学校核心价值观，培育校园精神文化

学校的核心价值观，是学校全体成员对学校客观事物与人是否具有价值以及价值大小的总看法和总观点，是一所学校教育哲学的根本，是一所学校区别于其他学校的最重要的文化标志。学校文化精神的核心是学校核心价值观。

（一）学校核心价值观的确立过程

在价值观的提炼和确立过程中，学校既要立足于学校的传统与现实，立足于学校教育教学实践，又要打开视野，眼光向"外"；既要立足于当今教育实践，眼光向"下"，还要眼光向"古"，汲取中华民族传统教育的精髓。

首先，价值追问。一所学校要把创建"书法教育特色学校"作为办学方向，首先必须明确"为什么"和"有什么"。中华民族生生不息，在5000多年文明发展中孕育出中华优秀传统文化。书法是中华优秀传统文化标识和载体，是中华民族文化瑰宝。为继承和弘扬中华优秀传统文化，建设社会主义文化强国，增强国家文化软实力，教育部决定在全国中小学开展书法教育工作。中华民族优秀传统文化是中华民族的"根"。我们的下一代如果灵魂"无根化"，就会没有信仰，没有家国情怀；如果肉体"无根化"，就会没有伦理纲常，为所欲为。在中小学加强书法教育就是强基固本工程，旨在培养下一代做"有根"的中国人。

其次，明晰主张。把创建"书法教育特色学校"作为办学方向，必须达成以下三点共识：一是坚持"以社会主义核心价值观为引领，传承中华文化基因，不忘本来，吸收外来，面向未来，弘扬中国精神，传播中国价值"的办学宗旨。二是坚持"以生为本的教育，关心每个学生，促进每个学生主动地、生动活泼地发展，尊重教育规律和学生身心发展规律，为每个学生提供适合的教育"的办学理念。三是以"提升生命价值，培育生命自觉，学生健康成长，教师幸福工作，书法教育特色鲜明的精神家园"作为办学目标和共同愿景。根据办学宗旨、办学理念、办学目标，努力打造"墨香雅韵、书香致远；意守平常、幸福生活"的校园文化。

在提炼的过程中，要充分发挥校长的文化领导力，更要充分调动全体师生员工共同参与，增强对学校价值观的认同感和执行力。

（二）培育学校的精神文化和愿景

学校核心价值观确立之后，不能束之高阁，而应该把核心价值观作为学校文化建设的灵魂，摆在最重要和最优先的地位。通过各种方式和载体，使学校确立的核心价值观内化到全体师生员工的心中，成为全体师生员工的行为准则和共同愿景，并付诸实践。

1. 发挥"教育口号"的宣传鼓动和引导功能

教育口号是反映一种教育思想、影响教育行动，易记易传播的流行语，具有强大的宣传鼓动和引导推动功能，影响着教育理论的构建，影响着参与教育活动的每一个人。一个理想的教育口号，要能"顶天立地"，顶到天，充满理想，昭示方向；立于地，充满力量，改变实践。譬如某某学校围绕校训"崇实、尚礼、砺志、向善"和学风"好学、多思、善问、力行"，提出了四句响亮的口号，分别是"做最好的自己""天生我材必有用""为者常成，行者常至""自知者明，自胜者强"，并分别请书法家书写这四句口号或镌刻在景观石上，或悬挂于不同的墙面上。这些口号通俗易懂，生动诠释了"提升生命价值，培育生命自觉"的理念，更是一种教育思想，凸显了受教育者的主体地位，容易被受教育者所接受，就像一个强大的磁场无形地吸引着每一个受教育对象。而且这些口号的制作方式和文化创意又营造出浓厚人文气息。因此，起到了既立言又立人的效果。

2. 通过实践体验意义，逐渐内化核心价值观

实践活动既是学校核心价值观的唤醒方式，也是内化的方式。在唤醒中内化，在内化中唤醒，让学校核心价值观真正在全体师生心中扎下根。比如结合开展"童筑中国梦，一起向未来"活动，激励学生相信自

己我能行，努力"做最好的自己"；结合开展"童心向党，强国有我"的活动，引导学生"积学储宝，盛德日新"，相信"天生我材必有用"；结合开展"每周书写之星""每月书写之星"的评比表彰活动，鼓励学生"苟日新，日日新，又日新"，唤醒学生"自知者明，自胜者强"的进取心；结合"我运动，我快乐，我精彩"的体育节，号召学生坚信自己"为者常成，行者常至"，努力践行"更快、更高、更强"的体育精神。通过一系列集体和个人的教育实践活动，使学生不知不觉形成对学校核心价值观的认同。

二、以"墨香雅韵"为统领，进行校园环境文化的建设

校园环境文化建设要追求美。但是，如果没有以学校核心价值观为观照，即使再美的环境也会因为失去灵魂而成为美的堆砌，失去应有的教育意义。因此，环境文化建设应以核心价值观为指南针，努力构建一种校园心理环境，从而发挥"育人为本，以文化人"的功能。

1. 校园环境文化建设的语言要贴近儿童，做到"儿童化"

促进儿童健康发展才是校园环境文化的本原性目标。只有在现代儿童观的指导下研究儿童、尊重儿童，凸显儿童的主体性，增加儿童的文化元素，满足儿童的审美需求，才能打造出富有童真、童趣的校园文化环境，引领儿童健康成长。

（1）校园文化创意的"色彩语言"要做到温馨化、健康化。教室、楼道、操场等建筑物、设施和楼道文化设计用色上要采用不同的色系。优雅的蓝、明快的黄、娇嫩的粉、动感的橙、清新的绿、热烈的红，每一个画面，每一面墙壁，经过设计师魔术般的搭配组合，使校园的色彩变得更加明丽轻快，活泼有趣，个性鲜明，和谐舒服，符合学生的年龄特点和心理感受，让学生赏心悦目。

（2）校园及楼道文化设计语言要规范化、健康化。语言文字规范化工作是学校的一项基础性工作，是学校是否建有良好的校园文化氛围的一个重要的外在标志，也是一项重要的文化载体。总体要求就是遵照《中华人民共和国国家通用语言文字法》有关规定，"讲好普通话，写好规范字"，用规范的语言，净化校园语言环境。比如，"大树下，花草香，露珠的梦香又甜"生动活泼，浅显易懂；又如，专栏名称"梦想花开""心灵驿站""童年脚印""班级读书吧"等，做到走心、舒心，避免高高在上。

（3）让学校的每一面墙都说话，说儿童的话。著名教育家顾明远教授说："从育人着眼，做的事再小，也是教育；反之，做的事再大，也不是教育。"环境育人的元素体现在细微处。要让学校的每一层楼道、每一段走廊、每一间厕所，处处都能从儿童的视角去设计，说学生的话，说学生爱听的话。比如，中国书法的传统就是强调书品与人品的统一，提出"练字即炼人"的基本理念。"练字"即让小学生从小养成认认真真写字的习惯，写规范、端正、整洁的字；"炼人"即在"练字"的过程中磨炼人、教育人、培养人。这句话告诉我们，书法教育要把二者统一起来，让小学生从小感悟"一笔一画写好字，一生一世做好人"的道理。某某学校在楼道里比较显著的位置设计"练字即炼育人"的主题文化墙，按照"养志、养勤、养心、养性"分成四个小版块，配上对应的图案，图文并茂，以图会文，再添上风帆的造型，首尾呼应，恰似一条帆船，传递出"你的征途是星辰大海"的寓意，正好契合"一笔一画写好字，一生一世做好人"教育思想，营造出和谐健康的校园人文环境，对学生潜移默化地熏陶感染。

2. 校园环境文化建设要散发出"墨香雅韵"氛围，做到特色化

（1）校园环境。学校好比一个文化的大"染缸"，"染于苍则苍，染于黄则黄"。要让每一个生活在校园里的师生都染上"墨香雅韵"文化的特质。休息时间里，学生驻足在大型的书法家勤奋好学故事浮雕文化墙前，走过架空层经典书法作品长廊，浏览散落校园各处的木刻书法对联，

观赏小花圃里的景观石头镌刻的书法诸如"日日新""今日始",漫步楼道里,自然默记起"敢于有梦""勇于追梦""勤于圆梦"主题文化元素提示,这些文化元素时时处处潜移默化影响学生,滋润学生,根植和内化于师生的心中,化为人性、化为人格、化为人品。因此,环境文化建设应打造出学校独特的文化内涵,做到人无我有,人有我特。

（2）班级环境。学校环境决定了班级环境的格调和方向,是班级环境的能量输出源。班级环境是学校环境文化的延伸。要让孩子参与班级环境的设计,班主任可以通过开展"幸福班级,人人参与"的活动,号召全班学生踊跃参与班级文化的创建工作。文化设计的总要求是"美化、文化、特色化"。动手设计"精神文化",比如班徽、班旗、班训;动手撰写"制度文化",比如班规班约,图书借阅制度;动手设计布置"环境文化",比如黑板报、文化专栏的设置,打造"墨香雅韵""书香致远"的班级特色,缔造完美教室,形成班级独特文化品位和价值观,增强学生对班级的归属感和集体荣誉感。

（3）阵地文化。完善展示平台,每一所学校都可以设有三级习字作业展示平台:班级平台,每个班级都设置一块园地,作为学生优秀作业展示栏;年段平台,在每个年段选择一处较宽敞走廊的墙壁,设置一处年段优秀作业展示栏;校级平台,在学校的宣传栏,设置一块学生优秀习字展示栏。要求每班每周对学生的写字作业进行评比,将最优秀的选送到校级平台展评;比较优秀的选送到年级优秀作业栏展评;较一般的放在班级习字栏展评。这样一直坚持下来,一期期、一幅幅美丽的书法作品展示在了校园处处,一批批写字优秀的学生就会不断涌现出来。几年如一日持之以恒地坚持,逐渐营造出浓厚的习字氛围。

3. 校园环境文化建设要围绕"墨香雅韵"精髓,做到课程化

学校环境文化是学校精神文化的外在标志,也是学校无声的课程。管理者要树立"环境即课程"的理念,充分认识到环境对师生的心理和

行为具有巨大的吸引力、感染力和影响力。校园环境建设应该围绕"墨香雅韵"进行顶层设计。"墨香雅韵"好比一条红线，把散落在校园各处的"书香墨香"小景致、小环境串联起来，发挥"1+1>2"的效果，避免杂乱无章，相互抵消。如把校训"崇德、尚礼、砺志、向善、臻美"的思想，分解为"崇实求真""尚礼守道""砺志笃行""向善惜福""臻美至乐"五个方面内容，通过各楼层名人名言条幅进行表述和阐释，使校训的意涵具体化、通俗化。校训思想文化设计制作方式要遵循"墨香雅韵"叙述风格和范式。如此一来，将整个校园各方面文化元素汇合起来，就形成一种潜在的课程和学习的资源。

三、以"墨香雅韵"为统领，进行校园行为文化的建设

（一）课堂教学是学校精神文化建设的主战场

课堂教学是学校文化建设的主体和核心领域，它承载着传承、延续并发展人类文化的重任。第十四届全国政协副主席、著名教育家朱永新教授说过，课堂让师生过一种幸福而完整的人生。所谓幸福，是指在课堂学习中师生都得到发展，生命在进步中实现了尊严；而"完整"既是师生知识能力的完善、身体的健康、心灵的崇高，同时也赋予课堂生活成为整个美好人生的有机组成部分的宏大意义。

可是，长期以来，中小学对写字教学普遍重视不够，成为摆设。《义务教育语文课程标准》（2011 年版）提出"要在每天的语文课中安排 10分钟，在教师指导下随堂练习，做到天天练"，在实际教学中落实得不够理想。语文教师较少主动从儿童视角入手对书写规律进行梳理和提炼，因此，写字教学的方式方法显得过于单一，学生也练得机械、枯燥、厌烦。建议学校加强书法教育工作指导，真正把写字教学纳入语文课堂教学之中。组织教师加强写字教学研究，围绕书写内容、方式和评价重点进行深入细致的研讨。教师要明确各年级目标与要求，对写字教学每一个环节展开深度的"微技术"层面的研究，归纳汉字的构字规律，探寻有效的书写指导。借助田字格，教给临写的方法，关注学生的写字姿势和习惯，对学生的写字情况及时进行恰当评价，引导学生不断提高书写质量，让学生感受到书写轻松和自信，练字就不再是一件难事。

（二）书法艺术节活动和书法实践活动

《中小学书法教育指导纲要》指出："重视课内外结合。要引导学生在生活中学书法、用书法，积极开展书法教育实践活动。通过社团活动、兴趣小组、专题讲座、比赛展览、艺术节、文化节等多种形式，创设书法学习环境和氛围。充分利用少年宫、美术馆、博物馆、名胜古迹等资源，拓展书法学习空间。有条件的地区、学校还可开展校际、地区以及国际书法教育交流活动。鼓励学生在学习、生活中应用书法学习成果，发展实践能力。"学校要按照课程的设置开齐、上足写字课。同时要积极组织开展文化艺术类课内外活动，丰富校园文化生活。

1. 校内活动

定期举办书法现场大赛，一届一届举办下去。选拔优秀选手参加校外各级各类书法比赛。定期策划有创意的书法艺术节，一届一届办下去。一次经典生动活泼的书法节日活动，常会给学生留下难以磨灭的记忆。通过书法现场大赛、汉字文化节、书法艺术节等有创意的文化艺术活动，使师生感受汉字和书法的魅力，进一步了解中国书法的博大精深，激发对中国书法文化的热爱。

2. 校外活动

不定期组织学生走出校门，到博物馆、美术馆、名胜古迹参观学习，了解中国书法文化的鲜活与美丽、功能与价值，进一步认识书法文化的品格。其中组织学生参加写春联书法实践活动，是弘扬中华传统文化的民俗活动的有效载体。一方面丰富学生的寒假生活，另一方面向社会展示学生的书写技能，锻炼了本领。看到自己书写的春联受到老百姓欢迎时，学生一定会体验到成功的喜悦，大大增进学生学习书法的热情。

（三）加强培训，建设一支高素质的教师队伍

文化建设队伍是基石，人才是保障。要树立人才资源是第一资源的观念。书法事业的繁荣兴盛，如果没有一大批拔尖人才、领军人物的领航，没有数量足够、结构合理的高素质专业教师坚守教学第一线，默默无私奉献，书法教育事业和文化产业是很难蓬勃发展的。

1. 要加强教师传统文化知识培训，提高教师文化素养和思想认识，增强对中华优秀传统文化的认同感、自豪感和紧迫感

要积极引导广大年轻书法教师重视自身内在素养的修炼，对中国传统文化心存敬畏感，多一点静气，少一些功利，耐得住平淡，不追求艺术以外虚泛的浮云，认真读书，潜心写字，倾心育人，逐步树立正确的人生观、历史观、民族观、国家观、文化观，强化师德意识、责任意识、奉献意识，牢记习近平总书记对人民教师的谆谆教导，争当"有理想信念、有道德情操、有扎实学识、有仁爱之心"的教师，自觉增强教书育人的荣誉感和使命感，立德树人，做学生的引路人。

2. 要加强教师书法训练，提高全体教师书写水平。将书写培训作为新教师培训课程之一

（1）组织全体语文教师、书法教师学习《中小学书法教育指导纲要》，把握基本要求，研究书法教育教学规律和评价方法，提高教师书法教育教学专业能力，要求人人写一手好字。（2）成立"三笔字"教工俱乐部，要求"人人参与，学有所进"。充分发挥本校书法专业知识扎实，教学经验丰富教师带头作用，指导和带领学校全体教师进行"三笔字"基本功训练。不定期邀请书法家、书法教育工作者到学校指导培训教师。（3）全体教师自觉参加每周一次、每次20分钟的硬笔书写训练，每周完成50字毛笔书写作业，寒暑假布置一定量的书写作业。通过自觉练习，不断提高教师书写水平，确保每一位教师都能胜任指导学生书写的工作。

四、以"墨香雅韵"为统领，进行校园制度文化的建设

1. 重视课堂评价

有效的课堂评价不仅能让写字课堂教学充满生命气息，还能大大增强学生习字的意识，促进学生提高写字能力。在学生习字的过程中，老师应即时给学生的作品、作业给予准确客观的评价，同时经常性地在学生之间开展小组互评和自评。每个学生都希望得到别人的肯定，都会认认真真地圈画出自己写得最满意的两三个字，并请同学给自己评价。课堂评价要突出重点，注意不同年级的阶段性。

2. 重视班级评价

在班级建设中，多一把衡量的尺子，就会多一个成功者。有效的评价在于唤醒学生的自我意识，促进学生主动成长。改革班级评价方式，争取人人成功。

首先，改革评价理念，变"单一化"为"多元化"。比如某某班级开展"争星树星"活动，体现三个特点：（1）"每周之星"种类多，分为"八大星"（书写之星、好学之星、守律之星、卫生之星、安全之星、孝敬之星、公德之星、劳动之星）。（2）"每周之星"层次多，分为一级绿星、二级蓝星、三级黄星、四级红星。（3）参与面广，人人参加。"争星"的口号：参加就能进步，努力就能获星。"争星树星"大大激发了学生主动成长的积极性。（4）每周一评。评出来的"每周之星"登上了班级群星榜，营造出群星闪耀的磁场。

其次，改革评价方式，做到层次化。从每一天开始，由近及远，由低到高。比如，"书写之星"，有一日一评，一周一结、一月一晋级，一学期一颁奖，一学年一鉴定。这些习字成果既收入学生素质发展档案，又作为评选各类先进的参考依据。

再次，改革评价主体，做到多元化。有学生个人自评、合作小组内互评和全班总评。班主任要着力发挥合作小组的自我教育和调控作用，

增强集体荣誉感和向心力，组与组之间形成良性竞争，营造出向上向善的班级氛围。

3. 重视学校表彰

学校要制定出激励性的评价制度，健全评价机制。充分发挥评价的发展性功能，激励学生习字的兴趣，推进学生的书写水平和审美素养不断发展。定期开展"每周写字之星"和"每月写字之星"以及"班级小书法家""学校小书法家"等评选活动，为成功晋级的"书法明星"和比赛获奖师生举行隆重颁奖表彰仪式，营造浓厚的你追我赶，向上、向写、乐写的氛围。

第二章　写字基本技能与指导

　　《中小学书法教育指导纲要》在"总体目标与内容"中明确指出："学习与掌握硬笔毛笔书写汉字的基本技能，提高书写能力。"这说明书写基本技能对于写好汉字的重要性。不过，任何技能的形成都得经过学习、练习，没有人天生就会的，写字技能也不例外，要经过合理的有计划的训练。教师在指导学生掌握书写技能的过程中，要针对各个阶段的学习目标和内容，提出恰当的符合儿童心理特点和年龄特征的训练计划和具体要求，不可操之过急。写字的基本技能内容十分丰富，主体部分是笔法、字法和章法，被称为书法三要素。此外，执笔方法、书写姿势、临摹的方法等，也属于广义的写字技能的范围。

第一节　读帖的方法和要求

　　读帖与临帖是相互依存的统一体。读好帖是临好帖的前提和保证。只临帖不读帖，是许多书法爱好者的一个通病。读帖很重要，是临摹的前提，是书法学习的一个必然过程。只有"读"出来，才能"临"出来，只有眼中有，才能心中现；只有心中"精"，才能手下"似"。一句话，只有"察之者尚精"，才有可能"拟之者贵似"。读帖要做到以下四点。

一、精读

　　养成精到细致的观察习惯，是学好书法的基本功。唐代孙过庭在其所撰的《书谱》中写道："察之者尚精。"这就是说读帖一定要精细。对

31

所要临习的字，一定要按整体—部分—整体顺序，先从大小、形状看起，再从组成字的基本"细胞"看起，逐个"相面"，最后达到"遗貌取神"的境界。

1. 观察点画

先看点画的形态、走向、质感和轻重，然后再看每个点画起笔、运笔、收笔的过程。在读帖时，要从点画的关系入手，可以把点画比较着看，看仔细些，看精确些。比如，在一个字中，相同的点画是如何处理的，不同的点画在虚实、粗细、长短、阴阳上，到底有多小或多大的差异，要进行比较、分析、比对。尤其是毛笔行草字帖，字中的某一个点和某一画的粗细，常常有几倍，甚至十几倍的差异。如果看得不细，就会将本来粗细反差很大的点画给忽略掉。看得不精准，临写出来自然就形神皆失，"写得像"这一关就过不了。

2. 观察结构

汉字的间架布白，疏密简洁，十分讲究"优化组合"。根据组合需要，笔画之间、间架之间、偏旁之间，有疏有密，有长有短，有松有紧，有粗有细，有大有小，有宽有窄，有方有扁……既要顾全大局，又讲究和睦相安。观察结构时，首先要分清哪一笔画是这个字的主笔，点画之间处于一个什么样的关系位置，是如何衔接、呼应的，从中找出规律性的东西；其次在观察字的各部分组合关系时，要看清疏密停匀，对比调和，轻重平衡；观字的整体时，要看清正侧与大小的比例，俯仰与向背的呼应，参差与错落的变化；观作品笔墨神采时，要领悟字的精神气势；观作品章法布局时，要认清各字的位置摆布；观作品落款钤印时，要看部位是否妥当。

二、活读

读帖，有秘诀。所有书事都在于用笔，核心就是把笔控锋，想象运笔过程中做到上下左右，轻重缓急，肥瘦筋骨，得势与失势的平衡。读帖时，要从整体着眼把帖子"读"活起来，观其起笔处，看清露锋、藏锋；观其驻笔处，看清如何收笔；观其转折处，看清方笔、圆笔；观其笔画连接处，看清是连续还是断续。细读有法：

1. 拆字读

就是把字拆开了读，先看各笔画的起、行、收，再看各笔画之间是如何搭配，如何穿插避让、和谐安排的。比如"比"字左右同向，左窄右宽，顺势排列，字头左低右高，字底左右齐平，左边的横画和竖提的提段宜收，相让于右；右边"匕"的竖段从上半格接近顶格的竖中线起笔沿竖中线下行，书写要领是"竖直、弯圆、底平、钩朝上"，撇尖与竖弯钩的竖段相接于横中线偏上处，与左边的短横右端齐平。左右各不相倚，以求生动。

2. 单字读

即只看某一个字，主要看它的间架结构，形态神韵诸方面，并能通过对逐个字的赏读，把握该帖的结字规律及整体风格。比如，柳公权的《玄秘塔碑帖》字字运笔刚劲稳健，结体中宫收紧，外围舒展，风骨凛然，别开生面，处处体现其"心正则笔正"的品格和气质。

3. 连字读

就是把几个字或几行字连起来看，主要是揣度字与字之间如何行气，如何伸缩揖让，如何在统一中求变化。比如，柳公权《神策军碑帖》中"夏二百廿有"上下连续，"夏"窄长，笔画多，丰艳秀雅，"二"宽而扁，笔画少，显小，宜写得厚重，"百"字形小，但是体圆而刚劲，"廿"短而扁，平正宽绰，其下的"有"窄长而劲秀。中间的"二、百、廿"三字，大小合宜，布白均匀，首尾的"夏"与"有"二字，上下呼应，连起来看，这五个字上下疏密有致，含蓄内敛，气势开阔。同时，又与相邻的字，疏密停匀，相生相让。

4. 相似字比读

把帖中字形相同或相近的字找出来，比较实际用笔、结字等方面有何异同，特别是它们对相同笔画是如何作不同处理的。比如，《玄秘塔碑帖》中，"国、固、圆"吸收了颜体字外拓的写法，但没有颜体字的肥厚，显得干净利索，有自己独到的艺术风格。

5. 特殊字强读

每一本帖中总有一些字在结体上独具匠心。对此类字应当强加记忆，以便在创作时可以顺手拈来，为己所用。比如，《玄秘塔碑帖》中"天、夫、大"撇捺组合特点鲜明，撇轻捺重，撇细如柳叶，捺阔如大刀，对比强烈，舒展有力，栩栩如生。

三、诵读

在精察的基础上，要强记一些字的造型和章法，把读帖的成果内化于心，让字在心头立起来。明代书法理论家潘之淙在《书法离钩》中有这样的说法："取古人之书而熟观之，闭目而索之，心中若有成字，然后举笔而追之。字成而以相较，始得其二、三，既得四、五，然后多书以极其量，自将去古人不远矣。"一言以蔽之，心中积累的东西越多，用起来也就越方便，所谓厚积薄发是也。宋高宗学《楔帖》，他说："详观点画，以至成诵，不少去怀也。"观帖达到成诵不忘的程度，可以说是使观看到的字在心中鲜活起来。现代书法家黄绮先生在其所著《书中五要》中也有这样一段话："我们读书还要求背诵，观看碑帖，比作读书，是要求把观看与记忆结合起来，不能过眼即忘。""成诵"是读的结果。读书成诵，诵上心头；观帖成诵，诵上笔端。所谓"上笔端"，就是把成诵的内容，创造性地表现于自己的书写之中，这就是观书的目标和要求。关于如何记忆，各人有各人的方法。应该强调的是这种记忆不是死记，而是在理解基础上的一种有意识的储存，消化式的吸收。

四、悟读

联想是读帖的重要环节。通过读帖，可联想到与书写创作有直接关系的一些其他方面。比如，可以联想到书写者所使用的工具，笔是硬毫还是软毫的，纸是生的还是熟的，是大笔写小字，还是小笔写大字等，这些工具的使用对临帖有什么直接影响。其次，可以联想作者在书写过程中的外界条件和心境。像"天下第一行书"《兰亭序》，是王羲之等贵族携子邀朋，在春游活动中饮酒作诗，王羲之乘酒兴所为，抒发了内心的情感，从唐人临习的作品看，文意书法，相映成趣，兴之所至，神采飞扬，充满了超脱、潇洒、尽兴的意境。而被称为"天下第二行书"的《祭侄文稿》，颜真卿创作背景则是安禄山起兵叛乱，其兄忠义可嘉带兵平乱。后来其兄和其侄几十人不幸被叛军所杀，满门忠烈一时又得不到朝廷表彰。颜真卿强忍着满腔悲痛为亡侄颜季明撰写祭词。纵观这件书法作品，线条的粗细、浓枯多变和字迹反复涂抹，反映了作者当时内心波澜起伏，让读者仿佛听到了作者对亲人深情缅怀和对叛军残杀忠良的血泪控诉。历朝历代无数的人无不被这件作品散发出来的雄浑遒劲、豪迈激荡的悲壮之气所深深打动。"悟读"就是通过读帖，联想作者用笔、用墨、用情的书写过程，加深对作品的理解。姜夔在《续书谱》中说："余尝历观古之名书，无不点画振动，如见其挥运之时。"尤其是看碑刻作品时，读者可在头脑中还原成墨迹的形象，然后设身处地展开联想，如果让我去写，我将如何去写，如何吮墨，如何换锋，如何提按，如何一气呵成，神完气足。经过这一番联想和想象，再临写心里就有数得多了。临摹的最大意义就是通过联想尽可能准确地还原古人挥毫创作的场景，并达到与古人"心有灵犀"的书写状态及心理状态。

第二节　如何练好字

传统的练字方法是临摹法。所谓"临"，就是将字帖或范字置于案前，先观察字的形态、结构、笔画，待领会其特点特质之后，再下笔仿写。所谓"摹",就是将薄纸蒙在字帖或范字上,依照字的大小、形状、线条的粗细而把它描写下来。这种练字方法对于初学者来说,是一种行之有效的方法。小学生通常使用的方法是描红、格临或仿影。练字的内容和练字的量根据个人的认识水平、学习基础与所形成练字习惯的不同,差异很大,往往仁者见仁,智者见智,没有统一的标准。一般人练字习惯一味地依照字帖内容归类安排,机械地一部分一部分练习,容易出现耗时长、进步慢的问题。如何练好字是一门科学。能不能按照汉字笔画、偏旁、间架、结构繁简规律进行分步练习,值得广大教育工作者深入研究。

一、重在指导,精读熟背

有一位著名教授在《学书偶感》中,谈到了自己学书过程中所遇到的困难和感受:"学书四难:碑帖在,而眼不能到,一难矣。孰谓'碑帖在,而眼不能到'?碑帖眼前,视而不见之谓矣。眼到,而心不能到,二难矣。心不称眼,精微之处不察。心到,手不能到,三难矣。心领神会,手不能控管,管不听心遣,空有一番想法,纸上却总涂鸦。碑帖在,眼已见,管随手动,笔随管走。窃窃欢喜,自以为是。然布之于壁,俗不可耐,竟不知谬从何出,病自何来。此之谓学书四难矣。然世上事有无难者乎?凡至魅力处,必无坦途。有此一悟,始知学书之难,非难而已,乐也在其中矣。"他讲了四点体会分别为:读不懂,察不精,学力不到,功力不到。成年人学书尚且如此,小学生更是难上加难。小学生写不好字最主要的原因是不重视读字、读不懂字和没有掌握正确的临写方法。

1. 重在指导

举个例子来说吧。《义务教育教师教学用书(一年级上册)》里面对"一、二、三、上"的书写要点说明:

"一":写在横中线,字要居中。书写时从左到右,要写平稳。

"二":上横短,写在上半格;下横长,写在下半格。

"三"：中间的横最短，横与横之间距离要匀称，第三横最长。

"上"：竖写在竖中线上，短横写在横中线上方，下横要长一些。

笔画示范说明：

横画：从左到右，起笔时稍重，收笔时向右稍按一下。

竖画：从上往下，起笔时稍重，收笔时从重到轻。

以上书写要点说明和笔画示范说明的表述有以下几点不足：

（1）学生不知道字在田字格要写多大为宜。

（2）忽视了田字格在书写中的作用。

（3）基本笔画示范表述不够规范。

（4）学生不懂得笔画的四要素（即角度、弯度、粗细和长短），难以把笔画写精到。

试想，学生能读懂田字格中的范字吗？能读懂这段话书写说明吗？即使读懂了就会写吗？因此，指导学生读懂田字格中的范字非常必要。只有掌握"读"的本领，给学生一双慧眼，才能为"精读熟背"打下基础。

2. 精读熟背

所谓"精读熟背"，就是说要熟悉了解所要临写的范字在田字格中的模样，做到"精读熟背"，熟烂于心，不能光练字不读帖。低、中年级学生每天临帖要少而精，要把功夫花在下笔前。开始每天练写两三个字就可以，每个字要反复写它十几二十遍，直到把临写的字的用笔和结构深深印在脑海之中，达到离开字帖都能默写的程度。

"精读熟背"可以与"学以致用"相结合，鼓励引导学生在预习课文时，对要求会写的字养成"精读熟背"的习惯，清楚这些字在田字格中的占位，记住字形特点，横竖中线上的笔画。还可以"精读熟背"规范字帖上的字。古人云："温故而知新，可以为师矣。"在头脑中有深刻的印迹，复作时能准确地表现出帖中字的突出特征，从而达到预期效果。

为了巩固记忆，要养成"空临"的习惯。所谓"空临"，就是随时随地用手指书空或在器物，乃至自己身上默写，边默写边揣摩字的点画用笔和结构特点，以加深印象，帮助记忆。比如走在大街上，忽然看到前面商店招牌上某个大字写得真精神，而这个字恰恰是你反复临写却总也写不好的，你就可以驻足"空临"，边写边揣摩这个字笔画的长短，粗细的变化，各部件的宽窄比例搭配，以及彼此之间的呼应等。

二、格临五多，心手并用

小学生练字应以格临为主，以描红或摹写为辅。学帖似帖，形似神似是心摹手追的过程。用心格临特别重要，要学会心手并用，否则容易养成抄字的陋习，贻害无穷。要想把字练好，就必须在格临上下一番功夫。练好基本笔画，掌握字形结构基本特点，练就过硬的运笔功。除了勤学苦练之外，还要讲究临习的方法。

格临要做到五多：一是多读、多看，即观察范字，对田字格的范字，认真观察，仔细琢磨其点画的形状、轻重、长短、曲直、正斜及在字中的位置，以及整个字的大小、形状等，还须考虑笔顺规范；二是多思，就是边读边琢磨每个字的用笔结构特点，并默记于心。离开字帖，从整个字来回忆，对笔画的长短、粗细的变化，各部件的比例位置做到"意在笔前，笔在心后"；三是多临，就是反复临写之意。小学生练字一般先描红后临写。就是在细心观察和动脑思考基础上，已经胸有成竹，然后才能落笔描写。描红之后，要停下来，仔细比对一下，看看所描之字的笔画的长短，粗细的变化，各部件的比例位置是否做到位，如何改进。再全力以赴认真格临，要养成每书写一个字都能一气呵成的习惯，不能看一笔写一笔，这样容易影响对字形的记忆，把字写得涣散无神，乃至走样；四是多对照，就是每临完一个字后，就把范字当成一面镜子和写出来的字进行反复比照，找一找首笔的确切位置，看一看压线笔是否偏差、主笔是否得当，再查一查用笔和结构方面的差距以及产生的原因；

五是多改，就是通过反反复复临写把"多对照"中发现的差距改正过来，尽可能达到相似的程度。课余时间还要继续写几遍，通过量的练习，达到质的提升，逐步形成熟练的书写技能。

三、化整为零，一步一得

1. 单一练字法

部编版小学语文课本对识字写字的编排是采用识字与写字分开，多识少写的原则进行的。22 个常用笔画是随着所要求写的生字而逐步出现的。比如，小学语文第一册识字 2《金木水火土》要求会写的字（一、二、三、上）横画多，初步出现竖画，所以这一课教学目标之一要求会写"一、二、三、上"4 个字和横画、竖画两种笔画。由此观之，小学生习字宜采用"单一练字法"。所谓单一练字法，就是把所学的笔画、偏旁或间架放在有代表性的字里练，这样既学习掌握基本笔画、偏旁、间架，也掌握了字的结构特点。这种方法是把练字过程中一个个难点化整为零，一步一得。它就像篮球运动员接受技能训练一样，根据训练大纲，将系统的训练内容分解成体能训练、运球训练、投篮训练三个大项；每个大项中，又有若干小项，比如运球技术就有高运球、低运球、运球急停、后转身运球、背后运球、体前变向换手运球等。运动员们进行若干单项训练时，就要集中精力攻克单项中的难点，步步为营，稳扎稳打，最终过渡到综合训练阶段。

练习基本笔画和把握结构时要分清主次。练笔画时，要把新笔画，放在有代表性的字中练习，注意笔画特点、运笔方式、起止和走向（长度、弯度、角度）；练习结构时要在把握结构特点的基础上巩固笔画的写法，写精到。这种练习方法，每次面对一种主要矛盾，解决起来就比较容易，而一个个矛盾逐步解决了，就可以积小胜为大胜，最后达到写好字的目的。单一练字法，与一般人所说的"先笔画后结构"是有区别的。"先笔画后结构"，是主张先把笔画练好后再练结构，这样既浪费时间，又容易造成顾此失彼的后果。单一练字法可以在教中练，在用中练，学以致用，收效较大。

2. 多练常用字

多练那些应用范围广，使用频率高的字。练好这些字，能触类旁通地写好其他字，达到举一反三、时间短见效快的效果。《辞海》中就收集了单字14872个，《通用规范汉字表》一级和二级字表合计收录了6500个常用汉字，其中小学语文教材1—2册中需要会写的常用的汉字300个。据有关专家统计，下面40个字是使用频率最高常用汉字，它们分别是：要、分、会、大、小、义、于、人、上、主、生、下、年、中、个、国、用、这、在、有、了、我、是、学、产、为、不、来、的、和、们、他、地、作、对、级、就、动、以、时。

这些字笔画较少，结体较为简单，易写、易认、易读，但要写好却不容易。因此，练好这些字非常重要，也非常有效，可以使每个人在短期内迅速提高写字水平。

3. 笔画有代表性的字

扎扎实实训练基本笔画书写，是写好字的关键。选笔画有代表性的字练，可以让学生在较短的时间内写好基本笔画。经过一段时间的书写练习，学生会写一定数量的汉字，但不等于完全掌握汉字基本笔画的各种变式的写法。学生开始接触新的笔画时，教学时间应放长一些，加强指导，反复练习，逐步掌握。只有这样，学生学习其他笔画时，才能触类旁通。当然，写好笔画，不是一日之功，教师在教学中要把笔画的训练贯穿于整个教学之中，即便在讲字的写法时，也要不失时机地强调和纠正笔画的写法。有经验的教师会对小学语文教材上的已学过的生字进行认真观察、分析，找出具有代表性的字。如"反"字就比较有代表性，体现在"撇画"上。"反"字中包含有平撇、斜撇、竖撇。练好这个字，就基本解决了撇的写法。有经验的教师可以把"反"字笔画的形态或运笔的轨迹制成挂图或制作出多媒体课件，通过演示播放，让学生看清楚笔画的起、行、收笔的书写动作。通过仔细观察，反复练习，达到眼手的和谐一致，真正把笔画写好、写像、写规范。又比如"一、二、三"，"大、太、会、合、春、奉、莫、果"等都具有一定代表性。总之，学生刚开始练习书写笔画时，教师一定得重视书写技巧的指导与练习。

4. 结构有代表性的字

多练那些结构有代表性的字，有利于掌握字的结构特点。学习独体字，要引导学生善于发现看似不同类型的字，其间架是一样的。比如"申、甲、由"与"中、丰、半、平"两组字，其实间架是相同的，就是"十"字。练好了"十"字，就可以迁移到这一类的字；学习方形结构的字，要引导学生发现这类型字的共同特点。方形字可分为长方、短方、四方、正方，虽然大小各异，长短有别，但是这些字都是以竖中线为中心左右对称安排笔画。书写时只要注意做到上平下齐，左右对称，就能够把这样类字写好。

5. 形状有代表性的字

多练那些字形有代表性的字，能更好地把握字形特点、大小和笔画伸缩，把字写得形象自然生动。只有抓住规律，才能收到事半功倍的效果。汉字的外围形状主要有正梯形、倒梯形、左横向梯形、右横向梯形、正方形、长方形、三角形、五边形、六边形等。每练写某一种类型的字之后，要及时进行归纳总结。写好某一类字，就会对同类型的字起到触类旁通效果。字的外形虽然形态各异，但是其重心都是平衡平稳的。比如，独体字"土、日、正、小、田"，虽然形状各异，但是重心始终在竖中线上。又比如上下结构的字"旁、盖、雪、宇、青"，这其中有圆形、梯形、倒梯形、倒三角形、长方形，但是万变不离其宗，其重心都是平衡平稳的。书写这类字，抓住"上下对正"这个规律，一切问题便迎刃而解。

第三节　借助田字格练好字

田字格，被小学低年级老师亲切地称为"田老师"，它作为最简约、最精练的习字格，被广泛应用。它在书写汉字的过程中起到辅助的作用，为更准确把握汉字的结构和笔画提供了基本的定位参照。但是由于小学生普遍缺乏田字格的布局意识，书写时不重视，不会用，以致形同虚设，临写，完全是自己字体的抄写；描红，描到格子外面去了。写归写，格归格，田字格没有起到任何辅助作用。往往是习字练习有量没质，辛辛苦苦，到头来仍见不到有什么进步。

一、一定要有"格在心中"的意识

要充分认识到借助田字格习字的重要性。《中小学书法教育指导纲要》在"目标与内容"中明确指出："会借助习字格把握字的笔画和间架结构，书写力求规范、端正、整洁，初步感受汉字的形体美。"指导纲要还在"教学建议与要求"中明确说明："在临写的初始阶段，要充分发挥习字格在读帖和临写过程中的重要作用，引导学生观察范字的笔画、部件位置和比例关系。"说明借助习字格规范书写笔画、结构的重要性。为了正确地使用田字格，我们应该了解它各部分名称。红方格（我们习惯的颜色）被虚的横中线和竖中线均匀分割为左上格、左下格（二者合并亦称左半格）和右上格、右下格（二者合并亦称右半格）这就是田字格；同样，将左上格、右上格合并，也称为上半格；左下格、右下格合并，也称为下半格。你可别小瞧田字格中的八个格子，其实每个格子都大有名堂，每个格子，每个方位，每条线都有其不同的名称和作用。熟记田字格，牢记各部分名称和作用，是初学者必上的一堂课。认识了田字格后，欣赏田字格中的汉字，让汉字宝宝回家，让孩子新奇地感受到每个字都能在田字格中各就各位，各得其所，井然有序，相安无事，而不能随便应付，这是一个重要的基础和过程。每次动笔之前，都要引导孩子好好地看一看，找一找，说一说，议一议，要有神圣感和仪式感。

二、利用田字格练好基本笔画

初学写字者都要从学习书写掌握基本笔画开始。"田老师，四方方，写好笔画，她来帮。"要紧紧依靠田字格把各种基本笔画练精到。笔画教学对于学生的具体要求有四点：一是记住每个基本笔画的形态特点和名称。笔画有四个要素，即角度、弯度、粗细和长度。以"斜点"为例，从角度看，斜点和水平线的夹角为45°；从弯度看，它的轮廓不是直线，左下侧接近直线，右上侧在总长度的三分之二处有转折；从粗细看，先细后粗，到总长度的三分之二处达到最粗，然后变细；从长度看，斜点是楷书中最短的笔画。二是学会各种基本笔画的写法；三是学习并掌握正确的运笔方法；四是能正确地把基本笔画写入字中。其中，笔画的写法是重点也是难点。教学中应该从单纯笔画到复合笔画，由易到难，把认识与书写结合起来，把笔画书写练习与整字书写练习结合起来。练习基本笔画时，要利用横中线与竖中线作为最基本的参照物。比如，利用竖中线，进行竖画练习，让学生先描竖中线上的竖画，记住竖画的形态和特点，讲清运笔方法，然后照此仿写，每隔一小段练写竖画，边写边比照，边写边体会运笔中轻重、快慢的感觉，不断提高控笔能力，直到能把竖画写正、写直。又如，练写撇画，让学生先描写田字格上的撇画，感受撇画的形态和特点，借助田字格中的横竖中线，仔细观察撇画起止和走向，反复描红和临写，直至掌握运笔方法，把笔画写正确、美观。除此之外，其他基本笔画，以及复合笔画都可以在田字格中找到相应的参照线或参照点，只要按照以上的做法和步骤一丝不苟地学习，在田字格中练习书写基本笔画的难题也就迎刃而解了。然后在指导学生学习独体字的过程中，要求学生把正确的笔画带入字中，逐步感受运笔过程中的速度和力度的变化。

三、利用田字格确定关键笔画

学生有效的描红和临写离不开田字格。每个汉字在田字格中都占有恰当的位置，而不是胡乱摆放。学生刚刚学习写字，观察能力比较弱，要教给学生看清"三笔"的方法。借助田字格的横中线和竖中线能观察得比较清晰，表达得更加准确。

指导学生"读字"时，一定要借助横中线或竖中线，看清楚起定位作用的首笔和起支撑作用的主笔的起止和走向，找一找横竖中线上的"压线笔"，并认真写好"三笔"，确保字居中占位，体势稳固。比如，"三、工"都是"上窄下宽，以长横为主笔"的字。在田字格中"三、工"两个字，第一横（首笔）和底横（主笔）的位置、长度、走向、仰俯相差无几，第一笔居上半格中间，从左上格中心起笔，穿过竖中线，收于右上格中心偏上处，呈仰势；底横居下半格中间，从左下格左侧起笔，穿过竖中线，收于右下格右侧接近顶格处，呈俯势。二者差别之处在于"三"字笔画略细，"工"的笔画稍粗。"三"字的压线笔是中横，写在横中线上，起笔与上横对齐，收笔较上横稍微短些，三横间距均匀；"工"字的压线笔是中竖，写在竖中线上，起于上横中点，收于底横中点，整个字左右对称。

四、利用田字格确定字的重心

汉字从"象形"开始，经过历代的发展和演化，形成形式多样规范的"形体"。有大有小、有长有短、有宽有窄、有正有斜，但是每个字都有自己的重心，重心平稳是把握汉字结构的关键。利用田字格的横竖中线安排笔画，才能把汉字写得左右均衡、主次清晰、重心平稳。以独体字为例来说吧，首先要了解独体字的字形特点。独体字常见字形有方形、长形、扁形、圆形、正三角形（倒三角形）、斜形、梯形（正梯形、倒梯形和直角梯形）等。这些字形结构特点主要分为左右对称、左右匀称、左右不对称三类。

1. 左右对称的字形

字中有中竖的字，书写时中竖要落在竖中线上，而且要写得粗壮有力。其他笔画要以竖中线为中心左右均匀安排。比如"田、米、山、羊、王"等字，它们的中竖都必须落在竖中线上，其他笔画左右对称安排。字中没有中竖的字，书写时，要以竖中线为中心左右对称排列。书写时，要以竖中线为中心，分间布白，做到左右匀称。比如"言、月、八、目、四、曲"等，要遵循"以两竖画的中间为中心""以上点为中心""以撇捺连点为中心"的书写要领，居中安排笔画。左右匀称的字，比如"水、永"，可以参照以上方法做到重心平稳，布白均匀。

2. 左右不对称的字形

字形间架偏侧在一边的字，这些本身不带有对称性（外形呈直角梯形）的字，比如"也、良、民、己、巴"。一般要通过突出主笔，以横竖中线为坐标，让主笔尽量向左或向右伸展，写得舒展有力。笔画斜或字本身也斜的字，有左斜形的字，通常有横折钩或斜撇的笔画，比如"方、力、刀、夕、少、户"；有右斜形的字，通常有斜钩或横斜钩的笔画，比如"戈、飞、气、曳"。这类字重心不好掌握，要突出主笔，利用横竖中线作参照物，按照均衡的规则安排主笔，仔细看清起笔、行笔路线，出钩的位置，把主笔写稳了，写得舒展有力，重心也就容易平稳。

五、利用田字格确定部件比例

合体字是由两个或两个以上部件组合而成的。为了保持方块字的特征，写好合体字，必须处理好部件之间的大小、轻重比例及分界线的关系。利用田字格的横竖中线能较准确地观察到各部件的占位比例，找准部件之间的结构分界线，教学时教师得通过较准确的语言表述，指导学生处理好左右、上下、内外等部件的关系。比如左右结构的"次"字，先看宽窄，通过田字格的横竖中线，能很直观地发现这个字"左窄右宽"的特点，左右部件的结构分界线在左半格三分之一处，右边约占三分之二。再看高低，字头左低右高，字底左高又低，由此可以看出"左小右大"的特点。又比如上下结构的"黑"字，通过借助田字格的横竖中线，能很直观地发现"黑"的结构分界线在横中线下方下半格的三分之一处，清楚表明"黑"字具有"上长下短"的特点。再通过比宽窄，学生一下子就能发现"黑"字具有"上窄下宽"的特点。

六、利用田字格看清字的占格

有一个关于占格的小口诀："上下要留天地头，左右要留空白边。"这个问题始终没有得到很好落实。我们常常看到低年级学生写字习惯"满格灌"，字与字之间没有一定的间隔，乍一看模模糊糊一大片，分不清字与字之间的界限，造成字肥大难看。一个字在田字格中要写多大，这就是书法占格要研究的内容。田字格是学生学习占格的好帮手。为了学习占格，有必要先讲清楚"满格灌"和"灌满格"的差异。"满格灌"中的格就是田字格，就是字写得太大了把田字格占满了；"灌满格"就是说每个人所写的字在田字格中只能占用一定的范围，字的四周与田字格的边框要留出一定的外围边界，正如占位口诀所说："上留天，下留地，左右留墙壁。"否则会给人以沉闷、笨拙、造作之感。要占多大个才称得上比例适当呢？有一些专家认为，在田字格的横中线左右段的中点各画一条与竖中线平行线，分别于竖中线上下段的中点各画一条与横中线平行线相接，形成一个的"回字形"中的小田字格。一般字形较小、笔画少的字只能占据在这样小田字格的空间范围之内，较大较繁复的字允许笔画向小田字格四周伸展，但是别忘了字的四周与田字格的边框必须留出一定的外围边界，这就是"灌满格"。以指导学生书写独体字为例，首先要引导学生掌握字形特点，在此基础上要引导学生仔细观察范字笔画四周伸缩，较准确掌握范字占位情况和结构特点，为正确、规范书写打下坚实基础。

民国时期流传的《九成宫》拓片

第四节 掌握轻重变化运笔要领

康有为说："书法之妙，全在用笔。"笔画除了有其特定的形状外，其运笔过程轻重变化也各有不同。在一字之中，为了达到"大小合宜，轻重平衡"，也必须通过不同笔画的轻重、长短、肥瘦、疏密变化来实现平衡，即使同一种笔画在字中所处的位置不同，其轻重变化也不尽相同。运笔时要注意轻重变化，才能写出字的精气神，才能写得快、写得好。重视运笔轻重变化，体会运笔时起收简洁，有提有按，有快有慢，有涩有滑的变化十分重要。一般来说笔画轻重变化有以下六个方面的特点。

一、横轻竖重

横细竖粗的字才"眉清目秀"有精神。这可用建筑学中的道理来解释，横相当于房子的横梁，竖相当于房子的柱子，梁和柱组成了房子的框架。如果柱细了，而房梁很粗，会给人以不安稳的感觉；反之，将顶柱加粗，房梁变细，既可以节省材料、增加空间，又符合建筑美学原理，给人安稳之感。有轻重的变化，才有提按快慢的变化。

二、长轻短重

横画如果长短一样粗细，或者短细长粗，就像美术字，这样写不符合视觉平衡原理。长的笔画相对于短的笔画来说，其视觉张力大，即长笔画比短笔画显眼。只有将长的笔画写得比短笔画细，才能让短笔画也较显眼，从而取得视觉平衡，所以书法上有"长轻短重，长俯短仰"之说。

三、撇轻捺重

一字之中，撇捺左右相对，应该左撇轻，右捺重。一般是指长撇与长捺而言。比如，"未"字横轻竖重，撇轻捺重。原理有三：一是视觉偏差造成的，横画、横折、连竖、横斜钩等笔画都是呈左低右高之势；二是写字时手的生理习惯是向下逆笔，趋下趋右，由轻到重；三是撇捺的粗细并不均匀，长撇由粗变细，长捺由细变粗，逐渐加重。撇轻捺重是由撇捺的运笔特点决定的。

四、左轻右重

这是对字的左右两边都有竖画而言的，楷书结构第七个原则"连续各异"，说的是同一个基本笔画在同一个字中书写时不可笔笔相同，而应力求各异，避免呆板厌烦之感。比如，竖画并列者，左右不可相同，而应左细右粗、左瘦右肥，这样写符合人们的审美心理习惯。如果"左重右轻"会感觉整个字向左倾，重心不稳，使人觉得不舒服，而知其丑。

五、多轻少重

多轻少重也叫密细疏粗，即笔画多的字在田字格中要避免拥挤，就要宜促令小，将笔画写细些力求自然；相反，笔画少的字在田字格中容易安排，但如果写得过于细小就会有局促之感，所以笔画要写得粗壮一些，间架布置须略放大，力求自然宽绰丰满得宜。苏东坡在《论书》中说："真书难于飘扬,草书难于严重,大字难于结密无间,小字难于宽绰有余。"如果笔画少,字又小的字,就应该略须放大,使笔画粗重一些。

六、身轻头重

一字之中,最上面的笔画要比其他部分的笔画要重一些,特别是字首的点和短竖更要加重。比如,"京、亦、老、者、赤"这些字上面部分如果不写重一些,会感觉盖不住,担不起,会觉得头轻脚重、比例失调,失去了这类形字特征。当然,并不是所有的字都要身轻头重,而是要因字赋形,因字布势。其实,刚才所列举这五个字字头的长横都是主笔,理应写得长一些,重一些。

第五节　字形的布势

什么是写字的布势?晋代卫夫人论书法说:"每为一字,各像其形,斯造妙矣,书道毕矣。"通俗一点说,就是在书写之前,对所要写字大小、形态、姿态的特点有一个比较准确、清晰认识,然后因字赋形,进行周全、恰当的结构安排,目的就是使字更加形象自然、神采焕发、赏心悦目。因此,我们在书写练习和创作书法作品时,一定要做到"意在笔先",不仅要把握好字的形态是瘦高还是胖矮,抑或长短大小,还要关注它的体势向背、俯仰、正斜与否,力求准确、生动。

一、疏、密、大、小字形的布势

1. 疏

疏就是指字的笔画不多,间架疏朗、疏远,比如像"大、天、千"这一类的字。有横竖搭配的字,间架要正,突出主笔,宽窄宜均。有撇捺搭配的字,撇捺要尽量舒展开来,左右布白要均匀。字形比较宽的字,当疏而不散,应把竖向笔画分布停匀,笔画要写得饱满、大方、圆润,形态宜短勿长,疏密有致。

2. 密

密就是指结构复杂、笔画繁多的字，比如像"戴、藏、激"这一类字。书写时要注意"密胜乎疏"，点画安排应紧凑些，笔画不宜肥而宜细，分间布白要远近均匀，更应注意部位之间的联系，当密则密。比如，书写"戴、藏"二字时，要留心右上与左下部分的协调，穿插避让，补其空处，与整体相称，做到笔画纤细有劲，结构紧凑疏朗，四满方正。

3. 大

大就是指笔画较多，字形大的字，比如像"疑、囊、雅"这一类的字。形大者不可任其大，要宜促令小，笔画力求收缩紧凑，分间布白远近均匀，力求精悍自然，疏密得宜。比如"囊"字笔画繁多，数层重叠，书写时各层要合理安排，内紧外松，密而不挤，做到上下对正，彼此盖藏，气魄大方。

4. 小

小就是指笔画少而短，字形小的字，比如像"口、小、日"这一类的字。只能写得比其他字形稍小，但要略须放大，不能"因小写小"，也要避免写过大。要把点画写得稍重些，力求自然宽绰，丰满得宜，以小见大。书写这些字形小笔画少的字也讲究字势，比如书写"口"字时，要注意"口"字偏正，不宜写得过于平正，要正者偏之。上宽下窄，大小适中，注意横轻竖重，左竖要长一些，右下角注意"横托竖"。

二、长、短、偏、正字形的布势

1. 长

长就是指字形狭长的字，比如像"肩、身、月"这一类的字。书写时注意宜长而勿瘦，不能当长则长，力避长似"春蚓秋蛇"。比如"身"字，横画多竖画少，字形修长，就应该长瘦形布势，叫"竖展"。横画不是主笔，竖钩才是主笔，横画依附在竖钩这一主笔上，横画应尽量向竖钩靠拢。要防止字形过长，竖钩要丰满劲挺有力，使"身"字形态"长而勿瘠"。

2. 短

短就是指字形短矮宽扁的字，比如像"而、匹、西"这一类的字。这类字是因为横少竖多，且横长竖短，所以字形短矮。字形宽但不能写得过宽，太宽显得过扁，如"踏死蛤蟆"，务求短小精悍，秀劲十足，防止过短。

3. 偏

偏就是不正的意思，比如像"乃、方、母"这一类的字。结构斜者，务求斜中取正，保持重心不偏，做到偏者正之。比如"方"字，取斜势，斜中求稳，务失重心。"亠"靠上居中，横折钩的起点，出钩处，撇的起点，上下四点落在竖中线上（撇尖高于钩底），上下对正，体斜心正，斜而不倒。

4. 正

正就是指字的结构端正的字，比如像"春、半、不"这一类的字。横画不可太平，要稍倾勿侧，正者偏之。比如"半"字中正不斜，如果横画过平，字的体势就会显得呆板、沉闷、生硬，反之，横画稍斜，一动一静，整个字一下子变得自然生动起来。

三、堆、插、重、并字形的布势

1. 堆

堆就是指三个相同的间架并列重叠而成字叫堆（叠），比如像"森、磊、众"这一类的字。从建筑学上来说，一座物体要体势稳固，必须上小下大。重叠的字从上下两层来看，无疑是上小下大，才会安稳，但是从个体上分析，上面的部件宜大，下面两个部件宜左小右大，左促右舒。这是重叠类字写法最大特点，它们虽大小有别，但是上下紧凑，左右彼此照应，合为一体，使人想起《众人划桨开大船》这首歌。古人云"复不宜大"，这类字不宜写太大，上部宜宽扁，下部左右分别显长形，中紧外松，从变化中求生动。

2. 插

插就是指字的中间有长竖或有两竖以上的字叫插，比如像"川、曲、业"这一类的字。写好插画，对这类字的美起到至关重要的作用。比如"川"字的三个竖画疏密、大小、偏倚、长短都应匀称，才端正，这还不够，更要注意处理好三个竖画的关系，做到掌握中心，疏而不散，形散神聚，表现出"偃仰离合"之势，从变化中求生动。

3. 重

重就是指上下同形，上下重复的字，比如像"昌、吕、出"这一类的字。上下重复的字自然应该上部窄小下部宽大，还要注意上下中心对正，才站得住、稳妥。要从笔势上着手，变化其形，免得呆板单调。比如书写"昌"字时，要注意主次之分（上次下主），上下要有大小不同、形态各异之分，切戒一板一眼，方方正正。

4. 并

并就是指左右同形、左右并列的字，比如像"林、从、羽"这一类的字。书写要领，左次右主，左小右大，右边占位大，左右要彼此容让。比如书写"林"字时，左边的"木"要写得窄长些，捺画收缩为点，右边的"木"要写得宽大一些，竖画是主笔，起笔要高，写得有力稳实，撇画斜伸至左边"木"点下方，捺画要舒展飘逸。左边的"木"尽可能在布势上作出"伸左让右"的姿态，才能使右部得以舒展，体现左促右舒的特征。

四、向、背、孤、单字形的布势

1. 向

向就是指左右相向的字，好比两个人脸对脸式的亲近，比如像"欲、好、同"这一类的字。相向的字书写要领，左右相迎，要善于回避，做到"相向不犯碍"，力求气象生动。比如"好"字左高右低，错落有致，左顾右盼，向中靠拢，笔势连贯。左边"女"的撇点下收，相让于

"子"；右边"子"的横画左伸，彼此穿插避让，各不妨碍，浑然一体。

2. 背

背就是指左右背对背，互相依靠的字，比如像"兆、北、犯"这一类的字。不管左右或长或短，或轻或重，或直或曲，或正或斜，背对背的字都要左右互相照顾，气势贯通，做到"背不分离"，形离神聚。比如"非"字，左右横画虽断，但是笔断意连，左右以竖中线为中心，左右匀称排列，彼此呼应，神形兼备，力求平正安定。

3. 孤

孤就是指只有三笔以下的字称孤，比如像"一、十、八"这一类的字。这类字要注意避免轻、浮、枯、瘦。这类字如果没俯仰的笔势，横画要写得厚重些、丰满些。上部的横画要写得有俯势，要盖得住，中部的横画担得起，宜长而有力，底部的横画要写得稳、载得起。左右分离的要彼此呼应，若即若离。这类字要突出主笔，遒劲有力。

4. 单

单就是指笔画不多、形态窄长且没有偏旁的字，好比一个人孤零零，形单影只的样子，比如像"耳、月、习"这一类的字。这类字形态宜长勿短，笔画宜肥勿瘦，注意将字形写长，但要突出主笔，竖向笔画应丰满有力，力避清瘦。比如"月"字形长，横折钩是主笔，笔画可以加重，要写得丰满些，字就比较耐看，不会显得轻飘飘的。

苏轼《醉翁亭记》

第六节　突出主笔，写好主笔

古语云，"万山磅礴，必有主峰"。所有汉字中除了"一"字只有一笔外，其他汉字的笔画都有主次之分，主副之别。主笔在一字中主要起着平衡重心、支撑字架的作用，并能使整个字形更加舒展、挺拔。主笔以外的笔画为副笔，它辅助主笔，力求烘托出主笔的"神采"，使整个字的字形伸缩有致，富有韵律美。主笔突出了，整个字仿佛一下子有了管领、有了节奏、有了美感，主次分明，神采奕奕。

一、找主笔

不同的字，主笔的位置自然也各不相同。找主笔一般有以下六条规律。

1. 横做主笔

一字之中只有一个长横，那么这一横一定是主笔，如：丁、下、万、丽、卡、册、十、皿、旦、业等。这一类字的主笔在字中起平衡作用。书写到主笔时须向左右伸展，有舒展之美；当一字中数横并列时，一般以下横为主笔，其他横为副笔，如：王、主、青、上、击、素等。这一类形字的主笔在字中或起承载作用或起平衡作用。

2. 竖做主笔

一字之中只有一竖，那么这一竖一般是主笔，如：千、木、士、米等。如果一字之中有数竖并列时，一般右竖为主笔，如：州、井、兼、升等。书写时宜缩左伸右，右竖笔画须上下伸展，起支撑作用，有挺拔之美。

3. 撇做主笔

在书法里，撇有平撇、短斜撇、长斜撇、竖撇、弧撇之别。我们一般将长斜撇、弧撇做主笔，如：户、厂、少、在、左、差等。书写时宜向左下伸展，力送至撇尾，显得刚劲有力。

4. 捺做主笔

捺有斜捺、平捺、长点捺之分。平捺一般可以单独做主笔，如：这、之、建、超、题等。当一字之中数捺上下并列时，一般将上捺或下捺改成点，注意上缩下伸或上伸下缩，如：这、餐、退等；当一字之中数捺左右并列时，一般宜左缩右伸，如：从、林、权等。做如此调整，体现了"连续各异，反复变化"的书写规则，让所写的字或避免呆板或更加紧凑，从而更具有艺术性。

5. 钩做主笔

一般字中有竖钩、斜钩、竖弯钩的字，这些笔画往往做主笔，如水、事、武、戈、光、气等。试以"水"字为例，"水"字的重心在竖钩上，竖钩写歪了，重心就偏离了中心，"水"字就不稳，好像就要倒下来；再如，"家"字下面的钩是主笔，与上面的点要上下对正，落在中心线上。如果钩和点不在一条线上，重心偏移，字就不稳。这是因为笔画有笔画的重心，字有字的重心，部件与部件之间也有重心。安排结构时，要突出主笔，处理好部件之间的轻重平衡。

6. "集体领导"

一个字内主笔不一定是一个笔画，常常是几个主笔并存，这就是"集体领导"。尤其是笔画较多的字，往往是由一个或两个以上的独体字组合而成的，各独体字原本自有主笔，组合到一起后形成新字，产生新的主笔。我们通常是以承担全字重心的笔画或是众画所向的传神之笔作为全字的核心主笔，比如"都、囊、载"等。如果发现不了核心主笔，同等强调次主笔，整个字便会神散。又如起到支撑的作用的撇捺笔画大多数为主笔，如"夫、史"两字的撇捺，它们的支点分开，相互支撑且力量均衡，故十分平稳；再如"金"字的撇捺像屋顶一样起着覆盖的作用，所以既要写得舒展些，还要粗重一些。

二、写主笔

字的主笔犹如人挺拔的身板，不突出主笔的字犹如人弓腰弯背，放不开手脚，让人感觉不够舒展、大方，显得缺乏精神。次笔应让位于主笔，犹如众星拱月般突出主笔，不可喧宾夺主、抢占空间，应避让收缩；与之相反，主笔所占的空间相对要大一些，还应极力舒展、张扬、开放，这就是主笔优先规律。在汉字的规范书写中，一般先要准确判断出每个汉字的主笔，然后再动笔书写。所谓"意在笔先，笔在心后"，说的就是这个道理。这样才能保证书写时突出主笔，不至于主次不分或喧宾夺主。

1. 以长横为主笔的组合

（1）长横作地载时多与短横组合，写这类字时要把握"长细短粗、长俯短仰"的书写特点；长横作底时，右端不可呈"仰势"，且须下压，取"俯势"，以保证整字的重心平稳，起地载作用，如"且、丘、皇、盖"等字的底横。

（2）长横作天覆时，要写得比竖画细一些；下部笔画与其相接时要用虚接法，如"下、不"等字的长横。

（3）长横作字腰时，要写得比竖细。除"七"字长横取斜势之外，其他长横应收笔下压，以确保整个字的平衡，如"寺、喜、春"等这一类形字的腰横。

2. 以竖为主笔的组合

（1）悬针竖相当于大厦的顶梁柱，与长横（相当于大厦的横梁）搭配时，一定要写得比横画粗些，这样才觉得大厦很稳固。如"中、十"等字的悬针竖。

（2）有悬针竖的字，悬针竖都是最后写。所以，像"车、军"等这类字，如果先写竖后写横，就不符合笔顺规律。

（3）左右有两竖的字。俗话说"一山容不得二虎"，汉字也一样，为了突出主笔，一字中若有多竖，一定要有长短变化，左右若有竖，一般应像小朋友排队时一样，短的在前，长的在后。

3. 以斜捺为主笔的组合

以撇捺为主笔的字，一般撇捺更宽，要写得大气开张，其余的笔画宜适当收敛，应该局限在撇捺覆盖范围之内。请注意有撇捺又有横的字，诸如："木、果、朱"等，一般应该突出撇捺，因为撇捺是主笔，横画宜收，收放有致，字就美观精神。

（1）斜捺与撇的交叉组合。以"义"为典型字，如"文、又、父、友"等。捺的出笔同撇的起笔一样粗；撇捺上面的横画宜短，撇写成弯撇并左让，以突出主笔捺。

（2）斜捺与撇的相接组合。以"天"字为典型字，撇要用竖弯撇，不可写成长斜撇或竖撇，否则难以表现"捺主撇从"的关系；捺上横不能写成很平的长横，一般是写成短横，但要斜，左低右高，不能写平，而且要写在方格的偏左位置而非正中；撇捺是实接关系，不是虚接关系。实际在写时是交叉关系，即捺起笔在撇之左，横之中，由于横掩盖了捺的起笔，所以看起来像实接关系，如"大、天、夫、失"等等。

（3）交点偏左的字。为突出主笔捺，让出捺的足够空间，撇捺的交叉点不要放在格子正中，而应偏左偏上，具体方法是写撇时起笔略向左移，如"文、父、丈"等字的撇起笔都应偏左，而不是与捺起笔对称。

4. 以横折钩（横折）为主笔的组合规律

横折钩（横折）有两种，一种是横长折短式，另一种是横短折长式。

（1）以横短折长式横折钩或横长折短式横折钩（横折）为主笔时，应注意以下几点：与撇搭配时，撇不可过长，撇收笔一般高于钩的最低点；撇与钩基本保持平行，比如"力、方、刀"等字；钩内有其他部件时，部件大的应竖包，如"司"字；部件小的应斜包，即左右呈上开下合状，如"尚、回、而、韦"等。

（2）横长折短式横折钩（横折）和横短折长式横折钩（横折）用在

框形字中，应注意：扁口框应上宽下窄，如"而"字；长口框应上下等宽，如"同"字；框形字的封口横末端搭在钩上，但不相连，故横折钩的竖段应长于左竖，如"围"字；扁口框内的部件应适当偏左，如"句"字；长口框内的部件应适当偏上，如"冈"字；框内如有捺画，应写成反捺，如"困、因"等字。

5. 以点画为主笔的规律

点是楷书笔画中最小的笔画，但有时照样可以作主笔。如"兵"字的底部两点、"令"字的下点均为主笔。"兵"字两点，成掎角之势，力量匀称，支持着整个字；"令"字的撇捺固然是主笔，因此粗重而且上覆下，但它们的所有力量全压在竖点上，所以此点要写得特粗壮，比捺还重，可见此点在"令"字中是第一主笔；有的点画虽不是重心所在的主笔，但决定着态势，也要视同主笔，如"寸'字的点，其位置及向背态势对整个字的稳定起决定性的作用。

6. 以竖钩、横钩、卧钩和斜钩笔画做主笔

钩画做主笔，是指竖钩、斜钩、竖弯钩等组成的字，一般是这些笔画做主笔，如"水、事、武、戈、光、气"等。如"风"字的竖撇与横斜钩左右对称，组成以上覆下的主笔。有时主笔与次主笔的呼应，可形成动势，如"成"；再如"室"字，上点重写与横钩相配，如重物将下部死死压住，起到了平稳的作用。

常言道，为人处事，时时都要坚持原则，把握分寸，主次分明，摆好位置。书法也是一样道理，主笔是"骨"，副笔是"肉"。主笔突出了，同时也带出了副笔。如果能把主笔强调突出了，写好了，字自然和谐平稳，富有神采。所以，这一部分教学重点便是让学生认准并写准主笔，摆好副笔，做到疏而不空，重心平稳。

附：常用汉字主笔类型

1. 横做主笔：万、百、页、丽、兴、兽、量、舞、六、方、亦、亩、言、京、育、畜、蛮

2. 竖做主笔：陆、仙、伯、帜、帖、枯、私、和、半、甲、平、羊、丰、来、木

3. 撇做主笔：厂、厉、压、厘、原、愿、归、广、庄、应、庙、店、唐、席、座、庸、磨、腐、尸、庙、屈、户、启、扇

4. 捺做主笔：爪、狐、入、八、穴、分、公、翁

5. 横钩做主笔：宁、宝、宗、宜、宙、官、宫、宣、室、宵、宿、富、谊、演、踪、穷

6. 横撇做主笔：夕、名、岁、多、罗、萝、梦、移、够、锣

7. 横折做主笔：口、日、昌、旧、唱、晶、白、泊、目、泪、自、咱、图、圆、圈、咽

8. 横折钩做主笔：司、词、饲、冈、同、网、简、纲、洞、钢、铜、诵、涌、摘、用、周

9. 横折弯钩（横斜钩）做主笔：乙、飞、吃、汽、氧、挖、风、凤、疯、讽、飘、佩、几、亮、壳、虎、凭、沿、铅、肌、凯、抗、坑

10. 横折折钩做主笔：乃、奶、汤、肠、荡

11. 竖钩做主笔：刊、刑、列、划、则、刚、创、刘、别、删、利、判、刺、到、刷、刮

12. 竖折做主笔：区、巨、臣、匠、医、匪、筐、驱、矩、距、匹、汇、继、画

13. 竖弯钩做主笔：扎、吼、儿、兆、跳、元、允、兄、光、先、充、党、完、宪、竞

14. 竖折折钩做主笔：巧、弓、与、写、马、乌、呜、鸟、鸡、鸣

15. 撇折做主笔：台、冶、治、绍

16. 弯钩做主笔：家、豪、蒙、嫁、稼、缘、啄、象、像、橡、独

17. 斜钩做主笔：式、试、武、氏、昏、纸、低、抵、代、民、眠、或、战

18. 卧钩做主笔：心、志、忘、忌、忍、忠、忽、怎、急、总、怠、恶、恩、息、恋、恳

19. 横竖做主笔：十、干、千、下、午、斗、平、开、升、并、叶、汁、针、早、旱、毕、华、竿、率、草、苹、翠、妍、汗、杆、肝、秆、许、评

20. 撇和捺做主笔：尺、尽、昼、杏、李、查、枣、菜、秃、人、仓、今、令、全、会、合、企

21. 横撇和捺做主笔：久、又、叉、圣、支、变、冬、务、各、条、客、雾

22. 竖提和捺做主笔：丧、畏、喂、展、辰、晨、衣、依、哀、衰、裹、装、裂、裳、滚

23. 组合点做主笔：只、识、墨、杰、点、煮、黑、煎、燕、焦、热、烈、然、照、熊

颜真卿《楷书千字文》

第七节 小学生"抄字"陋习的矫正策略

习字最基本最有效的方法就是临帖。这个方法大家都在使用，可是为什么不能有效地提高小学生习字水平？最主要原因之一是"习字"被异化为随心所欲的"抄字"，因而"看得准，写得像"的基本要求无从落实。《中小学书法教育指导纲要》在"实施建议与要求"中指出，在临写的初始阶段，要充分发挥习字格在读帖和临帖过程中的重要作用，引导学生观察字的笔画、部首位置和比例关系。在教学中，应重视引导学生树立三种意识。

一、格在心中，养成"规范布局"的意识

田字格，是最简约、最精准的习字格，被广泛应用。它在书写汉字的过程中起到辅助的作用，为更准确把握汉字的结构和笔画提供了基本的定位参照。低年级老师亲切地称它为"田老师"。但是仍有不少教师和学生缺乏田字格的布局意识，书写时不重视，不会用，乃至形同虚设，写归写，格归格，导致习字过程有量没质。

（一）读懂田字格，习字不用慌

可别小瞧田字格中的四个小格子，其实每个格子都大有名堂，每个格子，每个方位，每条线都有其不同的名称和作用。熟记田字格，牢记各部分名称和作用，是初学者必上的一堂课。认识了田字格后，欣赏田字格中的汉字，让汉字回家，让孩子们新奇地感受到每个字都应各就各位，各得其所，井然有序，相安无事，而不能胡乱摆放，这是一个重要的基础和过程。每次动笔之前，都要引导孩子们好好地看一看，找一找，说一说，议一议，要有这份神圣感和仪式感。

（二）用好田字格，练好基本功

首先利用"田老师"练好基本笔画。小学生习字都要从学习基本笔画开始。"田老师，四方方，写好笔画，她来帮"。要紧紧依靠田字格把各种基本笔画练精到。横中线与竖中线是书写时最基本的参照物。要想把字写得端正，不歪斜，"横平竖直"是关键。其次要认真记住各种笔画的态势和特点，并掌握运笔方法，然后加强训练，逐步感受运笔过程中的速度和力度的变化。如充分利用竖中线，加强竖画练习，可以让学生先描竖中线上的竖画，然后照此仿写，每隔一小段练写竖画，边写边比照，边写边体会运笔中轻重、快慢的感觉，不断提高控笔能力，直到能把竖画写正、写直，有力道。除此之外，其他基本笔画，以及复合笔画都可以在田字格中找到相应的参照线或参照点。只要按照以上的步骤一丝不苟地学习，在田字格中的书写基本的难题也就迎刃而解了。

二、精准观察，养成"意在笔先"的意识

从主观上看，由于受到儿童心理发展水平的局限，他们感知字形能力形成有一个由模糊泛化到精确分化的过程；从客观上看，作为客观刺激物的汉字的特点也造成了儿童掌握汉字有一定的困难度。特别是有些复杂形体的汉字，其细微部分投射在人的视网膜上的清晰度是较差的。学生中普遍存在看得清字在田字格中的模样，却看不明白字的形态、笔画分布以及四周伸缩等安排，往往失"察"毫厘，书写出来，常常相"似"甚远。事实证明，观察是读帖的基本功，也是提高书写质量的一个很重要环节。

（一）观察整体字形，把握笔画比例

要想写好字，就必须认真研究字的外形，观察字的整体外部形态与笔画伸缩。这是相当关键的一条，字形一错，长宽比例不对，就造成走了样，书写不美观。抓准形态和大小，借助辅助线，可以一目了然知道某一关键笔画写在哪里，笔画的长度比例以及难以表述的书写规律明晰地展现出来。

（二）察清"三笔"画，领会布白与间架

1. 察清"首笔"

古人云："一点成一字之规。"写好一个字关键写好首笔。写好首笔，关键在于准确地把握好首笔在整个字中的具体位置、长短、轻重、正斜。起笔低了，整个字就掉在了格子的下半部分，容易出现"缩头缩脑"；起笔高了，整个字就会偏高、松垮，容易"顶天立地"，导致整体结构松散、变形，缺乏美感；起笔偏右或偏左，整个字就会歪倒一侧，要么太"胖"要么太"瘦"，容易出现"偏居一隅"或"旁逸斜出"。因此找准第一笔的起笔处及大小是明确位置的第一步。

2. 察清"压线笔"

横中线与竖中线交叉，形成一个坐标系，是所有笔画的参照物。在教学过程中，语文教师要有意让学生关注横中线、竖中线上的笔画，从而使学生强化起字在田字格中布局的整体感。抓住这两个特殊的笔画，就能确定这个字在田字格中的基本位置，从而较好地规避偏格、歪斜等毛病，做到整个字体势稳固，中心对正，整齐平正。

3. 察清"主笔"

主笔是决定字的结构体势，平衡字的重心的重要笔画，即最突出、最引人注目的那一笔或两笔。一般而言，一个字中的主笔位置或在顶盖，或在中腰，或在中垂线，或在外框，或在下衡，或在斜钩等。主笔犹如人的手脚，主笔不突出的字手脚拘束，感觉不够舒展大方。主笔对稳固字形的间架结构起着积极的作用。突出主笔就是要把主笔写得长一些、重一些、大一些、结实一些，做到主次清晰，有精神。

（三）借助"魔术框"和辅助线，明结构

小学生习字以直观形象思维为主，观察很难精准到位，不能准确全面地感知事物。因此，让学生观察范字找特点时，还可以借"魔术框"和辅助线等手段，将隐含的书写规律更加明晰地展现出来，化繁为简，化深为浅，化抽象为具体，更好地理解知识和技法。

三、掌握规律，养成"心摹手追"的意识

书法是一门实践性很强的课程，书写技能形成的过程必须经过长期的练习。要遵循循序渐进的规律，强化书写实践。

（一）教师示范，明察笔法，发现技巧

按理说，在观察精准的基础上，学生应该可以临摹得惟妙惟肖，其实不然。观察精准仅仅解决了读懂结构上的难题。运笔技能就是把字"立起来"的过程。著名书法家陈振濂说过："在书法写字教学中最好也是最省力的办法，则是亲自拿笔作示范给学生看。"教师示范可以使学生从感性认识上升到理性认识，变抽象的概念具体化，深奥的道理形象化，枯燥的知识趣味化，直观地感受运笔表现过程和书写技巧，轻轻松松解决了"可意会难言传"的尴尬。教师范写时，最好手口同步，即一边示范一边把手中的运笔步骤说出来，做到语言跟示范的动作一致；学生边观看边书空，眼耳手并用，增强专注力，从而激发学生写字的浓厚兴趣。还有另一种示范，就是充分利用多媒体写字软件，有效提高教学质量。

（二）仔细描红，感受笔法，体会要领

要帮学生建立视觉与动觉信息之间的联系。字形空间视觉表象是书写的最初支柱。通过描红可以比较快地感悟范字的特点，包括部首的比例，笔画的长短粗细、穿插避让、字形大小、位置等，建立正确的视觉表象，并将范字的字形印在脑海里，这尤为重要。再通过后续的指导、临写和书写训练，逐步形成书写动作的定位、定型。描红前，教师要引导学生仔细观察范字在格子中的位置、大小、笔画和间架结构等。描红时，要求学生边写边琢磨，记住范字的字形特征，体会书写要领。学生习字过程中，语文教师严格要求学生努力把一笔一画落实好，把字写规范，写到位，写美观。描红后，应该认真比照，检查和巩固描红的效果。小结时，教师要抓住本单元重点，边范写边讲解书写要领。

（三）勤写苦练，循序渐进，神采自生

孙过庭说："心不厌精，手不厌熟。"所谓"手熟"不仅是指临得形似，而且要神似，要做到形神兼备。初临时一定要缓慢而精到，练到一定程度，熟能生巧，神采自生。习字是个慢活，要有相当的时间积累，没有捷径，难以速成，太急了不行，不下功夫不行。只有一步一步地学，老老实实地练，持之以恒，打牢基础，循序渐进，才会学有所成。相信方法对，功夫到，加上好学善悟，一定可以把字写好。

第八节 如何指导小学生写好独体字

独体字在使用的汉字里所占的比例不大，但其所处的地位十分重要，因为它们不仅作为一个独立的字从古使用至今，而且绝大部分同时又是合体字的构成部件。写好汉字，独体字是基础也是关键。独体字由于笔画比较少，结构比较简单，如果形状把握不到位，笔画安排不合理，很容易出现撑格、偏格、歪斜、蜷缩等问题。如何有效指导学生，特别是低年级写好独体字呢？

一、学会使用田字格

每当教学习生字时就可以把田字格爱称为"田老师"。"田老师，四方方，写好汉字，她来帮"，并通过儿歌的形式，帮助学生认识、重视、爱用田字格。首先，认识田字格是第一步。田字格是一种用于规范汉字作书写的"田"字形的格子。它包括四边框和横中线、竖中线。四个格分别叫做左上格、左下格、右上格、右下格。反复讲反复记，牢记各部分名称，大大减轻学生习字的畏难情绪，有助于激发学生习字的积极性。其次，学会使用田字格。"工欲善其事，必先利其器。"要充分认识横竖中线的重要作用，在田字格中写字时，一定要仔细用好横竖中线，横中线可以帮助孩子取势平稳，把横写平，把字写平衡；竖中线可以帮助孩子稳定重心，把竖写直，把字写正。

二、学会精准观察，做到"意在笔先"

有些年级较低学生，由于没有养成精准观察范字的好习惯，总是看完范字就写，根本没有理会字的特点，就急急忙忙临写，与"抄字帖"毫无二致，效果不难想象；更多的孩子看了范字却看不懂笔画和间架结构特点，更说不出子丑寅卯。观察不到点子上，写出来的字自然成了"不合格产品"。究其原因，大多数孩子都缺乏有效的观察能力训练。

首先，掌握字的外形特点。每个独体字都有一个大体的形状。利用田字格能比较准确地把握字的外形特点。要因字赋形，"每为一字，各像其形，斯造妙矣，书道妙矣"，这是精准临帖的关键和前提。

其次，掌握独体字最基本的构字规律。独体字的笔画组合关系有四种，即离散关系、连接关系、交叉关系、综合关系。要引导学生了解各种组合关系的独体字的间架结构特点。离散关系的独体字，如"川、三"等，它们的共同特点就是分间布白，远近匀称；连接关系的独体字，如"上、下"等，它们的共同特点就是"天覆地载"，重心平稳；交叉关系的独体字，如"丈、力"等，它们的共同特点就是交叉居中，疏密匀称；综合关系的独体字，如"禾、本"等，它们的共同特点，就是横短竖长，撇捺对称。

最后，认清笔画的起止走向。笔画的起止走向，比较难以用语言表达。利用田字格就能观察得比较清楚，表达得更准确，更具体。应掌握笔画的重心，确定字的大小，保持它们的轻重平衡。

三、做到整齐平整，保持重心平稳

由于独体字结构简单，笔画较少，无其他部分支撑，不易写稳、写好。所以，书写时要认真写好每一个笔画，做到整齐平整，保持重心平稳。

1. 横平竖直，字就平稳

字中的横画要写得平稳，即稍有倾斜，尤其是长横，多为主笔，更要写得长一些，才能担得了保持平正，如"平"字。字中的竖画要写得端正，尤其是长竖、中竖，多为主笔，要写得中正，劲挺有力，不偏不倚。做到横平竖直，结构就比较稳定，如"申"字。如何做到横平竖直，我的体会是，要研究诸如"中、甲、车、丰"之类基本笔画相同的字，认真练习，找出规律，达到举三反一的目的。比如写"丰"字，为了蓄力，能把最后一笔"悬针竖"写得又长又垂直，且干净有力恰到好处，第一笔、第二笔要写得短一些，用力些，第三笔要写得长一些，轻一些，注意"取势平稳"，把笔提起来，把长横写平衡，目的是蓄力，把握轻重快慢变化，最后竖画写得"挺拔有力，不偏不倚"。

2. 撇捺匀称，字就舒展

撇捺是汉字中比较主要的笔画。不少字的上部、中部、下部分别有相交的一撇一捺。这两个笔画写好了，字就显得舒展有力。要做到撇捺伸展的角度、弧度、长度相等，形成左右对称，还要注意撇低捺高，这个高低差要与横的倾斜度基本一致。如"永、本"二字撇捺舒展，斜向笔画的上下，斜画与竖画之间形成的空白大小均匀，即布白匀称。

3. 突出主笔，主次分明

主笔就是在一个字中起主干作用的笔画，是平衡重心的重要笔画。在独体字中要强调主笔的占位。如顶盖有长横的字如"言"；中部有长横的字如"母"；底部有长横的字如"土"，都是主笔。突出主笔就是把主笔写得长一些，大一些，重一些，结实一些。这样一来，才盖得住，担得了，载得起，整个字显得体势稳固，主次分明，上下均衡。

4. 斜中求正，字就端稳

结构偏斜的字，要力求斜中取正，避免失去重心。如"乃"字向左侧，"戈"字向右侧。书写这种类型的字要遵循"斜中求稳，体斜心正"的原则，顺势赋形，保持斜势，斜而不倒。侧中求正的字，如"也、已"等类型的字，笔画都偏到一边，不对称。掌握了字的重心，字才能写得平稳。为了稳定重心，字的竖弯钩就要尽量向右伸展，达到"偏者正之"的目的。

5. 上下对正，字就安稳

凡是字头有中点要置于字的中心线上或字中有中竖的字如"卞、生"等；凡是撇捺为主组合的字头宜中分与下竖对正，如"个"；凡撇捺左右均分的字底，必须以中轴线中竖为中心，如"火、文"，诸如此类的字，中竖要写在正中，上点与下竖要垂直对正，力求保持平正，戒不均与敧。

6. 结构正者，正者偏之

结构正者，横画不宜过平，应稍倾勿侧，比如"天、安、母"的长横，要注意做到"正者偏之"，端正中显得生动活泼。

四、做到疏密得当，保持排列匀称

一字之中，横与横，竖与竖之间的距离基本相等，保持排列匀称，即是对称美，形式美。

首先，左右对称。左右匀称是楷书结构的第三原则。古人云："初学之士，先立大体，横竖安置，对待布白，务求其均齐。"左右对称的字让人感觉左右平衡，赏心悦目，如"土、木、王"等字中竖居中，左右疏密相调，宽窄、轻重相当。怎样写才能做到左右对称，把字写得端正平稳？这是教学上的难点。有经验的老师常常运用直观教学法，通过多媒体直观演示，依物体阐释道理，化抽象为形象，化繁为简，提高了教学效果，突破了教学难点，直观感受汉字的对称美，激发了学生习字的积极性。在教师指导下，学生经过反复练习，比较熟练掌握"土、木、王"等这一类型字写法，借助田字格的横竖中线，把字的左右两边笔画安排妥当，初步形成书写技能，再举一反三，勤学苦练，直至能够迁移写法，进一步提高书写能力。

其次，间距匀称。笔画之间间距相当，让视觉感到舒服和省力，这符合匀称性原则。（1）横向等距。横画比较多的字，要做到长短参差，形态各异，间距匀称，以及"上下有横，上短下长"如"三、里"等。
（2）竖向等距。竖画比较多的字，要做到高低错落，形态各异，间距匀称，突出主笔，如"山、川"等。（3）斜向等距。斜向笔画比较多的字，笔画与笔画之间距离基本相等，如"参、乡、勿"。（4）中点起笔。在独体字中，很多字的下一笔，都是从上一笔的中点起笔，这样的字形就显得匀称，如"工、互"等。

再次，斜向平衡。在横平竖直之外，还有一个规律，就是在既有斜撇，又有横折钩时，横折钩的竖部一般要和撇平行，这样的字才稳定、匀称，否则就不协调，如"力、方"。

最后，相对均衡。有些字左右并不对称，但为了达到均衡，就需要调整笔画的位置，使整个字各部分布白相对均衡，从而达到匀称和谐。如"寸"的左下有个点，为了达到匀称，竖钩就要写得偏右一些；再比如"书"字，它的右边上部有横折，下部又有横折钩的笔画，整个字右边偏重偏密，为了达到相对均衡，竖画作为主笔，就要偏左一些，而且要重一些，长一些，劲挺一些。

第九节　全包围结构的合体字书写指导

全包围结构又称四面包围结构，字的四框是封闭的，同时，内部有被包围的间架或点画。全包围结构主要分为长方形和扁方形两种形态。长方形全包围结构又分为宽长方形和窄长方形两种。

一、掌握两种形态的全包围结构的异同点

1. 相同点

写好这类字，关键在于根据内包部分的大小来确定外框的大小和形态。大口框，左稍短右稍长，被包围部分要布白均匀，饱满而不拥挤，位置要居中靠上。

2. 差异点

宽长方形的，它整个框高略长于宽，竖画稍微比横画长，上下等宽，略呈正方，如"国"字；窄长方形的，与前者相比，它的横向短，竖向长，上下等宽，呈狭长形，如"目"字；扁方形的，可以看作是长方形的横放，它横长竖短，肩开脚合，如"田、回"等。

二、写好全包围结构的字重难点在哪里

重点在于让学生学会全包围结构字的写法，掌握这类字的书写规律，即前两笔是关键，被包围部分要上提。难点是如何根据内包部分的大小来确定外框的大小，避免外框写得过宽或过窄，以横竖中线为参照，把握好内包部分的首笔，避免内包部分沉下来，学习控笔的方法，增强习字的信心，感受习字的乐趣。

三、读帖时要聚焦两个关键点

教师指导学生观察范字时要紧紧依靠田字格，以横竖中线为参照物，看清楚，看精准，看明白。

1. 两个首笔，即外框的首笔和被包围部分的首笔

"一字在首"，首笔很重要。要引导学生认真观察首笔的位置、起止、走向和向背，积极讨论并书空。比如"国"字的第一笔竖，让学生明白，这一竖画要写在左边线与竖中线中间靠边线一侧，起点在横中线与上边线之间中点画一条平行线，与左上方对角线相交处，止于横中线与下边线之间中点画一条平行线，与左下方对角线相交处。内包部分的首笔，即"玉"字的上横在于"国"字的主笔，即第二笔横折的横部与田字格的横中线的中间，起收于两侧的对角线上。

2. 主笔也很重要

这类形的字主笔都是横折这一关键笔画。要引导学生注意这一笔画特征：横短竖长，横轻竖重，横细竖粗，右竖下端略低于左竖。

四、临写时借助田字格处理好笔画和间架结构

把握好字笔画之间和部件之间的位置关系。临写时要先考虑内包部分的大小和形态，着重安排好字框大小。在写字框时，要以竖中线为参考。临写时要注意以下几个要点。

1. 外框要写稳

"口字在外框站稳"，"左边收右边放，左边短右边长"一边念口诀，一边写字，容易记住汉字的构字规律。

2. 把握书写要领

写主笔横折，横部运笔要轻，向右行时要略取斜势，右竖外凸或左右均向外凸，呈内包之势，下横也随之斜上。这样，写出来的字才会有稳固的感觉。写好相同笔画的不同形态，左竖右竖，上横下横，在笔画的取势、向背上，应略有差异。

3. 注意笔画的搭接

封口底横的起笔不可在首竖收笔以下，必须比首竖收笔稍微靠上一点，底横的收笔不能与右竖相交，与右竖收笔处搭接即可。有的笔画连左不连右，有的笔画既不连左，也不连右。有的笔画是底横包竖，有的笔画是右竖托底横，要注意变化。

五、写完之后认真比照、校正是写好字的重要环节

每写完一个字后，要把写出来的字，与字帖中的范字进行认真比照，琢磨用笔和结构方面的不足或偏差，哪一笔高一点，哪一笔短一些，然后再反反复复地临写，再反反复复地校正，直到心手双畅，形似神似兼而有之，算暂告一段落。比如，笔者教学生写完"国"后，进行拓展训练，让学生试着写一写其他全包围结构的字，不少学生写到了"因"字。没能处理好外框的宽窄大小与内包和谐的问题，要么写得太宽，要么写得过于狭窄。我出示"国"和"因"，运用比一比的方法，让学生找一找异同，结果学生发现"国"字框大一些，"因"字框小一些；"国"字的

内包部分大，而"因"字的内包部分小。那么，首笔的位置应该如何写？学生再经过一番比照，终于发现"因"字的首笔竖画要写在左边线与竖中线中间靠竖中线一侧，与"国"字的首竖相反，同时也明白了"内包部分的大小确定外框的大小和形态"的规律。

六、改进和提高习字水平的态度和方法

1. 改进的态度

培养不急不躁，专心致志的学习态度很重要，这是学习必须培养的好品质之一，不为练字也要培养。因为"写字难以速成"，慢工出细活。小学生视、动之间还不能很好地协调配合，具体表现在他们的书写动作之间不能保持连续性，常常是看一笔写一笔，对复杂点的字还要注视良久，才写得下去。因此，小孩子写得慢，可以少写几个，没有关系，只要能平心静气、专心致志地写，就宜静待花开；孩子们写不好，也没有关系，老师可以耐心指导，切莫为了追求速成和高效，而赶鸭子上架，反而欲速则不达，挫伤孩子们习字的积极性。正确的态度应该是鼓励孩子们精益求精、细致入微地完成一个个"作品"，在改进的过程中养成良好的习字态度，更重要的是感受到成功的喜悦。

2. 改进的方法

在实际教学过程中，时常会出现这样的情况，历经观察、讲解、临写、比照过后，学生总是眼高手低，写不像，写不到位，怎么办？我想起唐朝一位布袋和尚写的一首诗："手把青秧插满田，低头便见水中天。心地清净方为道，退步原来是向前。"这首诗富有启迪意义，当学习遇到瓶颈时，应冷静地以退为进，退而求其次。比如当学生临写"固"字始终不到位时，不妨采用分步走的方法，先练"口"字，再"古"字，再练"大口框"，一边练就过硬的基本功，一边克服笔画和结构上的毛病，接着再认真研究写"固"字时的运笔方法、结构规律和书写技巧，最后继续练写"固"字，相信就会水到渠成。书法学习就像"手把青秧插满田"，看似在退步，实则取得了进展。

第三章　写字与习惯

　　《中小学书法教育指导纲要》在"书法教育总目标与内容"中明确指出："学习和掌握硬笔、毛笔书写汉字的基本技法，提高书写能力，养成良好的书写习惯。"在《义务教育语文课程标准（2011 年版）》中各"学段目标与内容"中也无一例外都提到"养成良好习惯"这一项内容；同样，在"评价建议"中明确要求："义务教育的各个学段的写字评价都要关注学生写字的姿势和习惯，引导学生提高写字质量。"写字是中小学生学习生活中极其重要的内容之一。中小学生是否养成了良好的书写习惯，不仅对他们书法学习的成效至关重要，而且还会迁移到其他学科的学习，乃至影响到将来的工作和生活。所以，书法教育，要重视"养成良好习惯"尤其是在小学低年级，要特别关注学生良好书写习惯的养成。书写习惯养成的主要内容应该包括掌握正确的执笔方法，保持正确的书写姿势，注意用眼卫生和脊椎、躯体的保健；书写时专心致志，并保持不急不躁、安静平和的心态；勤于观察和思考，养成先动脑后动手，手脑并用的习惯；注意爱护与保养书写用具，保持环境的整洁；增强日常书写的练字意识，做到"提笔就是练字时"，等等。这些习惯可分为三类：一是与生理卫生有关，二是与学习方法有关，三是与学习态度有关。良好的习惯养成不是一朝一夕的事，它需要教师在长期的教学过程中，有意识对学生时时处处启发引导、严格要求、细致训练、检查纠正，同时离不开家庭的积极配合，久而久之，内化于心，外化于行，形成一种自觉的、无意识的自动化的行为。如果这些行为都能成为学生自己需要的、自然而然的、不经提醒就能做到的行为，那么说明了良好的书写习惯就已经养成了。

第一节　书写习惯的养成方法

写字是一项十分精细的活动，往往能使学生养成沉着、镇静的习惯。郭沫若先生于 1962 年关于中小学生写字有一段题词："培养中小学生写好字，不一定要人人都成为书家，总要把字写得合乎规格，比较端正、干净、容易认。这样养成习惯有好处，能够使人细心，容易集中意志，善于体贴人。草草了事、粗枝大叶、独行专断，是容易误事的。练习写字可以逐渐免除这些毛病。但要成为书家，那是另有一套专门的练习步骤的，不必作为对于中小学生的普遍要求。"题词刊载于《人民教育》1962 年第 9 期。这段话全面阐述了写字教学的工具性目标、情感态度、价值观目标，也说明养成良好习惯的重要性。培养孩子良好书写习惯，需要做长期、细致和大量的工作。没有科学的方法，单凭热情和干劲是不行的。根据写字的特点，主要采用以下四种方法。

一、榜样法

儿童时代是榜样时代和偶像时代。到了小学五年级的时候，榜样的影响力达到高峰；到了初中二年级的时候，偶像的影响力达到高峰。每一个孩子在成长过程中，都需要一个好的榜样。好的榜样对孩子的影响力是很强的，会成为他们前进的目标和动力之源。孩子以什么样的人为榜样，他就可能成为什么样的人。教师、父母是孩子天然的榜样，同龄人也可以成为孩子的榜样。

1. 发挥教师的示范作用，成为学生认真书写的榜样

教师板书本身就是教学艺术的组成部分。在黑板上书写粉笔字是教师创造美以影响学生的又一重要方面。板书美主要表现在：

（1）板书布局合理，疏密适当、层次分明。

（2）板书简明扼要、提纲挈领，突出重点。

（3）板书鲜明醒目，在关键的地方用上彩色粉笔，会起到画龙点睛的作用。

（4）板书字迹工整美观。教师板书的字迹在整个板书艺术中占有重要地位，对学生的美感影响极大，一些优秀教师往往以其秀丽或雄劲的字体获得学生的赞叹，甚至成为学生默默效仿的榜样。

（5）板书中的图示，可称为板画，娴熟、精湛的板画往往能给板书锦上添花，也成为学生练习控笔功的有效载体。

2. 父母是孩子最亲近、最天然的榜样

父母首先要"正己"，想方设法为孩子做出表率来。比如，可以从正确的握笔要领和正确的书写姿势做起。许多好习惯不是孩子做不到，而是父母做不到，而父母做不到可能影响孩子做不到。许多地方流行这两句话："父母好好学习，孩子天天向上。"从另一个侧面说明这个道理。

3. 以身边的同学为榜样，尤其以那些在年龄、写字水平、兴趣爱好等方面比较相近的同学为榜样

对于写字水平中等或写字兴趣较弱的学生，如果教师一味地要求他们向学习优秀的学生学习，以优秀生为榜样，往往起不到应有的效果。这是因为前者总觉得彼此之间差距太大，产生自卑心理，无形之中给他套上一个"思想枷锁"。反之，以各方面条件比较相近的同学为榜样，更容易使其放下顾虑，更乐意一起分享成功的经验，交流写字方法和体会，彼此关系一直稳定而且持续，示范作用变得显而易见。

二、训练法

著名儿童心理学家林崇德教授指出："习惯是在生活过程和教育过程中形成和培养起来的。习惯的形成方式主要是靠简单的重复和有意识的练习。"习惯必须经过长期的、反复的训练才能形成。一旦养成之后，就不用借助记忆，很容易地、很自然地发生作用了。晋代书法家王献之从7岁开始练习书法，5年终于写完18缸水的故事激励了一代又一代人。故

事中讲道，有一次，他要父亲传授习字的秘诀，王羲之指着院里的 18 口水缸说："秘诀就在这些水缸中，你把这些水缸中的水写完就知道了。"王献之下决心再练基本功。他天天模仿父亲的字体，练习横、竖、点、撇、捺，足足练习了两年……由此可见，没有训练，就没有习惯。

1. 训练要求

（1）严格遵守。训练需要一个过程，不可能一蹴而就。没有相当的磨炼，很难养成好习惯。计划一经确定下来，就一定要脚踏实地地做下去，要严格遵守，不能放松。

（2）持之以恒。习惯培养是一个持之以恒的过程。不能"一曝十寒""三天打鱼，两天晒网"或者"前紧后松"，告诉孩子坚持的重要性，教师一定要反复抓，抓反复，不放松。

2. 操作方法

（1）目标明确，要求具体。训练中要对学生提出明确要求，比如，要求学生坐姿正确就要教学生"头正、肩平、臂开、身直、足安"及"两点靠，八字形，头抬高，脚放平"的秘诀；要求学生握笔姿势正确就要教学生"笔拿高，一关节；两点靠，两点捏；掌心空，立掌写"的诀窍。简单而实用的坐姿和执笔法顺口溜让学生一下子掌握了要领。

（2）层次分明。习惯养成具有阶段性特点，各年级要求不一样。比如，一二年级要求"努力养成好习惯"；三四年级要求"有良好习惯"。

（3）及时检查。训练学生书写习惯，检查是中心环节，没有检查，容易松懈、走样。因此必须坚持定期检查，有记录，每过一个阶段做一次小结。比如，今天写字作业写得好，奖励一颗小红星，一周都完成得很好，可以兑换成一颗大红星，连续获得三颗大红星，就可以获得"每月书写之星"。当然，检查终究是外力，养成良好习惯必须靠内力。因此，要把检查督促与自我评价相结合起来，将要求内化于心，落实于行。

三、层次目标法

所谓层次目标法，就是在培养学生养成良好习惯的时候，要根据学生的年龄特点和心理特点，按照层次将较大的目标分解成一个个小目标，每天进步一点点，这样学生便能由浅入深、由简到繁、循序渐进养成良好习惯。著名教育心理学家张梅玲教授认为：习惯之间不能机械地用年龄分开，比如几岁到几岁培养学习习惯，几岁到几岁培养做人习惯，只能说根据孩子的年龄特点和心理发展特点，在不同年龄阶段要有不同的要求，在要求、水平、标准上体现出层次和差异。即使是同一年龄段的学生，也要尊重学生的个体差异，不能用统一的标准要求不同的学生。

1. 训练原则

著名教育专家关鸿羽教授结合青少年的年龄特点和性格特征提出了以下建议。

（1）运用"循环说"理论

学习习惯的形成需要长时间的循环反复，呈螺旋上升趋势。低年级训练过的，到了中高年级仍然要经常重复训练，否则很难巩固。

（2）运用"阶段说"理论

每一种习惯的形成有不同的关键期，小学低、中、高年级有各自的训练重点，应抓住每一种习惯形成的关键期来进行养成。在不同的年龄阶段，要选择适合本年龄阶段的习惯进行培养，不能心急。

（3）运用"中心扩散说"理论

学习习惯是一个复杂的体系，要把所有的学习习惯都在短时间内培养好是不可能的。因此，在培养孩子的习惯时，就要抓主要的习惯进行培养。主要习惯培养好了，可以带动其他习惯的形成。

2. 操作方法

（1）养成主要习惯。根据学生的书写习惯特点和主要存在问题，考虑学生的年龄特点，遵循儿童认知发展规律，抓住主要习惯进行培养，讲究科学性。

（2）分层次确定目标。培养学生良好习惯，要帮助学生把大目标分解成小目标，把模糊的目标变成具体清晰的目标。比如培养"专心致志"的书写习惯，低年级的学生，力求保持正确的"双姿"，书写时注意笔画的搭接，要求安安静静书写 10 分钟，力求做到规范、正确、整洁；中年级的学生，要求做到"双姿"正确，并保持好，能较熟练书写正楷字，每一次练字自觉做到安安静静书写 20 分钟，做到规范、端正、整洁，初步感受汉字的形体美；高年级的学生，做到"双姿"正确，有良好的书写习惯，每一次练字自觉做到安安安静静书写 20—30 分钟，养成凝神静气的心态，能熟练书写正楷字，行款整齐，力求美观，有一定速度。

（3）目标分解要具体。比如，低年级学生的书写目标，可以具体分解为近期目标：学习正确的握笔要领，包括握笔手形的五个面（上面、下面、里面、背面、侧面），两个度（分别指笔杆与桌面的倾斜度；笔尖到三指握笔处的长度），五个支点（上靠点、下靠点、左压点、右压点、支点），学习正确的坐姿，写好基本笔画，注意笔画在田字格中的位置，学习笔顺规则；中期目标：掌握基本笔画、笔顺规则，初步掌握正确的"双姿"要领，书写时注意笔画的搭接，力求做到规范、正确；远期目标：坐姿端正，握笔用力适度，力求保持正确的"双姿"，懂得爱惜文具，书写时注意笔画的搭接，注意间架结构，会借助田字格写字，力求做到规范、正确、整洁。

四、行为契约法

行为契约法是养成教育中有效改善亲子关系和师生关系的"润滑剂"，有助于建立双方之间相互尊重、相互信任、平等待人的人格关系，同时渗透了法律意识教育。

为了帮助孩子养成认真书写好习惯，父母、教师常常扮演监督者、唠叨者的角色，久而久之，令孩子感到不爽，甚至引发孩子情绪上的抵触。此时，最好的办法是父母、教师能与孩子平心静气，好好谈一谈，试试运用"行为契约法"进行习惯养成。父母、教师的目的是改变孩子马虎潦草的不良习惯；孩子的目的是改变父母、教师过于严苛的唠叨现状。双方经过"谈判"，共同"协商"，制订出一份对双方行为都有约束力的书面约定。双方本着平等、尊重契约精神签订"认真书写契约"，彼此信守承诺。

1. 要求和原则

（1）"行为契约"条款的确立，要遵循彼此尊重、相互制约的原则，最好认真对待，以书面形式出现，双方应人手一份。"行为契约"作为一种教育方法意义上的"君子协议"，一经签订对双方都具有约束力，可避免口说无凭和随意更改，双方要共同保持和维护"书写契约"的约束力，不断以自己的良好行为强化对方的良好行为，最终双方都养成良好的习惯。

（2）契约陈述必须具体。

（3）要把契约告诉他人，以便起到更好的监督作用。

（4）契约制订要有针对性、阶段性，符合"最近发展区"理论。

（5）有成功的可能。

2. 操作方法

要改变学生书写不认真、书写的不良习惯，非一日之功。运用"行为契约"法不失为一种简单易行的好办法。

（1）确定目标行为。"行为契约"的目标可以是减少不适宜或不良行为，也可以是增加适宜或良好行为，或者两者兼而有之。目标行为必须是客观的、可操作的，不能含义模糊。比如，"认真书写"调适目标，第一、二周要求有一次"良"评；第三、四周要求有一次"优"，不能出现有"差"评；第五、六周要求至少有一次"优"评，不能出现有"差"评。每一周都要进行个别交流、反馈，及时的总结和奖惩会起到显著的促进作用。

（2）规定确认目标行为的方法。双方都要对目标行为进行相互监督。目标行为出现或者没出现，要有一个双方都认同的检测方法。比如，"认真书写"习惯养成最直接观察的行为文件，就是学生的作业本、生字本及每一天"双姿"检查记录。

（3）确定"行为契约"的有效期。对于较难形成或较难改变的习惯，最好确定一个相对较长的有效期，并在有效期内划分出几个较短的考察期，每个考察期都制订相对具体的考察目标。随着养成的推进，目标的要求逐级递增，不要忽高忽低，以免在执行过程中无所适从。

（4）确定强化和惩罚的跟随条件。双方执行的是适宜行为，应得到契约中明确规定的强化；如果是不适宜行为，契约中也要明确惩罚后果。无论什么惩罚，无论采取什么方式，一旦决定下来，就绝对不能改变，防止规范软化现象。

第二节　如何指导低年级学生做到"整洁"

《中小学书法教育指导纲要》对小学低年级学生写字的基本目标，就是"书写力求规范、端正、整洁，初步感受汉字的形态美"。养成整洁的习惯，不仅对孩子们书法学习意义重大，而且还会迁移到其他学科的学习，乃至影响到将来的工作和生活。

一、书写不整洁的原因

在实际教学中，由于指导不当，很多低年级孩子不能正确使用铅笔写字，造成作业本不整洁，主要原因有四点。

1. 没有养成良好的握笔姿势

握笔不稳，握笔紧张，手心容易出汗，导致纸张被弄湿；握笔过低，趴着写字，手掌贴在本子上，一边写一边摩擦，不知不觉就把纸张给弄脏了。

2. 不懂得选择合适的铅笔

孩子入学了，什么样型号的铅笔才适合小学生使用的呢？什么样的铅笔软硬适中？笔尖削多长，削多尖？到底该给孩子准备多少支铅笔？该教给孩子哪些使用铅笔、保护铅笔的方法？各种问题都有待有经验的教师"拨云见月""拨乱反正"。

3. 执笔紧张，用力过大

刚刚入学的孩子小手肌肉群还没有发育完全，对铅笔的使用还不够熟悉，不容易控制好笔杆，执笔过程中常常过于紧张，用力过大，导致笔画写得过粗、过黑、字形偏大且不正。另一方面写字的态度特别认真，往往也会正襟危坐，执笔特别用力，尤其是食指，很多孩子不仅第一指节内曲，而且食指的手指头上形成一个凹坑，就是一个例证。

4. 不会运笔和用笔

铅笔的硬度较大，笔尖无弹性，小学生难以把握好起、行、收笔的节奏和转折的快慢轻重，更难以表现出笔锋，只能写出起收笔一样粗细的笔迹来。这就是不会运笔的表现。当然，不懂得科学使用铅笔也是原因之一。比如，习字和写作业时，一直用同一个侧点摩擦，铅笔尖就会越用越粗，笔画就会越写越黑。

5. 不懂得左右手配合

一是不会使用左手及时移动本子，常常把本子蹭得又脏又黑；二是低年级的孩子写字过于用力，由于受到"入木三分，力透纸背"的误导，往往使字迹都透到了本子的反面，甚至下一页；三是不会及时清理橡皮擦，这些都是造成书面不整洁的原因。

二、培养学生"整洁"的书写习惯

1. 执笔存在的问题及纠正的方法

（1）执笔存在的五种问题

钳手拉弓（食指内曲，笔杆靠在虎口，食指与中指分开，形似拉弓）；包指握拳（拇指越过笔杆，包住食指和中指，呈握拳状）；握笔过低（笔头露出较少，导致中指食指小指侧卧，呈趴掌状）；四指围笔（笔杆下靠点靠在无名指上，导致握笔过低，趴掌写字）；勾手腕（因为坐姿不当，导致下臂与手腕弯曲，不在一条线上）。

（2）养成"525"科学执笔法

"5"是指握笔手形的五个面，分别指：上面、下面、里面、背面、侧面；"2"是指两个度，分别指：握笔时，笔杆与桌面的倾斜度，笔尖到三指握笔处的长度；"5"是指五个支点，上靠点、下靠点、左压点、右压点、支点。具体要求详解如下："五个面"分别为："上面"是指拇指与食指合围构成的面，呈点形状，前尖后圆；"下面"是指立掌写字，以小指做支点；"里面"是指指实掌虚，掌中圆空；"背面"是指手指弯贴，成楼梯状；"侧面"是指手掌与下臂成一条线。"两个度"的要求：握笔与桌面的斜度大约是45°，笔头露出手指的长度大约一指节。"五个支点"的定位要求："上靠点"在食指根的第三、第四纹路线之间，"下靠点"在中指左侧指甲根上，"左压点"是食指从右向左压住笔杆，"右压点"是大拇指从左向右压住笔杆，三点合围把笔杆稳稳抓住；"下支点"以小指为支点，手指依次弯贴，做到掌心空虚立掌写。

2. 坐姿存在的问题及纠正的方法

（1）坐姿存在的四种问题

头不正（左歪、右斜、低头写字）；身不直（驼背写字、侧身歪纸写字）；臂不平（左手打横、双手打横、左手倒勾、吊手写字）；足不安（叉腿、伸脚、跷腿、吊腿、倒勾腿）。

（2）养成"2869"健康坐姿法

俗话说"凡事就怕认真二字"。正如1992年《九年义务教育全日制初级中学语文教学大纲（试用）》所指出的："字要规规矩矩地写，话要清清楚楚地说，语文要仔仔细细地读，练习要踏踏实实地做，作文要认认真真地完成。"端端正正写字的姿势很重要。"2"指两点靠，左右手的靠点在肘关节往下臂一拳头的位置，保证胸离桌沿一拳远；"8"指八字形，左手像撇，要扶纸，右手像捺，握好笔，左右对称八字形；"6"指六个拳头，笔尖离胸前三个拳头的距离，胸口离下巴三个拳头距离，做到头正身直；"9"指小腿与地面垂直90°，大腿前倾，双脚平放，脚踏实地，与肩膀同宽，做到收腹挺胸，双肩齐平，避免伸脚、跷脚、吊脚、叉脚、倒勾腿等不良姿势。"2869"健康坐姿法能有效纠正坐姿不良，使学生做到"头正、肩平、臂开、身直、足安"。

3. 挑选适合学生写字的铅笔

（1）选妥铅笔

挑选适合学生写字的铅笔，是学好字的前提，这是一门学问。刚入学的孩子最好使用木杆 HB 铅笔，这种笔软硬适度，写出的字颜色适宜，便于擦改。2H、3H 铅笔则铅芯太硬，易划破纸，写出来字迹又太淡，会损坏学生的视力。当有了一定书写基础之后，建议使用 B、2B 这类笔芯稍软于 HB 的铅笔，这种铅笔写出来的字颜色要比 HB 铅笔深一些，对保护视力有一定的好处，而且由于笔芯较软，更容易写出笔画轻重、粗细、浓淡的变化。

（2）削好铅笔

笔尖太长、过细、过尖容易折断。笔尖太秃，笔画粗糙，不易于安排间架结构。那么，笔尖究竟削到什么程度为宜呢？从削的部位算起，一般在 3 厘米左右，铅芯露在木杆外边大约 0.5 厘米比较合适。铅芯过长，孩子写字时用力不均，易断；铅笔芯过短，笔尖。易秃。随着书写的熟练可以逐步加长铅笔芯长度，不过，铅笔尖总长不要超过 3 厘米，因为握笔时，手离笔尖一寸远，运笔最灵活。

4. 给铅笔选"小伙伴"

铅笔里孩子们学习的小伙伴。为了让它更好地帮助小朋友们学习写字，我们还要给它安排助手，解决困难，给铅笔请三个"小伙伴"。

（1）我们的左手是铅笔的"小伙伴"

当你用右手写字的时候，左手的作用可大呀。第一个作用是"镇纸"。用左手手指轻轻压住本子的空白处，注意用指端轻压，而不要用整个手掌盖住本面，这样就不会把本面抹得黑乎乎的一片，左手也不会弄成小黑手了；第二个作用是移动本子。要让孩子们知道，本子是可以移动的，如果自己的视线被挡住了，可以用左手手指端按住本子轻轻推动着本子。这里要提醒孩子不是用整个手掌，也不能太用力。要知道，本子是可以移动的，而我们的写字姿势可不能轻易变形；第三个作用起支撑身子的作用。写字的过程中，要保持较长时间"头正、肩平、身直、臂开、足安"的坐姿，就要很好发挥左手的支撑作用。

（2）橡皮也是铅笔的"小伙伴"

小学生在写字过程中需要使用橡皮，就像我们扫地离不开扫帚一样。选用橡皮要选择柔软的，要大小合适的。橡皮不要买太大，因为橡皮使用时间长了容易老化变硬，不易把字擦干净，而且小孩子有"喜新厌旧"的心理特点，长时间使用一种东西，也容易失去兴趣。橡皮最好选长条形的或长方形的，有利于孩子拿捏得住。刚上学的孩子还可以准备一个小巧的软毛刷，用它帮助孩子轻松处理掉橡皮屑，养成细心、讲究卫生的习惯。

（3）垫字板也是铅笔的"小伙伴"

垫字板的作用很大。第一能避免孩子将字印到后面去，也避免把后面的字透到前面来；第二能增加弹性，铅笔尖比较硬，作业本纸面又比较光滑，用了垫字板就能较好避免笔尖滑动偏移，更容易运笔；第三还能使铅笔尖减少磨损，让笔芯不会秃得那么快。不过，选购垫字板要挑选比较大的、软塑料材质薄薄的垫字板，不要挑选太硬、太滑的，避免孩子写字时控笔更困难。

5. 和铅笔做游戏

可以引导学生和铅笔做游戏，找到融洽相处的方式。

（1）和铅笔握握手

捏住铅笔笔杆的大拇指和食指指端要稍稍用力，但也不能太紧，食指的第一关节不能向内弯曲，不能把我们的铅笔"捏疼了"，长时间的高度紧张，把自己的食指也弄累了。平常时，教学生用拇指食指夹住笔杆，让中指向里向外做做屈伸运动的锻炼，看看笔能不能轻松地玩起"跷跷板"。如果能，又不会掉下来，那就说明三个手指配合默契，握得让它很舒服。如果手指动不了，那就说明握得太紧，应该适当松一松。在写字时候，笔尖抵住纸面，要使笔不乱动，主要依靠中指的指甲上端左侧与肉相连处从内向外托住笔杆，写字时，这个地方最为吃力。写字时间长会压出小坑，久而久之甚至磨出茧来。三指合围，成一个近似等边三角形，不能过于用力，保证运笔灵活。还要注意的是，作为支撑的小指和手掌底部，不要死压在桌面上，小指往上托，手掌和纸面保持一定距离，至少不要压在纸上。这样一来就能保持运笔的灵活了，而且能保持本面整洁。

（2）和铅笔做游戏

①轻轻在纸上滑动。轻轻地在纸面上画横线、斜线、绕圈圈，快一点儿，慢一点儿，再慢一点儿；然后稍稍用劲画，再用一点儿劲画画，看一看，什么样的线条流利好看，什么样的线条又粗又黑不好看。感受运笔过程中速度、力度的变化。

②带铅笔"急转弯"游戏。先横后竖，或先竖后横，用不同的用力方式：握紧笔杆转弯，顺利吗？松一点转弯，顺利吗？再松一点转弯，可以吗？通过这样急转弯的游戏，锻炼学生的控笔能力。

③和铅笔一起"跳舞"。养成执笔要松、落笔要轻的习惯，让孩子的手和铅笔建立默契的联系，有助于孩子们手指小肌肉群的锻炼，锻炼灵活性，锻炼力量感和配合度。对感受比较不灵敏的孩子，老师要抓住他们的小手，带着他们用不同的力量找一找运笔的感觉，比如横顿→顿竖，竖顿→顿横，横顿→顿撇……提醒孩子"顿"的时候是停住，点住纸面微微向下用力，大拇指轻轻推动笔杆，让笔杆转动一下，换个方向再画线条，注意不要太用力，也不要捏得太紧。多做这样的游戏，不仅可以帮助孩子感受铅笔的用力方式，感受力量的变化、感受手指的运动的灵活度，找到控制笔的力量、方向、速度，逐步掌握灵活转动笔尖、轻重运笔的技巧。通过细细揣摩，反复模仿，让孩子慢慢明白下笔轻则笔画细，下笔重则笔画粗，运笔慢则笔画凝重有力，运笔快则笔画流利顺畅。

第三节　养成良好的握姿和坐姿

清朝书法家梁巘《执笔歌》开头四句写道："学者欲问学书法，执笔功能十居八。未闻执笔之真传，钟王学尽徒茫然。"这是说明养成良好执笔习惯的重要性。学习和掌握正确的执笔姿势和书写姿势（俗称"双姿"）是写好字的前提和关键。但是，对于刚入学的小学生来说，掌握并保持正确的执笔姿势和坐姿不是一件简单的事。心理学研究表明，这个年龄阶段的小学生手、眼和肢体之间还没有建立起稳定的协调关系，不能自觉地调节和控制书写动作与肢体之间的平衡。有经验的教师都知道，其实经过一小段时间严格训练，大多数学生就会基本达到写字"双姿"规范要求，只不过，一开始写字，动作就全都变了形，手指扭成一团，头也歪了，身子骨软塌塌直不起，任凭你怎么提醒，总是会出现顾此失彼的现象。因此，培养良好的"双姿"习惯，应依据儿童的年龄和心理特点，以语文教师为主，紧紧依靠识字写字课堂教学，通过学校、各科老师以及家庭共同努力，齐抓共管，形成教育合力，创造良好习字氛围，使学生养成"双姿错误不动笔，下笔即是练字时"的好习惯。

一、讲清利弊

认识到正确的"双姿"重要性。正确的握笔姿势有哪些好处呢？

1. 握笔松紧适度，手指能够十分自如地活动手中的铅笔，落笔轻，笔尖灵动，写出来的字笔画清晰。

2. 手部力量可以有效地传达至笔尖，运笔时无须过多用力就可以确保足够的笔压。有利于培养手腕的灵活性，习得良好的手感，自然更容易写出正确、工整的字。

3. 用力适度，运笔灵活，长时间书写也不会感觉到疲劳。

4. 一边写一边能清楚地看到已经书写出来的内容，这样就可以保持身背挺直，不变形。反之，错误执笔姿势容易导致儿童手形扭曲，手腕僵硬，坐姿不端，疲倦出汗，书写不美观，做功课的速度较慢，间接的后果就是使孩子害怕写字，甚至影响骨骼健康发育。

正确的坐姿有哪些好处呢？

1. "拔背立腰、端庄有致"会使学生在写字时全身各部位感到舒适、轻松、顺畅，写字用笔自如，运笔灵活，对于提高书写速度有一定帮助。

2. 它不仅能减轻疲劳，还能促进儿童身体的正常发育，对预防或减少近视、斜视、脊椎弯曲等多种疾病发挥有一定的作用。反之，"弯腰塌背"等不正确的坐姿会导致孩子在书写时出现头歪、肩斜、身歪、弯腰、胸压桌沿等毛病，导致学生写出的字笔画呆板、字体歪斜、字迹模糊，严重影响了书写效果。长此以往，容易产生了近视、斜视、脊椎弯曲、手指变形等严重问题，影响孩子身心健康成长。

二、课前必检

教师要十分重视正确"双姿"的培养，把它纳入写字课堂教学的重要组成部分。刚开始训练"双姿"时都要不厌其烦口授面改、个别指导和反复检查纠正，让学生在较短时间内掌握"双姿"要求。熟练之后，在每次指导书写生字之前，可以通过诵读握笔姿势儿歌和坐姿儿歌等方式提醒学生，让学生真正掌握正确的握笔要领和正确的坐姿。还可以时时引导激励学生，增强做好"双姿"的荣誉感。比如，瞧，咱们每位都像"小明星"，把小腰板挺得直直的，真精神！小眼睛仔细观察字宝宝，小手握住铅笔，一笔一画写出了对中华书法文化的情怀。

三、小组竞赛

表现欲强是小学生主要年龄特点之一。在课堂上为学生创造展示自我的机会，常态化开展"端正坐姿，正确握笔，规范写字"个人和小组"双姿"竞赛。可以把班级"评价栏"设立在黑板的右上方。任课教师根据各组学生在课堂表现及时予以公布。一节课下来，把个人表现和小组表现按一定方式相加评定。按优秀和合格两个等级，评选出"双姿合格小组"和"双姿优秀小组"进行表扬。

四、榜样示范

"榜样"就是能起表率作用的"小老师"。建议每班选出若干位"双姿"正确，仪表清秀，字写得好的学生当"小老师"，定期展示他们的优秀作业，鼓励大家向他们学习，充分发挥榜样的示范引领作用，营造出学习榜样，追赶榜样的浓厚氛围。结合开展"端正坐姿，正确握笔，规范写字"活动，要求班级各小组设置课堂"双姿"提醒记录员岗位，支持并鼓励记录员认真检查记录学生"双姿"表现，作为成长记录资料存入档案。学校每学期都组织"双姿小标兵""书写小明星"和"星级写字班级"评选。学校要把写字的"双姿"作为学习习惯养成的重点工作来抓，让规范书写意识、良好的书写习惯融入每一位孩子的心中，并外化于行。

五、课中提醒

每次动笔练字之前，教师要让学生互相检查一下"双姿"，做得好的给他一个大大的赞，发现不规范的互相提个醒。学生练字，教师在巡视指导过程中，发现问题及时提醒，必要时手把手地教，及时纠正。

六、及时颁奖

利用课堂"总结评价"环节，根据"端正坐姿，正确握笔，规范写字"的标准，评选出若干名表现较为优秀，进步较大的学生，分别颁给卡片似的"书写小明星"或"双姿小标兵"奖状，及时鼓励和鞭策；一个学期累积了若干张之后，经班级推荐，可以申报校级"书写小明星"或"双姿小标兵"荣誉称号。

七、家校配合

安排书法教师在新学年第一学期初给一年级新生家长做一次"培养良好书写习惯"的讲座，让家长了解正确的"双姿"标准，学会如何纠正"病姿"，提高思想认识，树立正确的家庭教育观念。通过家校配合，保持教育的一致性，促进学生尽快掌握正确的"双姿"，直至养成良好习惯。

要培养良好的"双姿"习惯，每一个孩子都需要付出极大的耐心和努力，好比一场马拉松比赛。"双姿"习惯养成过程中，离不开学生天天练习，更离不开教师、家长时时监督，处处提醒。功夫不负有心人。慢慢地学生正确姿势从一分钟保持到几分钟，从一节课保持到几节课；从一天坚持到每一天，从课内坚持到课外。绳可锯木断，水可滴石穿。如此坚持一段时间之后，良好习惯就不知不觉养成了，老师就省心多了。当然还不能认为大功告成，还要防止回生和反弹。

第四节　养成不急不躁、专心致志的习惯

汉杨雄云："言，心声也；书，心画也；声画形，君子小人见矣。"这句话深刻地说明书法与心灵相连的关系。认认真真写字，能让人的心

沉静下来，凝神静虑，少躁动。一个人浮浮躁躁，心静不下来，精神集中不起来，也是练不好字的。书法教育本身也承担着培养学生集中注意力的内在要求。在训练过程中，时时处处启发诱导，严格要求，教育学生努力做到"非礼勿视，非礼勿听"，久而久之才会养成了心气平和，专一不杂，动中求静，静以修身的良好心境。

一、要有一个正确的观念

俗话说："思想对头，一步一层楼；思想不对头，一步一回头。"有了正确观念，就不会心粗气浮，患得患失，急功近利。学习书法是一种缓慢递进的过程。多少书法家以自己成功经历告诉人们这样一个真理：少小习书，寒暑无间，无从讨巧，难以速成。"写一手好字"是对习字者心性、能力的磨炼和挑战的过程。对笔意、笔力、笔势、结构组合的体会、感悟、消化、通会是缓慢的，对学习者内在的修为、熏陶、濡染也不是暴风骤雨式的。荷花定律告诉我们，成功需要厚积薄发，需要积累沉淀，需要默默耕耘，静待花开。要有"咬定青山不放松"的定力和精神。冰心先生说："成功的花，人们只惊羡她现时的明艳，然而当初她的芽儿，浸透了奋斗的泪泉，洒遍了牺牲的血雨。"没有人能随随便便成功的。

二、要有一个认真的态度

毛泽东曾说："世界上怕就怕'认真'二字。"认真是一种积极、清醒、主动作为的态度。习近平总书记还说"讲'认真'不仅是态度问题，而且是关系世界观和方法论的大问题"。一件事只要我们决定去做了，就要下定决心把它做到最好。学习书法同样需要一心一意、一丝不苟的态度，而不能心不在焉、三心二意地应付。要明确自己所追求的目标，清醒地认识到自己的不足和努力的方向，认真对待，从一笔一画、一撇一捺做起，从最基础的地方做起，一步一个脚印，持抱不放，守之如一，一以贯之，笃行不辍，就能取则行远。

三、要有一个平和的心态

古人云："知止而后有定；定而后能静；静而后能安；安而后能虑；虑而后能得。"定能生慧，静纳百川。首先要引导和培养学生追求"读书写字，听雨观云"这种平和的心态。写字静心养性，需要凝神静气，能沉下心来，不急不躁，不温不火。正如弘一法师晚年《与友人论刻石书法》时所说："朽人写字时，皆依西洋画图案之原则，竭力配置调和全纸面之形状……故朽人所写之字，应作一张图案画观之……所示者，平淡、恬静、冲逸之致也。"弘一法师的作品透露了"不食人间烟火"的气质，可谓其人其心的写照。字如心画，看见他的字就明白他的心境。其次要创造静的课堂环境，养成以静制动生活态度。当你正襟危坐时，当你正在读帖时，当你正在运笔时，当你临帖要慢要稳时，都需要相对安静的环境。小学低年级学生受年龄的局限，注意力集中的时间相对较短，在课堂教学中教师要以书写练习为中心，科学合理地安排讲解、示范、观察、书写、反馈、辅导和再书写等环节，在学生书写练习时，插播一段舒缓的古典音乐，能让学生很快在一小段时间内安静下来，集中精神写字。试想整个教室声音嘈杂，大家浮浮躁躁，心静不下来，精神集中不起来，怎么会练得好字呢？习字乃"守静之道，涵养静气"，教师要重视良好习字环境的营造。注意家校配合，要求学生在家里也是如此，有意识延长静时间，从5分钟延长到10分钟，再到15分钟，培养学生"心静如水，安之若素"平和的心态。同时老师更要注意，在学生专心致志写字时，教师可以巡视观察、个别辅导，一定不要面向全班辅导和讲解，以免分散学生的注意力。不要纯粹为了活跃课堂气氛，一堂课大部分时间都热热闹闹，使学生难以安静下来写字，这是最不可取的。

四、要有一个良好的状态

良好的开头是成功的一半。养成专心致志的良好习惯，首先要有正确的观念。从检查学具开始，上课前教师要检查学生的学具准备是否充分，摆放位置是否适当。因为整齐摆放不仅让人有一种赏心悦目的感觉，还有一种仪式感。其次养成正确的"双姿"，是养成专心致志好习惯的重要抓手之一。正确的"双姿"会使学生在写字时全身各部位感到舒适、轻松、顺畅，写字用笔自如，运笔灵活，对于提高书写速度有一定帮助。它不仅能减轻疲劳，提高书写水平，而且还能促进儿童身体的正常发育，对预防近视、斜视、脊椎弯曲等多种疾病的发生都有一定的作用。要强化学生对"双姿"要求的记忆，养成"双姿错误不动笔，下笔即是练字时"的好习惯。接着营造宽松、舒适的氛围也很关键，引导学生调整心境，保持专心致志、不急不躁状态。常用的方式是播放优美轻柔的音乐让学生闭上眼睛，做一做深呼吸。在美妙的音乐声中平心静气地进入写字课堂环境。写字时必须全身心投入。有经验的教师都善于利用榜样的作用。用故事励志，明确学习目标，端正写字的态度。比如《学弈》中两人一同拜师学弈，结果相差甚大，并不是因为他俩的智力有多大差别，而是二者学习态度不一样：前者做到了专心致志，后者却是心猿意马、心不在焉。《学弈》故事充分说明，涵养静气更重要，更能让人更好地静心笃志、凝神静气、专注精微，最终走上厚积薄发的成功之路。总之，要重视养成一丝不苟的书写习惯，而这样的良好习惯对于做任何事都是有益的。

第五节　"提笔即是练字时"

关于写字，叶圣陶先生曾说过："咱们天天为了实际需要而写字，其实天天在练字。"但是，当下中小学生的书写水平不稳定，其中一个主要原因，就是普遍没有重视，引导学生确立"提笔即是练字"的意识，没有养成"动笔就不苟，练笔必规范"的良好书写习惯。

一、要增强"提笔即是练字时"的意识

小学生经常丢三落四，不是忘了带学习用品，就是找不到自己放的东西，做事只图快，不考虑细枝末节，做事缺乏稳定性，责任心不够，心不细，不计较。马马虎虎是许多小孩子的通病。反映到做作业上就是字迹潦草，经常出错，其实质是没有真正建立"提笔即是练字时"的意识，更没有形成自觉写好字的习惯。

1. 要提倡教师"提笔即是示范时"的意识

学校应充分发挥本校优秀语文教师的书法专长，指导和带领全校教师提高书写水平，加强对全体教师"三笔字"的培训工作，尤其要坚持"三笔字"的日常训练，科学合理地制订计划，抓好落实，把"三笔字"训练成效纳入教师专业成长的规划之中，作为评优评先以及考核的一项重要内容，不断提高教师的书法教育能力和水平。要强化教师在板书、作业批改以及日常书写中的规范书写的要求，以身作则，发挥表率作用，努力成为学生认真规范书写的榜样，做到"提笔即示范"。学生的向师性很强，当学生看到老师写得一手漂亮的"三笔字"时，会啧啧赞叹，并在老师潜移默化地熏陶感染之下，心摹手追，以积极的态度寻求良好习字习惯的养成。

2. 练字先练姿，正姿促发展

正确的写字姿势是写好字的基础，不正确的写字姿势会影响到学生的写字水平。有的老师工作中疏忽大意，平时不太注意引导学生养成正确的写字姿势。一个班大部分学生从坐姿到握姿都不尽如人意，有低头写字的，有歪脖写字的，有趴头勾背写字的，有握笔握到笔尖的，有包笔写字的……可想而知，写的字又能漂亮到哪里去？为纠正学生的不良的姿势，可以找来名家写字姿势讲座的视频，反复播放给学生看，逐步纠正学生不良的写字姿势和握笔姿势："两点靠，八字形，头抬高，脚放平"；"笔拿高，一关节；两点靠，两点捏；掌心空，立掌写"。简单而实

用的顺口溜和坐姿操让学生一下子掌握了动作要领。再通过持之以恒地要求和训练，逐步把不正确的写字姿势渐渐地扭转过来。

3. 指导仔细观察，养成观察习惯

指导学生观察汉字，要让他们先从整体上观察所要写的字的框架结构，看看整个字是什么结构方式；然后再仔细揣摩字的各个部分，看看它是由哪些部件或哪些笔画组成的，这些部件、笔画是不是经过变形后组合在一起的；最后再综合观察汉字的各部分所占比例如何，观察主笔在田字格中的位置，感悟点画形态、结构布局、笔法特点、穿插呼应。只有全面仔细观察，深入掌握汉字的笔画、部件及整体结构的细枝末节，才能使该汉字的准确视觉形象立起来，映入学生的脑海，为他们写好字打下"眼中有数"的基础，并在以后的写字过程中达到得心应手的效果。

4. 还要耐心引导

从基本笔画开始，一节课练一两个笔画，再到偏旁部首，一直到笔画组合完整的字，由低到高，由浅入深，循序渐进。每学习一部分内容时，都会有要领提示，教师应该和学生一起熟悉要领，然后在黑板上给学生示范。等学生练习时，教师在教室里巡回指导，手把手地教，并及时鼓励写得不错的学生。在整个习字过程中上，师生之间有了一种很和谐、宁静、自在的氛围。

二、要激发学生"提笔即是练字时"的兴趣

兴趣是最好的老师。歌德说过："哪里没有兴趣，哪里就没有记忆。"孩子一旦对某一事物产生强烈的兴趣，就会不断激励着自己，并怀着好奇的心情，主动去做，去思，去想，去获得更多、更丰富的知识、技能。

1. 音乐渲染，激发兴趣

在很多学校，每天下午上课前的 10 分钟，学生都要进行写字训练，这项活动已坚持了多年。时间一到，原本热闹沸腾的校园顿时变得宁静舒适。在轻柔悠扬的古筝曲《春江花月夜》的音乐声中，孩子们大声告诉自己："我是中国人，写好中国字。"很快地大家都静下心来，进入专心致志写字状态，自觉地把笔墨纸砚摆放有序，把所有的精神都凝聚于笔端，整个身心都倾注到一笔一画之间，端坐着一笔一画开始练字。教师漫步其间或讲解或示范指点，对学生进行深入细致的笔画、结构等写字技能教学。一张张脸神情专注，仿佛不是在写那单调的方块汉字，而是在描绘自己最喜爱的图画。你随便走进某间教室都能欣喜地看到一个个孩子们端端正正的坐姿，心无旁骛，静气凝神地专注临摹。孩子们每天怀着崇敬的心开始，又怀着满意的心情结束。久而久之，孩子们把写好字当作是自己的一门兴趣，当作是自己品性的修炼。在一横一竖、一撇一捺墨香雅韵的陶冶中油然生发出对中国汉字的热爱，不知不觉之中，认真、严谨、规范、坚韧的品质得到全面提升。

2. 正面引导，激发兴趣

面对学生习字过程中存在的坐姿、执笔、书写等问题，及时纠正是必须的，但更要多多发现学生的优点和长处，因为多次反复的练习往往是枯燥乏味的，容易引起学生的逆反心理，因此，要进行正面评价，让学生以积极的心态自觉地矫正不良习惯，直到学生能够自觉做到"发乎于心，止乎于礼"。

3. 文化熏陶，榜样激励

我们还可以利用书法欣赏课给孩子们讲一讲"王羲之墨汁当醋""白居易苦练书法""怀素芭蕉叶上练字"等有趣的故事；唱"笔画要领歌""笔顺写法儿歌"等歌诀；学生听得津津有味，看得兴致勃勃，为"爱写字，写好字"做好情感的铺垫，真正做到知识、技能与情感和谐发展。

三、要营造"提笔即是练字时"的大环境

作为语文教师要加强对学生进行书法艺术教育，引导学生正确处理好书写与练字的关系，应该对学生提出一个要求，只要一动笔，你就要默默提醒自己，一定要把字写规范，从而不断增强学生"提笔即是练字"

的意识；各学科教师要在教学中明确书写要求和规范，注重书写指导，各种作业都应遵循相应的书写规范，做到认真、端正、整洁，还要注意相互配合，适当减轻作业量，尤其是书写作业量，保证学生有足够时间坚持做到认真书写；重视家庭教育的配合，结合创建"书香墨香校园"，深入开展"读好书、写好字、做好人"活动，通过家长会，教师与家长沟通，给家长阐明利害关系，要求家长重视传承中华优秀传统文化，加强对孩子进行书法教育，在完成家庭作业过程中，有时可能作业量比较大，有时也可能为了赶速度，孩子写着写着就身不由己地忘记要认真书写，家长一经发觉应及时地提醒孩子加以纠正。多方协同，多管齐下，久而久之学生就能养成"提笔即是练字时"的良好习惯。总之，不管在什么场合，什么时间，只要一提起笔，就能一笔一画地写，认认真真地写，保证每个汉字书写端正美观。

1. 重视课堂评价

课堂评价不仅能让写字课堂教学充满了活力，还能增强习字的意识，促进学生提高写字能力。在学生习字过程中，老师应即时给学生作品、作业给予准确客观的评价，同时经常性地在学生之间开展小组互评和自评。每个学生都希望学习成果得到别人的肯定，都会认认真真地圈画出自己写得最满意的两三个字，并请同学给自己评价。

2. 完善展示平台

每一所学校都可以设有三级习字作业展示平台：班级平台，每个班级都设置一块园地，作为学生优秀作业展示栏；年段平台，在每个年段选择一处较宽敞走廊的墙壁，设置一处年段优秀作业展示栏；校级平台，在学校的宣传栏，设置一块学生优秀习字展示栏。要求每班每周对学生的写字作业进行评比，将最优秀的，选送到校级平台展评；比较优秀的，选送到年级优秀作业栏展评；较一般的放在班级习字栏展评。通过平台表彰人、影响人、激励人逐渐营造出深厚的习字氛围。

3. 要完善"提笔即是练字时"的评价

完善评价机制，明确评价目的，充分发挥评价的发展性功能，激励学生学习书法的兴趣。明确小学阶段的写字要求："笔画正确、端正整洁、大小适中、结构匀称、字体美观。"这是对小学生写字的基本要求，目的是"要让每一个学生达到规范书写汉字的基本要求"。学校定期开展"每周写字之星"和"每月写字之星"以及"班级小书法家""学校小书法家"等评选活动，营造浓厚的力争向上氛围。

四、要树立"练字即是炼人"的志向

有个学生在回忆自己成长经历时说了这样一段话："'提笔即是练字时'是一位书法老师说过的一句话，我一直铭记在心。他的意思是：不管什么时间，只要提起笔来写字，就应严格遵守正确的写字姿势，一笔一画、工工整整地写好每一个字。我把'提笔即是练字时'看作是一种做事认真、踏实的态度。我时刻提醒自己要有这样的态度。无论做什么事，都不要想着以后有时间再好好做，一定要争取一次把它做好。"从这个例子可以看出，习字的过程中，收获的不仅仅是学生在纸面上的成果，在整个书写培养过程中，学生同时养成了仔细、认真、执着的习惯和好品质，潜移默化中培养了审美与创造力。

《语文课程标准》在"教学建议"里指出："练字的过程也是学生性情、态度、审美趣味养成的过程。"中国书法教育的传统，就是强调书品与人品的统一。"练字"即让孩子从小养成认认真真、端端正正写字的态度，从掌握汉字的基本笔画、偏旁部首和基本的笔顺规则开始，逐步做到笔画规范，结构匀称，端庄美观，从而达到练方正之字，练规范之字；"炼人"即通过学习正确的运笔方法，逐步体会起笔、行笔、收笔的运笔感觉，在习字的过程中养成不急不躁，专心致志的品格，养成"提笔就是练字时"的习惯。在练字的过程中磨炼人、教育人。"练字"是载体，"炼人"是根本，通过"练字"炼尚德之人、智慧之人、体健之人、尚美之人、勤劳之人，让孩子从小感悟"一笔一画写好字，一生一世做好人"的道理。当学生真正能把写字当成书法艺术来对待时，那已经不是单纯只是为了给别人留下好印象了，当学生把习字作为志向向书法艺术殿堂迈进时，一定会把习字的态度转化成对汉字和对本民族语言热爱这一更高层面对待，以致终身受用。

写字和写字能力的培养不仅是第一学段语文教学的一个重点，而且贯穿整个语文教学全过程。《中小学书法教育指导纲要》明确提出了"学习和掌握硬笔、毛笔书写汉字的基本技法，提高书写能力，养成良好的书写习惯。感受汉字和书法的魅力，陶冶性情，提高审美能力和文化品位"。通过系统科学的学习、训练，掌握汉字书写的基本功，激发学生对汉字和书法的兴趣，使学生"爱写字，写好字"，受到中华传统书法艺术的熏陶，提高学生的语文素养。

第六节 养成自觉习字的习惯

教学心理学研究表明，写字技能的形成要经历泛化阶段、分化阶段、巩固阶段、自动化阶段等四个阶段，不可能一蹴而就，立竿见影。教师要了解书写技能形成的一般规律，掌握正确的训练和指导方法，对学生既不能操之过急，急于求成，又不能任其"三天打鱼，两天晒网"。须知"一日练，一日功。一日不练十日空"。学生练字并不难，难在培养学生做到"三定"，不断提高练字的兴趣，增强习字的信心，养成认真习字的好习惯。

一、定时

"字是打门锤，字是敲门砖。"很多人都曾有过学好书法的强烈愿望，都迫切希望自己能写出一手漂亮汉字，但是大多数人最终没能如愿。如果问，为什么没有学成呢？答案是共同的，就是没有坚持下来。荀子在

《劝学》中云："骐骥一跃，不能十步；驽马十驾，功在不舍。锲而舍之，朽木不折；锲而不舍，金石可镂。"可见，坚持不懈的意志是何等的重要；坚持不懈的力量是何等巨大。成功需要坚持不懈的精神。小学生刚刚开始习字的阶段，坚持更为重要。坚持是从意识到潜意识，并形成习惯的动力基础，坚持久了，最终会形成一种习惯。《义务教育语文课程标准（2011 年版）》在"具体建议"中明确指出："第一、第二、第三学段，要在每天的语文课中安排 10 分钟，在教师的指导下随堂练习，做到天天练。"这一教学建议旨在增强练字的意识，养成练字的习惯，让练字成为学生的生活方式之一，更要在日常生活中引导学生主动地练字，坚持从不间断的学习和练习，哪怕每天只习字 10 分钟，反复临写两个字。绳可锯木断，水可滴石穿，只要持之以恒，就能日有所进，月有所获；久久为功，功到自然成；反之如果一曝十寒，三心二意，不管学习什么，都终究难以为继，半途而废。

二、定量

学习需要积累，生活需要积累，成功更需要积累。荀子在《劝学》中也表达了同样的意思："积土成山，风雨兴焉；积水成渊，蛟龙生焉；积善成德，而神明自得，圣心备焉。故不积跬步，无以至千里；不积小流，无以成江海。"大画家达·芬奇从师学艺就是从练习画鸡蛋开始的。在老师的指导下，他日复一日，年复一年，变换着不同角度、不同光线，不停地练习，打下了扎实的基本功，从最简单、最枯燥的重复中找到了通向最高深艺术境界的途径。足够量的积累可以产生质的飞跃。对初学书法的儿童来说，学习书法的过程实际上是进行视觉训练和书写能力训练的过程，这个过程必须遵循循序渐进的原则。定量就是要有计划有步骤，注意掌握每次练习的速度和质量，做到少而精，少而得，少而悟。所谓"少"有两个含义，一是每一个时间段内达成的目标要少，要螺旋式的上升；二是每一次练习的掌握内容不要贪多；所谓"精"，是指要写得好，悟精准，练精到，一练一得，步步为营。比如，在学习横画多的字要如何处理好"长短合度，对比调和"，首先让孩子集中精力写好"二"或"三"等字，教给"疏密停匀，长短参差""上下有横，上短下长"等要诀；其次，更要重视视觉训练，要求学生眼睛要能看清笔画在田字格中起止的位置及走向，横与横之间的距离大小适中，同时要求手要能把笔画准确地写在那个位置上，写好了"二、三"字的基础上，再练写"工、土、干、王、主、五"等字就可以举一反三，由此及彼，触类旁通。总之，要做到少而精，就必须要认认真真地写，认真观察揣摩，每写完了一个字，把毛病挑出来，想办法改正，这样就能不断进步。一分耕耘，一分收获。从点滴做起，从少到多，日积月累，奇迹就可以发生。

三、定帖

书法教育具有基础性、实践性、规范性、阶段性的特点。选帖要体现这"四性"，要根据习字者年龄特点、自身条件、兴趣特点和要求，选择一种适合的字体或字帖，认认真真，扎扎实实练上几年，等具备了一定的书法基础，再去博观与约取。

小学低、中年级学生适合以印刷楷体作为练字的标准字体。宋体字、魏碑、唐楷和印刷楷体字都属于楷体字的范畴。宋体字横平竖直、横细直粗，笔势单一，字形显得呆板、乏味，没生气，只能作为排版印刷的字模，不适合成为人们日常生活、工作学习、思想交流的工具。魏碑体字结构严峻正方，气势凌厉森严，棱角分明。由于笔画起、收过分夸张，书写困难，影响书写速度。不适合初学的学生使用。唐楷成就很高，涌现了许多著名的书法家，其中欧、柳、颜、赵四家是杰出的代表。这些法帖楷法博大精深，初学者不易琢磨透，把握不住，很难取得好的效果。而印刷楷体是国家统编小学语文教材（1—4年级）的字体，主要特点是结构匀称，端正美观，笔画标准，笔势变化多样，字形规范、端庄、优美，好写且便于普及，容易被小学生所接受，适合小学生用铅笔、钢笔临写。综上所述，在写字教学的初始阶段，印刷楷体是教师、学生练字的标准字体。

新课程从三年级开始安排小学生进行毛笔学习，《中小学书法教育指导纲要》制定了学习的目标和内容，开始接触楷书经典碑帖，需要教师帮助推介适合的字帖。

1. 取法乎上

古人云："取法乎上，得乎其中；取法乎中，得乎其下；取法乎下，得乎下下。"经典碑帖一般是历代书家代表作，公认的优秀作品。以传统经典碑帖为范本，站在巨人的肩膀上，所学尽为精粹，必有所获；如果不师古碑帖，不从追寻古风开始，所获有限，甚至容易误入歧途。教师应根据学生的基础、特点和爱好，帮助学生从优秀碑帖中选择适合的字帖，进行长时间的系统临摹、练习，以得其精髓和神韵，循序渐进，脚踏实地，不能好高骛远。

2. 传承美，创造美

传统书法的审美标准，是历经几千年孕育并建立起的，形成定式，硬笔书法当然也要追随，不能背离。硬笔字应从毛笔字里面吸取养分，否则将成为无源之水，无本之木。硬笔的笔法与毛笔相比较，除明显的起笔时用的藏锋、逆锋的变化以外，其他的运笔诸如提、按、转、折、轻、重、疾、涩、驻、过等笔法一应俱全，有相通之处。小学阶段学习硬笔书法，挑选字帖要以规范、端庄、美观为最高原则，不能轻率地将经典毛笔字帖的要求套用到钢笔字贴上。

3. 保持定力，切戒临帖不专

今天觉得颜体字很有特点，就学习颜体；明天看到许多人学欧体，又觉得欧体很有魅力，脑筋一发热转而学欧体；练了一段时间，进步不大，就提不起兴趣，见异思迁，改练其他的去了。三番五次，折腾来折腾去，什么都只知道皮毛，什么都似像非像，到头来竹篮打水一场空。

第四章 基本笔画、笔顺规范及偏旁部首教学

笔画是组成汉字的最小单位，是汉字构造的基础。万丈高楼平地起，一砖一瓦皆根基。写好每一种笔画是学习写字的起点。小学生如果连基本笔画的书写都不过关，要达到"能正确、工整地书写汉字，并有一定的速度"的写字总目标，就无从谈起。

笔法、字法、章法是书法的三要素，而笔法是最基本的要素。基本笔画的写法是笔法训练的重要内容。俗话说，"基础不牢，地动山摇"。为了打好写字和书法的基础，必须进行规范的笔画教学，让学生掌握基本笔画书写的基本规范和基本要求。这对于小学低年级学生尤为重要，不从这里练起，开始就连笔带草，一旦养成马马虎虎的坏习惯，以后要改也难。

第一节 基本笔画

一、基本笔画的书写要领

2021版《义务教育语文新课程标准》在第一学段目标（1—2年级）中明确指出："掌握汉字的基本笔画和常用的偏旁部首，能按笔顺规则用硬笔写字，注意间架结构。初步感受汉字的形体美。"可见，掌握汉字的基本笔画是一年级识字写字教学的主要目标之一。

《中小学书法教育指导纲要》附录《汉字笔画名称》共列出28种笔画及其名称，《义务教育教科书语文（一年级上册）》附录《常用笔画

名称表》共列出 22 种笔画、名称及例字，尽管略有差异，这些都是要求学生初步掌握的基本笔画。我们都知道"永字八法"概括了汉字八种基本笔画，即点、横、竖、撇、捺、提、折、钩。经语言文字专家进一步研究审定，认为其中点、横、竖、撇、捺、提为一笔写成的基本笔画，可称为"单纯笔画"。除此之外，其他的基本笔画是依附在别的笔画上的，或者由两个以及两个以上的单纯笔画组合而成的，可称之为"复合笔画"。

1. 横画

大家都知道写"横画"得"横平"，但是不一定理解其中的要义。在这里，"横平"的意思不是指横画要水平书写，而是要求看上去平稳的意思。横画分长横和短横。

（1）长横

①笔画形态：两头粗中间稍细，其形略斜，体态平稳，与水平呈5°—6°的倾斜。

②书写要领：起笔稍顿，由左向右行笔，由重到轻，中间稍细，由轻到重，收笔略按，回锋提起。

（2）短横

①笔画形态：左尖右粗，其形上斜。

②书写要领：轻下笔，由轻而重，略上斜，形不宜长，收笔略按或回锋收笔。

2. 竖画

竖画要"竖直"，即竖画应写垂直。竖若不垂直，则易造成字形不正，因为竖画在一个字当中往往起支撑作用，应力求做到垂直、挺拔、有力。根据形态和长短，竖画主要分为垂露竖、悬针竖和短竖。

（1）垂露竖

①笔画形态：垂直而正，中间稍细，末端有劲，形似垂露。

②书写要领：起笔稍顿，行笔缓缓，垂直向下，行至末端，顿笔回锋提收，收笔处圆劲似露珠欲滴状。

（2）悬针竖

①笔画形态：顿笔直下，垂直而正，中部饱满，末端出尖，形似悬针。

②书写要领：起笔稍顿，向下行笔，悬针竖与垂露竖写法相同，区别在于：收笔时笔尖提起，快速出锋，末端呈针尖状。

（3）短竖

①笔画形态：短粗有力，斜正曲直、长短，要因字而宜。

②书写要领：写法与垂露竖相同，落笔时笔触要稍重，笔画较短，粗而有力。

3. 撇画

在汉字中，撇画有一定的装饰性，如能写得自然舒展，将会增加字的美感。根据姿态和长短，撇画有竖撇、斜撇和短撇之分。

（1）竖撇

①笔画形态：先竖后撇，撇尾出尖，出撇勿长。

②书写要领：起笔稍顿，先竖后撇，由重到轻向下行笔，至撇长度的三分之二处，转向左下伸出，收笔出尖。

（2）斜撇

①笔画形态：斜度较大，中部稍粗，略带弧度，撇尾出锋，忌软弱

漂浮。

②书写要领：起笔稍重向右顿，然后转笔由重到轻，迅速向左下方行笔，舒展流畅，收笔前提笔撇出，撇末出尖。

（3）短撇

①笔画形态：先重后轻，撇画较短，撇末出锋，干净利索。在字头时，短撇较平；在字的左上部时，短撇较斜。

②书写要领：写法同斜撇，起笔顿后，侧笔向左下方行笔，略带斜度，略呈弧形，收笔出尖。不同之处，撇画短、精悍，书写速度快而有力。

4．捺画

捺画常常与撇画相伴相成，左右对称，起平衡和稳定重心的作用。有"撇轻捺重"之说，捺画粗细分明，控笔要求高，书写难度大。捺画主要有斜捺和平捺之分。

（1）斜捺

①笔画形态：下笔轻，渐行渐重，捺脚取平，来势远，去意长。

②书写要领：起笔轻，由轻到重从左上向右下渐加力，行至捺脚处重按笔，然后向右水平方向由重到轻提笔出锋。

（2）平捺

①笔画形态：起笔左伸，收笔右展，形态一波三折，弯度先平后斜再平。

②书写要领：由左起笔，顿笔，先横后斜，向右下运行，平中略斜，渐用力向上捺出，呈一波三折之势。

5．点画

古人云，"点如高山坠石"。点画，字之眉目，顾盼生姿，起画龙点睛的作用。点主要分左点、右点和长点。它们的写法基本相同，区别在于行笔方向和大小的不同。

（1）右点

①笔画形态：尖头圆尾，末尾稍重，姿态右斜。

②书写要领：右点起笔宜轻，渐用力向右下侧按笔，顿笔后向内回锋收笔，呈尖头圆尾状。

（2）左点

①笔画形态：上轻下重，上细下粗，尖头圆尾，姿态略垂。

②书写要领：左点轻入笔，由轻到重，由上而下，稍顿后向右上回带收笔，呈上尖下圆状。

（3）长点

①笔画形态：由轻而重，上尖下圆，位居字右，稍长。

②书写要领：起笔轻，行笔渐用力向右下长按，较"右点"细长，顿后回锋收笔，呈上尖下圆状。

6. 提画

提画又叫"挑"，是汉字中从左下向右上角斜向挑出的笔画。它在"永字八法"中称之为"策"。策就是策马的意思，像打马的鞭子，快速有力，一鞭子打下来，又立即收回来。说明了提画的样子和运笔特点。提画有平提和斜提之分。

（1）笔画形态：左低右高，由重而轻，左粗右尖。在不同的字中，其角度和长短略有不同。

（2）书写要领：下笔较重，由重到轻，从左向右上行笔，收笔时要出尖。

7. 横折　　┐

横折是横画和竖画的连写，注意横轻竖重，折角既不能轻飘，圆转而过，又不能使顿笔路线太长，不够自然。

（1）笔画形态：先横后竖，横轻竖重，转折有力，折角宜方，横竖夹角适当，粗细有度。在不同的字中，其横段和竖段的长度、角度各有不同。

（2）书写要领：下笔较轻，从左向右写横，至折处，要提笔右上，再右下顿笔，稍微回笔后再向左下竖行。要注意转折处用笔重而行笔慢。

8. 横撇　　↗

横撇是横画和撇画的连写，先横后撇，横轻撇重，横急撇缓，一笔写成。

（1）笔画形态：先横后撇，横短撇长，横要稍向右上斜一点，折角有力。在不同的字中，其横段和撇段的角度以及各自的长度各有不同。

（2）书写要领：起笔写短横，转折处稍慢而重，然后折笔向左下写斜撇，撇有弧度，撇末要出尖。

9. 横钩　　→

横钩是横画和钩画的连写，先横后钩，横轻钩重，钩不宜太大，一笔写成。

（1）笔画形态：先横后钩，钩画勿长。横部与钩部的夹角在30°左右，不宜太大，以免笔画形态松散变形。古人云，"如鸟之视胸"。

（2）书写要领：起笔写横，至末端略顿一下转笔向左下钩出，要把力量送到笔尖，钩尖对着字心。

10. 竖折　　

折画的变化多在于它的角度。从折画的角度变化看，主要有横折、撇折和竖折。竖折难在转折之处。竖折的竖画要比横画加重运笔的力量，做到竖重横轻。

（1）笔画形态：折尺状，先竖后折，转折有力。依据字形，竖折有竖短折长或竖长折短之分。

（2）书写要领：起笔写垂露竖，转折处稍慢而重，折笔右行写横，宜轻，略带斜度、弧度，最后顿笔提收。书写时注意竖缓慢横快，竖重横轻。

11. 竖提

（1）笔画形态：竖笔直长，略右斜，提钩有力。

（2）书写要领：运笔如垂露竖，至末端稍顿，然后转向右上用力钩出。

12. 竖弯

（1）笔画形态：折部圆转，竖长横短，形巧，似"戏水小鸭"。

（2）书写要领：起笔顿笔，写短竖，再顺势圆转向右水平方向写短横，末端轻顿，圆收。

13. 竖钩

（1）笔画形态：竖笔直挺，挑钩短尖，竖部与钩部的夹角在30°—45°之间。

（2）书写要领：起笔和行笔如垂露，至末端稍向左下轻顿笔，再稍向右上回笔，然后用力转向左上出钩。

14. 弯钩

（1）笔画形态：起笔与起钩处上下对正，形弯心正，钩尖朝上，如月牙般。

（2）书写要领：尖入笔，自左上向右下写弧形，如弯弓，与起笔处垂直线对齐处顿笔起钩，向左上挑出锋，保持重心平稳。

15. 斜钩

写好斜钩的关键是要保持一定的弧度和张力，太直、太弯都会影响整个字的美感。

（1）笔画形态：略带弧形，圆劲自然，弯直适中。

（2）书写要领：起笔稍重，自左上向右下行笔，匀力稍内曲，至起钩处顿笔转向右上挑出，收笔要出尖。

16. 撇折

（1）笔画形态：短撇倾斜，夹角适中，长短适宜。根据不同部件的组合，有的撇长折短，有的撇短折长。

（2）书写要领：起笔写短撇，由重到轻，不出尖，顿笔后折向右上写提，由重到轻，收笔出尖，要自然，一笔写成。

17. 卧钩

卧钩比竖弯钩短小，没有大的弯折，但是底部更圆转；比斜钩平，像人仰卧在地上一样，又有点像独木船，船头和船艄向上翘起。

（1）笔画形态：由轻到重，圆转自然，钩尖向内。

（2）书写要领：起笔宜轻，由轻到重向右下行笔，再圆转向右水平行笔，至末端起钩处转向左上出钩，钩尖向字心。

18. 撇点

（1）笔画形态：撇部先粗后细，点部上尖下圆，转折自然，重心平稳。根据字的部件搭配需要，有的撇长点短，有的撇短点长。

（2）书写要领：起笔写撇，不出尖，折笔后向右下写长点，收笔处宜圆劲。在不同的字中，其撇段和点段的长短、角度应顺势而为，因字制宜。

19. 横折钩

横折钩是横与竖钩的连写。在不同的字中横折钩的写法略有不同。

（1）笔画形态：先横后竖，横轻竖重，转折有力，折角宜方，钩画左裹。在不同的字中，其横段和钩段的长度、角度均有所差异。

（2）书写要领：起笔写横画，稍右上斜，再右下顿笔，稍微回笔后略顿，再向左下竖行，钩部左倾，到起钩处略顿笔后向左上方出钩。

20. 竖弯钩

（1）笔画形态：竖直，弯转自然，钩短有力。

（2）书写要领：起笔稍顿写竖，然后圆转向右横向行笔，至末端顿笔，稍向上翘再用力出钩。

21. 横折弯钩

横折弯钩有两种形式：一种是横画和竖弯钩的连写，如"九"字；另一种是"乙"字以及由它派生出来的字，特点是弯度比较大。

（1）笔画形态：横斜折竖（横平折斜），横短折长，弯部圆转，形如"浮鹅"。

（2）书写要领：起笔写横略斜，顿笔后折向左下写竖，弯部圆转，而后向右写横，底宜平，略带弧形，末端顿笔转向上挑出，收笔出尖。

22. 竖折折钩

（1）笔画形态：横细竖粗，转折自然，折角方正，重心平稳。

（2）书写要领：起笔写短竖，顿笔后折向右写短横，再顿笔后折向下略左倾写竖钩。

23. 横斜钩

（1）笔画形态：横略上仰，斜钩宜挺、宜长，不宜宽，宽则形散。

（2）书写要领：横和斜钩连写，写时注意横部稍微左低右高，斜钩部要有弓劲，弯度不要太大，钩尖儿朝右上。

24. 横折提

（1）笔画形态：横短斜，竖部微左斜，提锋有力。

（2）书写要领：起笔写短横，顿笔后折向下写竖，稍长，再顿笔转向右上写提画，长短适宜。

25. 横折弯

横折弯是横画和竖弯的连写，整个笔画横短竖略长弯短。

（1）笔画形态：弯部圆润、自然，弯不出钩。

（2）书写要领：下笔写短横，宜轻宜短，略顿笔后折向下写短竖，再圆转向右写短横，收笔较重，意收。

26. 横折折撇

（1）笔画形态：横折折撇第一个横段左低右高，第一个撇段短而且直，第二个横段左高右低，第二个撇段长而且弯，三段之间转折自然。

（2）书写要领：起笔写短横，略斜，顿笔后折向左下写短撇，接撇尖折向右写小短横，再顿笔而后向左下撇出，撇画有力，收笔出尖。

27. 竖折撇

写竖折撇要注意两点：一要竖重横轻撇重，竖缓横行撇稍急，转折自然；二要注意起笔处与收笔处末端要竖直对齐。

（1）笔画形态：转折自然，体斜心正，斜而不倒。

（2）书写要领：起笔写竖，稍向左斜，顿笔后折向右写短横，横稍向右上斜，再顿笔后向左下撇出，收笔出尖。

28. 横折折折钩　　

（1）笔画形态：斜中取正，重心平稳。横画短斜，折画斜转自如，弯部稍弧。

（2）书写要领：起笔写短横，略斜，顿笔后折向左下写短撇，再折向右写短横，横的右边稍低，再顿笔折向左下写弯钩。

29. 横撇弯钩　　

（1）笔画形态：横略上仰，耳廓似小弯钩，弯折有度。左耳旁耳廓宜小；右耳旁耳廓稍大。

（2）书写要领：起笔写短横，左低右高，顿笔后写短撇，顺接撇尖由轻到重写耳廓，似小弯钩，钩向左上。

第二节　基本笔画的教学方法

基本笔画有四个要素，即角度、弯度、粗细和长度。掌握了这四个要素，才能看懂笔画形态特点，把笔画写好。《义务教育教科书教学用书》建议低年级教师要让学生"结合写字，学习基本笔画和笔顺"。可见，单纯把笔画写好还不够。应该把学习写字和学习基本笔画结合起来，相辅相成。

基本笔画教学要让学生达到以下三点：一是认识每个基本笔画的形态特点和名称；二是要掌握各种基本笔画的写法；三是结合写字教学和书写练习，要求学生能把基本笔画带入字中，正确地写出来。这是笔画教学的重点和难点。

一、笔画解剖法

在基本笔画教学中，首先要着重教会学生掌握笔画的四个要素，即角度、弯度、粗细和长度。通过观察，认真分析每一种基本笔画四个要素的特点，注意长短轻重高低的细微差别，准确抓住笔画形态和特征，进一步领会书写要领，掌握规范书写的方法，力求做到写得像，写得好。比如教学"垂露竖"和"悬针竖"，可以这样引导学生注意观察笔画形态特点及二者的区别：一看笔画的角度，这两种竖法，起笔相同，与水平线的夹角也相同，均为90°；二看笔画的弯度，二者都是正直下行的，挺拔有力；三看粗细，"垂露竖"两头稍粗，中间稍细，笔画的末端像一滴露珠，圆润收敛，具有静态美；"悬针竖"上粗下细，正直不弯、不偏，至末端加快速度，提笔出锋，形似悬针，锋芒毕现，具有动态美；四看长度，二者都属于长竖。在掌握四要素的基础上，通过书写实践让学生表现出笔画的形态特征，体会运笔的轻重、快慢的不同，并且知道什么情况下用"悬针竖"，什么情况下用"垂露竖"，初步感受线条美、节奏美。总之，不管学习什么笔画，都要重视书写练习，先求规矩后求精巧，精熟之后，自能美观。

二、直观示范法

在写字教学中，教师的书写示范引领非常重要。俗话说："说一千道一万，不如动手做一遍。"说的就是教师的示范不可或缺的道理。在课堂上，要充分发挥教师的示范作用，成为学生认真书写的榜样。教师的演示方法有许多种：一是师生板演。教师示范板演，做到边板演，边解说。教师板演之前，要提观察要求，调动学生的注意力和积极性。学生板书或者练习，教师要一边指导一边纠偏，及时总结优缺点。师生互动，讲练结合，活跃课堂气氛；二是反复播放教师书写视频，旨在突破难点。每一遍播放之前，要让学生预想其形，提醒学生关注某个侧重点，播放之后，要趁热打铁让学生动笔写，一步一得，降低难度，激发学生学习的信心和兴趣；三是播放教师书写视频过程中，根据教学需要可以有意暂停，讨论接下去如何写，欲擒故纵，引起学生无意注意，有效调动学生的积极性；四是播放学生的书写视频，可以采用特写镜头放大细节，好像课文中插图，局部放大"爬山虎的脚"，使"反面伸出枝状的六七根细丝，每根细丝像蜗牛的触角"这一细节纤毫毕现，过目不忘；五是必要时转换角度，播放学生书写时的"双姿"。观察运笔过程，学习控笔方法。尤其是学习的初始阶段，要十分重视养成良好的写字习惯和态度，不断提高书写质量。

三、正误对比法

正误对比法，也叫比较分析法。这种方法在写字教学中，经常使用，效果很好。心理学研究表明，小学生在掌握汉字的音、形、义时，掌握字形是最难的。这既与汉字本身的特征有关系，也与小学生心理发展水平有密切联系。低年级小学生对客观事物的大体轮廓的感知占优势，精细的辨别能力不高，要求他们分辨细微差别，是比较困难的。所以运用正误对比法，往往能屡试屡验。俗话说：不比不知道，一比忘不掉。对比就是把差异、优劣、正误、矛盾和对立的双方安排在一起，通过认真观察，分析比较，能很快地发现笔画和结构特点，加深印象；再通过归纳总结反思，寻找书写规律，从而达到强化印象之目的。正误对比法主要有以下三种形式：一是有优劣对比。比如，出示学生的"竖撇"练习，让大家评判哪位同学写的"竖撇"最精到。仔细看这些练习，有的写成"斜撇"，有的写成"竖长撇短"，有的写成"竖短撇长"，有的能按照"竖撇"的书写要领"先竖后撇，由重到轻，至撇长度的三分之二处，转向左下伸出"，写出规范的撇画来；二是布白对比。比如，写"头"字，字中的三点姿态、长短、高低、远近各不相同，让学生上台在黑板上演示三点归位以及安排笔画彼此呼应过程，以考察学生的眼力；三是正误对比，有一些容易混淆的复合笔画，比如在"四"字中到底用"竖弯"

"竖折"还是用"竖弯钩"规范正确；又如"白"和"禾"两个字的首笔到底是该用"平撇""短斜撇"还是"长斜撇"，为什么？让学生讨论一番，说出个子丑寅卯来。

四、图解示意法

图解示意法，顾名思义就是运用图画的方式，把笔画的形态、运笔的过程详细生动地体现出来，让学生一目了然，心领神会，起到事半功倍的效果。比如指导学生写"横"的过程处处运用图解示意法。先出示"横的笔画图"，引导学生从整体上进行观察：从弯度上看，它是曲线，上沿边线平而挺，下沿边线微弯而活；从粗细上看，两端略粗，中间宜细，这时出示"拱桥图"，一经对比，学生很容易发现"横如桥"又长又美，形象地说明了笔画形态特点；接着出示"横画运笔示意图"，了解"顿—行—顿"的运笔过程，教师边示范边讲解：顿笔要稳，有力道、干净，运笔要轻快，学生初步了解运笔要领；接着出示"描红的图"，引导学生进行描红的训练和临写练习，体会"顿—行—顿"的运笔感觉，逐渐感受书写中的力度、速度的变化；最后上投"学生练习"，鼓励学生大胆讨论，分析优缺点。一般来说，初写横画，学生容易出现的缺点主要有：1. 顿笔太重太长，收笔不干净；2. 笔画太弯，显得很软弱乏力；3. 运笔太用力，没有轻重变化，整个过程一直在"拉"，显得平板僵硬。综上所述，图解示意法能帮助学生更好更快发现基本笔画特征，了解运笔要领，体会书写重难点，掌握规范书写要求，把笔画正确写出来。

五、比喻法

比喻法，顾名思义就是运用比喻的手法，把笔画、结构、布势等抽象的特点，用形象的语言表达出来，增强感染力，令人豁然开朗。比如字形结构上，古代书法家用"博喻"的形式来阐述字的精神气象："长者如秀整之士，短者如精悍之徒，瘦者如山泽之癯，肥者如贵游之子，媚者如美女，欹斜如醉仙，端楷如贤士。"评价和赞美书法家风格有"时人目王右军，飘若游云，矫若惊龙"，有李白惊赞怀素草书风格的诗句"吾师醉后倚石床，须臾扫尽数千张。飘风骤雨惊飒飒，落花飞雪何茫茫"，也是采用形象的比喻；在布势上，同样采用形象的比喻，诸如"不宜伤密，密则似疴瘵缠身；复不宜伤疏，疏则似溺水之禽；不宜伤长，长则似死蛇挂树；不宜伤短，短则似踏死蛤蟆"；在笔画上，有为大家所熟知的妙喻："横画如千里阵云""竖画如万岁枯藤""撇画如陆断犀象""捺画如崩浪雷奔"。凡此种种，不一而足。据研究，这种审美现象源之于中华文化传统。国学大师黄侃在《文心雕龙·札记》中说"丽天之象""地理之形"都是"自然之道"。这些自然事物如"日月叠璧""山川焕绮""秋山如粧""冬山如睡"，都产生自然的绚丽色彩，都是美的。因此，在当下笔画教学中，我们也经常运用比喻的手法，诸如"点像飞溅出的一滴水珠""横如桥""悬针竖""状如垂露""长撇如兰""短撇如啄""直捺如刀""平捺如波""弯钩如弓""竖弯钩如浮鹅"等，用省俭的笔墨通俗易懂、生动传神地表现笔画形态和特点，令人印象深刻。通过笔画教学，训练学生掌握基本的书写技能，渗透美感教育，发展学生的审美能力，同时适当进行书法文化教育，提高学生文化素养，激发热爱汉字，学习书法的热情，意义深远，效果较好。

第三节　笔画易错的字

一、横

1. 土、士分开

土——寺（侍、诗、痔、等）、周、袁、幸；

士——吉（洁、桔、结、秸）、志、壳、声、喜、嘉、壹、壶、壮。

2. 天、夭分开

天——吞、蚕、忝（添、舔）、奏（凑）；

夭——乔（侨、桥、骄、娇）舌、袄、妖。

3. 王、壬分开

王——呈（程、逞）；

壬——任（凭）廷、淫。

4. 首笔是横，不是撇

丰（蚌、艳、契）、耒（耕、耘、耙）；

邦（帮、梆、绑）、刊。

5. 横"彐"的中横向左向右出头不出头

横"彐"中横向右不出头——寻、帚、彐（邹）当、雪、扫、妇、侵；

横"彐"有竖穿过时，中横向右要出头——聿（建）秉、捷、唐、康、争、兼；

横"彐"中横向左出头——疟、虐（谑），末笔笔顺：横、竖折、横。

二、竖

1. 竖与撇之分

临、监、坚、竖、紧——第二笔是竖，不是撇；旧——第一笔是竖；归——第二笔是撇。

2. "周"与"同"第一笔不同

同、冈、网、罔——第一笔是竖。周、用——第一笔是撇。

3. "月"第一笔有变化

月在下，首笔为竖——育、肯、胃、有、肩。月在左右，首笔为撇——肚、肌、肠、期、朗。

4. 出头与不出头

①出头——由（黄寅）、黾（渑、绳、蝇）奄（俺、淹、掩），不出头——龟（阄）；②出头——异、弄、弃、弁、弈、算、弊，不出头——畀 bì（痹、箅、鼻）；③出头——圣（怪、坚），不出头——泾、径、经、劲、茎、颈。

5. 号、考、污

末笔向上不出头。末两笔笔顺：横、竖折折钩。"考"字下部不能如阿拉伯数字"5"。

6. 收的左旁，叫、纠的右旁

竖提与竖不交叉。

7. "身"和"舟"做左偏旁时向右不出头

身（射、躬、躲）——第六笔是平提，第七笔撇，都向右不出头。舟（舰、般、航）——第五笔横，向右不出头。

8. "耳"做左偏旁

末笔改提，右可出头，比如，取、职、联。

三、撇

1. "撇"应该通下来

免（兔、挽、勉）、奂（唤、换、涣）、象（像）、鬼（傀、愧）、卑（婢、碑）——第六笔都是一撇通下来。

2. 不是一笔通下来的字

麦（七画）、美（九画）、敖（十画）。

3. 不要多一撇

畏（喂、偎、煨）、展（辗、碾）、代、武、贰。

4. 撇向左出头与不出头

出头——化（华、花、讹）撇和竖弯钩两笔之间相交叉。不出头——匕（比、北、此、死、旨、尼、老）、仑（论、伦、论、轮）撇和竖弯钩两笔之间不相交叉。

5. 字的末尾笔画不同

呙（涡、蜗、莴、窝）——末两笔：撇、点。离（漓、螭、璃、禽）——末两笔：撇折、点。禹（属、踽）、禺、隅、愚、寓——末三笔：竖、提、点。

四、点

有点无点：有点——市 shì（柿、铈、闹）。无点——沛的右旁（沛、肺、苇），中间竖向上出头。尧（浇、挠、绕、烧），右上无点。步（涉），左下无点。染字右上不是丸。琴下无点。纸下无点。低下有点。

五、折（提、钩）

1. 横折与竖折

"片"末笔为横折，共四画。"牙"第二笔为竖折，共四画。"乐"第二笔为竖折，共五画。桀、舜、舞、降，其中的"牛"三笔为：横、竖折、竖（末笔向上出头）。"既"右旁"无"笔顺为横、竖折、撇（向上不出头），竖弯钩。

2. 左偏旁末笔横改提

土（培、场）、王（玩、球）、止（歧、武）、血（衄、衄）、耳（取、联）、子（孙、孩）、马（驰、驶）、鸟（鸵）。

3. 车字笔画、笔顺的变化

车做左偏旁时（轻、较、转）笔顺——横、撇折、竖、提（横改提）。

4. 注意竖提

切（窃、砌、沏）左旁不是土。

5. "发"与"拔"的右旁不同

发（泼、拨）第一笔是竖折。拔（被、绂）的右旁第一笔是横。

6. 有钩与无钩

（1）有钩——七、儿、几（冗、凫、机、秃、虎），无钩——朵、殳（没、投、沿、铅）；（2）有钩——东、杀、条、杂、亲、余（末笔均为点，不为捺），无钩——不、木、未、末、禾、耒、来、束。

7. "木"字钩与捺的变化

（1）木字做独体字时，竖无钩，末笔为捺。（2）木字作合体字构件，做左偏旁时：无钩、捺改为点，如枯、杆、树；做右偏旁时：无钩，捺不变，如体、沐、林；在上部或下部时：无钩，捺不变，如杏、李、杰；桌、案、荣、采。但遇到有并行的捺时，为了避让，而将捺改点，如，漆、茶、荼。

8. "小"字钩的变化

在字的上部时无钩——尘、尖、少（抄、纱、省、劣、雀）；在字的下部时有钩——尔（你）、叔（菽、淑）、京（凉、就）、乔、示（宗、票、奈、捺）。（注意"尔"字例外——玺、您，在字上部时也有钩）

六、其他

1. 仑与仓要分开

仑——伦、沦、抢、论、轮；仓——伧、沧、抢、枪、苍。

2. 癸与祭的字头要分开

癸——揆、睽、登（澄、瞪、凳）；祭——察、蔡。

3. 学与党的字头要分开

学——鲎、觉；党——堂、常、棠、尝。

4. 兴与光的字头要分开

兴——举、誉、金（检、验、签）；光——当、肖。

5. 冒字上部部件特殊

冒（帽、瑁、冕、勖）上部部件第三笔、第四笔不触及左、右两边，不能写成"曰"或"日"。

6. 不堵口与堵口

（1）不堵口，己——记、纪、起、忌、岂（凯、铠）、改、妃。
（2）堵口，已——包、苞、导、异、巷、祀、汜、巽、熙。（3）巴——
范、苑、宛（碗）厄（扼）、卮、危、卷（倦）。

第四节　笔顺规范

笔顺是指汉字笔画以及结构单位的书写顺序，是书写汉字时安排笔
画的先后顺序，它对书写速度、水平提高，对良好书写习惯的形成具有
重大的作用。

小学阶段，是学生系统接受文化教育的开端，汉字书写有书写速度
的要求，这是产生笔顺问题的最根本原因。合理地安排书写时的笔画次
序，就会使写字时的运笔路线尽量缩短，减少手、肘无用的运动，提高
书写速度，容易把字写清楚、写整齐、写美观，培养学生认真细致的学
习习惯，还能有益身心健康。

笔顺规范是一项重要的基本技法，并将其纳入字法的范畴加以重视。
笔顺规范教学要以《通用规范汉字笔顺规范》为准。经国家语言文字工
作委员会语言文字规范标准审定委员会审定通过，教育部、国家语言文
字工作委员会 2020 年 11 月 23 日发布《通用规范汉字笔顺规范》
［GF0023-2020］，并于 2021 年 3 月 1 日正式实施。该规范是新时期现代
汉字规范标准建设的重要组成部分。

一、笔顺规则

根据汉字的结构特征、常用书写工具、书写姿势、书写时的肢体动
作及书写笔程，人们从历代书写经验中总结归纳出以下汉字笔顺基本
规则。

1. 一般规则

笔画的书写顺序是按照右手执笔的生理特点确定的。书写时右手的肢体动作就习惯于"从上到下，从左到右"，这样写起来自然、顺手、舒服、灵活，书写笔程短，能尽量减少笔笔分离、倒笔、逆笔、漏笔等现象的出现。

先横后竖：十、王、干

先撇后捺：人、八、入

从上到下：三、立、里

从左到右：好、法、低

从外到内：问、同、局

先里头后封口：国、圆、团

先中间后两边：小、水、办

2. 补充规则

一些汉字如果拘泥于"一般规则"，会存在有部分字的结构反倒不好安排，就需要有"补充规则"来加以完善。根据"补充规则"，书写这部分字的结构，就不会感到别扭，不会不知所措。

（1）点在上部或左上，应先写点：衣、立、为、门。

（2）点在右上或在字里，应后写点：发、我、瓦、叉。

（3）横撇交叉时，应先横后撇：右、有、友、发。

（4）竖穿横画时，应底横后写：垂、里、土、生。

（5）竖左右有横时，应先写竖：非、北、占、上。

（6）主笔后写：①主横后写：女、子；②主竖后写：中、申；③主撇后写：少、户；④主捺后写：衣、反；⑤主钩后写：手、九；⑥中间突出的字，应先写中间的笔画：如办、承。

（7）右上和左上包围结构的字，应先外后里：句、司、厅、原。

（8）左下包围结构的字，应先里后外：造、建、赶。

（9）左下右包围结构的字，应先里后外：凶、幽。

（10）左上右包围结构的字，应先外后里：同、用。

（11）上左下包围结构的字，先上后里再左下：医、区。

3. 写字笔顺口诀

从上到下为主，从左到右为辅。

上下左右俱全，根据层次分组。

横竖交叉先横，撇捺交叉先撇。

中间突出先中，右上有点后补。

上包下时先外，下包上时先内。

三框首横末折，大口最后封底。

（1）中间突出的字，如"山""小""办""水""承"等。

（2）上有点的字，如"犬""尤""戈""龙""成"等。

（3）上包下的字，如"冈""同""网""周"等。

（4）下包上的字，如"凶""画""函""幽"等。

（5）"三框"也叫"匠字框"，如"区""匹""巨""医"等。

（6）"大口"即大口框，如"四""回""园""国"等。

二、学生笔顺出错的原因分析和引导

写字笔顺指的是写字时先写哪一笔后写哪一笔的顺序。它是写好字的基本技能之一。初学写字的小学生在"写字笔顺"出错表现为以下特点。

（一）学生笔顺出错的原因分析

1. 初学印记不深，书写动作不熟练、易错

刚刚学习过的生字新词的字形还未在孩子脑子里留下深刻的印记，练习写字时难免不加思索地"浮现出来"。因此，他们在书写过程中不能保持笔画与笔画，部件与部件之间书写动作连续性，不能很顺畅，常常是看一笔写一笔，很难一气呵成地写出来，对复杂点的字还要注视良久，

才写得下去，影响了书写的速度。在求快的负担下，很容易产生逆笔、倒笔的错误。

2. 中低年级学生笔顺知觉的特点

根据研究，初学写字的孩子其笔顺知觉正处在发展之中，原因是孩子对于字的上、下、左、右、内、外的理解，既缺乏一个明确的知觉对象，又忽视了字的笔画所起的视觉参考作用。运用笔顺规则往往一时无从谈起：

（1）由于对笔画缺乏正确感知而发生笔顺错误

①两笔合作一笔。比如，学生写"了"字时，往往把"横撇"和"弯钩"两笔合作一笔写出来，究其实，是小学生受"横撇弯钩"笔画的影响，将其知觉为一组。又如将"采"字的"中间点"与"中竖"连成一笔来写，减少了笔画。错以为上面是"⺈"，下面是"木"，或者觉得上面是"撇"，下面是"米"，以致发生这样的笔顺错误。

②一笔分作两笔。比如"讠"，原本是两画：点、横折提，时不时被小马虎写成：点、横折、提，变成三笔。这说明学生对"横折提"笔画的角度、弯度、长度和粗细等笔画形态特征没有正确感知所致。又如"口"字，其实很简单，只有三笔，可是常常发现低年级小朋友偏偏把它写成两笔：竖折、横折；反之，"贯"字把上部第一笔"撇折"总被知觉成两笔：竖和横。结果笔顺全乱了，变成：竖、横折、横、竖、横。原因是一样的，不赘述。

③写错了笔画，改变了笔画名称。比如"丰"字受毛笔书法的影响，常常把第一笔写成"撇画"。又如"笔"字，受行书的影响，图快，把第一笔写成"横"；反之，书写"皂"字时，把下部"七"的斜横，写成"撇"，似乎都是粗心的错，其实是知觉出了问题。

（2）由于笔画组合的影响而发生笔顺错误

心理学实验表明，把字作为知觉对象，字的各部分给人的感受是有

124

强烈差异，学生书写时出现笔顺错误，就是由于笔画组合差异影响而造成的。

①相似的笔画往往将其知觉为一组

一个字当中，出现连横、连竖、连点、连撇等相似的笔画，低年级学生往往会将其知觉为一组。比如，把"王"字中的"三横"知觉为一组，因此，书写"王"字时，先写"三"，然后再添上一竖。又如，把"州"字中的"川"知觉为一组，因此，书写"州"字时，先写"川"，然后再逐一添上三点。

②相似且对称的笔画易知觉为一组

一个字当中，出现相似且对称的笔画，低年级学生容易将其知觉为一组。比如"非"字，学生容易分别把中间两竖和左右六横各知觉成一组。书写时，就会出现这样的写法：先写中间两竖，后写左右六横。类似的字还有不少，比如"兆""北""比""幽""垂"等。

③相似且对称的字形易知觉为一组

一个字当中，出现相似且对称的字形时，低年级学生很容易把左右相似的部分知觉为一组。比如，低年级学生看到"斑"字左右是两个"王"，一般会先写两个"王"，后写中间的"文"，或是先写中间的"文"，后写左右两个"王"。这就是由于笔画组合的影响而发生笔顺错误。正确的书写笔顺就是要求从左到右三个部件接着写。像这样字形的字很多，不一一列举。

④外围跨向性明显的字知觉为一组

外围明显的字，诸如国字形、同字框等字形，由于跨向性明显，低年级学生比较容易将其知觉为一组。比如"国"字，这个大"囗"框定向鲜明，学生容易先写"囗"，再写中间的"玉"。又如"由"字，这个"曰"字框视觉冲击力强，学生同样容易先写"曰"，最后写中间的竖画。

⑤弯曲并且连接的笔画知觉为一组

弯曲并且又连接的笔画，小学生往往将它们知觉为一组。比如，"仑"类型的字（伦、沦、抡、论、轮）与"仓"类型的字（伧、沧、抢、枪、苍）常常混淆；"己"类型的字［记、纪、起、忌、岂（凯、铠）、改、妃］和"巳"类型的字（包、苞、导、异、巷、祀、坯、汜、巽、熙）常常在不堵口与堵口之间犯愁，"巳"类型的字（包、苞、导、异、巷、祀、坯、汜、巽、熙）和"巴"类形的字［范、苑、宛（碗）厄（扼）、卮、危、卷（倦）］往往在缺不缺口上纠结。这些都是由于弯曲并且连接的笔画容易知觉为一组的心理因素造成的。

3. 机械地按照某一笔顺规则来写

对一些比较特殊没有明确写法顺序的字，如果总是机械地按照某一规则来写，是行不通的。比如"也"字，总有一些学生固执地理解为按照"从左到右"的顺序写成：竖弯钩、横折钩、竖。正确的笔顺应该是：横折钩、竖、竖弯钩。其实，这一正确的笔顺是从历代书写经验中总结归纳出来的，体现了笔程最短、一挥而就、减少无用运动的特点。又如"丞""承""兜"等字，按"先中间，后两边"的顺序写；而"粥""罄""盥""赢"等字，或整字或上部、下部按"从左到右"顺序写。这两组字，似同非同，写法却截然不同，为何？这是知觉对象各部分的强烈差别引起的，前者的中间部分具有很强的视觉显示作用，所以应该先写。

4. 违反了"主笔后写"笔顺规则

主笔是结字的灵魂，是字中最重要的笔画，最引人注目的那一个笔画。"主笔后写"是规范笔顺规则之一，也是写好字的秘诀之一，应该遵守。比如"女"字，正确的笔顺这样写：撇点、撇、横；错误的笔顺是：撇点、横、撇。错在违反"主横后写"的规则。"女"字的主笔为横画，起平衡稳定的作用。正确的笔顺优越之处在于运笔过程顺畅，写到精熟时可以"一笔书"，而且最后写横，可以要写得长一些，平一些，稳一些，收笔时轻轻一压，字就更端美了。又如"九"字，仅仅两笔，简单明了，正确的笔顺是：撇、横折弯钩；错误的笔顺是：横折弯钩、撇。错在违反"主钩后写"的规则。道理一样，正确的笔顺具有运笔路线短，熟能生巧，可以"一笔书"的优势，更重要的是，撇和钩之间，左右向背，背不分离，彼此顾盼，需要钩画的稳固支撑。钩画写好了，字就立稳了。

（二）如何引导学生正确理解笔顺规则

如何引导学生正确理解笔顺规则呢？从心理学角度看，以下两点应特别引起注意。

首先，汉字的笔顺规则的科学性，既要遵循人的生理结构特点，又要符合汉字的构字规律，也体现了最短的书写路程的要求。按照汉字构造规律写字，合理安排笔画，既可以提高写字效率，又能把字写得工整清楚。

1. 写字时右手的生理习惯是向下逆笔，趋下趋右。

2. 方块汉字形体复杂和笔画繁多，难于一蹴而就。

3. 汉字书写排版的行款格式。

4. 汉字大部分是合体字，决定了必须逐个部件书写的原则。

其次，要从知觉对象的确定来理解笔顺规则。也就是从点画、偏旁、部首的结构关系来理解。例如，"日"是个独体字，先写左竖，后写横折，自然是先左后右了。这是以点画为知觉对象来理解的。又如，"昌"是一个上下结构的合体字，先写"曰"，后写"曰"，就是先上后下了，这是以部首为知觉对象来理解的。第三，要从字的笔画所起的视觉参考作用来理解笔顺规则。有些字，如"小"字，其笔画的定向性虽很鲜明，不能拘泥于从左到右来写，而要按先中间后两边来写。因为"小"的竖钩具有很强的视觉显示作用；相反，有些字的笔画的跨向性很强，要给它定向是很难的，如"力"字的笔顺很难说属先上后下或是先左后右，其中的横折钩有较强的视觉显示作用，所以横折钩应该先写。

三、笔顺易错的字

（一）横画

1. 末笔为二的字

冉（再、苒）——笔顺为：竖、横折钩、先中竖、后写末笔写"二"。

里（理、童）——笔顺为：先写"甲"，后写"二"。

重（踵、董）——笔顺为：撇，横，再写"曰"，接着写中竖，最后写"二"。

垂（捶、棰、锤）——笔顺为：先写"千"，后写"艹"，再写"二"。

注意：并排三、四横者不按此规律：堇（谨、槿）——末二笔为竖、横。隹（谁、难）——末二笔为竖、横。

2. 讯字的右旁和丑字的笔顺不同

讯的右旁（汛、讯、迅）——笔顺为：横斜钩、横、竖。末二笔为"十"。

丑（扭、纽、钮）——笔顺为：横折、竖、横、横（末二笔为二）。

3. 毋、贯笔顺

毋的笔顺：竖折、横折钩，先撇、后横（两边出头）。

贯的上部笔顺为：竖折、横折、先竖、后横（两边出头）。

4. 衰的笔顺

中间部件"长横穿扁口"的笔顺：竖、横折、长横（两边出头）、短横（堵口）。

5. 皮的前三笔笔顺：横钩、撇、竖。

（二）竖画

1. 带有"段"部件的字，强调后写竖

"假""暇""遐""霞""瑕"——这类字中间部件前三笔的笔顺为：横折、横、竖。

2. "报"和"服"

这类字右偏旁前两笔的笔顺为：横折钩、竖。

3. "号""考""污"

末两笔笔顺：横、竖折折钩。

（三）撇

1. 先撇与后撇

先撇的字，比如"九""及"。

后撇的字，比如"刀""力""乃""万""方"。

2. 末笔为"人"

"火"的笔顺为：点、短撇、竖撇、捺。

"臾"的笔顺为：左上斜撇、竖、短横、横折、短横、横，最后写"人"。

"爽"字笔顺为：横、撇、点、撇、点、撇、点、撇、点、最后写"人"。

"脊"字的上部笔顺为：点、提、小撇、点、最后写"人"。

注意，"兆"字的笔顺为：撇、点、提、竖弯钩、撇、点，与"脊"的上部笔顺不同。

（四）点

1. 先点与后点

先点的字，如"义""为"（笔顺为：点、撇、横折钩、点〔内〕）。

后点的字，如"叉""发""成"（凡从戈者均末笔为点）。

2. 点点的顺序

母字的笔顺为：竖折、横折钩（两笔收尾处相交叉）、点、横、点（不要写完横再点两点）。

凡带有母偏旁的字均如此；舟（船、航）的后三笔笔顺为：点、横、点。

丹（彤）的末两笔的笔顺为：先点、后横。

州的笔顺为：点、撇、点、竖、点、竖。

（五）折（提、钩）

1. 横折与竖折

"片"末笔为横折，共四画。

"牙"第二笔为竖折，共四画。

"乐"第二笔为竖折，共五画。

2. 区字框的字末笔为竖折

比如，"区""匹""臣""匡""匪"等，笔顺为：先写上横、再写被包围的部件，最后竖折一笔写完。

（六）其他

1. 先中间，后两边

比如，丞、承、率、燕、兜、燮。

2. 上部或下部从左到右

比如，辔、盥、鬻、赢、赢、赢、龇。

3. 部分部首的笔画笔顺

"艹"，横、竖、竖，三画；"讠"，点、横折提，两画。

"辶"，点、横折折撇、捺，三画。

"阝"，横撇弯钩、竖，两画。

"忄"，点、点、竖，三画；"犭"，撇、弯钩、撇，三画。

4. 带有"辰"部的字起笔先写厂

比如辰（振、唇、辱、晨），笔顺为：横、撇、横、横、竖提、撇、捺。

130

5. 带有"敝"部字的笔顺

比如敝（撇、弊、憋、蹩、鳖、蔽）的左旁笔顺：点、撇、（左）竖、横折钩、（中）竖（向上出头）、（里边）撇、点，敝十一画。

6. "女"字的笔画、笔顺

独体字女笔顺，撇点、撇、横（横与撇交叉，横向右略长。）女字做左偏旁时，笔顺同上，不同的是横与撇接触后，不向右伸出，构成一定角度即可，横改为提画。

7. 区别几个有戈的字

戊、戍、戌、成、咸、戚——笔顺都是先写"厂"，再写内部笔画，最后写斜钩、撇、点。

戎、戒（诫、械）——相同部分笔顺：长横、短横、在短横上加撇，（"戒"再多一竖），最后，斜钩、撇、点。

8. 四个特殊字形的笔顺

凹：竖、横折折、竖、横折、横，共五画。

凸：（上）竖、（中）横、（下）竖、横折折折、横，共五画。

噩：横、竖、（左）口、（右）口、横、（左）口、（右）口、横，共十六画。

兖字中间不是口：兖、衮（滚、磙）笔顺：六下是厶，不是口。

9. 个别特殊字的笔顺

了：横钩、弯钩，两画。

之：点、横撇、捺，三画。

廿，革字头，笔顺：先横、竖、竖、横，共四画。

卅，带字头，笔顺：先横、再撇、竖、竖，共四画。

肃：最后四笔的书写顺序是"先两边，后中间"，全字书写笔顺是：横折、横、横、竖、长撇、竖、撇、点。

第五节　偏旁部首

偏旁部首由基本笔画组合而成，是构成合体字的重要组成部分，具有极高的稳定性。偏旁是从选字构形的角度定义的，是合体字的构字部件。从前称合体字的左方为"偏"，右方为"旁"，现在统称为"偏旁"。把同一偏旁的字归为一类，这个归类的表义偏旁就是"部首"。我们总是习惯地把"偏旁"和"部首"合称为偏旁部首。

一、偏旁部首

掌握常用的偏旁部首，就是要让学生能认读、会写教材中出现的常用偏旁部首，知道从独体字变成偏旁后的形态和笔画所发生变化，并能在书写合体字时正确熟练地使用。

掌握偏旁部首的写法及在结字时的要求，对于安排好合体字整体结构非常关键。

1. 言字旁　

（1）笔画形态：点高靠右，竖稍左斜，整体窄长。

（2）书写要领："讠"旁要先写点，再写横折提。横短，左低右高；折画转角正对点的中部，竖稍左斜；顿笔后写提，提略短，上斜，夹角小。

（3）书写提示：①点稍靠右；②竖稍左倾；③竖提的角度要比平提大一些。④写"横折提"要一气呵成。

2. 单人旁　

（1）笔画形态：斜撇右探，竖用垂露，注意连接。

（2）书写要领："亻"旁短撇不宜平，竖画从斜撇的中下部起笔，竖

132

为垂露竖，竖画稍左顿。

（3）书写提示：①竖为垂露竖；②竖画起笔于撇的中下部。

3. 又字旁　又

（1）笔画形态："又"旁形小，横撇的弧度要大，捺变点。交点居中，左伸右缩。

（2）书写要领："又"旁横撇的横宜短，右上斜，横撇的撇稍斜，且弧度要大，捺与撇相交于撇画的中部，变捺为长点，内长外短。

（3）书写提示：①横撇与点画不封口；②"又"的捺缩短为点，不能写成捺。

4. 竖心旁　忄

（1）笔画形态：左点稍直，右点稍平，垂露劲挺。

（2）书写要领："忄"旁的竖画要垂直劲挺、有力，左点居竖中左侧，形似短竖，右点与左点起笔水平对齐，略横向。

（3）书写提示：①"忄"的竖为垂露竖；②左点为竖点，与竖不相连；③右点靠上，为斜点，与竖相连。

5. 立刀旁　刂

（1）笔画形态：左竖宜小，右钩身长，坚挺有力。

（2）书写要领："刂"的旁短竖居中且直；竖钩与短竖平行，两竖间距适当，竖钩长而直，钩锋不宜太长。

（3）书写提示：①短竖居中且直；②竖钩直挺有力。

6. 单耳刀　卩

（1）笔画形态：折部回带，上宽下窄，竖用悬针。

（2）书写要领："卩"先写横折钩，横画左低右略高，折后稍向左下

133

斜，横短折较长。在横画起笔处下笔写悬针竖，直挺有力。

（3）书写提示：①折部回带，横短折长；②竖为悬针竖。

7. 双耳刀

（1）笔画形态：折稍短，下廓稍大，竖用悬针，字形长方。

（2）书写要领："阝"先写横折弯钩，折稍短，弯钩的弯稍长；在横画起笔处下笔写悬针竖，直挺有力。

（3）书写提示：①下廓稍大；②竖用悬针。

8. 力字旁

（1）笔画形态：形长，横折钩稍左下斜，转折自然，撇画有力。

（2）书写要领："力"旁横折钩的横取斜势，钩身略偏向左，斜撇略收，钩脚比撇尖低。

（3）书写提示：①注意"力"的正确笔顺，先写"横折钩"；②"力"的撇画末尾比横折钩的横画起点偏左，比横折钩的钩脚偏上。

9. 寸字旁

（1）笔画形态：形窄长，横上斜，钩长且直，点画偏左靠上。

（2）书写要领："寸"旁长横收缩为短横，竖钩伸展，钩身在横画上段稍短下段较长，点近横画左端下方。

（3）书写提示：①长横改短横；②点画靠上。

10. 三撇儿

（1）笔画形态：形长，上窄下宽，三撇平行，间距相等，相应意连。

（2）书写要领：三撇有长短，第三撇较长，三撇间距基本相等，下撇的起点较上撇外拓。

（3）书写提示：①三撇的长度、指向略有区别；②间距相当。

11. 反文旁　文

（1）笔画形态：两撇对齐，左收右放，捺画伸展。

（2）书写要领：先写短撇，从短撇中部偏下处起笔写短横，稍上斜，从横的中部偏左处起笔写竖撇，上下两撇对齐，撇收捺放。

（3）书写提示：①上收下放；②两撇起笔上下对齐。

12. 瓦字旁　瓦

（1）笔画形态：字形窄长，长横变短，竖提直挺，斜钩稍缩。

（2）书写要领：上横改为短横，上斜，短横靠左处下笔写竖提，竖提直挺，横折弯钩的横变短，弯收缩，钩画变窄，相让于右。

（3）书写提示：①"瓦"里的点左连竖提，右断横折弯钩；②横折弯钩宜窄不宜宽。

13. 见字旁　见

（1）笔画形态：上窄下宽，两竖相称，下部略展，底部齐平。

（2）书写要领：与独体字"见"相比较，作为偏旁的"见"上部变窄，两竖相称，竖稍短，横折的横勿宽，竖撇略收，勿弯，竖弯钩略展。

（3）书写提示：①"见"第二笔是横折，不是横折钩；②竖弯钩的起笔贴住竖撇。

14. 斤字旁　斤

（1）笔画形态：字形窄长，平撇稍斜，竖撇勿弯，竖用悬针。

（2）书写要领："斤"字作右旁时，平撇宜短稍斜，先从平撇尖处起笔写竖撇，竖撇勿弯，再从竖撇中部偏上处起笔写横画，最后从横画中点稍左处起笔写悬针竖，注意下伸。

（3）书写提示：①第一笔撇为平撇；②第四笔为悬针竖。

15. 欠字旁　　欠

（1）笔画形态：短撇宜竖，两撇对齐，左收右放，上窄下宽。

（2）书写要领：短撇稍竖，从短撇中部起笔写横钩，横钩略窄左低右高，上下两撇起笔对齐，撇伸捺放。

（3）书写提示：①上收下放；②左收右放；③"人"部撇出头。

16. 殳字旁　　殳

（1）笔画形态：上窄下宽，撇捺对称，左收右放。

（2）书写要领："殳"作字右旁时，字形变窄，上面的"几"部紧收，宜写窄些，上下短横平行，下面撇画略收，捺画伸展，呈上窄下宽之势。

（3）书写提示：①上收下放；②左收右放；③"又"的左上角不封口；④"殳"的第二笔是横折弯，不是横折弯钩。

17. 鸟字旁　　鸟

（1）笔画形态：上窄下宽，左短右长，转折自然，钩身有力。

（2）书写要领："鸟"作字右旁时，字形变长，撇为斜撇，从撇尖起笔写横折钩，宜紧凑些，再从撇尖处起笔写竖折折钩，折画右伸，钩身有力，最后从偏左处起笔写横画，略带弧形。

（3）书写提示：①竖折折钩出头；②点画与四周断开；③末笔不是提，是横画。

18. 页字旁　　页

（1）笔画形态：字形长方，横画上斜，两竖相称，右竖略展。

（2）书写要领："页"作右旁时，比作独体字时横向缩短，字形变窄，其下面的"贝"部两竖要相称，撇点不相接，撇尖与点脚齐平。

（3）书写提示：①撇捺不相接；②最后一笔是点，不是捺。

19. 提土旁

（1）笔画形态：字形短小，横画偏左，竖画偏右，提画左探，收笔对齐。

（2）书写要领：先写短横，稍右上斜，再写竖画，从横画中间偏右侧穿过，不宜过长，下横改为上提，角度大小应视与其搭配偏旁而定，收笔处上下对齐。

（3）书写提示：①下横改为提画；②"土"右边收笔处上下对齐。

20. 提手旁

（1）笔画形态：字形长方，横画靠上，提笔左探，收笔对齐，左伸右缩，上身短，下身长。

（2）书写要领：短横向右上斜，再从横偏右处起笔写竖钩，提画左探，提尖出右，斜提收笔与横右端对齐。

（3）书写提示：①"扌"第三笔是提，不是横，提尖右出；②"扌"右边收笔处上下对齐。

21. 工字旁

（1）笔画形态：字形短小，横取斜势，竖短竖正，提画左探。

（2）书写要领：先写短横，右上斜，再从短横中部起笔写短竖，竖短竖正，下横改为平提，提画左探，收笔对齐。

（3）书写提示：①"工"的下横改为提画；②"工"右边收笔处上下对齐。

22. 弓字旁

（1）笔画形态：字形长方，短横上斜，平行等距，注意角度，上紧

137

下松。

（2）书写要领：三短横宜均，且宽度大体相等，竖折折钩的竖和竖钩都左倾，竖钩略长，收笔处与左竖在一垂直线上。

（3）书写提示：①"弓"字第二笔"横包竖"；②"弓"字第三笔竖折折钩竖画出头；③"弓"上部短横上斜，平行等距。

23. 巾字旁　巾

（1）笔画形态：竖用垂露，竖画平行，"冂"不宽长。

（2）书写要领：左竖宜短，横折钩的竖段与左竖平行而对称，中竖垂直写长，用垂露竖。

（3）书写提示：①左竖与横折钩相连，左竖出头；②中竖为垂露竖，不要写成悬针竖。

24. 山字旁　山

（1）笔画形态：字形短小，三竖平行等距，中间高两边低。

（2）书写要领：先写中竖，稍长，再写竖折，竖折的折画左低右高，右竖最短，三竖之间距离相等。

（3）书写提示：①三个竖画右竖最短，中竖最长；②右竖的下边要出头，确保底部齐平。

25. 食字旁　𩙿

（1）笔画形态：字形长方，撇长钩短，竖提靠左，提钩相对。

（2）书写要领：先写短撇，从撇中起笔写横钩，横短右上斜，竖提靠左，稍左斜，竖提收笔与横钩折处在同一垂线上。

（3）书写提示：①竖提不与横钩相接；②竖提收笔与横钩折处上下对齐。

26. 反犬旁

（1）笔画形态：字形窄长，撇向不同，身弯形正。

（2）书写要领：先写短撇，撇的起笔宜高，再从短撇左上角起笔写弯钩，弯钩不弯，在弯钩上部偏下处起笔写短撇，不宜长，两撇的指向不同，整个字呈身弯形正之势。

（3）书写提示：①反犬旁的第二笔斜撇不出头；②身弯形正。

27. 子字旁

（1）笔画形态：横撇夹角宜小，提画左探，左伸右缩。

（2）书写要领：横撇要注意夹角，横画稍向右上斜，撇画宜短，在撇尖处起笔写弯钩，略带弧形，弯中取正，长横变斜提，提画左探。

（3）书写提示：①弯钩要出头；②提画左探右出，不要写作横画。

28. 女字旁

（1）笔画形态：字形窄长，伸左让右，撇画出头，横画变提。

（2）书写要领：撇点要写窄长些，撇长点短，再写短撇，起点宜高，斜穿点中部，撇低点高，长横变为平提，触撇不出尖。

（3）书写提示：①横画变为提画，右边不出头；②撇长点短；③第二笔撇的撇尖比撇点的点尾低。

29. 绞丝旁

（1）笔画形态：字形窄长，角度不同，斜中求正。

（2）书写要领：先写上一个撇折，注意撇长折短，再写下一个撇提，起笔在上一个撇折的撇段偏右下，最后提画从偏左处起笔，收笔对齐。

（3）书写提示：①第一笔是撇折，不是撇提；②第二笔是撇提，不是撇折。

30. 马字旁 马

（1）笔画形态：字形窄长，折画右缩，提画左探。

（2）书写要领：先写横折，横短折长，从横折起笔处再写竖折折钩，折画右缩，钩画变长，钩脚有力，横改为平提，收笔不触竖。

（3）书写提示：①第二笔竖折折钩起笔处不与横折相连；②末横改提，收笔不触竖。

31. 方字旁 方

（1）笔画形态：字形长方，点画靠右，横画上斜，左伸右缩。

（2）书写要领：点画靠右，下横上斜，伸左让右，短撇从上点尖垂线与横画相交处起笔，短撇宜直，折画与短撇大致平行，出钩处与上点尖部对正。

（3）书写提示：①首点宜高，点横分开；②撇画左伸，超过横画起点。

32. 日字头 甲

（1）笔画形态：字形短方，两竖内收，三横等距，注意搭接。

（2）书写要领："日"作字头时，要写短扁些，两竖稍向内，三横平行等距，中横左连右断，注意搭接。

（3）书写提示：①左竖上下出头；②中间短横左连右断；③右下角横折出头。

33. 父字头 父

（1）笔画形态：字头宽大，撇点相背，撇捺伸展，左右对称。

（2）书写要领：短撇与右点要左右相称，撇捺交叉后向左右伸展，呈盖下之势。

（3）书写提示：①左短撇稍低，右点略高；②左短撇与捺不相接，右点与长撇不相连，撇捺伸展以盖下。

34. 穴字头　穴

（1）笔画形态：字形扁宽，首点居中，左右对称。

（2）书写要领：上部写法同"宀"，左边的短撇与长点上移，左右对称，彼此呼应，势不脱离，字头扁宽。

（3）书写提示：①首点居中，不与横钩相接；②第二笔是垂点，不是撇；③"穴"里的捺改为右点，不是竖弯，也不是竖折。

35. 四字头　四

（1）笔画形态：字形短扁，四竖平行，间距匀称。

（2）书写要领：字形短扁，里面的短撇和竖弯均改写为短竖，短竖之间空白要均匀，左右两竖稍内收。

（3）书写提示：①左竖上下出头，横折的折脚出头；②"四"里面的短撇和竖弯改为两短竖。

36. 羊字头　羊

（1）笔画形态：字头梯形，点画呼应，平行等距，竖不穿末横。

（2）书写要领："羊"作字头时，字形变短，显宽，第三横最长，中竖不穿过第三横，上窄下宽，呈正向梯形。

（3）书写提示：①三横之中第二横最短，第三横最长；②中竖不穿过第三横。

37. 西字头　西

（1）笔画形态：字形短扁，三横平行，四竖等距。

（2）书写要领："西"作字头时，字形短扁，上横稍短，竖撇改为竖，竖弯也改为竖，四竖间距匀称，左右两竖稍内收。

（3）书写提示：①"西"里面竖撇、竖弯均改为竖；②左竖上下出头，右下角竖出头。

38. 竹字头

（1）笔画形态：字形宽扁，左右并排，左促右舒。

（2）书写要领："竹"作字头时，字形必须竖向收缩，两撇变短，竖和竖钩退缩为两点，整个字头呈宽扁状，左右部分，左低右高，左促右舒，疏密匀称。

（3）书写提示：①"竹"字的竖和竖钩均改为两点；②"竹"字左促右舒，左低右高；③短横不要写成横钩。

39. 麻字头

（1）笔画形态：字头宽大，撇勿过弯，"林"部靠上。

（2）书写要领："麻"作字头时，"林"字竖缩横展，捺画右出，外形变扁，往上紧靠，让出空间写其他的组合部件，因此，字头略显宽大。

（3）书写提示：①首点居中靠右；②横画与竖撇相接，竖撇出头；③中间的"林"字左小右大，捺画右出。

40. 雨字头

（1）笔画形态：字形宽扁，居中靠上，中竖下收，四点靠拢，形态各异。

（2）书写要领："雨"作字头时，字形扁宽，第二笔竖缩为左点，第三笔横折钩改写为横钩，中竖居中，四点向中竖靠拢，左右均匀排列，相应意连。

（3）书写提示：①第二笔是垂点，不要写成斜点或短竖；②横钩要一笔写成，不要写成横折钩。

41. 弄字底

（1）笔画形态：字形宽大，上短下长，左撇右悬。

（2）书写要领：先写长横，再写竖撇与悬针竖，上短下长，左缩右垂，撇和竖将长横分成三段，中间稍窄，两旁略长，内紧外松。

（3）书写提示：①撇短竖长，撇高竖低；②横画被撇竖分成三段，中段短两边长，以示内紧外松。

42. 儿字底

（1）笔画形态：撇不宜长，弯钩有力，底部齐平。

（2）书写要领："儿"作字底时，整体形扁，竖撇改斜撇，竖弯钩的竖段收缩，横段显宽，与撇尖处在同一水平线上。

（3）书写提示：①撇和竖弯钩的起笔不要靠在一起，保持适当的间隔；②撇尖和弯底齐平。

43. 贝字底

（1）笔画形态：字形宽扁，左右匀称，撇点对称。

（2）书写要领："贝"作字底时，与"贝"作左偏旁的区别不大，主要有点不同：一是字形变宽变短些，二是撇尖与点尾齐平；与独体字"贝"的区别主要是字形变宽变短。

（3）书写提示：①"贝"的左竖上面出头；②竖撇与点画不相接；③竖撇撇尖与点画底部齐平。

44. 手字底

（1）笔画形态：字呈菱形，弯钩宜弯，底横写长。

（2）书写要领："手"字作底时，弯钩和横画都要收缩，使字形变小些，做到底横写长，钩弯心正。

（3）书写提示：①"手"的第一笔撇为平撇；②第三笔横画最长；③末笔是弯钩，不要写成竖钩。

45. 四点底

（1）笔画形态：字形短扁，四点并列，一垂三斜，边大中小。

（2）书写要领："灬"四个点分别为一垂点、三斜点，左右两边的点较大，中间两点较小，四点起笔都处在同一水平线上。

（3）书写提示：①"灬"的第一点是垂点，不要写成撇，后面三点为斜点；②左右两点略大，中间两点略小。

46. 火字旁

（1）笔画形态：字形窄小，点多求变，注意向背。

（2）书写要领：左点略低，似短竖，不连撇，右撇起笔宜高，短小，撇尖触竖，中间的竖撇较长，下端左伸，捺改为点，右端上下笔画对齐。

（3）书写提示：①"火"左侧的点不和竖撇相连；②"火"右侧的捺改为点。

47. 示字旁

（1）笔画形态：字形窄长，首点靠右，末竖垂露，撇点对称，伸左让右。

（2）书写要领：先写上点，注意靠右，横撇在首点的左下侧，横画从偏左处起笔，撇画左伸，从首点垂线与撇画相交处写垂露竖，在竖的右侧写点，整个字伸左让右，右侧上下收笔对齐。

（3）书写提示：①注意观察"礻"的右点和"衤"的撇点位置高低和笔画大小的细微差异，力求写到位；②"礻"的首点与横撇的转折点上下对正；③竖用垂露竖。

48. 王字旁

（1）笔画形态：字形长方，平行等距，横画上斜。

（2）书写要领：两短横稍向右上斜，且平行，短竖从横画的中点写下，下横变提，偏左起笔，三横间距相等，收笔对齐。

（3）书写提示：①下横变为提画，从偏左起笔；②右边收笔对齐。

49. 木字旁

（1）笔画形态：字形窄长，竖用垂露，左伸右缩，撇点对称。

（2）书写要领：先写短横，短横上斜，再写垂露竖，横轻竖重，横竖相交处写短撇，略伸，在右侧略下写右点，撇点角度对称，横画右端与右点收笔上下对齐。

（3）书写提示：①竖用垂露竖；②撇画超左横；③捺改为点。

50. 禾字旁

（1）笔画形态：字形窄长，竖用垂露，左伸右缩，收笔对齐。

（2）书写要领："禾"字比"木"字上头多一短撇，短撇宜平，横画左长右短，斜撇略伸，超左横，右点靠上，与撇角度对称。

（3）书写提示：①短撇为平撇，斜撇超左横；②竖用垂露竖；③捺画改为点画。

51. 歹字旁

（1）笔画形态：字形斜长，短横上斜，撇画平行，注意角度。

（2）书写要领：短横上斜，从短横中部起笔写短撇，再写横撇，注意角度和搭接，横短撇长，横轻撇重，点居长撇中部，与短撇起点对正，确保重心平稳。

（3）书写提示：①短撇从短横中部写起；②点不能出头。

145

52. 车字旁

（1）笔画形态：上窄下宽，左伸右缩，收笔对齐。

（2）书写要领：短横上斜，穿短横中部写撇折，对准撇折起笔处，于短横下方，写垂露竖，长短适中，下横变平提，提尖出右，伸左让右。

（3）书写提示：①第二笔是撇折，不是撇提；②竖用垂露；③下横变平提，提尖出右。④右侧笔画上下对齐。

53. 日字旁

（1）笔画形态：字形窄短，平行等距，注意搭接。

（2）书写要领：先写短竖，再写横折，横轻竖重，里面的短横居中，左连右断，下横宜平。

（3）书写提示：①左竖上下出头；②字的右下角竖出头；③中间的短横左连右断。

54. 贝字旁

（1）笔画形态：字形长方，先外后内，撇点分离，撇低点高。

（2）书写要领："冂"框宜窄，先写左竖，再写横折，中间竖撇起笔不触顶横，右点居"冂"下端，撇点分离，撇低点高，收笔对齐。

（3）书写提示：①左竖上出头；②撇不触顶；③撇点不相接。

55. 牛字旁

（1）笔画形态：字形长方，竖用垂露，左伸右缩。

（2）书写要领：先写短撇，宜斜，从短撇中部起笔写短横，横画上斜，垂露竖要正而长，下横变斜提，从偏左处起笔，提尖右出，左长右短，收笔对齐。

（3）书写提示：①竖用垂露竖；②横改提画，提尖右出；③收笔对齐。

56. 月字旁

（1）笔画形态：字形窄方，撇勿过弯，平行等距。

（2）书写要领：竖撇与横折钩上平下齐，中间两横靠上，三横之间平行等距，横折钩竖长、钩短而有力。

（3）书写提示：①中间两短横左连右断；②竖撇的撇尖与横折钩的钩脚齐平。

57. "扌" 字旁

（1）笔画形态：字形窄长，点不触竖，提触竖中，竖用垂露。

（2）书写要领：点居中靠上，不触竖，斜提左探，提尖触竖中部，不能穿过竖，竖为垂露竖，长而有力。

（3）书写提示：①点不触竖；②竖为垂露竖。

58. 立字旁

（1）笔画形态："立"形右收，点略居右，横画上斜，收笔对齐。

（2）书写要领：先写首点，起点宜高，略偏右，再写横画，短横略斜，中间两个相向点不触上横，下横变为平提，从偏左处起笔，收笔对齐，整个字注意疏密匀称。

（3）书写提示：①第三笔点不与上下横相连；②第四笔撇与提画相连；③横画改为提画，上斜。

59. 水字底

（1）笔画形态：字形扁宽，左右相称，竖钩挺直。

（2）书写要领："水"作字底时，字形变扁宽，钩画劲直有力，撇捺要伸展，左右相称。

（3）书写提示：①横撇与竖钩分开；②撇和捺是两笔，不是一笔，而且与竖钩相连。

60. 示字底　示

（1）笔画形态：字形扁小，两横平行，上短下长，左右相称。

（2）书写要领：若"示"字的上部结构宽，则"示"的横画宜略短些；若"示"字的上部结构窄，则"示"的横宜左右伸展，更宽些，以求托住上部。

（3）书写提示：①左点要写成垂点，不要写成撇；②竖钩缩短，两点与竖钩的距离适当放宽。

61. 皿字底　皿

（1）笔画形态：竖画平行等距，底横略带弧度，形宽扁。

（2）书写要领：短竖的间距大致相同，左右两竖略内收，长横要略带弧度，写取平势，以求托住上部。

（3）书写提示：①竖向笔画间距均匀；②底横宜长。

62. 绞丝底　糸

（1）笔画形态：字形偏扁，上窄下宽，两点略宽。

（2）书写要领：第一个撇折宜小，撇长折短，注意夹角，第二个撇折，折为平提，夹角宜小，下面的"小"字左右两点比平提略宽，呈上窄下宽之势。

（3）书写提示：①第二个撇折，折为平提；②竖钩缩短，两点与竖钩的距离适当放宽。

63. 衣字底　衣

（1）笔画形态：字形扁宽，撇捺伸展，上紧下松。

（2）书写要领："衣"作字底时，竖向收缩，字形扁宽，长横改为短横，撇捺伸展，左右相称，竖提变短，左移。

（3）书写提示：①竖提缩短，撇捺伸展；②第二撇与捺相连，不是交叉。

64. 言字底　言

（1）笔画形态：字形短扁，横画平行，长短参差，下"口"宜扁。

（2）书写要领："言"字底的上部窄，则"言"字底长横宜左右伸展，起承载作用，反之，则横宜略短些。但是不管如何，"言"字底为了相让于上部，宜竖向压缩，字形变短扁，紧凑。

（3）书写提示：①"口"变宽扁；②中间两横比"口"窄一些。

65. 厂字头　厂

（1）笔画形态：横画上斜，横短撇长，先竖后斜，注意搭接。

（2）书写要领：先写横，横右上斜，在横起笔处下笔写长撇，先竖后斜，竖撇的下段宜向左侧伸展。

（3）书写提示：①注意横画不能写成撇；②横和撇相连，撇出头。

66. 广字头　广

（1）笔画形态：点居横中，横画上斜，横短撇长，撇勿过弯。

（2）书写要领：点画要写在横画的正上方位置，横画上斜，在横起笔处写长撇，先竖后斜，撇的下段向左下伸展。

（3）书写提示：①首点与"厂"不相连；②横和撇相连，撇出头。

67. 尸字头　尸

（1）笔画形态："尸"头上斜，上部偏小，撇勿过弯。

（2）书写要领："尸"作字头时，上部要扁小，长撇上段稍竖，下段稍向左下伸展。

（3）书写提示：①横折与竖撇相连，竖撇出头；②横折与横画相连，横包竖。

68. 户字头

（1）笔画形态："户"头上斜，点居字中，撇勿过弯。

（2）书写要领："户"作字头时，上部要扁小，点要居中偏右，不连横折，长撇勿弯，下左伸。

（3）书写提示：①横折与竖撇相连，竖撇出头；②横折与横画相连，横包竖。③点与"尸"不搭接。

69. 衣字旁

（1）笔画形态：字形窄长，首点靠右，末竖垂露，左伸右缩。

（2）书写要领：先写点，起点宜高，再写横撇，横从稍左处起笔，上斜，转折有力，从撇中写垂露竖，竖画宜正，撇和竖交汇处右侧写撇、点，注意均匀。

（3）书写提示：①"衤"的首点与横撇的转折点上下对正；②末竖为垂露竖。

70. 石字旁

（1）笔画形态：字形窄小，上部偏右，横画等距。

（2）书写要领："石"作偏旁时，字形变窄，长横变短横，长撇变短撇，"口"变小方形。

（3）书写提示：①长横变短横，撇从横的中部起笔；②横折与横画相连，横包竖；③"口"由扁变小方形，下略窄。

71. 目字旁

（1）笔画形态：字形窄长，上平下齐，平行等距，左连右断。

（2）书写要领：字形窄方，上平下齐，四横平行等距，中间两横右不触竖，两竖对称，左收右展。

（3）书写提示：①中间两横左连右断；②字的下面竖出头。

72. 田字旁

（1）笔画形态：字形短方，平行等距，横不触竖，竖画内收。在下或在右时右竖低于左竖；在上或在左时左竖低于右竖。

（2）书写要领："田"作偏旁时，横向笔画左右紧缩，字形变窄，三横三竖平行等距。

（3）书写提示：①中间横不触竖；②两边竖画内收；③左下角竖出头；④中间短横既不连左，又不连右。

73. 金字旁

（1）笔画形态：字形长方，横斜等距，竖提偏左，收笔对齐。

（2）书写要领：短撇忌平，首横短斜，从撇中部起笔，第二横居中，中点与首横起笔对正，第三横起笔偏左，左伸右缩，竖提从第二横中部起笔写，略偏左，提尖短斜，三横等距，右端收笔处对齐。

（3）书写提示：①捺改为短横；②第三横稍长，左伸右缩；③收笔对齐。

74. 矢字旁

（1）笔画形态：字形短小，首撇竖斜，上横短斜，下横左伸，收笔对齐。

（2）书写要领：短撇起笔宜高，上横从短撇下部起笔，上横短斜，下横左伸让右，从上短横中部起笔写竖撇，下左伸，最后写右点，两横及下点收笔处对齐。

（3）书写提示：①捺改为点；②"矢"的第四笔竖撇不出头。

75. 米字旁

（1）笔画形态：字形长方，竖用垂露，伸左让右。

（2）书写要领：两点对称呼应，短横上斜，竖用垂露，横竖相交，横偏左，竖上短下长，横竖交叉处写左短撇和右点，角度相同，右边收笔对齐。

（3）书写提示：①点撇对称，收笔与横竖不相接；②撇、点都是从横竖的交点起笔；③撇画伸展左探，比左横宽；④竖为垂露竖。

76. 耒字旁

（1）笔画形态：三横平行，竖用垂露，伸左让右，收笔对齐。

（2）书写要领："耒"字与"米"字形态相同，三横上斜，平行等距，第三横左伸右缩，第三横与竖相交处写短撇，略伸，右侧稍下写点，右端收笔处上下对齐。

（3）书写提示：①撇点都是从横竖的交点起笔；②撇画伸展左探，比左横宽；③竖为垂露竖；④三横平行等距。

77. 耳字旁

（1）笔画形态：字形长方，四横平行等距，左伸右缩。

（2）书写要领：与独体字"耳"比较，字形变窄，四横均上仰，下长横变平提，右竖为垂露。

（3）书写提示：①四横平行等距；②下长横变平提；③右竖为垂露；④最后一笔平提出尖；⑤左侧收笔对齐。

152

78. 虫字旁

（1）笔画形态：字形窄长，三横等距，底横变提。

（2）书写要领：写法同独体字"虫"差不多，不同之处是字形变窄，扁口右上斜，提从偏左处起笔，且上斜，右收，点紧挨扁口右下角。

（3）书写提示：①第五笔是提，不是横；②点指向首笔短竖的起点，以示首尾呼应。

79. 舌字旁

（1）笔画形态：字形长方，首撇宜斜，左伸右缩，收笔对齐。

（2）书写要领：与独体字"舌"比较，横向收缩，首撇略斜，中横伸左让右，"口"字变小偏左，整个字形变窄。

（3）书写提示：①撇为斜撇；②"舌"伸左让右靠上。

80. 舟字旁

（1）笔画形态：字形窄方，撇勿过弯，钩身竖长，提不出头。

（2）书写要领：首笔短撇不宜长，从撇尖处起笔写竖撇，竖撇宜直，竖撇与横折钩上平下齐，横折钩竖长、钩短而有力，平提不穿右竖，里面两点上下呼应。

（3）书写提示：①撇为斜撇，起点宜高；②斜撇和竖撇、横折钩相连，竖撇出头；③中横改为提画，不出右。

81. 辛字旁

（1）笔画形态：字形长方，首点偏右，中横略长，左伸右缩，竖改竖撇。

（2）书写要领：与独体字"辛"比较，整个字形变窄，横向收缩，左伸右缩，竖画改为竖撇。

（3）书写提示：①第三笔点不与上下横相连；②悬针竖改为竖撇。

82. 酉字旁　酉

（1）笔画形态：字形长方，上平下齐，左右对称，横画等距，横不触竖。

（2）书写要领：与独体字"酉"比较，横缩短，字形变窄，左右对称，横画等距，左竖稍低，注意框内笔画匀称。

（3）书写提示：①中间短横不触竖；②左右竖下面出头；③框内布白匀称。

83. 虍字头　虍

（1）笔画形态：俯钩宜宽，"七"字上移，撇勿过弯。

（2）书写要领："虍"作字头，"七"要小些、靠上些，横钩上斜，要盖住"七"的竖弯钩，"七"的横显短，竖弯钩让横钩。

（3）书写提示：①里面的"七"横是斜横，钩是竖弯钩，钩不是竖弯；②横钩与竖撇相连，竖撇出头。

84. 病字头　疒

（1）笔画形态：字形宽大，伸左让右，点画居中，横略上昂，撇带弧度。

（2）书写要领：先写"广"，在长撇中部左上侧写右点，提画上斜，提尖触长撇中部，"疒"伸左让右。

（3）书写提示：①横与竖撇相连，竖撇出头；②左侧点提，点不触竖撇，提尖触竖撇中部，不出尖。

85. 包字头　勹

（1）笔画形态：首撇略短，折钩左斜，上宽下窄。

（2）书写要领：先写短撇，不宜长，在短撇中部起笔写横折钩，横短竖钩长，竖钩略向左斜，呈内敛之势。

（3）书写提示：①撇为斜撇，宜短，横折钩从斜撇中部起笔；②横折钩钩身宜长。

86. 走之底

（1）笔画形态：首点靠右，左伸右展，一波三折。

（2）书写要领：先写点，点高昂靠右，横折折撇左伸，横极短，折、撇行笔圆转自然，撇尖取横势转平捺，先平后斜一波三折。

（3）书写提示：①走之是由点、横折折撇、捺三笔组成的；②走之的横折折撇和捺相连，捺出头；③走之的首笔点画靠上偏右。

87. 走字旁

（1）笔画形态：上窄下宽，伸左让右，撇高捺低，捺脚伸展。

（2）书写要领："走"作字旁时，横画变短，左伸右缩，撇收，捺画变长向右伸展由高到低，载起右部。

（3）书写提示：①上下有两个竖，不要写成一笔，要上下对正；②撇短捺长，撇高捺低，撇出头。

88. 区字框

（1）笔画形态：字形偏方，竖画劲直，两横平行，下横稍长。

（2）书写要领：先写上横，宜上斜，在短横起笔处写竖折，竖长且直，下横与上横平行，比上横略长，略带斜度、弧度，注意竖重横轻。

（3）书写提示：①笔顺是先写上横，再写内包部分，最后写"竖折"；②下横要比上横长；③要根据框内部件的大小，考虑区字框的宽窄、长短。

89. 同字框

（1）笔画形态：字形长方，上平下齐，竖用垂露，横折钩横短竖长，钩宜短而有力。

（2）书写要领：先写垂露竖，竖长且直，在竖起笔处写横折钩，横较短，竖钩长且直，钩脚宜短。

（3）书写提示：①左竖起笔出头；②上平下齐；③右竖稍低。

90. 门字框

（1）笔画形态：字形长方，上平下齐，竖用垂露，右竖直挺，钩宜短。

（2）书写要领：先写左点，宜高昂，点画左下写垂露竖，点右上写横折钩，横要短，竖钩的竖要直。

（3）书写提示：①"门"的笔顺是先点，再竖，最后横折钩；②上稍窄下稍宽，左边短，右边长。

91. 心字底

（1）笔画形态：字形扁平，中点下移，三点呼应，底部齐平。

（2）书写要领："心"字作底时，字形变扁平，中点下移，左右两点稍大，笔意呼应，卧钩曲折有致，整体字形稍靠右，造型生动。

（3）书写提示：①第一笔是垂点，不要写成撇；②卧钩不要写成斜钩或竖弯钩；③中间点要居中下移。

92. 口字旁

（1）笔画形态：字形短方，上宽下窄，两竖内收，注意搭接。

（2）书写要领：先写短竖，再写横折，横轻折重，折画稍向左下回带一点儿，最后写短横封口，左竖稍长，右竖略短。

（3）书写提示：①左竖上下出头；②右下角横包竖；③"口"由扁方变成短方。

93. 两点水

（1）笔画形态：字形窄小，点右提左，上下呼应。

（2）书写要领：点靠右，提偏左，不能在一条线上，两点距离适中，上下呼应，轻提忌长，上下右齐。

（3）书写提示：①点靠上偏右，提居下偏左，点短提长；②上下呼应。

94. 倒八头

（1）笔画形态："丷"部，类似一个倒过来的"八"字，上开下合，左右呼应。

（2）书写要领：左点起笔低，且短，右撇起笔高，且长，左右角度对称，彼此顾盼，笔断意连，两个笔画的延伸线相交于字的中线上。

（3）书写提示：①点短撇长，点低撇高；②左顾右盼，上开下合。

95. 三点水

（1）笔画形态：略带弧形，形态各异，相应意连。

（2）书写要领：三点不能在一条直线上，中点靠左，下点指向首点末端，略呈弧形，上两点稍小，下点变为提画，稍大，彼此相应意连。

（3）书写提示：①三点不在一条直线上，略带弧形；②笔断意连，下点为提画。

96. 大字头

（1）笔画形态：上小下大，撇捺伸展，呈盖下之势，或"大"字微缩，捺退缩为点，形小精致。

（2）书写要领：前者作字头，横画上斜，宜短，竖撇改为斜撇，捺斜度变小，撇捺左右伸展，略长，以求盖住下面的部件，撇捺为字的主笔，起突出作用。后者做字头，捺变为点，字形小巧，端居字中，相让于下部。

（3）书写提示：①撇捺伸展，呈盖下之势；②形小精致，捺退缩为点。

97. 足字旁　

（1）笔画形态：字形长方，左伸右缩，收笔对齐。

（2）书写要领："足"字旁的上部"口"上斜，勿大，上宽下窄，下部"止"的右竖从"口"的正下方写起，长度约为"口"的高度两倍，右短横从右竖中部写起，横画等距，左竖稍短且偏左，略高于右横，提画左探，收笔对齐。

（3）书写提示：①"足"作偏旁时，撇变成短竖，捺变成提画；②小"口"上斜偏右，"止"偏左上斜，伸左让右，收笔对齐。

98. 身字旁　

（1）笔画形态：字形长方，左伸右缩，横画等距。

（2）书写要领：撇为斜撇，起点宜高，字形窄长，横折钩钩身直挺，四横等距，里横左连右断，底横从偏左处起笔，斜撇左伸超右横，整个字呈伸左让右之势。

（3）书写提示：①中间两横左连右断；②首撇宜斜，起点宜高；③下横改提画，不出尖。

99. 草字头　

（1）笔画形态：字形宽扁，上收下放，内短外长。

（2）书写要领：横画上斜，左右两竖上收下放，右竖形似竖撇，竖画内短外长，呈内紧外松之势。

（3）书写提示：①横长竖短，外长内短；②右竖形似竖撇，上开下合。

100. 宝盖头

（1）笔画形态：字形宽扁，首点居中，左右匀称。

（2）书写要领："宀"形宽扁，首点居中，"宀"左右匀称，左垂点出头，横钩与垂点搭接，横画上斜，运笔稍轻，钩身宜短小有力，往左下。要注意宝盖头下面有横向长横时，宝盖头宜窄，反之，宜宽。

（3）书写提示：①"宀"是点中分字头，点要居中写；②"宀"一般具有"盖下之势"，要写得宽一些；③垂点与横钩相接。

第六节　偏旁部首的书写规律

偏旁是构成合体字的固定部件。合体字一般是由两个及两个以上的偏旁按上下、左右、内外方位进行组合的，所以说，合体字主要有上下结构、左右结构、内外结构（包围结构）这三大结构，由此又衍生出上中下、左中右、半包围、品字形、田字形等结构形式。因此，偏旁部首出现在汉字的不同位置，比如字左、字右、字底、字头、字外、字心都有。位置不同，其大小、形态和写法也有所不同。因此，研究偏旁部首的书写，除了要写好偏旁部首本身，还要研究如何让它和与之组合的部件搭配得当，协调自然。

一、偏旁部首在字左

偏旁部首在字左，一般不可宽放，而要窄长，要有左宾右主之分。部首要左伸右缩，上下稍伸，部首相让于右，右侧笔画宜收，收笔处上下对齐，做到偏旁容让，比如"扌""钅"。书写部首时要注意笔画的变化，比如"女""子""马"等横改为提画；注意大小平衡，左小上移，化疏为密，比如"立""山"作部首的字，像"端""峰"；注意轻重平衡，左右上平，左右齐首，比如"日""王"作部首的字，像"明""理"；又如，部首有横、提托底的，应上齐下不齐，比如"鱼""虫"作部首的字，像"鲜""蚂"。

二、偏旁部首在字右

偏旁部首在字右，一般宜居中或偏下，相让于左。主要有三种，一种是左宽右窄的字，有左右上平下齐、高低相等的特点，要注意右部下移，与左部之脚齐平，比如"寸""攵""页"等部首组成的字；一种是左大右小的字，左边"大"，要化密为疏，右边"小"，要化疏为密，右小下落，比如"和""加"；一种是左重右轻的字，宜左高右低，右边的部首有笔画简单，形体较窄的特点，比如"刂""彡""阝""斤""卩"等，为了相让于左，右部要下移、要下落，笔画要厚重一些，这样才能立稳间架。

三、偏旁部首在字底

偏旁部首在字底，主要有两种：一种是原本就显得宽扁的偏旁，现在变为作字底的部首，比如"灬""皿"，起承载上面笔画的作用，宜上狭下广。因此，像"灬""皿"这类字底，竖向收缩，横向宜伸，字形又宽又扁，取平势，稳稳地托住上部；另一种是原本就显得窄长的偏旁，比如"水""糸"，现在却变为作字底的部首，如果不作改变直接放在字底，好比演员踩高跷，摇摇欲坠，重心不稳，而且也不美观。因此，必须竖向收缩横向变宽，比如"水"的竖钩的竖部要缩短，撇捺伸展，字形明显变宽变扁，"糸"的上下部分均要收缩，底部"小"字左右两点距离变宽略大，显得更齐整，如此一来使整个字中心下移，比例协调，重心平稳。

四、偏旁部首在字头

偏旁部首在字头，主要有三种：一种是原本就显得窄长的偏旁，比如"日""羊""山"，现在却变为作字头的部首，如果不稍加处理直接安在字头，好比一个建筑工人戴高帽，显得不伦不类。"日"字要变短一些，胖一点。"羊"字的"尾巴"要下收，中竖不穿过第三横，横与横之间的距离变紧致，字形稍宽。"山"字的竖画收缩，明显变短，左右两竖呈内抱之势；一种是宝盖头式和撇捺中分的部首，比如"父""穴""宀""冖"等，要求上面盖尽下面，宜上广下狭，轻重相称。因此，要尽量写得宽一些，舒展一些；还有一种是原本就是左右匀称、字形宽扁的偏旁，现在变为作字头的部首，比如"艹""竹""罒""覀"等，为了保持方块字的形状，上部要相让于下部，力求写得宽一些，竖向的笔画尽量缩短，内紧外松，比如"艹"字头两竖外长内短，上开下合，"竹"字头两竖退缩为点，短撇斜度变小，目的为了与下部联系更紧凑。

五、偏旁部首在字外

偏旁部首在字外，主要是指包围结构的字，比如国字框、同字框、区字框、门字框等等字形。这类部首的书写原则就是"为内称外，为外称内"，意思是书写外围边框时，先考虑内包部分结构的简复，再决定外围的宽窄和高低；反之，书写内包结构时，要先考虑外围形势而定内包的高低宽窄，力求做到"外内表里，自相副称"。

六、偏旁部首在字心

偏旁部首在字心，有以下四种情形。

1. 左中右结构的字，有不少部首藏在字中间，比如"衍""衔""辩""斑"等。写好这类字形的部首，要遵循"中间要平整，左右要匀称"的原则，不管中间的部首占位是大是小，都要保持"心正"，确保中心不偏。其二，左中右要穿插迎让，两条结构分界线避免出现"直过"的现象，避免出现松垮，不紧凑。

2. 上中下结构的字中，也有一些字的部首藏在字中央。比如"哀"等。写好这类字形的部首，要注意"中宫收紧，四周舒展"，"上下紧凑，中心对正"。其次，每个部分要写得扁平一些，保持方块字的形状。

3. 有一些独体字，部首隐藏于字中，不仔细推敲，不容易发现，比如"央""夫"等。像"央""夫"这一类型的字，均属于结构端正的字形，如果横画写得过于平整呆板沉闷，整个字好像四平八稳，缺少精神，不够活泼应该让"横画"上斜，"正者偏之"，使撇捺的连接点偏左偏上，撇尖高，捺脚低，且伸展，字就变得神采焕发。

4. 许多半包围结构的字，包含两种部首，其中一种部首在字心，比如"旬""同""向"等。写这类字的部首，要遵循"内外相称"的原则。部首部分或居中靠上或居中靠左，而外包部分应视内包结构的简复而定，内包简，则用斜包；内包复，则用直包，做到布白匀称，表里相当，疏密得宜。

第五章　汉字结构教学指导

　　学会了基本笔画和常用的偏旁部首之后，如何将这些点画组织到一起，使之和谐优美地成为一个个完整的字形呢？这一章就是研究"结字"的学问。汉字结构是指每个字的组织形式及其美化的构成方式。明代赵宧光说："何谓结构？疏密得宜，联络排偶是也。"根据《现代汉语词典（第六版）》解释，把不能分为两个或几个偏旁的汉字，称为独体字，也称单体字。由两个或更多的独体结构合成的汉字，称为合体字。合体字又可分为上下结构、左右结构等若干种不同的结构形式。汉字美化构成原则主要有 12 个原则：即整齐平正，上下平稳，左右匀称，轻重平衡，分布均匀，对比调和，连续各异，反复变化，内外相称，形象自然，气象生动，格调统一。

　　汉字的结字，一般要求做到笔画规范、结构匀称、端正美观。能否达到工整美观的目的，主要取决于自己对各种笔画的用笔技法是否十分熟练，对汉字的构成原则是否正确掌握。只要能正确掌握汉字结构美化原则，同时熟练掌握用笔书写的技巧方法，并反复进行学习，直至达到熟练程度，就一定能够写成工整美观的汉字。

　　要掌握汉字的结构技法，必须循序渐进、分步进行。最好仿效绘画的学习方法，先学习基本功，锻炼自己的手，即先学习各种基本笔画的写法，再进而学习汉字的结构及其书写的技巧和方法。笔画和部件不能机械生硬地堆砌，而要熟练掌握比例适当、重心平稳、点画呼应、长短有变、伸缩穿插、偏旁容让、轻重适宜、疏密得当等结构要领，做到有机结合。

结字的理想境界应该是形神兼备，即不仅具备端正、匀称的字形，而且要有神采，有灵性，有生命的气息。这是一个技法修养不断提高的过程，小学生只能先从规范、端正、整洁等最基础的地方起步，慢慢地提高要求。

第一节　独体字

写好汉字，首先必须学好独体字。

独体字是合体字构成基础，也是关键。如果独体字的结构把握不好，写到合体字里面，一定不会好看。

独体字在使用的汉字里所占的比例不大，但其所处的地位十分重要，因为它们不仅作为一种独立的字体从古使用至今，而且绝大部分同时又是合体字的构成部件。

独体字由于笔画比较少，结构比较简单，如果形状把握不到位，笔画安排不合理，很容易出现撑格、偏格、歪斜、蜷缩等问题。

要引导学生了解独体字最基本的构字规律，了解各种组合关系的独体字间架结构特点，有助于写好独体字。独体字的笔画组合关系有四种，即离散关系、连接关系、交叉关系、综合关系。独体字的字形特征有四性：平分性、对称性、垂心性、平衡性。

要写好独体字，必须注意四种组合关系，努力体现四性。

一、横平竖直，平正安定

小小的方块字，承载着中华民族的根基。从汉字的渊源和演进中，我们发现，横平竖直，中正平和，才是至美。著名书法家任政是这样归纳楷书"横平竖直"的结构要点：横写得平，竖写得直，字就平稳。这句话并不是强调每个字"横画必平，竖画必直"，而是要求每个字都能稳立在支点之上，不失重心，体现"垂心性"。这里的"横平"并不是水平的意思，是"平而略取斜势"，即平稳的意思。这里的"竖直"就是"中竖宜正，不可偏左偏右"。这样书写出来的字就能做到重心平稳，不偏不倚，给人以安定、稳妥、舒适的感觉，而知其美，反之，知其丑。"整齐平正"是楷书结构的第一个原则。学习楷书既须研究平正，又须研究变化。这里的"平正"，就是不正之中有大正，不齐之中有大齐。真正高妙的楷书，一方面要恪守"平正"之要义，另一方面要千方百计表现出字之真态，字字尽性，轻松自由，不拘一格，达到"大正"之境界。

1. 字形举例

里　王　正　工

2. 指导方法

看得准。一要看字的外部形态。学生习字离不开田字格，尤其是刚刚学习识字写字的低年级学生更是如此。实践经验告诉我们，帮助学生认识田字格的作用至关重要。"田老师，四方方，写好汉字，她来帮。"要通过儿歌的形式认识田字格，重视并灵活使用"田老师"。首先借助田字格的辅助手段仔细观察研究"里""王""正""工"这四个例字笔画和字形，很容易就找出以下这三个共同的特征：一是横画都比较多，且上短下长，二是都有一个中竖，写在竖中线上，三是字形"整齐"。其次借助辅助线在这四个字的两侧，从上往下画两条虚线，让学生更会清楚地发现，它们的外围形态都是上面窄，下面宽，呈正向梯形。二要看横画长短变化情况。横画多的字，要遵循"长短要参差，间距要匀称，形态要各异"的基本要求，仔细看这四个字，横画最多的是"里"字，有五横，长短参差，"王"和"正"字有三横，"工"字最少，有两横，上短下长，上仰下俯，形态各异，长短调和。三要看压线笔和主笔。这四个字，都有一个中竖，对准田字格的竖中线，写在田字格正中。这几个字的主笔，均相同，就是每个字底部这一"长横"，稳稳地托住上面的笔画，做到"下以承上"，确保重心平稳。

说得清。每一次习字练习之初，都要反复强调田字格的作用，牢记各部分名称和使用方法，努力减少学生习字时"生剥刺猬，无法下手"的畏难情绪，有助于激发学生习字的积极性。工欲善其事，必先利其器。借助田字格能更好地说清楚范字的间架结构特点和笔画分布。比如"王"字，"王"字三个横画之间距离相当，上横写在上半格，中横写在横中线，底横写在下半格，这三个横画中，中间的横画最短，下面的横画最长，体现上紧下松、内紧外松的特点。三个横画居中写，中点落在竖中线上，中竖连接三个中点，上下对正，左右匀称。上横短斜，成仰势，底横较长，平而有力，取俯势，整个字左边短右边长，体现左紧右松的特点。

写得像。格临时要充分认识横竖中线的重要作用。在田字格中写字时，一定要认真利用好横竖中线，凭借横中线可以更好做到取势平稳，把字写平衡；利用竖中线可以更轻松解决稳定重心的问题，把竖写直，把字写正。比如写"里"字，五个横画距离相当，疏密匀称，长短各异；底横最长，左右顶格，首横次之，中间三个横相对较短，各有差异，呈内紧外松，上紧下松之势；"里"字中五个横的中点上下对正，确保重心平稳。规范提醒："甲"横折不要写成横折钩，字框中间的短横不与左右的竖画相连，左右两竖内斜，左收右展，左轻右重。书写时要注意横长折短，横轻竖重，突出主笔底横，写得长一些，平一些，厚重一些。

感受美。这类字最主要的特点，就是"整齐平正"，有中竖、横画比较多。要让学生体会"横多有别，取势平稳"的要诀，要让学生领悟"连续各异，反复变化"的美学原理，尽量避免写出来的字出现"上下方正，前后齐平，状如算子"的弊端。

二、让横让竖，中正不偏

学生习字，首先要学习每一个字在田字格里的"布局"。在田字格里安排各个笔画，各个部件，要引导学生关注什么呢？主要有三点：一是把握整个字体势稳固，做到重心平稳；二是加强主笔，弱化副笔，力求主次分明；三是注意上下左右的"均衡"。"让横让竖"就是通过突出主笔的占位，稳定字的结构，平衡字的重心，使所写的字主次"清晰"，更显精神，避免呆板。

每个字基本上都有主笔和副笔之分。凡是在一个字中起"主干"作用的笔画，它就是主笔。其他的笔画相对来说作用没有那么凸显，就是副笔。主笔和副笔是相比较而存在的，没有硬性的规定，如果忽视或弱化主笔，那么无形之中就等于强化了其他笔画，主次不分导致问题字的产生。

1. 字形举例

2. 指导方法

看得准。一要看笔画特点。早期出版的毛笔字帖关于"让横"是这样描述的："横画多者，务求长短各异，宜使中横较长，求其平正。"这句话告诉我们，"让横"的字，横画多，不能写得一样长短，要参差各异，要突出主笔，平衡重心。一般来说，凡是长横处于字的顶盖、中腰或托底时，这个横画就是主笔。比如"车"和"午"字的底横，都是主笔。同样的字帖关于"让竖"又是这样描述的："竖画多者，中间直竖要长，并应垂直勿斜，才能平正。"这句话告诉我们，"让竖"的字，不管竖画或多或少，但中竖要正、要长、要有力。其他的竖画副笔，起衬托作用。比如"干"和"巾"字的中竖，都是主笔。这些原理，硬笔书法同样适用。二要看字的外部形态。"车"字中间部分，是正向梯形，第二笔"撇折"的起点，与下竖竖直对正，"午"和"干"可以看成是正六边形，"巾"的中间部分是竖向长方形。这些字都具有左右对称的特点。三要看压线笔和主笔。"车"字的第二笔撇折的折部压住横中线，撇折的起点和下竖写在竖中线，长横是主笔；"干"长横在横中线稍上，中竖是主笔，压在竖中线上；"午"与"干"压线情况相似，不同的是"午"的长横是主笔；"巾"字中竖是主笔，压在竖中线上，"冂"部以竖中线为中心，左右匀称安排。

说得清。低年级的学生，由于没有养成精准观察范字的好习惯，总是没看完范字就急急忙忙临写，不注意用心去理会字的特点，与"抄字帖"毫无二致，效果堪忧；说是表达，是倾吐，但必须建立在观察基础上的表达，才能言之有物，言之有理。比如"干"字，首横写在上半格，短斜、居中。第二横居中偏上，与竖的交点是这个字高度的黄金分割点。中竖是悬针竖，挺拔有力。整个字上紧下松，横平竖直，左右匀称。

写得像。在田字格中写字时，一定要充分利用横竖中线，形成"格在心中"的意识。低年级写字教学要依靠田字格掌握笔画的重心，确定字的大小，保持它们的轻重平衡。比如"车"字的书写，撇折的起点在田字格上半格的竖中线，折部写在横中线，中横稍短，第三个最长，体现内紧外松。中竖穿过三个横的中点。竖为悬针竖，不能偏斜，同时要注意上下横之间的距离是相当的，做到疏密匀称，左右对称。写好这个字的关键点：撇折的起点，第一横的中点、撇折折部的中点和底横的中点，这四个点与竖竖直对齐，确保重心平稳。

感受美。把作为主笔的横拉长、变宽是写字的要诀，长横或载得起上面的部分，或担得住上面的部分，或盖住下面的部分，起平衡重心的作用；把贯穿字中央的主笔中竖尽量伸长，使字更加峻拔、坚挺。这其中有平衡的结构感，有轻重缓急的力度感，在教学中注意引导学生去感受和实践，重视性情、态度和审美情趣的养成。

三、横平竖直，撇捺对称

"横平竖直"之前我们已经学习了，"横平"含义是平衡的意思，并非数学上那种水平方向上"平直"的直线，竖直的"竖"，作为字的主笔、脊柱时起支撑作用，必须写成垂直往下的，不可弯曲。在这里，我们主要学习横画和竖画的对比关系。书法理论上有"横短竖长，撇捺宜伸"和"横长竖短，撇捺宜缩"的法则，意思是，有横竖交叉的字，横画要短，竖画要长，相应的撇捺也要伸展；反之，中间的横画作主笔时要长，竖画要短，相应的撇捺要收缩。这反映了笔画的对比关系。

书法中的对比关系大致分为笔法上的粗细对比、方圆对比；结字上的大小对比、收放对比；笔势上的长短对比、方向对比；空间上的大小、方圆对比及墨色对比等四种关系。"横平竖直，撇捺对称"要符合笔势上的审美要求，即笔画的长短延展，服从于笔势和笔意的表现。

"横平竖直，撇捺对称"蕴含了传统文化的智慧。子曰："圣人立象以尽意，设卦以尽情……鼓之舞之以尽神。"这里说的是意、象、神之间的关系，映射到书法中正是笔意、笔势、笔法之间的关系。笔法的运用，服从于笔势的表达，笔势的构建，统摄于笔意之中。笔法的运用、笔画的长短，其背后的要领则是笔意，象由法生，法由意运，意能通神。

"横平竖直，撇捺对称"体现黄金分割的美学原理。黄金分割是指将整体一分为二，较大部分与整体部分的比值，等于较小部分与较大部分的比值，其比值约为 0.618，这个比例被公认为最能引起美感的比例，因此被称为黄金分割。横竖交叉点，撇捺舒展，汇聚成视觉焦点，形成画面中心。布局合理不仅能产生位置合适的视觉美感，还起到提纲挈领的作用，使字更加醒目、突出。

1. 字形举例

2. 指导方法

看得准。一要看字的外部形态。左右伸展，上下出头，十字形的间架，两侧撇捺的字形，上窄下宽，上紧下松，基本上呈正向梯形。二看间架结构。这四个例字的主干，都是横平竖直，横短竖长，撇捺伸展。三要看压线笔和主笔。"本"字横画在横中线偏上位置，中竖在竖中线上。"禾"与"木"压线情况相近。"来"字第二横和竖在横竖中线上。"米"与"来"情形趋同。凡是竖画居中，两边有撇捺，中竖是垂露竖。以上例字主笔均为竖画。

说得清。低年级学生，观察范字的能力比较弱，精确性较差。要有意识地培养学生写字之前先观察的好习惯。一要抓住结构特点说清楚。比如"来"字，横和竖的角度垂直，首横短斜，第二笔点和第三笔短撇角度对称，第六笔撇和最后一笔捺角度对称。第二横和中竖的交点就是这个字的中心，整个字中心聚拢，中宫收紧。二要抓住主笔、压线笔和笔画特点说清楚。比如"禾"字，主笔是中竖，也是压线笔，写在竖中线上。横平竖直，横短竖长。撇和捺都从横和竖的交点起笔，角度对称，弯度、长度相当，撇尖捺脚末端水平对齐，撇和捺的末端水平线要高于竖的末端。

写得像。依靠田字格，可以减轻学生刚刚学习写字的畏难心理，有助于激发学生写字的兴趣。比如"米"字，横写在横中线，竖写竖中线上，横轻竖重，横短竖长，横和竖的角度垂直。首点和短撇的角度对称，点尾和撇尖指向横竖交点。下撇和捺的角度对称、舒展，整个字呈上窄下宽，上收下放之势。横和竖的交点是这个字高度的黄金分割点。整个字中心聚拢，八方势全，左右伸展，上下出头，所有的点画都指向这个字的中心，形成内紧外松。

感受美。这类字有比较突出的特征，都有撇捺笔画。撇捺是汉字中比较重要的笔画。在这四个例字中，撇捺均在字的中部。要求撇捺左右对称，撇捺与竖画之间的角度相等，撇捺的长短基本相等，撇捺的弯度相当，撇稍低，捺稍高，撇尖和捺脚连线与上横平行。撇捺写好了，会使整个字显得优美而有风度，形美如画。撇捺写坏了，就像鸟儿折了一个翅膀，高低不一，毫无美感可言。每一个汉字，都蕴藏着不同寻常的美，汉字之美，美在形势，美在风骨。从简单的一撇一捺之中，领略汉字之美。

四、横画稍倾，撇捺对称

在独体字中，凡是笔画左右两边均衡的字即为"正"。"单纯由横画和撇捺"组合而成的独体字，属于"偏正"的字形。字形端正的字，为了避免过于方正、呆板，像美术字，书写此类字不要写得太正，可以有意识将横画作稍微倾斜，使整个字的中心偏左偏上。由于前后左右顾盼，一下子字形会变得更加自然，更加活泼、灵动、飘逸，这叫作"正者偏之"。

1. 字形举例

2. 指导方法

看得准。一要看字的外部形态。仔细观察这些字，不难发现基本上都是圆形字，好像一个个躺在大地上四肢伸展放开的大写"人"。外观起收有序，流畅自然，撇捺飞扬，内藏锦绣，耐人寻味，符合"三紧三松"原则和黄金分割原则。二看分间布白和笔画变化。这类字，间架比较疏散，分间布白，要注意宽窄均匀，笔画要写得丰满劲挺一些。比如"天"，要注意两横之间，撇捺左右之间空白间距，做到左右匀称，撇捺长短适宜。捺画要顶格，写得舒展厚重些。三要关注首笔和主笔。写好第一笔非常重要。"一点成一字之规。"每写一个字，都要注意上下管束，前后照应。这类字第一笔横短斜，一般要扛肩，也就是横画要稍微倾斜，不宜平，好比合唱的指挥，神气不散，后续的笔画取势、走向和交接都要随之进行调整。比如"大"字，第一笔稍微倾斜，下边的撇捺随之进行调整和呼应，形成上边窄，下边宽，左边短，右边长的外形特征。撇和捺，一般是这类字的主笔。撇捺和横共存时，多半撇捺更加舒展，在底部时，撇高捺低，捺画较粗，起平衡作用。

说得清。有些字的特点难以用语言表达，借助画辅助线和图形标注等方法，能够更好地抓住字的位置和比例，轻轻松松掌握书写要点。比如"天"字，第一横短斜，第二横长斜，稍平。撇从第一横的中点起笔，上半部分短，下半部分长，捺从第二横和撇的交点起笔，和撇的角度对称，撇捺的连点偏上，交点是这个字高度的黄金分割点。用虚线把"天"字的两侧连起来，可以清楚地看出两边角度对称，呈上窄下宽，左短右长之势，整个字内紧外松，上收下放。

写得像。注意根据字的间架布置的特点，笔画比例适当，合乎规范，分间均衡，宽窄相当，肥瘦适宜。比如"太"字，横画左边低右边高，左边起点在横中线上。竖撇从顶格处沿着竖中线下行，竖撇被横分割成两段，上半部分短，下半部分长。"人分两笔，一撇一捺"，竖撇从横的中点穿过之后从左下撇出，像兰花叶子一般，形态清秀、流利，捺画要舒展，由轻到重，写出捺脚，撇和捺角度对称。撇的起点，横的中点，与下面点的末端竖直对正，保证字的重心平稳。点的末端应在撇尖和捺脚水平连线之上。

感受美。"偏中正，正中偏，正偏不及处，别是一壶天。"把对称的字处理得不对称，化平板为生动，力求自然生动，避免呆板而无美感。楷书有稳定、匀称的原则，又有变化的原则。因此，写好汉字，既要研究平正，又要研究变化，做到下笔有源，"任心随意皆合规矩矣"。

五、对准中线，左右对称

对称就是指以一条线为中轴左右上下两侧均等的形式。比如人体的眼睛、耳朵、手足都是对称的。许多字的外部形态是长方形、三角形、梯形、菱形，它们是左右对称的，但是没有中竖。那么如何做到左右对称呢？书写这类字要以田字格的竖中线为中心轴左右对称安排部件笔画。长方形的字要做到左右对称，除了左右相等，还要注意横平竖直。对称是形式美的法则之一。对称的字形是具有安定、稳定的特性。对称还可以衬托中心。

1. 字形举例

八　白　豆　三

2. 指导方法

看得准。一要看字的外部形态。"八"是三角形，上窄下宽，"白"是长方形，上下等宽，"豆""三"都是梯形，上窄下宽。二看分间布白和笔画长短。"八"字是属于笔画比较少的字，"画疏者字要稀排，笔画要健壮"，撇捺左右开张，笔画饱满。"白"是字形比较宽扁的字，不要写得过于宽绰，注意宽窄适宜。"豆"和"三"都是上窄下宽，主笔是底横，要做到"下以承上"，承得住，承得稳，下横长约为首横的两倍。各部分笔画排列间距要匀称。三要关注首笔和主笔。下笔之前，要看清楚"首笔"笔画的形态、起始和走向，避免整个字出现偏格或者下沉，或者偏大偏小。比如"八"字的第一笔撇，它是分布在左半格，在横中线的上方起笔，向左下格左下角撇出。这就要求我们，写字之前首先对这个字的笔画要有大致的概念。主笔是决定字的结构的关键笔画，也是平衡重心的重要方面。"八"字，主要笔画是捺，要写得又长又重又结实。"八"字撇捺分开，撇的起笔低，从横中线上方起笔，向左下撇出，捺从上半格竖中线的左侧起笔，向右下方捺出，撇低捺高，撇捺角度对称，撇尖和捺脚水平对齐。这个字要处理好左右之间的呼应，做到若即若离，左右呼应，势不脱离。

说得清。围绕"对准中线，左右对称"这个字形特征，观察仔细，用心揣摩，理清思路，目标精准。比如"三"字，一要讲布白。第一横居上半格，第二横居横中线，第三横居下半格，三横之间距离相等；二要讲长短。第二横最短，第三横最长，第一横居中，字形上紧下松，内紧外松；三要讲笔势。第一横向上仰，第三横向下俯，符合"长俯短仰"的书写规律，中间一横上下呼应，前后联系，使三横形成一个整体；四要讲重心。三个横中点上下对正，落在竖中线上，确保重心平稳。如此一来，上短下长，主次清晰，一目了然，印象深刻。

写得像。笔画比较少，间架比较疏的字，除了关注长短参差，还要注意远近宜均。比如"豆"字，这个字上面窄下面宽，比较窄长，要写得疏密有致，远近宜匀，不能写得过于收缩、紧凑，把它写扁了。因此，每个部件之间间距要疏一些，四横的中点落在竖中线上，上下对正。第一横短斜，下面的口字对称于竖中线，撇点角度对称，撇点延线指向底横的中点，底横要宽长，承载住上面的笔画。整个字以竖中线为中心，左右对称安排笔画，两旁画两条虚线，可以明白地看出，上面窄下面宽，左右匀称，重心平稳。

感受美。这类字，都有明显的对称性特点。建议将识字写字与课文学习结合起来，让学生在更宏大的背景下发现汉字的无穷魅力。比如说一年级一册第二课，认识田字格，首先要让学生认识田字格的特征，"四四方方、方方正正、上上下下、左左右右"都是对称的，以及各部分的名称，懂得它作用和使用方法。学习第三课《口耳目》，要渗透口、耳、目、手、足，都是"左右对称"的。拥有口、耳、目、手、足的"天地人，你我他"的健康人最美。第五课《对韵歌》的"云对雨，雪对风，花对树，鸟对虫。山清对水秀，柳绿对桃红"也是一种"语言的对称美"。在吟诵的过程中，让学生感受语言美、节奏美、形式美、意蕴美。左右对称，美在其中。生活中并不缺少"对称的美"，而是缺少发现的眼睛。

六、相对均衡，重心不偏

对称性是汉字字形主要特点之一。但是有些汉字并不对称，出现了差异，在差异中仍然保持一致，这就是均衡性。均衡的特点是字两侧的形态不相等同，量上也只是大体相当，是对称的变体。为了达到均衡，就需要调整主要笔画的位置，使字的各部分分量相近，笔画空白间距，疏密匀称，比例适宜，实现差异中的统一，让人看了感到和谐有神，感到舒服和省力，感到赏心悦目。

1. 字形举例

2. 指导方法

看得准。一看例字的外部形态。"长"是直角梯形，左边竖直，左缩右伸，右边外斜，上窄下宽。"才""寸""书"近似菱形，横向笔画左右伸展，纵向笔画上下出头，但是由于主笔稍偏左或偏右，不在字中央，仔细推敲，其实左右并不对称。二看间架结构和主笔。比如"才"字，可以看成"木"字少一捺。"木"字中竖中正，撇捺对称，假设少了一捺之后，如果中竖依然不变，右边显得空落落的，空白间距大，左边就会显得分量足，明显感觉到左右分布不均匀，轻重失衡，左右不相称。"才"字正是基于以上的原理，需要把"才"的主笔竖钩写在竖中线的右侧，通过化密为疏，和化疏为密的方法，使左右轻重达到相对均衡。"寸"字也是这样的。三看笔画长短。"才"和"寸"都是横短钩长，钩画偏右。"长"字横斜钩长，竖提偏左。"书"字横折都是横长折短，竖画偏左，竖直有力。

说得清。除了养成不良书写习惯的原因外，先入为主的观念常常使学生写不好字。比如"书"字，总认为中竖写在竖中线上。写横折和横折钩，没有注意"横长折短"以及横折短，横折钩长的特点，这是粗枝大叶的毛病所致。因此，在说这个环节上，要求学生借助横竖中线，仔细观察，发现笔画和结构的特点，抓住代表性笔画说清楚。再说"书"字，由于右边的笔画多，笔画与笔画的空白距离密集，而左边较疏空，为了达到相对均衡，必须将中竖稍稍向左移动，写在竖中线的左侧，俾使左右宽窄均匀，轻重平衡。

写得像。下笔之前，要做到意在笔先。所谓"意在笔先"就是对笔画的长短，粗细的变化，各部分的比例位置都要做到心中有数，然后落笔格临，力求一气呵成。比如"长"字，撇画短斜，横画略上斜，左起点在横中线上，竖提的竖部穿过横画左段，与横画相交于横中线，交点偏左。竖末略左带，以蓄势，提速要快。捺画舒展，捺脚右出，且高于竖提的提部。提的角度与短撇的角度相同，提与捺角度垂直，整个字上窄下宽。

感受美。对称均衡，是形式美的主要法则之一。对称均衡的物象，让观赏者眼部肌肉产生平衡感而感到舒服、喜爱；不对称均衡物象，让观赏者眼部产生不平衡感而感到不舒服、嫌厌。美学家鲍姆嘉通认为："完善的外形……就是美，相应不完善就是丑。因此，美本身就是使观者喜爱，丑本身就是使观者嫌厌。"运用"对称均衡"的原理，书写出来的汉字才能令人喜爱，引起人们喜悦的情感，产生美感。在教学中，要有意识引导学生发现美的规律，形成美的观念，建立起审美的心理基础，发展美的能力。

七、偏中求正，左右平衡

偏就是偏侧不正的意思。有的独体字是上部偏左，下部偏右，有的独体字是上部偏右，下部偏左，没有中竖，笔画分布不均，上下不对称。比如"巴""成""毛"等字，均具有"偏侧不正"的特点。书写这样的字时，为了稳定重心，要通过突出主笔的办法，来保持中心的稳定。主笔好比盖房子的梁柱，起支撑作用。把主笔写好了，整个字就显得比较平稳，其他笔画就要注意收缩、退让，才能主次分明，体势稳固。写这类字时，要注意观察、分析字的主笔和主要部分，写的时候，要合理布局，周全安排，突出主笔，做到偏中求正。

1. 字形举例

2. 指导方法

看得准。一看例字的外部形态。可以借助辅助线和画边框的方法，引导学生观察字外形。比如，在"已""也"这两个字左右侧各画一条虚线，一下子就可以看出，它们都是左边竖直，上窄下宽，呈直角梯形。"已"字，上部的扁框偏左，下部的竖弯钩底部平，钩画舒展偏右，稳稳地托住上部，达到上下平衡。"也"的首笔是横折钩，横部长，钩部回带，折角是锐角，钩部短，上部扁斜，下面的竖弯钩偏右，形体与"已"字大略相同。"电"和"毛"字上部同样偏左，笔画多，占位大，分量重，竖弯钩显得更大一些，上窄下宽，成梯形状。由此观之，竖弯钩是这类字的主笔，写好竖弯钩尤其重要。二看主笔。有些孩子写字总是歪歪斜斜，就是因为没有把握好字的重心。重心好像天平的准心，如果左右重量不等，天平就会歪斜。这类型的字一般上紧下松，上面的部件偏左，下部的主笔竖弯钩偏右，整个字形上窄下宽。为了稳定重心，竖弯钩要尽量向右伸展，就像用长杆称子称东西一样，虽然左边很重，但是把秤砣向右移一些，秤杆也就平衡了。三看笔画长短及四周伸缩。"已"字上下顶格，钩部也顶格。"也"字中竖顶格，横折钩的横部顶格，钩部内收，竖弯钩的钩部顶格。"毛"首笔平撇顶格，长横起笔顶格，竖弯钩的钩部顶格。"电"字竖弯钩起笔顶格，钩部顶格。综上所述，每个字的主笔竖弯钩是最重要的笔画，起到了稳定重心的作用。要努力做到"竖直""弯圆""底平""钩展"，字就稳定、舒展、美观。

说得清。依凭田字格看得准，抓住特点说清楚，言简意赅，一目了然。比如"电"字，竖弯钩的竖部穿过"曰"的中间，竖部必须竖直，竖部在竖中线的左侧，不是居中，体现"偏"的特点。横画与竖画交叉并不垂直，"曰"取斜势，平则失势，且失去平衡。"毛""己""也"等字也同理，不赘述。

写得像。在习字教学中，一方面要教会学生掌握笔画的四要素（角度、弯度、粗细、长短），还要训练学生的控笔能力，体会运笔的轻重、快慢和方向，另一方面利用田字格进行结构训练，熟练掌握格临的技能。每一次训练目标要明确，要精准，不必面面俱到。比如抓住这类字"偏中求正"的特点，写得好写到位。偏中求正，一要突出主笔，就是要把主笔竖弯钩写好：竖画要先竖行而后略向右弯，使弯转圆润而无棱角，弯转之后向右行笔要用横法，钩朝正上。教师可以通过边讲解，边示范；学生边书空，边比照的教学步骤，让学生逐步领会书写要领。二要注意结构要领特征：横弯交叉，横斜不平。比如"毛"首笔是平撇，随后两横，都变为"斜横"，斜横不可平，平则失势，竖弯钩是关键笔画，要注意起笔收笔、角度弯度、轻重粗细，这样才能写精准、写精神。

感受美。建议学习这一类字，可以运用游戏激趣法、讲故事的方法和联系实际法等方法，通过对《王羲之爱鹅》和骆宾王《咏鹅》的了解、回顾与铺垫，结合多媒体课件，鼓励学生大胆联想："一群白鹅时而昂着美丽的脖颈遥望着远方，时而娴雅胜似仙子，远远望去，好像一只只白帆在水中游来游去，又好像天上的朵朵白云映在水面上。"把这类字的讲解和练习与课文教学结合起来，把这类字的字形特点与鹅的体态美、动态美联系起来，从而领悟偏中求正，左右平衡的结构美。

八、斜中求正，体斜心正

有些独体字本身的间架结构，就表现为"体斜"的姿态，主要有两种字形：一种字头左低右高，字身向左下方倾斜，如"方""万""力"等字；另一种字头同样是左低右高，字身向右下方倾斜，如"戈""弋""成"等字。这种字形的独体字，给人以倾斜不稳、惊险、危惧的感觉。如果在书写过程中没有处理好"斜中求正"，那么写出的字就立不起来。反之，布局安排时，注意因字赋形，随其体势，该斜则斜，力求把握好倾斜度，注意重心的稳定，遵循"斜中取正，体斜心正"的原则，就能做到"斜而不倒"，像一个舞者，闪转腾挪，时而前倾，时而后仰，衣袂飘飘，舞姿曼妙，但是始终"稳坐钓鱼船"，给人以美的享受。

1. 字形举例

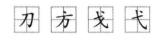

2. 指导方法

看得准。一看例字的外部形态。"刀"字左短右长，上下相当，是左横向梯形。"方"字左右伸，上下凸，近似菱形。"戈"和"弋"都是直角梯形。从字形中，就可以看出这些字虽然体斜，但是斜而不倒。二看特点找主笔。"刀"和"方"是偏右斜的字，主笔都是横折钩。"戈"和"弋"都是偏左斜的字，主笔都是斜钩。三看笔画长短及四周伸缩。"刀"字撇下伸左出顶格，撇尖比钩脚高。"方"字长横左右顶格，首点顶格，主笔"横折钩"钩脚顶格，撇下伸左出顶格。"戈"和"弋"都是斜钩左上和右下顶格。

说得清。斜形的字，斜画要劲健，书写的关键在斜笔的力度和角度把握上，整体形态随"体势"调整，而不至于倾倒。比如"戈"，短横倾斜角度较大，斜钩舒展，直中带弯，钩朝正上，末点靠外，角度与撇相同。像"方"这样整体形态呈圆形的字，书写时要注意把头、脚、四肢均伸展到位，其形稳健，八面势全。

写得像。小学生写字不好的原因之一就是手眼协调能力正在发展之中，下笔之前，对字的各部分的比例关系，空间位置配置，笔画粗细，大小轮廓等没有一个清晰表象。一定要重视训练学生做到"意在笔先"。比如"刀"字，要注意细节，横折钩的横部短，竖部长而且倾斜，注意钩部下方要左倾左裹。撇从横折钩的横部中点起笔，和横折钩的竖部角度平行，横折钩的钩尖和撇角度对称。撇要做到下行左伸左出，撇尖比钩脚高抬。整体上上窄下宽，左短右长。比如"方"字，要抓住要点：点和横分开，点的中点和横的中点，撇的起点，横折钩的起点，横折钩出钩的地方，"五点"上下对正，这样写的字重心就稳定了。还要做到首点居正，因为首点的重心在全字的中轴线上。

感受美。书法讲究势，即笔势、体势、布势。众画结体之势为"体势"。斜形字往往是按照字的本身形态"布势"，取其某笔或某部分之势，调整体势，使字"斜而不倒"，令人惊叹之余油然产生灵动之美，与"桂林的山真险啊，危峰兀立，怪石嶙峋，好像一不小心就会栽倒下来似的"惊险之美，有异曲同工之妙。这说明重心平稳是书法的一个重要法则。好比一个人，即使你单脚站立，也要保持整个身体平衡状态，这样才不会"一不小心就会栽倒下来"。

九、交叉居中，左右对称

字的稳定，是第一原则，重心平稳是对任何一种书体的总要求，每个独体字都有字形的重心所在，要做到重心平稳。重心平稳的方法很多，如"单"字，要"中竖宜正"；如"了"字，要"支点居中"；如"辛"字，要"点竖互对"；如"堂"字，要"竖竖对正"等等。"交叉居中"只是其中的法则之一，因为撇捺交叉的字，重心的垂直线就贯穿在交叉点处，除了抓住交叉居中还要注意写好撇捺，注意它们的位置关系，粗细关系，笔意关系等，撇画要正而承上，撇捺宜适当伸展，叉要对准正中，左右对称，口诀有："人字八交叉，叉处空中顶，下部要对准，不要偏西东。""八字下交叉，亦在字正中，如若偏东西，此字不成形。"纵捺一般是主笔，要来势远，去意长，捺脚要伸展。如果写得又短又平会使整个字的重心不稳，影响字的整体美观。

1. 字形举例

2. 指导方法

看得准。一看例字的外部形态。"文""又""火"三个字都是台形字，上窄下宽，左短右长。"女"字是圆形字，上下左右，四面八方都比较匀称。二看特点找主笔。"文""又"和"火"都是撇捺交叉的字，撇捺左右对称，撇尖高捺脚低，撇捺舒展长短适宜。一般来说，主笔都是捺画。"女"字撇点的起点与点和撇交点上下对正，撇点虽然长短不同，但是角度要对称，处在一个水平线上。主笔都是长横，起平衡重心的作用。三看笔画长短及四周伸缩。"文"字首点顶格，撇高捺低，撇短捺长，捺画顶格。"又"字撇捺角度对称，交点偏上，撇捺左右顶格。"火"字竖撇起笔顶格，上部压在竖中线上，穿过横中线后撇捺对称，撇尖高捺脚低，左右顶格。"女"字撇点的起点顶格，横画上斜，左右顶格，内紧外松。

说得清。引导学生抓住撇捺交叉的特点，说清楚居中的重要性，以及如何做到左右对称，确保重心平稳，字形美观，激发学生习字的兴趣。比如"女"字，撇点的起点，横的中点，撇点和撇的交点，三点上下垂直成一线，这样既做到撇点与撇角度对称，左右均衡，又做到重心平稳。横画是主笔，起到平正安定的作用，要长，要有力度，要扛肩，略呈弧形，中间细两头粗一些。

写得像。撇捺是这类字最重要的笔画，这两个主要笔画写好了，字就显得有风度，有味道。比如"文"字的写法，"一字在首"，说明首点很重要。首点中分长横，横画上斜，撇起点高，捺起点低，撇捺长短适宜，撇捺的交点居中偏上，撇尖高，捺脚低，撇尖与捺脚在同一水平线上。在首点的起点和撇捺的交点处，各标出一个白点，上下两点竖直对正，确保字的重心平稳。在书写的过程中还要注意撇捺的弯度要大致相当。撇捺的角度基本相等，力求优美舒展。从撇捺交点处算起，撇捺的长度基本相同。要注意，凡是撇捺的交点在竖中线上的，随着位置的改变，撇捺的夹角也有所改变。所以，撇捺交点的高低直接影响字的体态和美观。

感受美。"交叉居中"的字有两个比较显著的特征：一是撇捺比例美。黄金分割是造型艺术中最容易给人美感的构图法则。迟志邦在《书法——在象、数、理的对应中寻求适度之美》一文中写道："符合黄金律关系的物象，都会感到舒服惬意。可以说哪里有黄金分割关系，哪里就有美的踪迹。"比如"又"字，撇捺的交点居中偏上，是黄金分割点。交点将撇捺分割成上下两段，横撇的撇段上段短，下段长，同样捺画上段短，下段长，上段 0.382，下段 0.618，符合黄金律，成内紧外松之势。其他的例字照例可以在这里做文章。因此，我们要有意识、主动地把这个规律运用于楷书结构的教学中，这样就可以取得事半功倍的学习效果。同时培养了学生鉴赏美的能力。二是字形对称的美。美学家认为，从古至今劳动人民从人和动物对称式样中受到启发，发现了对称的规律，养成了对称美的观念。更从实践中产生和发现美的理论，并运用于日常生活中，大到建筑群，小到日常生活用品，甚至是小孩子的玩具，处处体现了对称的原理。同样，从方块字中也能找到对称美的元素。"交叉居中"的字，就是一个很好的例字，每一个字交叉居中，左右对称，重心平稳，尽管字形方圆、大小、肥瘦、长短形态各异，线条长短、粗细、刚柔，风格不同，但是都能给人安定稳定的美感。

第二节　合体字

一、左右结构

所谓左右结构，就是由左右两个部分间架结构组成的汉字。左右结构的字，在汉字中占有比较大的分量。左右结构的前后两个部分，有宽窄、高低、长短、大小之分。根据左右两边笔画多少不等，间架简复不同，组合成不同形式的左右结构，主要有左右均等，左窄右宽，左宽右窄，左长右短，左短右长，上下错位等。

写好左右结构的字，关键是处理好左右部分之间的搭配关系。根据主伸宾缩，动态平衡的原则，主要部分，主要间架要写得舒展，而次要部分，次要间架要写得紧凑、收敛一些，做到突出主要部分，主次分明，体势稳固，还要避免左右之间画地为牢，势不两立。结构大师欧阳询在书法理论之《八诀》里说："不可头轻尾重，无令左短右长，斜正如人，上称下载，东映西带，气宇融合，精神洒落，省此微言，孰为不可也。"其意就是合体字各部件之间应形成和谐的整体。既要穿插礼让，彼此呼应，还要保持轻重平衡，形成一体。

（一）左右均等

在左右结构中，有一种左右部件相当的字，即左右两个部分在整个字中所占的位置大致相同，各占二分之一。左右均等的字在毛笔书法里面叫"平分"或者"分疆"，顾名思义，左右部分平分或左右平分边界。关于左右均等的字，字帖上有这样一段描述："左右平分者，如两人并立，左右宜均，应尽力避免宽阔。"这句话有三层意思：一是左右两个部分占位均等，二是左右平衡并重，三是要相互穿插，形成一体，保持方块字的形状，避免宽阔。有一个关于吃面的小故事，说的是宋朝苏小妹出了一个上联"面对面吃面"，智者佛印和尚随机应了一个下联是"心连心贴心"，表现了"若离若即"的情感。将这一副对联稍做改动，能非常形象地说出了左右均等字的书写要领："肩靠肩并肩，心连心贴心。"书写左右均等的字，必须遵循"左右均等，占位各半"的法则，要把握好"若即若离"的度，既要力求格调统一，又要避免宽阔松散。在左右结构中，以"鱼""车""青""革""纟""身""西"等为部首的偏旁，一般左右两部分笔画简复程度相当，宽窄大致相同，属于左右均等的类型。

左右均等类型的字，有一种比较特殊的字形，即左右两边相同的字。如果是左右重复并列的字，要遵循"左右同类，左收右放"的法则，左边的要稍窄能让，右边的要适当放宽，彼此要有阴阳之分，粗细之别，在相同中求变化，力求生动，力避呆板。

1. 字形举例

静　辅　舰　躲

2. 指导方法

看得准。一看例字的整体外部形态。"静"字上下左右四处顶格，方中见长。"辅"字上下左三处顶格，字形四方。"舰"字上、下方和左右，有三处顶格，上窄下宽，呈正向梯形。"躲"字上下左右都有笔画顶格，字呈四方形。二看结构分界线。"静""辅""舰""躲"这四个字的结构分界线都在竖中线上，体现了左右均等的特点。它们的不同之处，在于压线情况各不相同，比如"静"字右边的"争"部中间的长横左伸过了竖中线，竖钩的钩尖搭在竖中线上。"辅"字的右部"甫"字上横的起点和下面的左竖压在竖中线上。"舰"字的右部"见"的上部方框左竖压在竖中线上，竖撇的撇尖左伸越过竖中线。"躲"字的左部"身"左伸右缩，右边靠在竖中线左侧，相让于右部。右部"朵"的撇画从竖中线右侧写起，下行左伸越过竖中线，左下方"木"的横画和撇画均左伸越过竖中线。相同之处是体现了左右两部分既均等平分，又穿插迎让，如两个人并立一样，避免宽阔。三看部首笔画变化及笔画四周伸缩。比如"静"字的左部"青"为了相让于右部，上面的笔画左伸右缩，右部的"争"的字头左收右伸，中间的左伸右缩，字的四周上下左右都有笔画顶格。又如"舰"字，为了相让于右部"见"，左部的"舟"中间的横变为提，右边退缩不出头，让左右两部分能够靠得更紧凑。右边的"见"字稍往左移，竖画压在竖中线，撇画下伸左出过竖中线。

　　说得清。"说得清"要关注例字的外部形态，以结构分界线为坐标，说清楚左右部分的比例、宽窄、大小及部首笔画变化及笔画四周伸缩。比如"辅"字，"辅"字四满方正，左右匀称。为了保持方块字的形状，左右两部横向笔画变窄。左部"车"稍窄长，左伸右缩，右部"甫"相对占位较大。"车"部的第一笔横画的收笔处，第二笔撇折的折部的收笔处与下方提笔的笔尖三点成一线，相让于右边，右边的"甫"部，首笔横画短斜，写在上半格，从横中线起笔，斜向右上，竖写在竖中线上，横折钩的横部起点与左边"车"的撇折的折部水平对齐，横折钩的折部直长略取斜势，钩脚比竖画低，主笔中竖要写得正一些、重一些、结实一些，末点靠外。撇折的起点顶格，提的起点顶格，右部横折钩钩部顶格。整个字的空间位置比例关系，体现了左右均等，间距均衡，顺势相依，形成一体的特点。

　　写得像。为了"写得像"可以在认真观察的基础上，首先描红，存其骨架，找准各主要笔画和间架的位置，体会运笔过程中的力度和速度的变化，找到书写感觉，做到胸有成竹，意在笔先。临写时注意笔画的粗细变化。先关注整个字在田字格中的布局，是否四满方正。比如"躲"字，左部"身"居中偏左，相让于右。首笔"撇"从左半格顶格写起，左竖直下行至横中线偏下处，横折钩钩身直长，横短折长，横轻折重，钩脚顶格，"身"的中横变提，从左边顶格写起，右边退缩不出尖，撇左伸左出。右部"朵"间架稍疏，占位稍大一点。上下两撇，中间一横过横中线，体现迎让，向中靠的布势。

感受美。左右均等的字，由于比例协调，布白合理，疏密均衡，轻重相当，形成一体，所以结构稳定，匀称美观。而且为了保持方块字的形体，不同的间架，左右部分通过化密为疏或者化疏为密的安排，相生、相让、相应，就像两个人一样相依偎，形神合一，妙趣天成，实现了多样统一。

（二）左窄右宽之一：左右等高

左窄右宽的字，在常用汉字中，占有相当大的比例。左窄右宽的字，要右宽大而笔画较瘦细，左边窄而笔画略肥厚，左右相安和谐。这种结构的字，左边约占三分之一位置，右边约占三分之二位置。诸如"亻""木""讠""米""衤""禾"等，大约有二十多种偏旁，笔画较少，形体较窄，当它们作为部首的时候，而右部的笔画较多，形体较宽，一般来说，都会形成左窄右宽的结构形式。根据主伸宾缩，动态平衡的原则，左窄右宽的字要有宾主之分，书写要领就是"左稀右密，右多占位。左右有竖，左短右长"，这是其一。其二就是左右要穿插迎让，保持宽窄合宜，疏密停匀，轻重平衡，形成一体。

1. 字形举例

作 语 根 提

2. 指导方法

看得准。一看例字的整体外部形态。"作"字左窄右宽，左上低左下高，右上高右下低，呈上底在左的横向等腰梯形。"语"字左窄右宽，左上高右上低，左下高右下低，呈上底在左的横向梯形。"根"字左上高右上低，下方左右齐平，右部上收下放，呈上底在右的横向梯形，上和下方左右有三处顶格，上窄下宽，呈正向梯形。"提"字左窄右宽，左上高右上低，下方左右齐，右部上收下放，呈上底在右的横向梯形。二看结构分界线。"作"字结构分界线在竖中线偏左处，"亻"居左半格中间，相让于右部，右部"乍"右伸左缩，撇画左伸越过竖中线，接近"亻"的竖画上端，左撇低右撇高。左竖短右竖长。"语""根""提"这三个字的结构分界线都在左半格右侧的三分之一处。"语"字的左部横折提的横画左伸，相让于右，首点右移，右部"吾"的中横左伸，相互呼应，左高右低，显得紧凑。"根"和"提"都是左部伸左让右，右部上收下放。三看笔画四周伸缩。这四个例字都体现左促右舒，左收右展的特点。比如"作"字左边撇画顶格，右边上撇起笔顶格，下竖顶格，上横右边顶格。

说得清。要想写好字，首先要锻炼眼力，提高观察能力，发展审美意识，知道为什么好看。"观千剑而后识器，操千曲而后晓声"，加强字形结构的记忆，不断提高审美的能力。比如"提"字，书写左部提手旁时，竖画穿过短横时，要使短横左长右短，提画从左边顶格处起笔，提尖与上面的短横右边上下对齐，以此来与右侧部件相让。右部"是"宽大居中，中竖中分中横，与上面的"日"中心对正，撇捺相交处偏左上，撇捺接头高，撇短捺长。整个字左窄右宽，左长右短，左收右放。

写得像。掌握运笔技巧，不断提高控笔能力。能用手中的笔写出自己心里想写出的好看的字形，心摹手追，反复训练，逐步提高，追求意到笔随。比如"根"字，左边"木"部，竖画穿过短横时，要使短横左长右短，撇左伸，捺退缩成点，整个部首左伸右缩，相让于右侧部件。右部"艮"的上面略低于左部的"木"，横折横轻竖重，里面的短横连左不连右，下横起笔在横竖中线交点，与左边"木"的右点斜平，竖勾勾画左带，勾要另搭，跟部略向左挺，钩斜上劲健有力。竖钩跟撇的角度相同，捺要舒展右出，捺脚高抬。钩画与左部之脚齐平。

感受美。左窄右宽的字要注意分清主次，把握好部件比例和结构分界线。在左右向中靠拢的过程中，注意穿宽插虚，避免互相抵触，强调分间布白远近宜均，疏密停匀，大小合宜，实现了"审其轻重，使相负荷，计其大小，使相副称为善"的平衡美。还要注意左右笔势勾连，比如"作"和"根"左右相顺，"语"字左右相迎，"提"字左右向背，彼此气势连贯，气象生动，体现宾主相安和谐的美感。

（三）左窄右宽之二：左短右长和左长右短

左短右长的字，是属于左窄右宽中比较特殊的一类字。它的特点是右偏旁有纵向主笔，如悬针竖（伟）、竖钩（持）、斜钩（代）及上纵下纵的笔画（请）。为了突出右偏旁主笔的纵向长度，左偏旁应该收敛，不要写得太长。左边要写成"左短"，即上低下高（居左中）；右边要写成"右长"，即上高下低。左边约占三分之一，右边约占三分之二。

左长右短的字，也是属于左窄右宽中比较特殊的又一类字。它的特点右偏旁有横向主笔（征），或上下皆横（细），或较小（弘）。从形体上看，左边显得窄长，右边短扁，比如"肥""阳"等，这样左长右短的字，应该将右偏旁上下收缩，写得短扁一些，右部宜纵向居中安排为好，靠上或落下都不适当。凡是左偏旁狭窄，右部呈竖向长方形，且下有托底横的字，都要使其右部居中。

有人将这两种字形，总结为正向放射型，即左边的偏旁较短，右边偏旁较长，和反方向放射型，即左边的偏旁较长，右边的偏旁比较短。这两种字形，体现了高低变化的规律。由长短、宽窄偏旁组成的左右结构，经过高低变化的处理，让字变得活泼而有神采，避免了过于方整、齐平、单一所带来的沉闷。

1. 字形举例

伟 待 代 请 细 肥 阳 仁

2. 指导方法

看得准。一看例字的整体外部形态。仔细观察"伟""待""代"

"请"这四个字，左右部件可以看成彼此相依的两个竖向长方形，左边窄短，右边宽长，左宾右主，左边居中。同样"细""肥""阳""仁"这四个字，左右部件也是分别为彼此相依的两个竖向长方形，左边窄长，右边短扁，左主右宾，右边居中。二看结构分界线。"伟""待""代""请"这四字的结构分界线均在竖中线偏左，左部约占三分之一，右部占三分之二。"细""肥""阳""仁"这四个字结构分界线均在竖中线左边，占位与前面大致相同。从宽窄长短的比例和占位情况，可以清楚地看出主宾的关系。三看笔画四周伸缩。在笔画伸缩方面，"伟""待""代""请"这四个字有不同的差异，也存在共同的特点，都是左短右长，有人形象地比喻为"母抱子"，右边上下伸展、顶格。"细""肥""阳""仁"这四个字有不同的差异，也存在共同的特点，都是左长右短，有人形象地比喻为"祖背孙"，左边窄长，上下顶格。

说得清。在教学中，要重视归纳总结这一类字的"看法"：一要看清外部形态和占位情况，二要看清左右部件高低长短的差异，三要强化"格在心中"的意识，留心横竖中线，看清首笔和压线笔的起止和走向。比如"代"字，左短右长，左正右斜，顺势排列，相互依靠，形成一体。教师要抓住"正斜""顺势"和"长短"三个角度，引导学生说清楚，说准确。又如"伟"字，要引导学生归纳"左窄右宽，左短右长，左右有竖，左短右长"的基本特征，明白左边收，右边展，右边的中竖是主笔，要上下顶格的书写要领，就是为了表现"左边是宾，右边是主"的特点。"细"字左边原来是繁体字"糸"，比较窄长，现在是简体"纟"稍短，右边宽扁显大，右边居中。"仁"字也是左边窄长右边宽扁，右边上面短下面长，下横是主笔，要写得长一些、平一些，注意上仰下俯，不过为了保持方块字的形状，"二"还是要横向收缩一些。

写得像。在清楚字法的基础上，要注意笔法，即用笔的技巧，运笔的方向、速度和力度。还要注意轻重缓急。比如"待"字左边"彳"撇画连续，形态要有不同，下撇之首对准上撇之胸。左右有竖，形态力求各异，宜左收右展，左边的垂露竖要写得短些，右边的竖钩要写得长一些。右部"寺"是主要部分，右部横画比较多，要注意间距匀称，长短参差，中横要长，伸右让左，使左右两部分向中靠拢。又如"请"字的右部"讠"伸左让右，首点偏上右移，呼应于右边，与竖提的提尖上下对齐。右部"青"上下间架分界线在横中线上，长横伸右让左，左边伸到"讠"的折部上端，避密就疏。下面的"月"左竖压在竖中线上，右竖直长，钩脚有力。又如"什"字左窄右宽，左短右长，左边占三分之一，右边占三分之二。首笔从左上格中间偏上处撇起，斜下左伸顶格，竖从撇的中间起笔，写在左半格中间，右边横画短，竖画长，横画轻，竖画重，横画要写得轻快，竖画是主笔，要上下顶格，要写得不偏不倚，挺拔有力。横画写在横中线上，横竖的交叉点，就是这个字的黄金分割点。左右有竖，左垂右悬，左收右展。

　　感受美。唐代孙过庭说："初学分布，但求平正。既知平正，务追险绝。既能险绝，务追平正。"明代曾棨说："大抵作书，须结体平正，下笔有源，然后伸之以变化，鼓之以奇崛，则任心随意，皆合规矩矣。"明代项穆说："书有三戒：初学分布，戒不均与欹，继知规矩，戒不活与滞。"从历代的书法论著中，不难发现"平正"是楷书结构的第一原则，学习掌握了"平正"的要领之后，还要研究"变化"。左窄右宽，高低长短不同的字，偏旁之间，如何做到大小合宜，轻重平衡呢？主要有两点：一方面左边要收敛，不与右边争位，右边是"主"，可以写得舒展些，否则整个字就会因为过于宽而显得松散、不紧凑。另一方面如果左部以纵向的笔画为主，而右部以左右伸展的笔画为主，那么要在确保"左部为主"的前提下，相让于右部，做到左部长而略窄，右部要短扁居中，前后轻重协衡。这样的字，才稳定、平衡、美观。

（四）左窄右宽之三：左低右高和左高右低

左低右高的字，属于左窄右宽字形中比较特殊的一类字。这类字很容易被写成左右上下平齐或者右部上低下齐。其实，这类字的右偏旁上有纵向笔画的，如竖（社）、撇（秋），下有横向笔画的，如长横（值），应写成左部上低下低，右部上高下高。写的时候应该使左偏旁向下略沉，右偏旁向上提升。左右挪开，一高一低，一上一下，错落有致，对称平稳。左边约占三分之一，右边约占三分之二。

左高右低的字，同样属于左窄右宽中比较特殊的一类字。右偏旁上面有横向笔画的，如横（何）、竖钩（灯）。这类字容易被写成左偏旁同右偏旁平齐，违背了"右小下落"的规则。正确的写法，左偏旁上高下高，右偏旁上低下低，左右错开，使整个字核心部位处在格子正中央而不致偏上或偏下。右部像这样 T 字形的部件，以及"阝""卩"这类字形窄长的偏旁位居右边时，应写成左高右低的形态最好看。

总之，为了保持汉字方块字的特征，左右结构的字，左右偏旁部件要遵循"横收纵放"的原则。

1. 字形举例

社 佳 化 让 何 行 却 都

2. 指导方法

看得准。一看例字的整体外部形态。仔细观察"社""佳""化""让"等字左右部件，恰似两个并肩排列的竖向长方形，都呈左低右高之势。"何""行""却""都"等字左右两个部件，前高后低，好比两个身高相仿的朋友，并列站在左高右低的台阶上。二看结构分界线。这八个例字，除了"却"字分界线在竖中线外，其他七个字基本都是左占三分之一，右占三分之二。"却"字的左部伸左让右，右部稍窄，"卩"横折钩横短钩长，末笔竖紧挨左部，写在竖中线右侧。"化"字的右部撇与竖弯钩相交，撇尖伸左。彼此之间，穿插迎让，避远就近，主次分明，是它们的共同特征。三看笔画四周伸缩。比如"佳"字，字形较宽大，左撇右横顶格。"却"字，字形稍窄，上下竖顶格。"社"字，左撇右横顶格，上竖顶格。"化"字首笔撇顶格，竖弯钩竖的起笔顶格。

说得清。比如"行"字两个撇的起点竖直对齐，第一撇短，第二撇长。竖对准第一撇的中点，竖是垂露竖，不要写成悬针竖。在字的上下各画一条虚线，可以清楚地看到这两条虚线角度平行，说明这个字的上下两个部分长度相当，左半部分位置偏上，右半部分位置偏下。"行"的右部，上半部分是两横，上横短下横长，上横呈仰势，下横呈俯势，上横以左边首撇的中点水平对齐，下横左伸，与右竖起点水平对齐。整个字上下错落，左右相向，各不妨碍。

写得像。写之前在头脑中对字的结构分界线，左右比例，上下高低差以及起笔、主笔、压线笔等情况了如指掌。比如写"都"字，先从总体上看：左半部分宽，右半部分窄。在"都"字的上下分别画两条虚线，可以清楚地看出，上下平行，左部高，右部低，长度相当。然后看看细部：首先将左半部"者"与"者"字进行比较，发现左半部"者"明显变窄了，而且伸左让右。斜撇长而有力，左部上下对正。右半部分"阝"的横撇弯钩的起点与左半部分的首笔短横水平对齐。末笔是悬针竖，要厚重有力。最后再次从总体上思考：一高一低，上下错落有致，重心稳定，颇具美感。

感受美。文似看山不喜平，说的是文法。古人写字正如作文，有字法、篇法和章法。写字也应力避呆板，力求通过变化的形态来创造"生动"的观感。以上这一讲，就是错位技巧在左右结构中的运用。遵循左重右轻者，左高右低；左轻右重者，右高左低的原则，通过"让左让右"的办法，将左右部件上下微调，有意识地进行高低变化处理，使字错落有致，主次凸显，更加生动有神采。

（五）左宽右窄

左宽右窄结构的字比较少。笔画较少且窄长的偏旁部首作右边时，就形成左宽右窄的结构形式。比如"斤""寸""彡""阝""刂"等部首作右偏旁。左宽右窄的部件比例和结构分界线的特点，与左窄右宽的字形的结构相反：左边约占整个字的三分之二，右边约占三分之一，但不像左窄右宽差距那么明显。左宽右窄的字有一个明显的特点，就是左右部件高度相等，上下平齐。黄自元云"右辅者齐下"，说的就是，左窄右宽的字，以左为主，以右为辅，右部宜低不宜高，与左部之脚齐平。

左宽右窄的字，由于宽窄不同，轻重不等，要写得美观，就必须采取大小平衡，轻重平衡的原则，左边占位大而笔画较瘦细，右边占位小而笔画较肥重，应形成以左部为主，字形端正，右部为宾，向左靠拢之形，要保持左右轻重平衡。

1. 字形举例

影　列　外　射

2. 指导方法

看得准。一看例字的整体外部形态。仔细观察"影"字左右部件，都是竖向长方形，因此"影"字形长方。"列"字左斜右正，左短右长，呈上底在左的横向梯形。"外"字左斜右正，左短右长，字形与"列"字近似。"射"字左右窄长，呈竖向长方形。二看结构分界线。"影"字的结构分界线在竖中线偏右，左部约占三分之二，右部占三分之一。"列""外""射"三个字结构分界线均在竖中线上。三看笔画四周伸缩。比如"影"字为了穿插揖让，左部伸左让右，上部"日"字变扁方，右伸，腰横左伸右收，相让于右，下方的"小"字两点左松右紧，右部三撇，连续各异，末撇伸向左下，过竖中线，托起"景"字右点，形成左主右宾的格局。"影"字左右上下顶格。又比如"列"字左斜右正，右部写正，以挽斜势，右部的立刀旁劲挺有力，竖钩上下顶格。

说得清。对于左右结构的字，学生容易写得过宽、过窄，是因为学生没有仔细观察结构分界线，把握好左右部件的比例关系。所以要观察各部分占位情况，说清楚。比如"外"字，左半部"夕"撇从左上格中间偏上处起笔，撇向横中线左段，第二笔横撇的横部从首撇的中部稍上起笔，行至竖中线折向左下方，上撇短、下撇长，点写在上撇尖与下撇中点之间，首撇的起笔与点尾上下对正，右部的竖写在竖中线的右侧，这个竖起稳定作用，要中正不斜，要不偏不倚，要厚重有力。反捺的起点略低于左边横撇的高度，左斜右正，彼此顺势排列，互相照顾。

写得像。临写之前，要引导学生从笔法、结构形态去研究，发现有代表性的结构特点。临写时，速度一定要慢，要将字形默记于心，然后一气呵成地写下来，努力把字形写像一些、写准一些，做到细笔画不弱，粗笔画坚实、厚重、挺拔，写出字的精神。比如"射"字，左右窄长，分界线就是竖中线，左边的"身"部首撇从左半格顶格处写起，不出头，左竖直短，横折钩钩身直长。腰横变横为提画，不出尖，撇从提横与竖钩交界处起笔，向左下撇出，撇尖与提横的起笔对齐，左部"身"伸左让右，右部"寸"的横画与右部"身"的第三横水平对齐，点与左部的撇角度对称，与"身"的左竖起点呼应，以示前后照应。"寸"部横向收缩，竖钩纵向伸展，横画左伸右缩，与右边左右高低相当，顺势相依，左右管束，浑然一体。

感受美。传统书法非常重视"气"和"行气"在书写中的作用。左右结构的部件之间如果没有呼应，是一种机械的、呆板的拼凑，难以产生整体上的和谐和美感。有了呼应的线条，就如有了"气"在流动，使整个字活起来，就像被赋予了生命一样。这种呼应，是在笔势往来中实现的。左宽右窄结构的字要注意左右相互避让，中间相互靠紧，两边笔画向外伸展，右偏旁写得窄一些，左偏旁要稍突出，体现左为主右为辅，右部宜低不宜高的特点。书法结构的语言至少传递两种基本信息：一曰正，一曰欹。过于平正的结构，不免千人一面，趣味狭窄。左斜右正或左正右斜的字，一正一欹，规整中有突兀，寡淡中有新意，凝固中有流动，由正而欹或由欹而正，得结构法的大自在。

（六）左小右大

左小右大的字，左部既窄又短，右部既宽又长，一般来说，这类字左右都是独体字，左部都是以部首的身份出现，而且这些部首都有横提托底的特点。处理左小右大的字要采用左小上提或者左小上齐的方法，并使较大较密的右部移近中心，一是为了整个字的布白匀称，避免上部空虚，二是使字左右呈偃仰离合之势，达到轻重平衡，重心平稳之目的。比如"山""土""足""虫""立""冫"等这类偏旁，因其比较矮小，一般位居字的左边中间，或者稍微靠上的位置，切记不能靠下，因为它们都有"横提托底"的特点。而像"日""王""目""工""石""口""田"这类偏旁，既有前者的特点，还有"上平"的特点。"上平者，左右宜齐首"，诸如"明""呵""路"等，左偏旁必须靠上才稳定、协调。

1. 字形举例

明 吵 蚂 玩

2. 指导方法

看得准。一看例字的整体外部形态。仔细观察"明"字左右部件，都是竖向长方形，且左右上平。"吵"字上下左右伸展，呈菱形。"蚂"字左右字形长方，左右上平，左短右长，呈上底在左的横向梯形。"玩"字左部"王"字旁字形长方，依附右部"元"字的旁边，"元"字上收下展，所以整个字呈梯形状。二看结构分界线。"明"字的结构分界线在竖中线偏左，左部约占三分之一，右部占三分之二，左右相向。"吵"字与"明"字大致相同。"蚂"字左部约占三分之一，右部占三分之二，左

195

右上平。"玩"字的占位情况与"明"字略同。三看笔画穿插揖让及四周伸缩。"明"字左右上下顶格，右部"月"的撇画竖段与左右等距，撇段向左下方伸出，托起左部"日"，内紧外松，日月同辉。"吵"字上下右三面顶格，其左部小"口"与"少"的上面"小"相依在横中线上，若即若离，"少"的斜撇左出托起小"口"，左右形成一体，势不分离。"蚂"字的右部"马"的底横左伸，托住"虫"的底部，左顾右盼。"玩"字的左部"王"横向收缩，字形窄长，右部"元"上收下展，上窄下宽，撇画左伸至"王"的底部，伸右让左，彼此合二为一，形神合一。

说得清。就像绘画之前要先勾勒轮廓一样，在格临之前要引导学生从左大右小字的结构特点入手进行观察，通过观察比较，认识字哪边宽，哪边窄，哪边高，哪边低，对左右两个部分的位置和大小有一个比较清晰的了解，发现结构规律，然后按书写顺序有的放矢，言简意赅表述出来。比如"玩"字左半部分稍窄稍短，右半部分又宽又大，左右部分联系紧密。左半部分横向变窄，末笔变横为提，相让于右边。右部上收下展，左半部的第二横和竖的交点，与右半部分横和撇的连点水平对齐，是这个字高度的黄金分割点，撇画左伸，托住右部底横。竖弯钩要竖直、圆润、底平、钩正、右出。

写得像。左右结构的字要关注细节，注意左右分合，以及左右之间的内在呼应，只有这样，才会形成规整中的变化，变化中更具整体性。要注意分清主次，写好左右部分之间的穿插挪让，做到所有笔画向中靠拢，紧而不挤。比如"吵"字，小口位置偏上，右角右伸，"少"的竖不能写成竖钩。左右两点左点低、左点短、离竖近，右点高、右点长、离竖远。斜撇从右点下方起笔，从左边斜出托住小口，上下左右呼应，形成整体。竖的垂直线与斜撇的中点上下对正。

感受美。这四个字有一个共同的特点，就是左小上平，右大左伸，体现了黄自元所说的"左辅者齐上"，即左为辅右为主的字，左部宜高不宜低的特点。与"右辅者齐下"的道理是一样的。当左右大小不同，轻重不等时，通过"齐上齐下"和"让左让右"的方法，达到轻重平衡之目的。有人把这类字形象地概括为"左小母抱子"。这个比喻生动地说明了这类字左右之间亲密的依存关系和特点。从现代绘画，雕塑艺术审美理论看来，轻重平衡的字就是美观。

二、左中右结构

左中右结构，顾名思义，就是由左中右三个部分组成，各部分成横向排列的形式。由于左中右三部分横向排列，所以这种字形结构的字形体宽扁。唐代欧阳询说："初学之士，先立大体，横直安置，对待布白，务求其均齐。"意思是，但凡由两个或三个间架合并而成的汉字，必须左右匀称，才能美观。因此，书写左中右结构的字必须遵循三条规则：1. 要把每个部分横向压缩，纵向写得窄长一些，以保持方块字的形状。2. 要遵循"中间平正，左右匀称"的原则。3. 左中右三个部分要做到穿插迎让，避免出现两条结构分界线直过的现象。

左中右结构其实就是左右结构的升级版，即两个左偏旁加上一个右偏旁。左中右结构的字主要有三条合成规律：

一是宽窄比例规律。1. 当右偏旁中有横向主笔或长横时，它的宽窄比例为1∶1∶2，书写时要将左部分和中部分压缩到方格的左半格，让出右半格写右部分的偏旁，注意保持方块字的形态；2. 当中部有横向主笔或长横时，它的宽窄比例为1∶2∶1，书写时要中部居中稍宽大，将左部分和右部分退缩到左右半格里；3. 当右部分的偏旁中有纵向主笔时，整个字的宽窄比例变成1∶1∶1，书写的时左右两部分应以中部为轴对称，左右都要向中间靠拢，穿插避让，紧而不挤，不能向左右扩，导致整体结构松散。

二是高低变化规律。除了左中右结构宽窄变化规律，还有左中右结构高低变化规律。左中右结构的字高低变化规律，就是横收纵放的规律。表现为三个特点：1. 中间高，两边低——中间部位上为纵向笔画，比如微、激、湖、衡等；2. 中间低，两边高——中间部位上为横向笔画，比如侧、倒、例、树等；3. 左中高，右边低——右边为右耳旁（横向笔画起笔）比如挪、绑、卿、脚。

根据以上的规律和特点，左中右结构的字大致有以下几种形式：1. 左中右基本相等；2. 左右宽，中间窄；3. 左右窄，中间宽；4. 左边窄，中右宽；5. 左中窄，右边宽；6. 左中高，右边低。

（一）左中右基本相等

左中右基本相等，即左中右三部分宽窄基本相等，是指这类字左中右三部分在田字格中所占的空间大致相等。比如：衔、嫩、辙、缴、谢、锹、锻、俐、擀、绑等类形的字均为如此。这类字的特点有二：其一，每个字左中右的部件间架都有横向短横或都有纵向笔画，字形窄方。其二，三部分彼此互让，联系紧密，整体方正。写好这类字并不难，凡是左中右三部分横向宽度相差不大时，都按左中右基本相等来处理。左中右各部分应均占三分之一的位置，中间部分要平正而不偏，左右呼应，穿插揖让，至于长短因字而有别即可。

1. 字形举例

衔 嫩 缴 辙

2. 指导方法

看得准。一看例字的整体外部形态。"衔"字三部分窄长，右部偏下，上方缺一角，形似上底在右的横向梯形。"嫩"字三部分宽窄相当，中间部分上下突出，字形浑圆。"缴"字是三个部分穿插互让，关系紧密，疏密匀称，字形比较正方。"绑"字间架较疏，左中穿插，中右相依密切，字形扁宽，横向长方形。"辙"字的三个部分窄长，三部紧凑，上下左右都满格，形似正方形。二看结构分界线。比如观察"缴"字，要关注左中右三部分联系情况，"缴"字两条结构分界线在中部两侧，左中部分相向，中右部分穿宽插虚，彼此联系密切。"纟"笔画角度不同，略呈放射状，斜中求正，中部下方"方"字左伸相让于右边的撇捺，右部"攵"撇的收笔处和捺的起笔处，与"方"的横画收笔处三者搭接自然、紧密，内收外放。三看笔画四周伸缩。比如"椰"字左部"木"左伸右缩，伸左让右，横撇稍展，上下顶格，右边的捺缩为点。右部悬针竖顶格，横撇弯钩的钩部顶格。"绑"字的左部"纟"起笔顶格，提画从偏左处起笔，起笔顶格，中部的竖撇左伸至提画的下端，托起左部"纟"，右部悬针竖顶格，横折弯钩钩部顶格。

说得清。对于左中右结构的字，学生常常犯的一个毛病，是没能处理好彼此穿插迎让，写得过于松散，导致字形过宽。比如"缴"字属于"中间高，两边低"的字。左中右三部分大致相当，中间部分以竖中线为轴，安排在田字格中央。两侧的结构分界线把"缴"一分为三，大约各占三分之一。左中不彼此相向，应处理好相迎避让，左部"纟"笔画角度不同，宽窄适宜，起笔稍低，第二笔起笔与右边"白"的左竖持平，提画伸左避右，与上一笔折画，都指向中部的中心。中部上方"白"稍稍偏右，底下的"方"明显左倾，点画落在横竖交叉处，横画让右伸左，至左部"纟"撇折与提之间，撇画左伸至"纟"下方，并将其稳稳托起。中部与右部顺势排列，相依相存，右部"攵"撇画起笔与左部首笔起笔等高，撇画与捺画交会出在"方"的横画收笔处。整个字相生相应，中宫收紧，内紧外松，三位一体，气势稳固，落落大方。

写得像。说得清是一个方法步骤，需要有语言表达的功夫，需要建立在比较准确观察的基础上。每一次练习，都要先想字形，意在笔先。格临是习字的一条有效途径。王羲之说："一遍正其手脚，二遍须学形势，三遍须令似本，四遍加其遒润。"可见，要写得像并非易事。要借助田字格，抓住这类字的共同特点，一步一得，步步为营。比如"嫩"字，虽然宽窄相当，但是中部上高下低，属于中间长、两边略短的字形，中部立正，左右穿插迎让，疏密有致，布白匀称。左部偏右上斜，左伸右缩。撇点下收，相让于右。横画变平提，右边不出尖。中部居中，上横短斜，"口"稍扁，左竖与左部的撇画持平，下横写在横中线略上，撇斜下伸左，捺变成点。右部"攵"首撇起点与左部齐平，收于中部"口"的右下角，横短，下撇起点与上撇对齐，撇捺伸展。

感受美。左中右基本相等的字结体方正，平衡匀称，具有静态之美，在不动之中散发出平和的韵味。仔细揣摩，就能发现部件之间或开合聚散，或向背揖让，笔意在静态中流动，不是一潭死水，而是左右呼应，脉络贯通，平静之中富有变化，各具姿态，给习字者以心灵滋养，恰似微风徐来，细泽涓滴。既学到了习字的方法，又得到美的熏陶，"以美其根，以壮其气"。

（二）左右宽，中间窄

关于左右宽、中间窄这类字，书法字帖里称作"左右占"，亦称"左右占地者"，解释为"中窄左右宽者，左右两部宜略宽而长，中部宜略窄而短"。其主要特征是左右略宽长，中间略窄短，比如"树""衍""黝""猕""掀"和"班""辨""辩""辫""粥""弼"之类。仔细研究这类形字，发现有两种基本特征：一是左右基本匀称，二是左右绝对匀称。共同的特点，就是中间部分或窄长或窄短。写好这类字，在结构安排上要做到"中间务正"，左右向中靠拢，彼此穿插迎让，疏密适中，左右匀称。

1. 字形举例

树　衍　班　辨

2. 指导方法

看得准。一看例字的整体外部形态。"树"字，左右劲挺狭长，中部窄短，字形长方，不过，中部上下缺了两个口子。"衍"字，左右宽，中间"彳"变窄了，右部偏低，更像上底在右的横向梯形。"班"字，左右部分宽扁，中间部分窄长，乍一看整个字好像横向长方形，但是进一步仔细观察发现，左右两部都是上窄下宽，因此，整个字呈正向梯形。"辫"字，左中右都窄长，左右偏宽，形似正方。二看结构分界线。这些字的中部或窄小或窄长，均以竖中线为轴，居中排列，两条结构分界线分别在中部的左右两侧。比如"衍"字中间的"彳"为了相让两边，弧形变直了，形正，左右部分疏密匀称，宽窄相当。同样"辫"字中部的"纟"原本是呈放射状，形态稍斜，在这里为了相让于左右，"纟"字形变窄长，斜中取正，与左右之间形成一体。三看笔画四周伸缩。比如"树"字左右两部上下顶格，"木"字右旁变捺为点，中部的"又"同样变捺为点，交点在田字格的中心，点画上长下短。右部"寸"字横画左伸右缩，竖钩直挺，"寸"的点依附于"又"的点画右边，彼此疏密得当。

　　说得清。对于左中右结构的字，学生容易写得过宽，是因为学生没有仔细观察结构分界线，把握好左中右部件的比例关系。所以要引导学生仔细观察各部分占位情况，了然于胸，才能说得清楚。比如"辫"字，中间部分比较窄，两边比较宽而长，中间部分安排在竖中线上，为了与左右部分联系得更紧密，"纟"部形略直，约占五分之一。左右部分各占五分之二，由于左右部分间架相同，书写时形状不可完全相同，要体现"连续各异，反复变化"的原则，左边"辛"部形略窄，伸左让右，竖画变为竖撇，向左伸，相让于中部。中部与左右疏密有致。右部的"辛"形正，变窄，伸右让左，末笔为悬针竖，下伸厚重有力，确保重心平稳。左中右三位一体，和谐统一，避免了宽阔。辨、辩、辦、瓣等这些字，结构特点与"辫"字基本相同，写法也大同小异，既要向中靠拢，联系密切，保持方块字的形体，又要注意大小合宜，疏密停匀。

写得像。遵循左中右结构字的三条基本书写规则，抓住左右宽、中间窄这类字的结构特点，借助田字格的横竖中线，仔仔细细观察，看清楚字的大小轮廓，把握部件的比例关系，自觉调节和控制书写动作，力求写得像。比如"树"字，三个部分都比较窄，间距适中，"又"部最短，在竖中线上，交叉点在横竖中线的交点上。左右都比它长，即为内紧外松。左右相比，宽窄高低相当，"木"部形窄长，左松右紧，捺变点。右部"寸"左缩右伸，横短竖长，横轻竖重，竖钩直挺。左中右之间宽度相近，间距匀称。又如"衍"字，为了写好它，有必要先看看"行"的写法。左部"彳"旁两个撇的起点竖直对齐，第一撇短，第二撇长，竖对准第一撇的中点，"彳"旁立正，与右部"亍"上下错位，右半部分位置偏下，竖钩是最后一笔，钩部直挺。在字的上下各画一条虚线，两条虚线角度平行，这说明"行"字的左右两部分长度相等。当"行"字中间插入"氵"会发生什么变化呢？显然整个字一下子变宽大了。为了保持方块字的形态，就必须横向笔画收缩，纵向伸展。"彳"旁斜度变大了，经过左伸右缩，变窄了。"氵"一经纵向牵拉，宽度变小了。"亍"部变窄了，而且左短右长，伸右让左。这样一来，字形方正了，也精神多了。

感受美。运用形象比喻法可以化深奥为浅显，化抽象为具体，帮助学生准确把握字形的主要特征，也便于记忆。比如对于左右宽、中间窄这类字，有的教师编这样顺口溜帮助学生理解："一家子三口，爸爸和妈妈，左手与右手，托起小宝贝，三人齐步走，幸福乐悠悠。"这个顺口溜以人格化的语言比较形象地描述出左右宽、中间窄的字形特征，其中蕴含左右匀称、轻重平衡、三位一体的结构美原理，把枯燥的习字过程变得更加形象、直观、生动，充满趣味性和感染力。

（三）左右窄，中间宽

左右窄、中间宽的字，一般来说，原属于左宽右窄字形的左右结构的字，增加一个与右偏旁相当左偏旁，抑或"行"字中间增加一个较宽长的部件，就成为左右窄、中间宽字形。比如：撇、擞、咖、狱、澎、徽、街、衡、倒、衙等。这类字显著的特点就是左右部分都有横向或纵向笔画，略显窄长，且上下平齐，中间部分都有横向笔画，略显短小。有的是中间高、两边低，如"街"字，有的是两边高、中间低，如"倒""侧"字。写好这类字重在安排好中间部分，注意高低大小，做到"中心平正"。

1. 字形举例

撇 咖 微 倒

2. 指导方法

看得准。一看例字的整体外部形态。"撇""微""倒"这三个字，都是比较明显的中间略宽大，左右窄长的字形，形似横向长方。"咖"字因为左右"口"字大小不一，且左高右低，呈菱形状。二看结构分界线。这四个例字均属于左右窄、中间宽的字形，两条结构分界线在中部两侧穿过，从这两条结构分界线可以清楚地看出三者之间穿插迎让，联系紧密。比如"倒"字左右部分都是竖向的笔画显得窄长，一左一右拱卫着中部"至"字，"亻"部立正，撇画右倾，中间的"至"底横变平提，从偏左处起笔，相让于右，右部直挺，钩部下伸有力，以呼应首笔。三看笔画四周伸缩。因为这些字都是左中右结构的字，左中右结构的字很容易写得过于宽扁。为了保持方块字的形状，左中右部分一般要横向收缩、纵向伸展，所以字往往上下顶格，四方四正。比如"撇"字，字形饱满，上下左右都顶格。"咖"字因为左右字形比较窄小，中间的"力"是扁方的字形，所以上下没顶格，但是左右顶格。

说得清。比如"撇"的中间宽大，左右疏而略小，左部"扌"，竖钩直挺，横画左长右短，提画左长右短，横和提的收笔处上下对齐，相让于中间部分，中间部分以中竖为中心，左右匀称。右部分"攵"上下撇对齐，撇捺舒展右出。"倒"字的特点除了结构形式为中间宽，两边窄外，每个部分都有竖向的笔画，要做到竖向平行，布白均匀，注意向中靠拢。

写得像。把看一看、说一说与描红结合起来，是个不错的方法。因为学生的观察力正在发展过程中，不善于按要求进行自觉的、有目的的观察，对客观事物的大体轮廓的感知占优势，精确的辨别能力不高。通过格临，体会结构特点，找准各笔画的位置，特别是关键笔画，这就如同唱歌一样，起到定调的作用。比如"咖"字，通过描红，可以一下子真切发现这几点：一是"加"字在左边再加上一个"口"作为偏旁。"上平者左右宜齐首"，所以"口"字要靠上，中右部要略移右；二是中部"力"字形稍斜，要做到"身斜形正，斜中求正"，特别是撇画从高处起笔向左下方伸展，这个长度只有写过了，才能体会得更真切；三是右部"口"要根据"右小下落"来安排，因此"口"的高度略低于横折钩的高度，右"口"略大于左"口"，且方正。这些细节只有写过了，才能做到心中有数。

感受美。运用形象比喻法可以化深奥为浅显，化抽象为具体，帮助学生准确把握字形的主要特征，还可以丰富联想的空间，发展审美能力，并适当进行书法文化教育。左右窄、中间宽的字，有的教师将之比喻为"万山磅礴，必有主峰；三峰并峙，主峰巍巍"。这个比喻既通俗易懂，又令人耳目一新，"并"和"主"准确地抓住这类字的字形特征，把自然美、形式美与艺术美结合起来，既刻画了这类字的形态美，又表现了字的内在精神，赋予了丰富的文化内涵。"山"的独特自然特征，如泰山的雄、华山的险、黄山的奇、峨眉的秀、青城的幽等等，构成各自独特的美。这告诉学生，字要写得规范、可爱、有滋味，离不开生活，离不开丰富的想象和体验，更离不开丰厚的文化素养。

（四）左边窄，中右宽

凡左旁笔画少而形窄长，中右两部分笔画相近时，为左窄中右宽结构。左边窄、中右宽的字形在左中右结构中所占的比例最多，比如：潮、湖、假、傲、吼、墩、懒、懈、凝、冽等。这类字的部首有"氵""口""冫""亻""忄"等，它们的共同特征是比较窄小。如果原来是左右等宽的左右结构的字，增加一个窄小的部首组成左中右结构的字，就形成左边窄、中右宽的字形。比如"胡"字，增加一个窄小的"氵"，组成一个"湖"，就成了左边窄、中右宽的字形；反之，增加一个宽长"米"，组成一个"糊"字，就成为左右宽、中间窄的字形。左边窄、中右宽的字左偏旁约占田字格横列的五分之一，中左各占五分之二。写好这类字的关键在于安排好横向部件的宽窄位置。

1. 字形举例

渐　假　墩　傲

2. 指导方法

看得准。一看例字的整体外部形态。"渐""假""傲"这三个字，左中右虽然宽窄不均，但各部分窄长，组合成一体，恰好字形正方。"墩"字，因为左部上提，下面缺一角，所以呈梯形状。二看结构分界线。左边窄、中右宽的字，左部分占五分之一，中右部分各占五分之二，那么左中部分的合体与右部的结构分界线均在竖中线偏右处。左中部分注意挪让，中右部重视穿插，三者彼此联系紧密。三看笔画四周伸缩。比如"渐"字左部略呈弧形。中部立正，字形窄长，中竖劲直，上下顶格，横画变平提，伸左让右。右部"斤"字横画收缩变短，字形变窄长，居中偏下，悬针竖下伸顶格。又如"假"字，"亻"部变窄，撇画起点宜高，竖劲直，中部狭窄，与左部并列，右部撇捺伸展，捺画右出。

说得清。要想写好字，首先要锻炼眼力，提高审美能力，知道这种类型字的特点，加强字形构造记忆，知道好看在哪里，为什么好看，容易产生哪些弊病，如何规避等。那么，说的时候要抓住字的特点，以及容易出现的弊病或者写不到位的笔画说透彻，练就学生一双善于发现的眼睛。比如"墩"字，左部窄小，左小上提，中部的点横偏右，"口"略扁，偏左，与左侧"土"旁的横画等高，下面"子"字横画变提画，穿宽插虚，从"土"字下方起笔，右部"攵"首撇起笔宜高，下撇与之对齐，捺画伸展，右出。又如"假"字，"亻"旁立正，紧紧依偎中部，中部横画等距，右部稍宽，与中右上面齐平，下面"又"部撇捺左伸右展。

写得像。诗有"诗眼"，书法也有"书眼"。要培养学生有一双善于发现的眼睛，去发现结构造型特点，找出共同规律，领略其优美之处，揣摩笔路、笔法的秘密，慢慢地品咂其中的滋味，分辨其细微的差别，并将其表现出来。比如"傲"字，"亻"旁立正，居左半格。中部居中，上面的短竖压住竖中线，横画等距，下面横折钩要注意弯中取正，撇画左伸至左部下方。左中相向，左顾右盼。右部"攵"旁紧靠中部，相依相存，撇捺舒展。又如"渐"字，左部"氵"偏左，略呈弧形。中部写在竖中线左侧与左部之间，形窄长，呈右伸左收之势，右部首笔处上下对齐。右部"斤"偏下，短撇略平。竖撇形直下伸至中部"车"的右下，横短竖长，横轻竖重，横短斜，竖劲挺。

感受美。《美学原理》中指出"我们平时所说的美，一般指的是优美。优美的特点是：美处于矛盾的相对统一和平衡状态。它在形式上的特征表现为：柔媚、和谐、安静和秀雅的美。从美感上看，能给人以轻松、愉快和心旷神怡的审美感受。"左边窄、中右宽的字，三个部分相互独立，形态各具，通过化密为疏或化疏为密的一番巧心营构，在高低、宽窄、大小等方面科学搭配，营造出和谐的整体，诞生了一个个生动活泼、字字有味、神采飞扬的楷书。毫无疑问，这样的字给人以和谐、安静的审美享受。

（五）左中窄，右边宽

左中窄、右边宽的字明显特征是左中部分比较狭窄，右边部分比较宽。这样的字形多见于左边偏旁比较窄长的字，比如"氵""口""王""亻""犭""忄""丬"。这类字的形成机理有两个：一是原来是左窄右宽的左右结构的字，又增加诸如以上窄小偏旁做部首，就形成左中窄，右边宽的字，比如"滩""溉""鸿"等字；二是原来是左右重复并列者如"林"，右边增加诸如以上窄小偏旁做部首，就形成左中窄、右边宽的字，比如"啉""琳""俩"等字。左中窄、右边宽的字一般左中部分占田字格的左半格，右部比较宽，占田字格的右半格。

1. 字形举例

储　淋　做　啊

2. 指导方法

看得准。一看例字的整体外部形态。"储"和"做"字，左中右虽然宽窄不匀，但彼此穿插联系紧密，上平下齐，字形长方。"淋"字从左到右宽窄差别不大，但是左短右长比较明显，呈放射状，所以像横向梯形，"啊"字右部小"口"上提，略窄小，中右部字形长方，如此，前后两个长方形，一左一右，一大一小，轻重相当，相应相让。二看结构分界线。左中窄、右边宽的字，由于左中部分比较狭窄，所以与右部的结构分界线大致在竖中线上。左中部分大小互补，顺势排列，相互依存，是辅助部分；右部一般占位较大，成为整个字的主体部分。整个字主次分明，轻重平衡，体势稳固，形成个整体。三看笔画四周伸缩。比如"做"字三部分都比较窄，"攵"最宽，中间"古"字最窄最短，适度上提，保持了方块字的形状，左部上下顶格，右部也上下顶格，撇画的起点上下对齐，上撇起点高，下撇长，斜下左伸至"古"的下方，联系紧密，捺画舒展、右出。

说得清。要按照"轻重平衡""大小合宜""疏密匀称"的原理引导学生观察思考，也要围绕着这三个要点，让学生把自己的发现说出来。比如"储"字，左边窄长，"亻"竖直不歪，撇画偏右，中部窄短，上提，依附于"亻"部的撇画下方，形正，左中部分与右部的分界线在竖中线上。右部"者"字较宽长，上方的"土"底横在横中线偏上位置，斜撇忌短，越过竖中线，伸展之"丿"的下方，补其空处，下部"日"形长方，与上下对正。做到"轻重平衡""布白匀称"。又如"淋"字，左边的"氵"角度不同，相应意连，略呈弧形，拱卫着左右部分。中右部分是重复并列的字，应该左促右舒，即左边"木"写得小一些，横短，撇略展，捺变点，立正不歪，右边"木"写得大一些，横长竖直，撇捺舒展。左中占田字格的一半，右部占田字格的另一半，前后主次分明，但是彼此之间穿宽插虚，轻重平衡，疏密匀称。

写得像。有句话叫做"练字就是练心"。写字时首先要静下心来，否则会"欲速则不达"。我们常常提醒学生"头正、肩平、臂开、足安"，就是要求学生端正"静心写字"的态度，摒去马马虎虎、粗枝大叶的坏习惯，把注意力集中到写字上来，仔细观察字形结构，分析用笔特点和难点，用心写好一笔一画。比如"做"字，三部分都比较窄，其中"攵"旁最宽。三部分中左部"亻"旁最窄，中部"古"最短，略上提。左部与右部相向，彼此呼应，联系紧密。"亻"旁的竖是垂露竖，不要写成悬针竖。"亻"部立正，中部"古"横画宜短，竖画宜长，与左边并列，下面的"口"变小变窄，居中偏左，右边的"攵"的撇捺贴近中部"口"的右上角。撇画起点宜高，横画短斜，下撇与上撇的起点上下对正，下撇舒展，捺画伸展。"亻"旁的撇和竖的连点与"古"部的横和竖的交点都处在字的中间偏上的位置，即字高度的黄金分割点。

感受美。我们知道艺术结构形式中一项重要的美学原则，就是整齐均衡。这不由得使人想起了郭沫若先生描写天安门广场的诗句："坦坦荡荡，大大方方；巍巍峨峨，正正堂堂；雄雄赳赳。磊磊磅磅；轰轰烈烈，辉辉煌煌。"欧阳询关于楷书"四面停匀，八边具备，短长合度，粗细折中"的论述，就是体现整齐均衡美，满足人们对平安基调的追求，对于秩序井然的庄严美的向往。左中窄、右边宽类型字内部虽然宽窄大小各有不同，但都是按照汉字组合要求，有机有序地整合，整体上都要求"比例协调，使相副称"，运用"繁杂者抑之，简约者补之"方法，兼顾"轻重协衡""大小合宜"和"疏密停匀"，追求严整、厚重、齐一的美，给人以安定沉着之感。

（六）左中高，右边低

左中高、右边低的字，是由于中右部分原来属于左右结构的左重右轻的字形，而且左右等长，进行上下错位处理，增加了左偏旁变成左中右结构，就形成左中高、右边低字形。比如：唧、蜘、彻、婀、娜、挪、嘟、嘶、沏等，这些字左中右宽窄相当，主要处理好右部与左边高低比例，体现右小下落的结构特点。

1. 字形举例

2. 指导方法

看得准。一看例字的整体外部形态。"卿""榔""脚""绑"这四个字，共同的特征就是左中高、右边低，左中窄长，宽窄相当，右部偏小，比如"阝""阝"等类型部首，都必须右小下落。所以它们都是字形长方，右部偏下。二看结构分界线。比如"卿"字左中有三部分匀称，中间部分纵向居中，两条结构分界线从中部两侧穿过，疏而不挤，若即若离，首笔"丿"右伸，置于中部的左上方，末笔悬针竖，起笔左伸，以示呼应，形成一体。三看笔画四周伸缩。比如"榔"字左部"木"伸左让右，横撇顶格、上下顶格，右边的捺缩为点。右部悬针竖顶格，横撇弯钩，钩部顶格。"绑"字的左部"纟"起笔顶格，提画左伸，起笔顶格，中部的竖撇左伸至提画的下端，托起左部"纟"，右部悬针竖顶格，横折弯钩钩部顶格。

说得清。书法讲究势，即笔势、体势和布势，众画结合之势称为"体势"。这里要围绕"体势"说清楚：紧紧抓住"左右等长，上下错位"这个结构特点，说清外部形态，高低比例，笔画伸缩等要素。比如"绑"，左中右宽窄相当，左中略高，右部偏下，左中右三部分紧凑，中部居中，横画等距，竖撇左伸至左部之下，左部"纟"三个笔画角度不同，呈放射状，斜中取正，提画有力，从偏左处起笔，收笔处上下对齐，靠近中部，右部"阝"耳廓稍大，悬针竖劲直下伸。又如"脚"，左中右宽窄相当，左边窄长，中部上高下高，右部上低下高。左部"月"字形长方，竖撇勿弯，横折钩直挺，上平下齐，横画等距，连左不连右，中部"去"，两横收缩，上斜，与左部两横持平，竖画伸展，写在竖中线上，撇折左伸，点稍长有力，右部"卩"横折钩内斜，横部以左右横画持平，竖画下伸，比左部低。

写得像。临写之前，要引导学生从笔法、结构形态去研究，发现出代表性的结构特点。比如"卿""椰"和"绑"这三个字，都属于左中高、右边低的字形，虽然三部分占位相当，但是彼此之间又联系紧密。"卿"和"椰"的左中部分都是"顺背"，注意顺势排列，彼此相依，左中部分又与右部"相向"，注意左右相迎，各不妨碍。而"绑"字左中部分成"相向之势"，与右部"阝"顺背之势，这些细枝末节，要引导学生仔细观察好好揣摩，临写时，速度一定要慢，要将字形默记于心，然后一气呵成地写下来，努力把字形写像一些，写准一些。还有这三个字最后一笔都是悬针竖，要写好它，写出力道、厚重，既是为了体现高低错落之别，又是起稳定作用。

感受美。朱以撒在《常态奇态》一文中说："结构除了表现写实的平正，还倾向于夸张、新异、虚幻，使结构脱离常规，体现奇趣。"楷书技法有"垂曳"一说，即垂下牵引的笔势，右垂而左面略缩或右曳而左侧稍短，起支撑骨架的作用，做到错落有致又重心平稳。"左右等长要错位"，"左撇右竖，左收右垂"这是体现错位的法则。研究发现，这种类型的字如果左中右写平，由于右部偏小或有"T"形部件，造成右部悬空或右部耸立，左右会失去平衡、平稳，因为右部下落，有落地稳固之感，这是其一；其二，右部如果写得过长，会使分间布白过宽，不匀称，不舒服。

三、上下结构

上下结构的字是由上下两部分沿竖向叠合而成的。它的显著特点是字形因竖向排列而偏长。写好上下结构的字，一要注意重心相聚。上下结构的字要做到上下中心对正。书写时，首先要将其对称性的结构单位以竖中线为轴，做到上下对称分布，然后将其非对称的结构单位以竖中线为轴，校其长短，稍加调整，均匀分布。二要比例适当。王羲之说："分间布白，远近宜均。上下所得，自然平稳。"上下结构的汉字，上下部分结构单位的高度比例要适当，若比例失当，即便是重心平稳，也难美观；三要遵循"纵收横展"的原则，尽量把每个字的部件写得扁一些，求得保持汉字的方块形态；四是注意上下之间相互迎让穿插，做到中宫收紧，四周舒展。

上下结构的字形大致有五种类型：分别为上下基本相等、上小下大、上宽下窄、上窄下宽、上短下长。

（一）上下基本相等

凡是上下两部分在田字格中所占位置大略各占二分之一的，即为上下基本相等的上下结构的字。当然，上下基本相等结构，也包含上下部分左右宽窄大体相当。写好这类字，要求学生注意，既不能刻意写得绝对相等，又不可随意，写得有明显差异。比如，思、志、忘、忽、留、雪、香、雷、杂、召、否、台、歪、秃、袋、李、票、勇、皆、旨、吉、浆等。安排上下结构的字，有一个基本规则："字头的大小看字身，字底的大小看字身。"就拿"雨字头"做部首的字来说吧，一般是上面小，下面大一些，但是，也要根据字头字身的宽窄长短比例，做出适当的调整，做到上下匀称，宽窄相当。比如，"雪""雷""雾""霞"这四个字字头相同，下面的部件不同，前两字字身短扁，后两字字身窄长。怎么处理才好看呢？正确的办法就是：下面的部件大，字头就小；下面的部件小，上面的字头就写大一些。依据这个规则，"雪"和"雷"的"雨字头"得变窄了，于是就变成了"上下基本相等"的字形。由此观之，"顺势而为，因势而生，相生相应"是上下基本相等的字产生的原理。

1. 字形举例

雪　思　袋　台

2. 指导方法

看得准。一看字形。"雪""思""袋""台"这四个字，共同的特征就是每个字上下部件宽窄长短相当。"雪"字下部"彐"稍窄，整个字呈倒梯形。"思"字下部略宽大，整个字呈正向梯形。"袋"字上下舒展，彼此穿插，字形竖向长方。"台"字上部"厶"像三角形，下部"口"肩开脚合，两竖内收，中间大，两头尖，字呈菱形状。二看字头、字底大小。"雪"字下部字形小，笔画少，上部略宽大些，体现"上展下收"。"思"字属于"下托上"字形，下面略宽大，稳稳托住上头，体现"上收下展"。"袋"和"台"虽然大小有别，字形各异，但是这两个字上下部分宽窄长短彼此相当。三看结构分界线和中线。"袋""思"和"台"三个字都是以横中线为上下部件的分界线。"雪"字的"雨"部稍稍越过横中线，下部"彐"相让于上部。"雪"和"思"上部都有竖中线，下面部分只要对称于中心线，字就平稳了。"袋"字得找中心，上部"代"

的斜钩的起点往下引一条垂线，依次穿过"衣"部的点画，撇捺交点以及竖提的提尖，并注意上下左右匀称。同样"台"字，从撇折的起点往下画一条垂线，经过折部中点以及"口"部上下横的中点，并注意上下左右匀称，如此重心平稳，字就美观。四看比例。从结构分界线可以看出，这四个字的上下比例都是1：1的关系。

说得清。静心观察，仔细体味，对范字形成清晰的印象，做到成"字"在胸。按照先整体后局部的顺序，说清字形，说清上下部件的形态和比例关系，说清体现重心的笔画。比如"雪"字，上半部分宽，下半部分窄。五横平行等距，中点竖直对齐，竖写在中间，四个点长度相等，排列匀称，向中竖靠拢。规范提示，第二笔是垂点，不要写成短竖或者斜点，第三笔是横折钩退缩为横钩。又如"台"字，上半部点和撇折的撇部角度对称，呈三角形。下半部扁"口"上开下合，两竖内收，呈倒梯形，上下部布白均匀，三横等距，中点上下对正，确保重心平稳。规范提示，第一笔是撇折，不要写成撇和提，"口"部没有钩，横折不出头，横包竖。

写得像。统编教材课后生字书写设计是描红一遍，临写两遍，有的课本规范字体字帖是先描红临写各一遍，再描红一遍，临写两遍。再加上课后仿写练习，效果一定会更好。低年级学生习字，描红环节很重要。通过描红，发现部件的比例，彼此穿插避让，感悟笔画长短粗细，认清字形大小和笔画位置走向。比如，"思"字上窄下宽，上部"田"居中，方中见扁，上开下合，左竖短，右竖长，横短竖长，横轻竖重，中间的"十"既不连左又不连右。下半部分"心"部的中点相让于上部，下移，整个"心"部稍右移，底部下齐，上竖以中点上下对正，布白匀称，上下联系紧密，体势稳固。又如，"袋"，字形长方，中宫收紧，上下穿插迎让。上部"代"的"亻"部立正，横上斜，左长右短。与斜钩起点宜高，钩画下伸劲挺有力，上点靠外。下半部分"衣"的首点上移，与上面的斜钩起点上下对齐。点中分下横，横短斜，左边托住"亻"部，撇捺舒展，竖提左移。斜钩的起点，下部的首点，撇捺交点，竖提的提尖，上下四点对正，重心平稳。"袋"字笔画较多，书写时用笔宜轻。

感受美。每个字楷书就像一幅抽象画，像一幅装饰画。看字理，了解人文底蕴，感受中华文化。看结构，认识结构比例美，了解上下结构合成特点，掌握书写规律，再通过反复练习，培养一种意识和习惯，形成一种正确的态度。王羲之说："金书饰字，本领为先。尽脱安危，以平稳为本。"上下轻重要相称，不可上面过重，下面过轻，或者上面过小，下面过大。可以运用"数字分析法"让学生观察"雪"字的底部，如果把底部写大了或者有意写小了，让学生思考：这样的上下比例关系美不美？为什么？经过讨论，学生发现，这个字要遵循"上紧下松"的原则来分布安排结构，如果写成"上紧下松"字虽然也能做到"重心平稳"，但是由于笔画之间布白严重不匀，上下比例失调，给人笨拙、不舒服的感觉。在学习书法的过程中感受汉字的美，学会创造美，同时学会运用科学方法，培养科学精神。

（二）上小下大

上小下大的字指的是上部分笔画偏少，比如"币"字，少到只有一个撇画，"卞"字，少到只有一个点画，多数上部是以横向较窄竖向较短的部首或间架为单位，而下部间架较宽大、舒展所组成的字形。比如：卞、良、上、元、足、是、走、早、只、尘、朵、岂、兔、另、支、先、南、每、号、关、争、呆、奇、角、色、声、兄、币、它、晟、晨等，特征十分明显。还有一类比较特殊的字形，是上下两个部件是相同的，呈重叠状。比如：多、炎、吕、昌、哥、圭、出、爻等。写好这类字要注意根据字形特点安排布局，上部要形扁、紧凑，相让于下，下部要宽绰、舒展，载住上部，上下中心要对正。

1. 字形举例

2. 指导方法

看得准。一看字头字底大小和字形。"足""元""多""哥"这四个字，共同的特征就是上小下大。"足"字下部的"人"字撇偏左偏上，撇收捺展，整体上是上边窄下边宽，左边短，右边长，字呈正向梯形。"元"字下部"兀"的撇和竖弯钩左右开张，形体宽大，整个字呈正向梯形。"多"字上部窄小，下部略宽，上下重叠，间距匀称，字形长方。"哥"字上部"可"小，下部"可"大，上下竖直对正，字呈长方。二看结构分界线和中线。"足""元""多"、"哥"这四个字，上部都在横中线以上。"足"字的上部"口"居中，上下横画的中点与下竖对正，重心平稳。"元"字左移，竖弯钩的竖段落在竖中线。"多"字斜中取正，从上部"夕"撇与横撇相连处往下引一条垂线，依次穿过横撇的撇段中点，再穿过下部"夕"的横撇的撇段中点，上下中心对正，以下托上。"哥"字是属于相对均衡的字，左右并不对称，需要调整竖钩的位置，从而达到均匀和谐。钩画右移，相让于左，竖中线从上横的中点，穿过上下扁口右竖和钩画的钩尖，以达到重心平稳，相对均衡。三看比例。从结构分界线可以看出，"哥"个字的上下比例都是 1∶1 的关系；"足""元"这两字上下比例是 1∶3 的关系；"多"字上下比例是 1∶2 的关系。

说得清。通过看字形，让学生准确地认知字形，并牢固地记住字形，做到意在笔先。通过分析字头字底宜大宜小，体会上下协调，上收下放，上展下收的原理。通过观察笔画在田字格中长短、横势、竖势、斜势等不同表现形态，体会笔画正确，字体端正，结构匀称的重要性。然后一一道来，活化出字的模样，如浴初夏。比如"足"字，上部"口"略扁，居中靠上。扁"口"上开下合，与下部"卜"竖，上下对正。"卜"竖居中，写在竖中线上，右短横，写在横中线上。撇捺连点偏上，相交于左半格的横中线上，角度对称，撇轻捺重，捺画起点高，一波三折，捺脚有力。整个字上窄下宽，左短右长，呈内紧外松，上紧下松，具有

"三足鼎立"之势。又如"多"字,上部"夕"第一撇和第一个横撇的连点,第一个横撇的撇部的中点,与下部"夕"的第二笔横撇的撇部的中点竖直对齐。两个横角度平行,四个撇的角度平行,两个点角度平行,点和撇的角度对称。"夕"与"夕"之间距离较近,布白匀称。上半部分小,下半部分大,整个字体势稳固,端庄美观。

写得像。在仔细观察范字后,引导学生静下心来认真描红、临写、仿写。写时集中注意力,看准田字格,不随便下笔,一下笔力求一气呵成,把字写规范、正确、端正、整洁。比如"元"字,第一横短,第二横长。撇和竖弯钩的外侧宽,内侧的距离较小,这样才能做到结构内紧外松。撇略展,左探,竖弯钩劲挺、圆转、舒展,竖段压住竖中线,底部圆润、平稳,最低处是整个字的最低点。规范提示,撇和竖弯钩背靠背,不要相连。第二横和撇的连点在字的中间偏上一点的位置,即字的高度的黄金分割点。又如"哥"字,上边的"可"小,下边的"可"大。横画之间的距离相等,竖画之间的距离相等,横竖布白匀称。规范提示,上边的"可"的竖钩变为竖。竖和竖钩不要连成一笔。

感受美。欧阳询说:"字之承上者多,惟上重下轻者顶戴欲其得势。如叠、鸶、聲之类。八诀所谓如人上称下戴,又谓不可头轻尾重是也。"这句话的意思是指,上下结构的字如人一样,要长得匀称,上下比例协调,不可过于头轻尾重或头小尾大。上小下大的字只要处理好"头轻尾重"的关系,就能稳如泰山,给人以安稳、舒服的感觉而知其美。反之,上下不相称,如墙上芦苇头重脚轻根底浅,摇摇欲坠,必然产生惊险恐惧的心理而知其丑。这些道理可以通过玩金鸡独立或观看走独木桥、踩高跷等游戏,让学生体会稳定的美好。

(三)上宽下窄

上宽下窄的字指的是上部宽而短或伸展以盖下,下部窄长或窄小的字形。主要有三种类型:一是"上分下合"型,即上部是左右结构的字或者由左右两个简复不同间架并合而成，下部是一个偏旁部首或者间架组成的字。比如，翠、柴、紧、楚、装、臂、娶、竖、赞、凭、驾、袋、琴、贺、帮、哲、紫、梦、禁、惩等。二是"上盖下"的字形，即上部是有撇捺伸展的字头或者是以宝盖头、秃宝盖、穴宝盖、学字头以及长横作字头的字。比如，会、金、各、分、伞、冬、全、今、公、拿、谷、令、爷、空、宝、实、字、宵、家、冗、写、罕、窄、学、丽、市、兀、京、亨、育、亩等。这些字普遍都有"上广下狭"的特点。一般来说，写好这类字，上面要写得开张一些，下面要写得收紧一些。

1. 字形举例

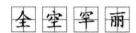

2. 指导方法

看得准。一看字头字底大小和字形。"全"字，人字头，撇捺伸展，盖住下面，又称"天覆"，上面宽大，下面窄小，上部三角形，下部正向梯形。"空"字上下宽窄相当，呈方形。"罕"字上窄中宽、下长，上半部呈梯形，下半部呈倒三角形。"丽"字，上平下齐，上短下长，四方四正，字形方正。二看结构分界线和中线。"全"字上下部的结构分界线在横中线上。"空"字上下部的结构分界线在横中线偏下。"罕"字上下部的结构分界线在横中线偏上。"丽"字的上下部的结构分界线在横中线偏上。"全"字撇捺中分字头，下部竖画对准竖中线，字形左右对称。"空"字宝盖头中分字头，下部"工"的竖画写在横中线上，字形左右对称。"罕"字和"空"字一样，以竖中线为轴左右对称。"丽"字上部横画居中靠上，下部以竖中线左右并列，左右匀称。三看比例。从结构分界线可以看出，"全"和"空"两个字的上下比例都是 1∶1 的关系；"罕"字上下比例是 1∶2 的关系；"丽"字上下比例是 1∶3 的关系。

说得清。应引导学生围绕"重心相聚"和"比例适当"这两个要点说清楚。重心平稳是写好楷书的第一原则。做好上下部件的"重心相聚",必须以竖中线为轴,上下部件稍加调整,上下对正。写好上下结构的字,得围绕"比例适当",要么上展下收,要么上收下展,处理好"收展"是关键点之二。比如"全"字撇捺伸展,上盖下,下部"王"上移迎就,整个字"上展下收"。撇捺的交点与下部"王"的中竖上下对正,即体现"重心相聚"。又如"军"字,字头宽扁,靠上居中,下部"干"上移迎就,紧随其下,横长竖短,上部短下部长,上部略窄下部宽长。再看"重心相聚",中竖将秃宝盖左右中分,下部"干"中竖对准竖中线,上下对正,重心平稳,比例适宜,亭亭如盖,美轮美奂。

写得像。格临是一定要把握好上下比例关系,带着简要的概念去临写,往往能够事半功倍。这四个字虽然上下比例不尽相同,但是还有一个共同点,就是"以竖中线为中心左右匀称排列"。因此"找中线"成为是写好这些写字的关键。比如"空"和"丽"字,都属于"天覆"的字形,上部都比较宽,而"丽"字更显宽扁,"丽"字上下比例是1:3的关系,"空"这个字的上下比例是1:1的关系。再说"重心相聚","空"字首点将字头左右中分,下部的中竖要写在正中,上点与下竖垂直,字就平正稳定。"丽"的字头靠上且居中,下部以竖中线为中心左右匀称排列"布置令其平稳"。

感受美。上下结构的字,一要做到上下平稳,左右匀称,字就稳固、美观;二要做到比例适当,长短匀称,字就合度、舒服;三要做到中宫收紧,收缩纵展,字就精神、生动。三者合一体现了"多样统一"的形式美。既处理好了正斜、轻重,又关注了宽窄、长短和聚散,形成了多样统一的和谐的整体。

(四)上窄下宽

上窄下宽的字指的是从横向宽度来说,上部较窄,下部较宽的字。上窄下宽的字形主要有以下四类:1."上合下分"型。上部一般是字的部首，下部一般是左右结构的字或者由两个简复不同的间架结构构成。比如，荷、薄、罪、嵌、筑、蔽、茫、露、霜、落、蒜、符、崭、轰、覆、花、霞、霸、茄、兹等。2. “下托上”型。即上部既窄又长，下有地载式部首，字形具有“上狭下广，上轻下重”的特点。既有以长横作底部的，比如，直、丕、鱼、至、显、坚、旦、丝、兰、皇、韭、昼、丞、互、噩、重、巫等；又有以“心”“灬”“皿”作为字底的字，比如烈、黑、热、杰、点、忑、息、恩、怨、患、恳、盂、盟、益、盘、盖、盆。3. 还有一类比较特殊的字形，就是“品”字形结构的字，同样具有上窄下宽的特点，比如，众、品、晶、鑫、森、磊、淼、矗、垚、焱等。对于字底有长横和三个相同字并叠的，都要按上窄下宽的结构来安排各部件在田字格中的位置。

写好这类字主要是安排好上下两部分的位置、大小、宽窄，遵循上下平稳的原则，字才美观。

1. 字形举例

荷　罪　皇　显　众　森

2. 指导方法

看得准。一看字头字底大小和字形。“荷”字，字头宽扁，上窄下宽，上短下长，左短右长，呈横向梯形。“罪”字上窄下宽，上短下长，字形长方。“皇”字上窄下宽，上短下长，呈梯形状。“显”字与“皇”字形似。“众”字上窄下宽，上下长度相当，形似梯形。“森”字亦如此。二看结构分界线和中线。“荷”和“罪”字上下部的结构分界线在横中线靠上。“皇”和“显”字上下部的结构分界线在横中线偏上。“众”和“森”字上下部的结构分界线在横中线上。“荷”的字头“艹”属于左右中分对称的字头，竖中线将“艹”一分为二，穿过下部“何”中间小“口”中央，一边在左半格，另一边在右半格。“罪”字被一条竖中线将上部"四"和下部"非"一分为二。"皇"和"显"字与"罪"字原理大同小异。"众"和"森"结构形式相同，均为"品"字形结构，上大下小，左右匀称。三看比例。从结构分界线可以看出，"荷"和"罪"两个字的上下比例都是1∶3的关系；"皇"和"显"字上下比例是1∶2的关系；"众"和"森"字上下比例是1∶1的关系。

说得清。正确的笔顺，不仅可以提高书写速度，还有利于把字写得清楚、工整、美观。掌握正确的笔顺，是一项重要的书写技能。要引导学生按书写笔顺来说。说得好，也是进行严谨的思维训练，培养良好的学习习惯。比如"罪"字，上部"四"又宽又扁，上平下齐，四竖平行等距，下部"非"，先写左竖，继写三横，再写右竖，后写三横，注意两竖左收右展，横画左右相当，平行等距。又如"显"的字头略扁，上宽下窄，下部"业"宜"先中间"，写两竖，"后两边"，写点和撇，最后写底横。"显"是"地载"的字形，底横要长而取平势，载得起上面的笔画，方能平正安定，不失重心。

写得像。指导学生合体字时，要引导学生说出偏旁长短、大小、宽窄分布情况。讲解时要注意归类，以求举一反三，触类旁通。学生练习时，要及时示范、讲解，督促学生认真修改。学生格临时，教师及时发现共性问题，比如"荷"和"皇"的"上窄下宽"特点，学生书写时没有写好，就应该"小题大做"，再次集中加以强调，否则学习难点就没有突破。又比如"众"和"森"都是"品"字形的字，写好这类字的规则是"反复变化"即三叠者，上大下小，左促右舒。要引导"解剖麻雀"，做一番深入细致的琢磨，比如"森"字上面是一棵大树，其荫遮住下面的小树，左边的小树好比树弟弟，左伸右缩，变捺为点，右边的小树好比树哥哥，略高且撇捺舒展挺拔。

感受美。汉字楷书有许多结构是用同一个基本笔画构成的。书写这样的汉字时，要避免笔笔相同，而力求笔笔各异，避免呆板厌烦。比如

"罪"的横画和竖画。有许多结构是用若干相同的间架，偏旁部首重叠并合而成的，书写这样的汉字是，要避免完全相同，而应变其一，还要注意彼此之间的联系与呼应。上下结构的字，要有"偃仰离合之势"。比如"众"上部好比一个大人，下部为两个小孩，被拢入腋下，亲密无间，相依相让，左边的"人"捺缩为点，且稍低，右边的"人"稍大，撇的起点高，撇捺舒展。

（五）上短下长

上短下长指的是上部短，下部长的字，一般多见于字头式结构的字。比如，"亠""厶""宀""艹""夂""竹"等这些字头，都具有比较宽扁的特点。一般来说，这类字头所组成的上下结构字，都具有上短下长的特点。比如，竿、笑、答、符、筷、菊、芦、芽、苹、芙、茉、穿、宇、字、宋、责、青、胃、蜀、粟、录、直、单等。写好这部分的字，要注意上部横向宜宽，考虑对下面部分盖得住，竖向要长，体现上短下长的特点。

1. 字形举例

2. 指导方法

看得准。一看字头字底大小和字形。"笑"字的上部"竹"字头宽扁，"夭"部宽长，上下宽窄相当，呈长方形。"胃"字上部稍宽，下部直长，字形长方。"直"字上窄下宽，呈正向梯形。"宋"字上部宽扁，下部"木"宽大，字形正向梯形。二看结构分界线和中线。"笑""胃""宋"和"直"字上下部的结构分界线在横中线偏上。"笑"字的"竹"字头以竖中线中分，"夭"部左右均匀，整个字左右匀称。"胃"的上部"田"靠上居中，下部"月"紧贴其下，对准横中线，左右匀称排列。"直"和"宋"字均以竖中线为轴，左右部分绝对匀称的字形。三看比例。从结构分界线可以看出，"胃""直""宋"三个字的上下比例都是1∶3的关系；"笑"字上下比例是1∶2的关系。

说得清。观察"上短下长"的字，要紧紧依凭"结构分界线和竖中线"，看清长短比例，看清上下大小。以上所列举的例字，它们都是"上短下长"的字形，但是它们的长短比例还是有区别的。要引导学生发现差异，更准确地把握好结构特点，并鼓励大胆说出自己独到的发现。比如"笑"的字头明显比"胃"的字头宽而扁，"胃"的字头是方中见扁，"笑"的字底与"胃"的字底有较大差异，"笑"字下部，平撇上移，中横上斜，撇捺伸展，左右对称，上下部皆成俯势，彼此紧凑，格调统一。"胃"字底部"月"字形长方，上平下齐，贴紧上部"田"的下方，字形上略宽下稍窄，长短匀称，挺拔、修长、优雅。

写得像。看也看得准，说也说得清，但是写出来的字与心目中的字往往相去甚远，其原因是多方面的。其中一个主要原因是学生控笔能力比较差，平常普遍缺少笔法讲解和训练所致。因此，要重视教师的书写示范和学生的笔法训练。说一千道一万，不如老师来示范。教师的书写态度、书写规范、运笔的轻重快慢的变化具有潜移默化的作用。学生会从老师那里学到科学的运笔方法，并经常练习，从而不断提高书写基本功。其次，在每次练习之前要安排一段时间进行"笔法"训练，不断提高控笔能力。"工欲善其事，必先利其器"说的就是这个道理。比如教师示范"直"字时，宜边示范，边讲解，重点指导"运笔过程"，要求学生留心笔画长短，注意黄金分割的比例，运笔时的轻重快慢的变化。"直"的首笔横的中点要与第二笔竖撇的起点、第八笔横的中点竖直对正，左右两竖角度对称，横画平行等距，第一横与第二横的长度比值，第六横与第一横的长度比值，均为1∶0.618。同时要告诉学生运笔时注意，写横竖时横轻竖重，写竖画时左轻右重，写横时长轻短重，并逐步养成轻重快慢的运笔节奏。

感受美。上下结构的字，要使上下组合得适当、平稳，必须做到"上下合"，并把握好度。字冠和字底中间如果没有缝隙，则字显得局促、压抑，不明快；但是如果二者分得太开，显得松弛、剥离，不紧凑，没精神。把握好度字就美观。比如"宋"字"宀"宽而舒展，犹如一顶大帽子遮盖住下部，体现"上皆覆下"的特点。下部"木"上移迎就，中竖上端深入"宀"里面，横画左右略收，突出字头，显得上下联系密切，浑然一体，配之撇捺伸展，中竖直挺，整个字端庄大方，神采飞扬。古人宋玉所谓"增之一分则太长，减之一分则太短"指的就是度的把握。所以鼓励学生要细心体验美，用心表现美、创造美。

四、上中下结构

上中下结构的字是由上中下三部分自上而下叠合而成的字。这类字的字形特点就是因竖向排列而偏长，因此，避免偏长是写好这类字的关键。

写好上中下结构的字，与写上下结构的字一样，要注意以下四点：一要重心相聚。上中下结构的字要做到上中下中心对正。书写时，首先要将其对称性的结构单位以竖中线为轴，做到上下对称分布，然后将其非对称的结构单位以竖中线为轴，校其长短，稍加调整，左右匀称，分间布白上下宜均，防止偏斜；二要比例适当。上中下结构的字要遵循"重不宜长，复不宜大"和"审量其轻重，使相负荷，计其大小，使相副称为善"的原则，要根据字形的特点，处理好上中下宽窄长短比例，若比例适当，字就匀称，若比例失调，即便注意到重心平稳，也难言其美；三要把每个部件写得比上下结构的字更扁一些，竖画尽量收缩，横画伸展，力求保持汉字的方块形态，防止过分窄长；四是注意上中下之间相互迎让穿插，做到中宫收紧，四周舒展。

根据上中下结构的字上中下三部分各自形态不完全一样，大致可分为四种类型：上中下基本相等、上下宽中间窄、上下窄中间宽、上中窄下边宽。

（一）上中下基本相等

凡是上中下三部分笔画多少相近，长短相当，中间部分居中的，即为上中下基本相等的上中下结构的字。宽窄不作为主要衡量标准。写好这类字，要因字赋形，自然而然，该大的大，该小的小，该肥的肥，该瘦的瘦，不能刻意写得绝对相等，又不可随意布白，过于整齐划一，不像其形。

书法字帖中把"上中下基本相等"的字称为"三停"，即上下三分。有些字虽然具有"三停"的特点，但是这些字其实是上下结构的字，比如"素""累""慈""急"等字。上中下等长的字，首先必须具有上中下结构特征，比如："意""崴""苔""篮""蓝""章""慧""菩""奚"等，而且上中下基本相当。

1. 字形举例

崴 篮 意 苔

2. 指导方法

看得准。一看字头字底大小和字形。"崴""篮""意""苔"这四个字虽然上中下部件长短相当，中部居中，但是形态略有差异。"崴"字上中部宽窄相近，下部宽大，字呈梯形状。"篮"字下部"皿"略宽大，整个字呈正向梯形。"意"字上下舒展，中间收紧，字形竖向长方。"苔"字上部"艹"宽，中下窄，字像倒梯形。二看结构分界线和中线。"崴"字上部"山"，其中竖与中部"田"的中竖上下对正，底部"心"横向伸展，卧钩右展，竖向收缩，中点下移。但是中点应与上竖对齐，确保中心不偏。"篮"字上中下三部分长度相当，且均横向伸展，字形宽大，避免偏长。"艹"头和"皿"底分别是"左右中分对称的字头"和"竖、点左右均分的字底"，均以竖中线为中心左右匀称排列，确保整个字平正安定，不失中心。"意"字上部"立"横向伸展，形宽，中部"曰"居中稍上，中下部形似"思"字。首点居竖中线，中分下面的横画，与"心"的中点上下对正，确保重心平稳。"苔"字的中部"厶"居横中线上下，上下部长度相当，整个字以竖中线为轴，左右对称，确保重心平稳。三看比例。"崽""篮""意""苔"这四个字，共同的特征就是每个字上中下部件长短相当，中部居中，不同之处在于宽窄。从上下两条结构分界线可以看出，这四个字的上中下比例大约是1∶1∶1的关系。

说得清。教师有意识引导学生，以相似字形为例，用对比的方法来说一说彼此之间的联系和区别，并归纳出有规律性的东西。比如"意"和"崽"字，类型相同，结构相似，区别仅仅是字头的宽窄，重点引导学生仔细分析二者的差异。"意"的"立"字头变短变宽，长横左右顶格与下部"心"宽度相当，中间"曰"扁小，整个字像一个瓶底、瓶口大，瓶颈细的花瓶。"崽"字的"山"字头与"山"字对比，宽度没有明显差异，但是高度变矮了，三个竖画高低差不明显，与中部"田"等宽，底部"心"字宽大，整个字像一个瓶口、瓶颈一样粗细，瓶底大的花瓶。综上所述，二者在形态上有一些差异，它们的相同之处在于"形式美是一致的"，即左右对称，重心平稳。

写得像。写好上中下三部分相等的字，第一要看清首笔的位置走向，避免字偏侧或下沉；第二要做到中心对正，左右匀称；第三要注意某一部分宽窄程度，做到疏密停匀，避免偏长。比如"意"字，首点靠上居中，从顶格处起笔，字的结构要以竖中线为轴，对称安排各种笔画，注意横平竖直，各部分均竖向收缩，横向略展，注意布白远近宜均，做到中间窄，上下宽。又如"苔"字的部首"艹"，首笔长横略斜，起笔宜高，左右顶格，左竖短，右竖长且内收，两竖外长内短。中部"厶"上移，从"艹"中间起笔左伸，撇折的折点不超横，折段上斜，点画有力，角度左右对称，底部齐平，下部"口"略扁，上开下合。"艹"宽，其下

"台"字上下宽窄相当，统观整个字，上中下疏密匀称，左右对称，以求平正不偏。

感受美。汉字源于象形，是图画发展而来的，具有一种构图造型美的特殊功能。汉字的点画形态等于绘画中的线条，它与自然和社会环境中的动态情景，构成奇妙的契合。从古代"美"字的含义看美的产生，一种解释是"大羊为美"。羊的性情惹人喜爱，羊的某些特征，如角的对称、毛的卷曲都富有装饰趣味。另一种解释美字是"表现人的形象"。"美"的上半部所表现的是头上的装饰物，可能是戴的羊角，也可能是插的羽毛。这两种解释无不体现了内容与形式的统一，所以是美的。汉字以一个方块的结体，娴熟地运用对称、调和、对比、变化、多样统一等形式美的法则，把字的音、形、义三者关系奇妙地结合起来，而成为具有独特的意义，独特的美感，独特的价值的文字，巧妙地体现内容与形式的统一，这是独一无二的美。

（二）上下宽中间窄

凡是上中下三部分构成的字，上部和下部宽，中部窄的字形，即简称为"上下宽中间窄"。这样的字，有"章""衷""裹""寄""克""冀""翼""竟""竞"等等。有一些上下结构的字也具有这样的特征，比如"堂""常""掌""草""享""哀""累""富""复""窝"等，也可以参照这类的写法建议进行书写。

书写法则主要有以下四点：一要做到上下中心对正，避免偏侧；二要比例适当。根据字的特点，找出结构分界线，确定三者的比例关系，避免失真；三要把每个部件写得扁一些，避免偏长；四是注意上中下之间的迎让穿插，力求神气一贯。

1. 字形举例

226

2. 指导方法

看得准。一看字头字底大小和字形。仔细观察"章""竟"这两个字，它们的中部都是扁方形，上下形态虽然各有差异，但是上下都比较宽大。"章"字上部"立"宽大，上部呈三角形，中下部"早"字呈正方形。"冀"字中部"田"方中稍扁，与上部差距不大。"冀"字上下部横向舒展，且宽窄相近，对比之下中部收紧些，字形竖向长方。根据上中下结构字的组合规律"下有撇捺、竖弯钩、心字底、四点底、儿字底、衣字底、折文底的字应视为梯形字"，"裹"字下部有撇捺，"竟"字下部是"儿"，这两字应写成梯形状。二看结构分界线和笔画四周伸缩。"章"字上部"立"居中偏上，中部"曰"居正中，下部"十"居偏下，上中下在田字格中"三均"分布。"冀"字呈纵向伸展，字形偏长。上中部与下部分别各占上下半格。"裹"字上部窄扁，中部"果"硕大，约五分之二，下部舒展。"章"和"竟"字上下顶格，"冀"和"裹"字均上下顶格。第二横左右顶格。三看比例。"章"字上中下比例大约是 1∶1∶1 的关系。"竟"与"章"差别不大。"冀"字上中下比例大约是 2∶1∶2 的关系。"裹"字上中下比例大约是 1∶2∶2 的关系。

说得清。富有教学经验的语文老师把写好上下及上中下结构的字归纳为九字诀："判大小，找中线，定比例。"每一次书写练习，应该鼓励学生踊跃发言，不一定要"全面、准确、精彩"，允许有"一孔之见"就不及其余。把自己独到发现说出来。大家当仁不让添砖加瓦，最终成就意外"精彩"，品尝成功的喜悦。比如"竟"字，学生找到了中心，这就是成功的一半，表扬一番之后，再添一把火，继续往下深究，一来二去找到了门道，培养学生发现问题的能力，岂不快哉。

写得像。如前所述，小学生写字常常出现"眼高手低"的现象，即使成年人何尝不是如此。主要缺少控笔学习和训练，尤其是有针对性的训练。这样的训练对通过书写水平非常重要。比如拟进行多横多竖的字书写训练时，要求有较熟练的"平行等距"书写能力，在练笔之前，不妨进行"粗细一致，长短一致，空间间距一致"的控笔练习，通过练习，可以使学生较好地提高空间分割能力。又如拟进行笔画繁密，结构复杂的字书写训练时，可以先进行"线条粗细的控笔训练"经过反复不断地进行"由粗到细，或由细到粗"的练习，使学生加强对笔画粗细的体会，提高粗细长短笔画的把握能力，增强习字信心。比如书写"章"和"竟"这两个字时可以进行"粗细一致，长短一致，空间间距一致"的控笔练习；书写"冀"和"裹"时，可以先进行线条粗细的控笔训练。相信坚持下去，必定能取得较满意的效果。

感受美。写字首先是以实用为目的。讲求规范、整齐、端正、简洁、美观。这是对字法、笔法、章法最基本要求。缺乏笔法指导练习，缺少控笔训练的学生所写的字，有一个明显的缺点，就是过于横平竖直、形方体圆、呆板生硬。重视笔法训练能较好地解决这类问题。虽然仍比较稚嫩，但是笔触线条会比同龄人写得干净利索、圆润厚实、生动活泼、丰富饱满，避免歪歪斜斜、拖泥带水、软弱乏力的问题出现。线条美，字就锦上添花。书法艺术最重要的特征就是"书写性"。所谓"书写性"是指作品中笔触的运动感和连续性。所谓的笔法美，就是运用技法表现出来的点画线条之美。比如这句描写"线条圆润，富有筋力，或如曲铁如盘丝，或如游丝袅空，流畅婉妙"，经过读者的品位以联想去完成审美，就产生意味之象的美感。

(三) 上下窄中间宽

凡是上中下三部分构成的字，上部和下部窄，中部宽的字形，即简称为"上下窄中间宽"。比如"莺""莽""蒸""燕""紫""萤""帚""黄""惹""荧""亮"等。这类字的特征是"中部有横向笔画（撇捺、横钩、长横）时，字呈上下窄中间宽的菱形"。这样的字上下窄长，左右舒展，内紧外松，字形非常美观。其实，在上下结构的字中这样的字形也比较多，比如有"带""帝""茶""亭""爱""营""索""莹"等，它们都具有"上下窄中间宽"这样的特征，也可以参照这类字的写法建议进行书写。

书写这类字要注意做好以下三点：一要做到上下中心对正，避免偏侧；二要左右匀称。上下之间，左右之间，搭配合理，比例适当；三要注意上中下之间的迎让穿插，疏密松紧布置得比较融洽。

1. 字形举例

2. 指导方法

看得准。一看字头字底大小和字形。"莽"和"帚"字中部左右伸展，上下略窄，字形呈菱形。"蒸"和"惹"字上窄下宽，左右等长，字呈梯形。二看结构分界线和笔画四周伸缩。"莽"字上部"艹"偏扁，中部撇捺伸展，下部上移迎就，中下分界线不明显。"蒸"字上部"艹"和下部"灬"均偏扁，中部宽大，上下顶格。"帚"字中间最宽最窄，上部扁方，下部长方，整个字上下左右顶格。"惹"字上部又扁又窄，中下部宽大，上下顶格。三看比例。"莽"字上部与中下部比例大约是1：4的关系。"蒸"字上中下比例大约是1：3：1的关系。"帚"字上中下比例大约是2：1：3的关系。"惹"字上中下比例大约是1：2：2的关系。

说得清。经过上一环节的思考和观察，学生一定有话想说，但是且慢，由于受到年龄、心理发展的限制，学生往往不够缜密或者挂一漏万或者被眼睛欺骗了……这个时候可以让学生拿起范字来读字、背字，更可以描红，先在大脑里存其骨架。临帖方法有一读，二想，三临，四对，五改。"四对"很重要，是检验"一读二想三临"的重要环节。学生平衡感比较弱，看到的也许是"花非花雾非雾"。"四写四对"之后让学生说，相信应该会说得更接近精准。比如"蒸"字主要特点字形宽长，左右对称，结构紧密而舒朗，端庄雄伟。字头"艹"左右中分对称；字中"横撇弯钩"弯中取正，弯钩的起点和钩脚在竖中线上，左右撇捺角度相同，左右对称；字的底部短横和"灬"是"左右均分的字底"，应用竖中线为准四点左右均分。说清楚，弄明白，为写奠定坚实基础。

写得像。中国书法家协会主席孙晓云谦逊地说："我的书法秘籍是写，写，写，写……"其实，书法的学习，对于每一个人来说，都没有什么绝对的捷径可言，最有效的方式，就是反复、认真地坚持临帖、临写，写写写是最好的方式。不过，有的人写写写，不知不觉滑入抄字的泥潭，久而不见起色，反而养成不求甚解的坏习惯；有的人写写写，处处留心，坚持"临帖无我，创作无他"，写写写居然写出了形似，写出了神采，写成了自我。因此，初学阶段，按笔顺写，描红写，格临写，仿写都是着眼于"写得像"，要认认真真，老老实实地写，一笔不苟，注意笔画的细微差别，关注结构的特点，窥见字的密码，发现字的美妙。比如临写"帚"字时，首先要注意规范，上部"彐"中间的横画不与横折的折段相连，下横右出头；其次要注意字形特点中部"冖"宜伸展；三要注意笔画的变化，下部"巾"框变宽变短，竖画上收下展。又如"莽"字要抓住"中宫收紧"这个特点认真写好。这个字上中下联系非常紧密，上部"艹"横画稍斜，两竖内收，内紧外松，中部"犬"字撇捺开张伸展，竖撇变为斜撇，捺画外伸，撇捺起笔的间距与上部的两个短竖画延伸方向上下呼应，撇捺不相交，为下部"廾"上移迎就腾出空间。整个字上下穿插，彼此呼应，格调统一，神气一贯。只有抓住这个特点写精准，写出精气神，才有可能达到形神兼备的境界。

感受美。写字时不光靠握笔的手，更关键在于眼力。就本质而言，看准范字的门道，首先需仰仗眼睛的平衡感，然后是手的运动神经，以及身体的对应动作。决定平衡感的好坏完全依靠你的眼睛。心理学研究告诉我们，人从心里借着审美观来感受美的事物，在内心世界便会形成一种"造型感觉"。每个人都有可能经由"造型感觉"创造出美的事物。写好字的人往往有较好的稳定性和平衡感。学生如果有较好辨别字的稳定性和平衡感的能力，就能把字写好。因此，提高审美的眼力有助于把字写好。我们一般人的眼睛平常看东西时习惯把上半部放大，这种把上半部放大，下半部缩小的现象所形成的功能被称为"空间的非等方性"；从造型心理方面来看，称这种现象为"上部距离的扩大视觉"。写字时也是一样，如果把中间的横画，写在字体重心稍上方，便会让字显得平衡对称。这种中心称之为视觉中心，也就是由眼睛所看出的中心。遵循这个原理来写字，自然会更好处理好稳定性和平衡感，有助于慢慢地提高审美能力。

（四）上中窄下边宽

凡是上中下三部分构成的字，上中部稍窄，而下部宽的字形，即简称为"上中窄下边宽"。这类字的结体要领"下部复杂，上中让下"。这样的字，有"葳""衷""寄""克""簸""算""霎""宴""鼻"等。有一些上下结构的字也具有这样的特征，比如"兑""爱""哀""草""享""率""衰""急""复""莫"等，也可以参照这类的写法建议进行书写。

书写法则主要有以下四点：一要做到上下中心对正，以平稳为本；二要上下轻重相称，黄自元《间架结构九十二法》解释之二十四云"三联者头尾伸缩间仍要停匀"，意思是由上中下部分组成的字，头尾伸缩要适当。关联是关键，大小要合适，上下要匀称；三要比例适当。根据字的实际特点，找出结构分界线，确定三者的比例关系。注意结体要领"上简下繁，下占位多"避免失真；四要把每个部件写得扁一些，保持方块字形。

1. 字形举例

2. 指导方法

看得准。一看字头字底大小和字形。"箴"上中部字形宽扁，下部上窄下宽，字呈梯形。"衷"字上中窄，下部宽大，字呈梯形。"算"字上部宽扁，中部短方，下部横向长方。"霎"字上下宽，中就窄，字形长方。二看结构分界线和笔画四周伸缩。"箴"和"衷"结构比较接近，上中部与下部结构分界线在横中线上。"算"字上中部与下部结构分界线在横中线上偏下。"霎"字的中部"立"扁窄，居横中线上，其上下为结构分界线。"箴""衷""算""霎"四个字上下左右顶格。三看比例。"箴"字上中与下的比例大约是1:1的关系。"衷"字上中与下的比例与"箴"字相同。"算"字上中下比例大约是1:2:2的关系。"霎"字上中下比例大约是2:1:2的关系。

说得清。凭借田字格能准确、便捷地找到首笔和压线笔，确保字的重心不偏，抓住主要笔画的起止和走向，确保字形特征鲜明，不走样。比如"衷"字，首点起笔宜高，中分长横，中部"中"字竖向收缩，中竖写在竖中线上，与首点对正。下部撇捺伸展，撇捺连点在竖中线上，角度对称撇尖低，捺脚略高，竖提左移，提画有力，提尖与首点上下对正，整个字上窄下宽，内紧外松。又如"霎"字，上部"雨"字头中竖对准竖中线，内四点左右相对聚中，中部"立"字变窄，中点中分上下两横，上中部为了相让于下部，均竖向收缩。下部"女"字撇点交叉，居中，撇尖点尾齐平，主笔中横宜长，平衡重心，避免偏侧。

写得像。要依据上面的书写法则，结合字形实际，灵活地有针对性地指导学生书写。比如，写好"算"字要注意三点：一要上下对正。对准竖中线，"竹"字头居中靠上，左右对称，中部的"目"居中排列，下部"廾"左右均分。二要上中下紧凑，彼此相让。上部"竹"起笔宜高，下收，中部的"目"靠上，竖向收缩，变宽，下部"廾"左右外拓，竖画向缩下伸，通观上下，整个字上中下联系紧密。三要关注细节。中部

"目"的宽度，上与"竹"字头两个撇画的起点上下对正，下与"卅"
的两竖同宽。还有注意中部横画平行等距，下部竖画左缩右垂等。又如，
写好"箆"字，首先要分析与"算"的异同。两个字上中部的字形，宽
窄比例，大略相同，不同之处在于下部，"算"字下部方正，"箆"字下
部宽大，左右外拓，而且不对称，所以要引导学生找准竖中线穿过的路
径，确保重心平稳，这是难点之一；之二是"箆"字上中部紧缩，相让
于下部，下部伸展开放，上下主次分明，形成强烈对比，有效地避免平
板松散。处理好"相让"是难点之二；之三是"箆"的下部疏密不均，
如何"补齐空处"，做到"四满方正，疏密均匀"是难点之三。

　　感受美。上中窄下边宽的字，具有笔画繁多，数层重叠，上收下放
的特点。书写时应该注意上下中心对正，疏密停匀，从变化中求生动。
由于结体上窄下宽，字形稳固，加上间架巧妙安排，排叠穿插，意连呼
应，有收有放，犹如小宝塔，上下左右均具对称之美，彰显古朴、堂皇、
庄重之气韵。

五、四面包围的字

　　四面包围的字，顾名思义，字的四面都由边框封闭住了。这其中占
多数的是全包围结构的字，也有少部分独体字。这类字的结构特点是，
内外两个部件的间架笔画要做到"外内表里，自相副称"。外围的形态变
化要随着里面部件的大小、宽窄、高低不同而随之发生相应的变化，字
才和谐美观。写好这类字，关键在于，写外包时要考虑到内包的简复大
小，从而决定外围的宽窄高低，做到"为外称内"，反之，写内包时，同
样要考虑到外围的形态的宽窄、长短和形势，而决定内包的高低宽窄，
做到"为内称外"。四面包围的字一般结构方正，字形端庄。外围形势特
点为字形长方，上两角平，下两角齐，上端宜左稍低，右稍高。不能
"挫肩垂脚"，亦不可过于横平竖直，若像几何图形，则过于呆板无美感，
更不能写歪了，否则字就不平稳。

（一）四面合围的独体字

四面合围的独体字由于内包部分笔画少，而且沿横向排列，所以横向稍宽，纵向稍短，字形扁方。这一类型的字，由于本身内部笔画较少，间架较疏，视觉上看起来都是一些形态较小的字，不宜写得过大，也不宜写得过长，如果写得过大或过长，布白比例不协调，就显得不匀称，字体不美观。

1. 字形举例

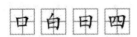

2. 指导方法

看得准。一要看字的形状。这些字外框都不算大，都是横向摆放的"小长方形"，整体呈扁方状。二要看双肩形态。扁方形字的双肩形态，两竖内收，要上开而下合，左右匀称，横画扛肩，横长竖短，横画上下平行。三要看搭接方式。书法楷书结字原则有"有画包横，无画包竖"的说法，意思是当口内有笔画时，口框右下角竖伸出以包横；当口内无笔画时，口框右下角横伸出以包竖。如"口"字是横包竖，"四"字是竖包横。

说得清。临写要充分发挥田字格的作用。扁方形的字，虽然没有中竖，但临写时要引导学生懂得依靠竖中线安排好字的结构，使字紧紧布局于田字格的中宫位置，做到中正、平稳。比如"口"字的书写，"口"字要居中偏上，以竖中线为中心，上开下合，对称安排笔画，做到左右匀称，确保重心平稳。又比如"四"字的书写，"四"字也要居中偏上，与竖中线为中心，对称安排笔画，书写时要注意，竖中线穿过上下两行的中点，左右轻重相当，疏密匀称。

写得像。临写的时候，要利用好田字格，要有意识地根据字形来控制字的伸展，要找准"三笔"（首笔、主笔、压线笔）的起止和走向。比如"口"字,首笔"竖"在左半格横中线上下,从左上格向左下格行笔,注意要内斜,要上下出头。第二笔"横折"是主笔,要横长折短,横轻竖重。最后一笔"横",要写平稳,要出头,要包住竖画。

感受美。通过笔画的粗细不同,体现落笔轻重快慢的变化,体会笔画的跳跃性,逐步感受书写中的力度和速度变化,感受笔画的线条美。通过笔画结构布局,体会重心平稳、左右匀称的对称美。

(二) 四面合围的正方形字

四面合围的正方形字,即四面带框、字形方正的字。这类型的字,主要特点是外围间架高与宽相当,横画与竖画相近,内包部件居中排列,饱满匀称,空间布白比例协调。

1. 字形举例

田 回 由 曲

2. 指导方法

看得准。一要看字的形状。这些字外框方方正正,与国字形的字区别有二,区别之一,竖向稍短,横向则更宽一些;区别之二,正方形的字一般是上宽而下略窄,"国"字形的字则上下等宽,方中见长。二要看双肩形态。正方形的字双肩形态为肩开脚合,两竖内收,中间微微向外凸起,左右相向。三要看搭接方式。根据"有画包横,无画包竖"的结构规律,正方形的字内包部分均有间架笔画,因此,外框右下角的竖画应伸出以包横,右竖带钩,略取斜势,长于左竖,底横右端不要过头,与钩尖搭接即可。中间的横画均不靠边,要求既不连左,又不连右。

说得清。没有田字格作坐标,不能很好地指导学生观察清楚,难以用语言准确表达。借助田字格可以说得清笔画的起止和走向,也能更好地确定字的重心和匀称。有中竖的正方形字,中竖要端正,置于田字格的竖中线上,左右部分要互相对称,做到重心平稳。比如"田"字的大口框的书写,"田"字中间的"十"字要写在横竖中线的交叉点中间,左竖从左上格中间偏下的位置起笔,向竖中线内斜,收于左下格中间偏右处,横折的横部从竖的上端起笔,与横中线角度平行,行至右上格中间偏下处折向右下,右竖稍长于左竖,左右两竖角度对称,底横右端不要过头,与钩尖搭接即可。

写得像。在临写的初始阶段,要充分发挥田字格在临写过程中的重要作用,引导学生观察范字的笔画、部件位置和比例关系。比如"回"字的书写,这个字的特点就是四个横,四个竖,距离相等,字形匀称。这些特点其实学生已经一目了然,如何做到"写得像"呢?主要在运笔的力度和笔画的搭接处理上。"回"字的大口框,左右两个竖角度对称,左边稍短,右边稍长,写左竖的时候,用笔要轻,注意把握好斜度和长短,写横折的时候,要做到横轻竖重,转折处顿笔,竖部略向内收。注意处理好转折处的形态,折处要劲挺刚健,运笔有力,竖部带钩,略取斜势。写小口的时候要注意居中偏上,最后一笔的搭接方式是横画出头,与大口框的末笔是竖出头,两相比较,富于变化,力求生动,避免呆板。

感受美。汉字被称为"方块字"。正方形的字具有"方方正正"的特点,分间布白,宽窄均匀,体现"整齐划一"的形式美。通过书写练习让学生感受并努力做到,笔画之间,空白间距,疏密匀称,字就美观的道理。

(三) 四面合围的长方字

四面合围的长方字,即四面带框、字形长方的字。书法理论书籍中关于这一类型字的表述,概括为"字形稍长,四角齐平,左右匀称"。通俗一点说,字形像竖向长方形,横画短,竖画长,内包部件纵向排列,分间布白,远近均匀。这类型字要写得窄长些,如果写得太宽了,内部的空白间距相差较大,就显得不匀称。因字赋形,写好这类型字的关键,是注意别写宽了。

1. 字形举例

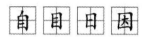

2. 指导方法

看得准。一要看字的形状。这类字字形基本特点"横向狭窄，竖向长方"，请看以上的例字，大致如此，但是如果你用心往细处去琢磨，就会发现，区别也蛮大的。比如"日"字，字形较小，形态窄短，"目"字较"胖"，形态窄长勿短，"自"字介于二者之间，字形长方且稍宽，由于上头有短撇，所以下部字形变短，左右两竖长度自然不及"目"字长，不过，宽度却增加了，中间两个短横也较之"目"字中间两横长。这说明各种笔画之间的长短，肥瘦及疏密对比要符合对比调和的原则，才能给人以美感。二要看双肩形态。四面合围长方的字双肩形态为上下等宽，左右两竖相向，左顾右盼。三要看搭接方式。根据"有画包横，无画包竖"的结构规律，外框右下角的竖画应伸出以包横，右竖带钩，略取斜势，长于左竖，底横右端不要过头，与钩尖搭接即可，左竖上下出头。中间的横画连左不连右，长度过竖中线。

说得清。指导小学生习字，必须以田字格为载体和凭借。比如"日"在田字格中，有了横竖中线的衡量和对比，学生会较容易发现整体字形为长方形，从上往下看，三横距离相当，横平竖直，左右两竖下端稍收，中间的短横只和左侧的竖相接，不和右侧的竖相连。有了初步印象，为"写得像"打下基础。

写得像。小学生尤其是低年级小学生观察能力还在发展之中，精确的辨别能力水平较低。没有对整个字各个部分的比例关系和空间位置的配置关系形成完整的视觉表象，写字时往往把注意力集中在一笔一画之间，没有"整体观"。指导学生写字，如果没有以田字格作为坐标，不能很好地引导学生观察清楚，较难用语言准确表达。借助田字格可以说得清笔画的起止和走向，也能更好地确定字的重心和匀称。因此，必须紧紧依靠田字格，让学生看清楚范字的空间位置配置关系。比如"日"字，第一笔写在左半格，从左上格中间偏右处起笔，顺着竖中线向下行笔，稍内收，止于左下格中间偏右处，横折的横部从左竖竖头写起，横部向右行时，要略取斜势，在右上格中间偏左处转折，再向右下行笔，下收。右竖略长于左竖，右竖包横，左竖上下出头，中间短横连左不连右。只有看得准，才能写得像。

感受美。字形长方的字，左右间架相似，分间布白相差不大，都是左右匀称的字。左右横平竖直，对称于竖中线，中心不偏，字就平正安定，端庄美观。通过不断的书写练习，让学生进一步发现和领悟，笔画之间，空白间距，疏密匀称，字就美观的道理。

（四）四方形全包围结构的字

四方形全包围结构的字，通俗一点讲，就是"国"字形的字，其突出特点是，形方且宽大，平双肩，齐双脚，左右匀称。书写时要注意外框要开阔、平正、稳健，切忌挫肩垂脚。由于视觉差的缘故，"国"字形的字，总体感觉就是大字，书写时外框时要考虑到视觉差的影响，尽量把外框写得小一些，不能写大，否则字就更大了。这样与其他的字摆在一起时，才会觉得大小匀称，宽窄适中。被包围的部分应居中偏上，饱满匀称，避免不协调，既不偏左也不偏右，应力求内外相称。

1. 字形举例

团 国 园 圆

2. 指导方法

看得准。一要看字的形状。四方形全包围结构的字也被称为长方形的字，它的高略长于宽，竖画稍微比横画长，字形四方稍窄。二要看双肩形态。四面合围长方的字双肩形态为上下等宽，左右两竖相向，左收右展。三要看搭接方式。注意规范提醒，末笔横右端不出头，与钩尖搭接即可。左右的竖下边出头。大口框四面合围，严丝合缝。比如"国"字，整体接近长方形，以竖中线为中心，居中写在田字格中间。五个横的中点竖直对正，压在竖中线上，各横间距匀称形态各异。第三、第四横之间因为有点，所以间隔稍宽。三个竖之间的距离基本相等。内包部分"玉"因为右边有点，所以"玉"中间的竖稍偏左。仔细观察，这个字外形，是左边短，右边长，即左紧右松。

说得清。在教学中，经常遇到学生，看是看明白了，说却说不出所以然来。要紧紧抓住范字的特点，借助工具，养成习惯，教给方法，培养表达能力。古人云，"凡横竖多少接近，则字形方正，应上平下齐，四方四正"，这是四方形全包围结构的字特点。这样的描述过于宽泛，不够精准。要引导学生抓住特点不走样，凭借田字格写好第一笔和内包。比如要写好"圆"字，关键之一在于写好第一笔，"一字在首"说的就是写好第一笔的重要性。首笔位置定位不准对后面的笔画位置影响很大。第一笔写好了，大口框就不偏了，容易做到居中不偏侧。在田字格中，"圆"字的第一笔竖写在左半格，从左上格中间起笔，向下直行收于左下格中心。首笔定位准确，能有效避免外框太大或偏向一边。关键之二，注意避免内包下沉，内外不相称。

写得像。《中小学书法教育指导纲要》明确指出，硬笔学习要教会学生借助习字格把握字的笔画和间架结构。借助田字格可以看得清笔画的起止和走向，也能更好地确定字的重心和匀称。因此，要写得像必须紧紧依靠田字格。比如"围"，第一笔竖写在左半格，从左上格中间起笔，向下直行收于左下格中心，横折从第一笔竖的开头写起，向右行笔，略取斜势，至右上格中点折笔向下，横折的折部至右下格中心略收起笔，末笔横也随之斜上，被包围的部分"韦"要居中靠上，"韦"的中竖要落在竖中线上，注意形态要饱满匀称，笔画间隔要疏密均匀，左右两竖均向外凸，成内包之势。写得规范也很重要，书法理论上有"守不宜困，围而不堵"的技法要求，意思是在写大口框时，左上角或者右下角宜留缝隙，不要完全封住，叫作"取外贵虚"。但是写字规范却要求"守而宜困，围而要堵"。大口框要写得横平竖直框正，四面合围，不留缝隙。这一点必须告诉学生。

感受美。除了不断领悟笔画之间，空白间距，疏密匀称，字就美观的道理之外，还要引导学生感受全包围结构的字"整齐平正美"。要注意外框的平正，框内居中、饱满、匀称，注意横平竖直，对称于竖中线，做到笔画不偏，重心平稳，左右匀称，整个字稳立在支点上，给人安稳、舒适的感觉而知其美，反之，则美感全无。

六、半包围的字

汉字是典型的方块字，它有四个面。半包围结构是汉字书写结构中的一种。一个字凡是连续有两面或三面边框合围的汉字，叫半包围结构。半包围结构的字可分为左上包右下、左下包右上、右上包左下、左包右、上包下、下包上等六种形式。

半包围结构的字有两个特点：1. 连续有两面或三面被封围住；2. 书写规则一般是要先外后里的。写好半包围结构的字，要遵循"外内表里，自相副称"的原则，关键在于如何写好外框。外框正，字就稳了；外框偏，字就不正。外框的开口方向决定了字的大小。

（一）左上包右下

凡是字的左面和右面有笔画相连，组成类似框形间架的外包结构的字。写好左上包右下的字，关键要根据内包部分的简单或复杂来考虑外围的高低或宽窄，做到"为外称内"。一般左面为长撇，上面有短横，字形狭长。书写时，上面的横要短一些，左边的撇应伸展，对于内包部分的安排，应该把握好居中靠上的特点，且只能伸出一个长笔画，做到重心摆稳。

1. 字形举例

床　在　后　病

2. 指导方法

看得准。一要看字的外部形态。"床"字外框部分窄长，内包部分下沿左右伸展，整个字呈正向梯形。"病"字外框竖撇外有点提，所以"疒"字框的横变短，内包部分"丙"为了相让而偏右，这样一来，它的外部形态则是一个扁方形。又如"在"是正向梯形。可见，写字要根据字的特点进行合理处理，做到"因字立行"。二要看内外部件的搭配。左上包围的字框置于田字格的左上角，内包部分则置于右下角。字中心线一般在田字格的竖中线或竖中线偏右一些。对于内包部分要左上收缩紧凑，右下开朗舒展。三要看笔画四周伸缩。比如，"广"字头的比较狭长，竖撇下伸至满格的左下边。内包部分的"木"部的右下侧的捺画伸展到广字头的外边，使字形舒展，布白匀称。整个字上窄下宽，内紧外松，左右轮廓角度对称，重心平稳。

说得清。在"看得准"的环节，不仅要引导学生仔细观察，培养观察能力，要让学生"知其然"。"说得清"这个环节要让学生"知其所以然"。比如"后"字，两个撇相连，平撇短，竖撇竖长，竖撇出头。平撇与下面三横的距离相当，间距匀称，中间横就在"后"字高度的黄金分割点上，横画外伸出外包，横画中点引一条垂线穿过"口"字上下横中点，对准田字格的竖中线，做到重心平稳，宽窄均匀。明白两条"竖中线"重叠在一起的用心，就是"知其所以然"。

写得像。每一次格临之前，都要要求学生仔细观察田字格中的范字，注意不同笔画在田字格里的位置，记住字形，做到"意在笔先"。比如，写好"在"字，要注意三点：1. 注意笔画长短、高低。第一横稍长，第三横最长，外伸至第一横的外侧，中间横最短。最偏下的笔画不是第三横，而是第一竖；2. 注意笔画的伸缩。斜撇喜长，不飘浮，左下伸顶格，第一竖顶格，最后一横顶格；3. 做到上下对正，重心不偏。撇的起点和第一横的中点上下对正，内包部分"土"字居中靠上偏右，竖画紧挨田字格的竖中线，内紧外松，整个字上窄下宽，内紧外松。

感受美。左上包右下的字，是偏右的字，这类字一般是上部偏左，为了保持左右轻重平衡，下部要偏右。通过书写指导和练习，让学生体会平衡的美。同时还要遵循"补空"的原则。欧阳询云："补空，补其空出，使与完出相同，而得四满方正也。"通过补空，"而调匀其八边也"。像"在"和"床"字各有一个笔画（"土"的底横，"木"的撇）伸向左下侧，调匀空白，引导学生体会宽窄均匀的美感。

（二）左下包右上

凡是字的左面和下面有笔画相连，组成类似框形间架的外包结构字，即左下包右上结构。这种结构的字，主要体现在由"辶"和"廴"组成的汉字里。这类字有两种截然不同的书写顺序：一种是先写被包围的部分，后写包围的部分，如"这""还""过""建"；另一种是先写包围的部分，后写被包围的部分，如"赶""翅""题"。这部分字具有"下宽"的特点，要根据内包部分笔画的繁简来安排好外包笔画的疏密。难点在左下边框的布置和书写。

1. 字形举例

建 过 这 道

2. 指导方法

看得准。一要看字的外部形态。"建、过、这、道"这四个字，内包部分均略高于左面的构件，外包部分的"辶"和"廴"下面捺画起笔左伸，收笔右展，呈左高右低之势。整个字上面窄，下面宽，左边短，右边长，都是正向梯形。二要看内外部件的搭配。内包部分置于田字格的

242

右半格偏上，其中心线偏右，与竖中线平行。外包部分居于田字格左下方，成上托之势。内外部分上俯下仰，彼此盖藏。三要看笔画四周伸缩。"建"字内包部分"聿"的长横左短右长，相让于"廴"，"聿"字底横左伸与上横对齐，外包的捺画起笔因有撇左下伸而上昂。"辶"的部首，折像"S"，点在后。捺画左右顶格，一波三折，平而起伏，来势远，去意长。

说得清。要鼓励学生大胆说，在说的过程中发现问题，相互修正和补充。比如，"这"字首先要让学生说清"书写规范"，知道先写"文"部，后写"辶"，"文"部的末笔要成点，不要写成捺。其次要关注内包部分"居中偏右"的表述。引导学生借助田字格，仔细观察范字的"文"部，在"文"部的第一点的中点中分下面的长横，与撇和捺的交点竖直对齐，做到"文"部平稳。

写得像。每写一个字，在头脑中应先有简要的概念。格临之前，要仔细观察田字格中的范字，默记各部件在田字格中的位置和笔画的取势、形态和走向。比如，写"过"字，内包部分"寸"字又宽又长，占田字格上半部分的三分之二，"寸"的竖钩起点高于"辶"的起点，"寸"点画在田字格中心点上。走之底较宽，走之底的横折折撇的第一折折角在字的高度的黄金分割点，略低于"寸"的横画，走之底三笔起点成外斜之势，末笔捺的起笔最左且顶格，捺尾出头。有人概括为"上部变窄，头前倾，捺变平"，整个字内紧外松，左紧右松，上紧下松。

感受美。左下包右上的字基本上都符合"三紧三松"原则，即上紧下松，左紧右松，内紧外松。王羲之说："字之形势不得上宽下窄。""三紧三松"的字稳定、牢固。常识告诉我们，上边小下边大的物体稳定性好，给人以安稳、舒适的感觉而知其美。

（三）右上包左下

凡是字的右面和上面有笔画相连，组成类似框形间架的外包结构字，都叫作"右上包左下"的结构。两面包左下的字，"勹"部用斜包或者直包应视内包的简单或者复杂而定，务求内外相称。一般来说，右上包左下的字主要有两种形式：一种是由于内包部分笔画较多，须用长折钩，钩身直长，钩脚要略取斜势；另一种是内包简单，则宜用短折钩，钩身曲短，钩画左裹，向左略起斜势。

1. 字形举例

习 句 可 司

2. 指导方法

看得准。一要看字的外部形态。"习"和"句"这两个字内包部分笔画少，宜用斜包；"可"字有三横三竖，"司"字有四横三竖，彼此之间"同时等距"，因此笔画之间空间距离比较宽，所以要"因字而宜"，宜用直包。这一类型的字外形大致呈左横向梯形。二要看内外部件的搭配。右上包左下结构的内包部分要靠左靠上。习"字点提角度对称，点短提长，点在字的中间偏上位置，其末端即字的高度的黄金分割点，提不要写成横，提的起点比横折钩的横部的起点更偏左，这上下两个起点连成一线，与横折钩的折部角度平衡。"习"字的右面竖部在右半格中间略偏左一点。又如"可"字，整个字三横、三竖同时等距，内包部分的"口"字中间是这个字高度的黄金分割点。左边的笔画多，为了布白均匀，竖钩要从长横的中点偏右处起笔，力求左右宽窄相对均衡，竖钩的钩部指向横的起点，体现首尾呼应的原则。三要看笔画四周伸缩。比如"句"字，首笔撇要顶格写，从上半格竖中线左侧写起，横折钩从撇的下半部分起笔，横折钩的折点要顶格，保证内紧外松，"口"不靠左靠上，三横三竖距离相当，保证分间布白，疏密匀称。又如"可"字第一横左右顶格，竖钩钩脚顶格。

说得清。教学时，教师要引导学生仔细观察笔画之间的关系，被包围部分与包围部分之间的关系。比如"司"字外围边框大小、位置以及写法与"同"字的横折钩写法基本相通。内包部分上横长度要比"口"字双肩略窄，起笔点比横折钩的横部起笔处左出，收于竖中线右侧。而其下的"口"字更偏左，横折压在横竖中线交叉处，四横三竖同时等距，上下左右，宽窄均匀。

写得像。要注意坐姿和握笔的要领，要教给学生观察的方法，要体会运笔的力度和速度，养成横轻竖重，撇轻捺重，长轻短重等运笔习惯。比如"习"字，笔画少，字形小巧、精致，呈梯形状。主笔横折钩，横短折长，横轻折重，折脚左裹，取斜势，点居横折钩横部中点下方偏左处，提画"左出"于上横之外，再向右上斜行，点短提长，角度对称，布白均匀。

感受美。"右上包左下"被包部分要向左伸出，简称"左出"，这样写才能使字的重心不容易偏向右边，达到重心平稳，疏密匀称，内外副称。合理安排内外部分的位置，处理好各个组成部分的关系，做到紧凑和谐，令人赏心悦目，获得审美的感受。

（四）左包右

凡是从上、左、下三面向右边包围过去的字，都叫作"左包右"的结构。它的外形特点，字形长方，高度略大于宽度，内包部分居中靠上。仔细观察，上短斜且粗，竖折的竖部垂直，折部取平势为长横，又长又轻，长于上横，表明载得起，包得住。

1. 字形举例

医 区 巨 匹

2. 指导方法

看得准。一要看字的外部形态。左包右的字形有长方的，如"区""巨"，有扁方的，如"医""匹"。说明外框部分的宽窄、形状受内包部分的简复和布白制约。二要看内外部件的搭配。左包右字的结构特点就是包得住，载得起，重心稳，布白匀，内外称。比如"匹"字内包部分"儿"字笔画横向排列，因而"匹"外框也要与之相适应，随之变得扁方。反之，如果内包的笔画少，沿纵向排列，则外框显得长方，如"巨"字，高长，宽窄。但是无一例外，外框都必须上横短，下横长，有人概括为"左三包，下横长，字形稳，以承上"就是这个道理。三要看笔画四周伸缩。一般而言，字形长方的，左竖上下顶格；字形扁方的，下横左右顶格。比如"巨"字，竖折这个笔画上下左右顶格，内包部分横折的横部与首笔横等宽。又如"匹"字字形扁方，下横左右顶格，内包部分"儿"字撇画左收，相让于竖折，竖弯钩外伸"右出"，撇和竖弯钩靠得紧，两边稍宽，内紧外松。

　　说得清。左包右的字，笔画少，指导时不能粗枝大叶。每一笔的摆放都非常讲究，要对照田字格仔细观察，认真研究，培养学生良好的写字习惯。"巨"字的内包部分笔画少，所以外框比较窄长。"医"字内包部分笔画多，外框也宽大，末横向右探出。内包部分的"矢"的第二横向右伸出，与外框的第一横上下对齐，"矢"的左边的笔画宜收，相让于外框。即内紧外松，"矢"字的捺缩短为点。

　　写得像。汉字的笔画有多有少，要写在同样大小的方框内，疏密均匀是个难点。只有围绕重心去安排笔画，才能把字写得重心平稳，疏密匀称。要注意两点：一要遵循书写规范，左包右的字，笔顺是先写上横，再写内包，最后写竖折。比如"医"字，先写第一横，再写"矢"字，最后写竖折。二要根据结构特点分间布白，因字赋形。一般要先考虑外围形势，而后写内包。"矢"的字形比较圆，要处在外框中间偏左，它的宽度要比外框窄，第二横右端与外框的第一横上下对齐，"矢"的中心点是"医"字的中心点。竖折是主笔，竖稍弯，运笔较缓，折要又轻又平，注意比上横长。"矢"的四周疏密均匀。

感受美。左包右的字，有个共同的特征，就是末笔"竖折"是主笔，决定字的大结构，也是平衡重心的重要笔画。往往要写得长一些，大一些，重一些，结实一些，才能载得起，掌握了字重心。在书写的过程中，要让学生在不知不觉中感受平衡美，稳定美。

（五）下包上

凡是字的左、下、右三面有连接合围的外框的字，就叫作"下包上"。它与"上包下"正好相反。从大处上看，一般为横放长方形。书写规范提示：先写内包部件，后写外围字框。内包部分要"居中靠下"，有一半必须突出于外框之外，包一半，显得更加灵动。外包部分要宽扁，左右竖要不宜长，横画要写宽，并呈左低右高之势。从外形上看，上宜张，下宜收，上开下合，右边的竖画下伸，稍过底横。与横的左端在一条水平线上。

1. 字形举例

2. 指导方法

看得准。一要看字的外部形态。这一类型的字，字形大多比较宽扁，呈横放长方形，比如"凶"和"画"字，具有这样突出的特征。而"山"和"函"字形则略显正方。二要看内外部件的搭配。"下包上"的字，内包部分必须突出于外框之上，做到居中靠下，外框与内框距离要适当。距离太近，四周布白不均匀，距离太远，结构松散，不美观。包围部分两边的竖要写短，横向笔画要写宽，并呈左低右高的形态，最后一笔短竖收笔处在横之下。三要看笔画四周伸缩。可以运用比较的方式，让学生发现笔画四周伸缩。比如"凶""画"，通过比较，让学生发现它们的共同特点和不同特点：共同点是外围边框左右两竖要沿格边写，左右两竖末端水平对齐。不同特点：凶的内包部分居中偏上，而画的内包部分，由于有了上面一横，所以中间的"田"字要写在横竖中线上，中间的"十"字要饱满、匀称，不偏左和偏右。

说得清。要训练学生借助田字格，按照书写规范顺序一步一步说清楚。比如"山"字，先写中竖，中竖对准竖中线，从顶格处写起。接着写竖折，竖折的竖部从左半格中间的横中线写起，高度与中竖的中点偏下处齐平，行至左下格的中点处转折向右上，收于右下格的右上角，竖短折长。再写最后一笔，从中竖的中点偏上的位置写竖画，竖画与竖折相接后下伸，与横的左端在一条水平线上。三竖并列，主次分明，中竖最高，右竖次之，左竖最短。

写得像。每为一字，要预想字形。首先要掌握字的大体形状，比如"凶"和"画"这两个字，都是横放的长方形。其次，还要引导学生进行细致的观察。如果仅仅知道字的大致形状，没有做进一步仔细"解剖麻雀"：看清笔画的搭接，笔画四周的伸缩以及首笔、主笔、压线笔的起止和走向，要"写得像"是很难做到的。比如"凶"的内包部分，撇、点交叉，交点在上半格的竖中线上，撇点角度对称，长短相近。竖折的竖部从左半格横中线偏上的位置起笔，在左下格中间偏左的位置转折，向右半格行笔，止于右下格的右上角。最后一竖的起点略高于撇和点的交叉点。撇和点的交叉点就是这个字高度的黄金分割点。右竖下行过底横，左右两竖末端水平对齐。这样写出来的"凶"字，就能吻合这类字"被包部分居中靠下，只包一半"的结构特点。

感受美。下包上的字都具有左右匀称、中心对正特征。方块字这些特征表现出一种整齐的美。这一类型的字在姿态上还有两个鲜明的特点，就是外围边框上开下合，左右相向。书法上有"向背"和"收放"的理论。"向背"指点画之间或字体的各部分之间的相向和相背。上包下结构的字，外围都具有相向的特点，要求左右相迎。"收放"就是聚合的部分为合，扩散的部分为开，有收有放，形成强烈对比，字的姿态一下子活了，能很好地避免字形的松散和平板的缺点。所以，教师要做美的引领者，善于发现美，引导学生感受汉字和书法的魅力。

（六）上包下

凡是有从左、上、右三面合围组成的结构方式的字，都叫作"上包下"。字形长方或梯形，左右相称。外围部分或相向或相背，内包部分要居中偏上，偏下似乎包不住，有下坠之感，大小与外框要内外相称。常见的有"同"字框和"凤"字框的字。书写规范提示：注意先写外框，后写内包部分。

1. 字形举例

同 风 凤 周

2. 指导方法

看得准。一要看字的外部形态。"同"字框的字，字形长方，双肩形态，上下等宽，左右匀称。上窄下宽，上紧下松，上收下放，呈正向梯形，左稍短右稍长。二要看内外部件的搭配。上包下的字同样必须遵循"内外相称"的原则。比如"周"字，外包部分写法与"月"字相同，但比"月"字稍宽，是因为"周"字内包部分笔画多，占位大，这叫"为外称内"，内包部分要靠上。又如"凤"字，由于"凤"的外框中间部分左右向背，左边有弯，右边有弧，中间最窄，所以内包部分"又"字居中偏下，这叫着"因字制宜"。三要看笔画四周伸缩。"同"字框的字，上下顶格，左右各向中间收缩半格。"凤"字框的字，上窄下宽，所以字的左右两脚顶格，内紧外松。

说得清。在"说"这个环节，要注意两点：1. 教师示范说，要以田字格为坐标，目的是让学生听得懂，更重要的是教给"说的方法"；2. 学生说，要求学生按一定顺序，运用学到的方法大胆说。比如"同"字，字形长方，肩平脚齐，上下同宽，整个字以田字格的竖中线为中心左右对称安排，横折钩的横部中点，内包部分中间短横中点，"口"字上下横中点，四点上下对正，确保"同"字重心平稳，外框部分左竖收右竖展，左竖轻右竖重。从整体上看，略微上窄下宽，左短右长，内紧外松，字形匀称。

写得像。写字是个"心摹手追"的过程。字形在心里自然记得，由于学生"眼低手低"，所以笔下写出来的字，往往与范字差距不小。其中一个主要原因是，没有掌握好恰当的运笔方法。比如写"风"字的主笔横斜钩，由于体形偏侧，为了求正，横画右上部斜度要大，注意长短，运笔要轻，由快到慢，转折后先竖行，斜钩要弯曲有力，不要直挺。还要注意与左撇相互呼应，做到上部窄，中间收，下部撇尖和钩脚要舒展。这个过程是循序渐进的，不可能一蹴而就，教师要边讲解边示范，学生要仔细观察，耐心练习。

感受美。汉字是由笔画组合而成的，它们都是有生命，有情感的。写楷书最忌写成"三一"作品：字体一样的大小，笔画一样的粗细，墨色一样的浓淡。笔画之间没有连贯，也没有呼应，没有顾盼，貌离神离，失去了平衡，失去了鲜活的味道。"上包下"的字，有一个比较突出的特征，就是字左右两边或相向或顺背或相背，比如"同"字左右相向，彼此顾盼，"周"字左右顺背，各不相依，"风"字框的字左右向背，遥相呼应。通过"向背"笔法的运用，使学生发现和感受到，上包下的字"形相迎，神相合"或"形相违，神相合"的动态美和平衡美，避免了平板松散的缺点。

第三节　楷书结构教学方法

在教学过程中，教给孩子正确的学习方法很重要。教师要善于根据教学内容采用合适的教学方法，引导学生观察精准，窥见结构的秘密，发现变化规律，掌握书写要领，取得最佳的教学效果。学生经过老师一番指导就能写出规范、美观、大小适中的字，大大增强习字信心，激发学生习字兴趣，同时书写能力和习惯也得到了培养。

在楷书结构教学中，教师要抓住位置和比例这两个要点，引导学生一要注意笔画写在哪里即位置；二要注意笔画的长度比例，即谁长谁短，这样学生就能够比较轻松地掌握书写要点。

一、"辅助线+图形标注"法

有些字的外形特点、笔画走向、伸缩长短、宽窄高低用语言难以描述，用眼睛难以发现，这时候需要借助贴磁性辅助线和图形标注的手段，把模糊的认知变成精准记忆，做到轻轻松松一目了然，甚至有可能纠正以往的错觉。比如"双"字是左右结构，书写要领，左促右舒，左收右放。如果仅此而已，学生仍然不得要领。这时候只需要贴两条红色磁线，标两个红色磁点，就可以一清二楚。首先在"双"字上下两边分别顺着横撇"横段"的斜度和撇捺的"撇尖捺脚"贴上两条红色磁线，相信学生一下子清清楚楚看明白什么是"左收右放，左紧右松"，而且发现"双"字顶部取斜势，左低右高，左右相依；下面"两撇的撇尖和末笔的捺脚"左高右低水平成一线。接着在左右两个"又"的撇捺交叉点上贴两个红色磁点，再用上尺子比画一下，你会突然发现平时没有感觉到的"秘密"。左边的"又"为了相让于右，改捺为点，撇捺交点高，点画上伸下缩，上长下短，避让右撇；右边的"又"撇捺伸展，撇捺交点低，左右两个交点连线与下面"两撇的撇尖和末笔的捺脚"的水平成线平行。最后要利用田字格的横竖中线把握好笔画起止和走向，把"双"字写下来。

二、"观察法"+"讲解法"

在指导学生习字的过程中，发现单纯的观和单纯的讲效果不佳，将其二者结合起来使用效果较理想。写字是实践性的课程，学生对汉字天然不陌生，有亲切感，宜先观后讲再练。教师要有目的、有重点地引导学生去观察汉字的造型特点。首先，引导学生观察时要出示观察要求：一要有观察目的，有具体的内容；二要有观察顺序；三要动脑思考；四要私下互相交流。其次，集体汇报交流。第三，教师讲解：一要讲疑难、讲偏差、讲疏漏；二要讲重点、讲书写要领；三要讲规律、讲方法、讲字理。讲解时应突出重点，语言要精准，通俗明白，富有启发性和吸引力。先观后讲再练的过程，要体现"让学"的思想。"让学"就是把课堂的时间、场所、机会等尽可能让位给学生的学习。汪潮教授说："从教室功能看，要变课堂为学堂；从教师和学生的关系看，要更多地让位给学生；从讲授和学习的关系看，要更多地将教让位给学习。"小学写字教学也要像语文课那样践行"让学观"：放手尽可能让学生自己主动、真实、深入地识字写字。

三、"板书示范"＋"手把手示范"

教师的板书书写示范形象、直观，是一种简单、有效的教学资源，有利于调动学生习字注意力和积极性。准确的示范能促进学生对范字的感知和理解，激发学生习字兴趣。因此，写字教学仅仅光靠一张嘴巴是远远不够的。俗话说，光说不写假把式，能说会写真把式。语文教师必须高度重视书写示范。书写示范过程中要突出"示范性"，书写时动作应缓慢一些，字要刻意写大一些，展现运笔的过程，可边示范边讲解，讲清楚字的形态和结构特点，让学生看清书写过程力度和速度的变化，感受运笔过程中的难点，鼓励学生即刻仿写加深体验。比较难写的字，可以反复书写多变，也可以鼓励学生书写示范，要引导学生养成眼看、耳听、心摹、手追的好习惯。

对于刚刚进入学习书写的初级阶段能力相对较弱的学生，手把手示范效果最好，学生不仅学到运笔的方法，还感受到老师的体温，触摸到汉字的温度，激发学生对祖国语言文字的热情。另一种是有的学生反复写却始终写不到位，这时候也需要老师手把手的示范。还有的是学生没有经过规范训练，练字时马马虎虎，只图完成任务，久而久之养成"抄字"的坏毛病，写出来的字笔画不精到，字形不正。对这样的学生也需要手把手示范学习笔画，感受到笔画的力量和节奏，以便纠正不良的书写习惯和运笔方法。

"板书示范法"和"手把手示范法"不必截然分开。可以视教学需要或交替进行或并行不悖。这两种教学方法可以互为补充，相得益彰。

四、"游戏法" + "儿歌法"

游戏是令人愉快的、有趣的行为。喜欢游戏是孩子的天性。在游戏中学习是孩子们最喜欢的学习方式之一。低年段学生形象思维占主导，越是生动有趣的活动形式越是为他们所喜爱，从而激发起他们的认知愿望和兴趣。在教学中根据教学需要创造性地运用富有趣味的教学手段，更有利于高效地实现教学目标。

儿歌法就是儿歌口诀记忆法。歌诀是一种最古老也是最基本的儿童文学形式之一，富有儿童情趣，词句音韵流畅，节奏明快，易于上口，易于记忆，深受小学生的喜爱。把比较枯燥、抽象的写字知识、笔画结构特点编成歌诀，变得趣味盎然，生动鲜明，让学生喜欢，乐于背记。反复吟诵，配以书写训练，将书写的要领内化于心。

在教学中如果能巧妙地把"游戏法"和"儿歌法"结合起来，创设出轻松活泼的学习环境，寓教于乐，效果会更加凸显。比如在教学"和""明""蹲"之类左右结构的字时，可以先后请几对一大一小学生上台表演，一个做左偏旁，另一个做右偏旁。让他们自由发挥，想象一下左右该如何"搭配"才最妥帖、美观，鼓励台下的同学当评委，大胆发表意见。再投出两张照片：一张是爸爸抱起小女儿（暗示"左小上移"）；另一张是妈妈用小背篓背起小男孩（暗示"右小下落"）

最后总结《左右结构的字书写口诀》："左右等长要错位，左高右低有趣味；短的在左往上挪，让出位置给右坐；短的在右往下落，左右平衡才稳妥。"如此，让孩子们在轻松愉快的气氛中学到知识。

五、"比较法" + "特写法"

比较法就是通过"横比"和"纵比"的方式来发现事物特征的学习方法，经过比较，事物特征往往能在比较中显现出来，给人留下深刻印象。所谓"不比不知道，一比忘不掉"。通过一比较，字的优劣立判高下。比较法的形式主要有正误比较、新旧知识之间的比较、师生、生生示范比较、成长记录自我比较等。比较时，学生可在老师的指导下进行有针对性"横向"比较，也可独立运用比较的方法客观地认清字形，分析字的笔画、偏旁、结构等方面的优劣，进行"纵向"反思式比较。

课堂上经常使用的是正误对比法和温故知新法。在写字课堂教学中，多数情况下是讲解法、观察法、实践法、示范法和正误对比法等综合运用。比如，温故知新法，就是利用新旧知识之间的联系，降低学习难度，使学生感到有新意，乐学，从而调动学生学习积极性。又如"示错"，目的在于创造矛盾的问题情景，调动学生参与的热情，激发思考，力求取得更好的教学效果。经过"示错""试写""示范"的观察、讨论、分析、练习等环节，引导学生发现错误的根源，纠正错误认知，形成正确的审美观念。

举个例子来说，对于横画多的字，其书写要领为："对比调和，长短合度。"遇到具体的生字书写时，这个度的把握学生往往处理得并不好。有经验的教师常常会把有代表性的字拎出来，进行一番"咬文嚼字"。比如一年级上册识字 7《大小多少》有个生字"果"字横画比较多；在这之前，课文 2《小小的船》学过了"里"字。这里不妨利用新旧知识之间的联系，运用比较法进行教学。

先出示"里"这个字，问学生"这个字主要有什么特点"，学生回答"横画竖画比较多"；继续问"书写时要注意什么"，学生答"要有长有短""中间最短，下横最长"。教师总结之后，可以运用"放大镜"特写法，把"里"和"果"一并放大投影出来，让学生观察异同，相同之处是"横画多"，不同之处是"里字短而宽，果字长而窄"。接着学生练习，教师巡视指导，发现共性，找出典型。然后运用"正误对比法"，将学生的习字投影出来"疑义相与析"；对于疑而不解的问题，再出示范字揣摩，最后总结，把"因字赋形"的原理讲出来："里"和"果"字形特点不一样，是因为主笔不一样。"里"是宽形字，"底横"是主笔，为了突出主笔，"底横"宜长，自然上面的笔画也相应变宽一些；"果"的主笔是撇捺，同样为了突出主笔，就不能"喧宾夺主"，所以上部的扁口和横画宜收。

第六章　写字与审美

艺术的核心是美，这是共性。但是不同的艺术，又有各自不同的特点。有人把书法之美比喻成优美的旋律、无声的音乐、灿烂的图画，它散发着无穷的魅力；有人说中国书法有三美：线条美、结构美、章法美。总的来说，书法之美，美在点画，美在结构，美在章法，美在意境。

第一节　汉字的线条美

汉字源于象形文字，经过数千年的演变，逐渐从具体的形象中抽象出来，演化出变化多端而又简约精致的造型。其方块结构和线条造型，具有极高的审美价值。"字为心画"这种美是一种直觉美，不需要想象，不需要技巧。写字的过程就是审美观念形成的过程，习字给中国的孩子带来美育的普及。书法线条所需要的基本元素，从形式美上说，可以归结为三个方面：力度、厚度与节奏。如果用专门术语来概括，即力量感、立体感与节奏感。

一、线条的力量感

线条的力量感，指的就是写字要讲究笔力。书法的线条必须具有力度之美。但是书法线条的力度是不是与书写时所用的力量成正比呢？其实并不是如此。如果是这样，那么大力士写的字应该最有力度之美了。苏东坡在其《论书》中云："仆以为不然。知书不在于笔牢，浩然听笔之所之。而不失法度，乃为得之。"大书法家苏轼认为力度之美不在于执笔力量的大小，而在于应不失法度，这是用笔的秘诀。清代书法家笪重光也说："法在用笔之合势，不关手腕之强弱也。"书法线条的力度美，并不是单纯物理的力，它是由书写技巧所呈现出来的视觉上的力感，是欣赏者见到书法作品线条之后所引发的一种物理上的联想。这个力包括三个部分，一是书写者运笔过程中主动施加的"物理的力"，二是笔毫的运行与动作技巧所产生的"艺术的力"，三是欣赏者从书法线条的力势中所产生的"感觉的力"。可见，线条的力量感既与作者主动施加的力量有关，又与欣赏者主观感受有关，当然最主要是与笔毫的运行与动作、笔锋的走向、墨的枯湿处理、笔毛与纸面的摩擦力的大小等有着比较密切关系。一般来说，线条粗糙、边廓线不平行的，要比平行、光滑的线条更具有力度感。

我国当代知名书法家陈振濂先生认为书法线条力度美，主要表现为"逆""蓄"和"留"三个特征。

1. 逆

"逆"即正则反之。"逆"字，《说文解字》中是这样解释：逆，迎也，取相向迎接之意。一般而言，笔在运行的过程中，反作用力越大，则笔毫与纸面的摩擦系数就越大，所表现的力度也越强。古诗"白毛浮绿水，红掌拨清波"描写鹅在水中前进靠的就是"反作用力"这个原理。清代书法家笪重光《书筏》中云："将欲顺之，必故逆之；将欲落之，必故起之；将欲转之，必故折之；将欲掣之，必故顿之；将欲伸之，必故屈之；将欲拔之，必故撇之；将欲束之，必故拓之；将欲行之，必故停之。书亦逆数焉。"笪重光将"顺"和"逆"等这些对立统一的关系，概括为"逆数"，阐述了它们之间相互依存，相互作用的关系。"将欲顺之，必故逆之"说的是，逆锋起笔，有利于力的施展，将锋藏在笔画中，这样笔意更丰富，笔力更浑厚坚实而不单薄，使笔画劲拔，具有一种很强的力量感。"弯弓欲射天山月，拔剑难斩被头星"，弓不弯箭乏力哪能射得到？我们常说的"收起拳头是为了更好地出击""曲腿弯腰是为了跳得更高更远"就是这个道理。书法艺术有"欲竖先横，欲横先竖；欲右先左，欲左先右"运笔技巧之说，目的就是运用"逆"的技法使写出来的字更加英气逼人。

2. 蓄

"蓄"，就是"蓄势聚能"，是力量感构成的潜在技巧。与"逆"相比，其方向和力度并不十分明显。书法家米芾有一句名言："无垂不缩，无往不收。"即在书写过程中有意停顿，有意蓄势，营造一种笔短意长、欲展还收的含蓄，或者有意含糊，收回之后，下一步的方向和速度都显得不清晰了。"蓄势"的目的在于使力度深藏起来，绵里藏针，造成一种内在的筋力。

"蓄"不仅仅体现在线条的收尾而言，还体现在间架结构书写之中。清代姚孟起认为汉代隶书是"笔笔蓄"。"蓄势"是一种力量感，主要表现在笔画的运行之中力度不外露，需要把握好运笔的节奏来做支撑，从整体上看，体现"动态平衡"的审美理念，做到力不外露，势不使尽，切戒一泻而下，剑拔弩张。如同太极拳一样，含蓄内敛、连绵不断、急缓相间、行云流水般完成整套动作。"蓄势"的目的还在于蓄势再发，顺势而为，乘势而上。例如，颜真卿的楷书被称为"颜筋"，这是说颜书的线条比较含蓄，力度不外露，即实者虚之。又如"川"字最后一笔是垂露竖，就需要"蓄"，与首笔撇的"放"形成鲜明对比，有收有放，张弛有度，恰到好处；再如"左右有直，宜左收而右展"，这里的"收"就是"蓄"；"横长直短，撇捺要缩"，这里的"缩"就是"蓄"；"左竖右撇，宜左敛右放"，这里的"敛"就是"蓄"；"左撇右竖，要左缩右垂"，这里的"缩"就是"蓄"，一收一放，达到了动态平衡。

3. 留

"留"，即行则驻之。"留"的反面就是"滑"。书法最忌讳的是滑，一笔飘过，缺乏力度，轻佻浮华。如何表现"行则驻之"呢？东汉时期的蔡邕对"留"这一笔法诠释，用了一个形象的比喻："涩势，在于紧驶战行之法。""留"的运笔就是下笔往前行时，不能太流畅，要能感觉到阻力的存在，好比策马前行要用扣紧缰绳，不使其过于放纵，左右环顾缓慢而行，这样可以保证毛笔在向前运动过程中对每一部分都倾注全部笔力。清代梁同书在《频罗庵论书》云："只是处处留得笔住，不使直走。"为了讲求书法线条的力度，写一横要逐步顿挫，不使其直走，显得过于僵硬。

历代书法家总结出许多方法，清代包世臣说："凡横、直平过处，行处也；古人必逐步顿挫，不使率然径去，是行处皆留也。"有人概括为"行处皆留，留处皆行"。楷书、行笔应该是笔意连贯、气息顺畅的状态，也就是"留处皆行"不断笔意。清代朱和羹提出了行笔中的暗过处之说："暗过处，又要留处行，行处留，乃得真诀。"这里所说的暗过处、留处行、行处留，就是行笔、提按、顿挫、转折等用笔方法，表现在楷书上就是起笔时要力顿，中间要提运，驻笔要凝重，运笔连贯自然流畅。楷书是静中藏动，行书是动中含静。

当然在强调以上三要素的同时，我们也不能忽略它们的对立面——"顺畅"和"平正"。任何一种标准在失去对比之后，都将变得苍白没有意义。因此行笔的"顺畅"与"平正"也是我们应该掌握的最为基本的动作要领。甚至可以说，硬笔规范汉字书写首先要提倡并做到"顺畅"与"平正"。当然，离开了柔软的毛笔，离开了对书法线条的极高要求，以上"逆、蓄、留"三要素将难以表现。

二、线条的立体感

南宋陈槱《负暄野录·篆法总论》中云："盖其用笔有力，且直下不攲，故锋常在画中。"陈槱认为"此盖其造妙处"不仅在于书法线条的厚度，具有立体感，还在于厚度形成的方法"锋常在画中""藏锋用力"，即我们所常说的中锋用笔。在视觉效果上，线条已经不是像纸一般单薄乏力，而有了厚度，具有立体感了。这种审美观念由来已久。

在书法发展的历史长河中，彩陶时期的刻画文字，契刻时代的甲骨文，由于受到工具的限制，文字线条纤细，谈不上对于中锋的追求。金文时期，由于制作过程有条件反复加工完善，线条变纤细为粗壮，显示先人对于书法线条美的追求。

发展到了战国时期、秦代，随着以小篆为代表的书体产生，中锋用笔有了长足发展。李斯的篆书笔笔中锋，无论是笔画的开头或结尾，还是在笔画的中间转折，都显得那么圆润、匀称，体现了对中锋用笔的主动追求。这似乎与中华传统精神内核有着密切的关系。任何一种审美意识形成均离不开传统文化哲学思想的影响，书法也不会例外。古训里云："君子藏器。"藏器便是深而不露，深即厚而不薄也。"大智若愚""大象无形"诸如此类的潜喻，与"君子藏器"的哲理观念相互映照。这便是书法艺术讲究线条"立体感"审美观念的根源。

浑厚隶书的出现，一定程度上解放了篆法，增加了中锋、侧锋、藏锋、露锋、圆转与方折等运笔技巧。它把秦代单调的、绝对的圆柱体式线条形式加以丰富提升，放在了一个对比更加丰富、线条更加多变的世界中去。

唐代以来，对于有立体感的中锋用笔追求有增无减。唐代欧阳询《传授诀》曰："每秉笔必在圆正。"清代笪重光《书筏》云："古今书家同一圆秀，然惟中锋劲而直，齐而润然后圆。圆斯秀矣。"

形成这种现象的重要原因，除了文化观念的影响外，还有书写工具提供便利。有了毛笔和宣纸，线条的立体感就有了保证。中国的毛笔是一个很神奇的东西，毛笔本身的圆柱形和笔毫组织的圆柱形，确定了工具上圆的特征。圆柱体的毛笔为表现线条立体感提供了工具条件。"笔毫就具有了前、后、左、右四个方向的接触面，笔毫的左右变成了上下；

而笔毫的前后便构成中骨",中间部分的线条是由笔毫的前后重叠而成的,因此中间肯定会黑一些,这便是"一缕浓墨正当其中"的由来。宣纸的渗化功能,给书法带来美妙的效果。渗化能使笔画浑圆而不外露。不管是焦墨还是淡墨,一笔下去,在线条的两边绝对会出现一些略微外渗的痕迹,笔与笔之间的交叉,用笔的快慢与节奏,依靠墨汁自然渗化,可以避免一些筋骨外露的"火气",使线条更加丰富、饱满、圆润、有厚度,使笔画更加浑然天成。

盲目强调"笔笔中锋"并不是一个明智的选择。只有中锋、侧锋并用,藏锋、露锋共使,才能使线条更为丰富美满,更有立体感。正如项穆《书法雅言》云:"方圆互用,犹阴阳互藏。所以用笔贵圆,字形贵方。"其后的楷书、草书、行书用笔均是这样一路发展下来的。

近代以来,硬笔写出来的笔画变化不可能像毛笔那样丰富,但是可以借鉴毛笔的笔法,靠运笔时力度大小和速度快慢等变化增强表现力。如前所述,彩陶时期的刻画文字,契刻时代的甲骨文和金文时期钟鼎文,它们的书写工具就是"硬笔",由于"纸张"不一样,钟鼎文在制作过程有条件反复加工完善,"线条变纤细为粗壮",产生了立体感。因此,教师在指导练习硬笔书写时,须要求学生把笔画写好,使每一笔都有一点点轻重、粗细、浓淡、缓急的变化,写出来的笔画有立体感、节奏感、韵律感、跳跃感、质地感,总而言之,有美感。

三、线条的节奏感

节奏是音乐中交替出现的有规律的强弱、长短的现象。当我们吟诵"白日依山尽,黄河入海流"时,其平仄押韵所产生的声韵节律就如同有规律的强弱、长短的节奏。从书法墨线形式角度,两条相似、相同的墨线将产生和谐,两条对立的墨线将产生对比,节奏便在不同的形式中产生了。书法家善于通过墨线与空白的对比,空白大小的对比,空白形状的对比,墨线的点线的对比,乃至粗细、干湿、方圆、转折的对比来描写意境，抒发感情，表达美感，产生审美的心理活动。从书法运笔的角度上看，运笔时的松紧、轻重、快慢的变化，便是线条节奏的具体体现。在篆书、楷书、隶书书写中，它的基本运笔技巧是回锋，由于这种特殊的要求，在运笔的过程中，便会出现笔画头尾重中段轻，头尾紧中段松，头尾慢中段快的运笔特点和节奏，横画的线条变得有起有伏，有了生命的律动。当笔画连续时，线条与线条之间就会形成一种连贯的节奏。在书法点画技法中，这种动作的往返以及线条的互相照应，被称为"回护律"。所以，当我们以孤立的方式和相互关联的方式考察汉字笔画的"连续各异，反复变化"时，发现运笔时力度的轻重快慢会产生类似音乐的旋律感和节奏感。王羲之在《题卫夫人笔阵图后》中云："昔宋翼常作此书，繇乃叱之。遂三年不敢见繇，即潜心改迹。每作一波，常三过折，每做一竖，常隐锋而为之，每作一横，如列阵之排云……"这便是"一波三折"典故的由来。"一波三折"具有典型的节奏之美。

米芾《翰牍九帖》

第二节 汉字的结构美

人类在创造美的活动中逐渐熟悉和掌握了各种事物形式因素的特性，经历了一个从简单到复杂，从低级到高级的过程，总结出整齐一律、对称均衡、调和对比、比例匀称、节奏韵律、多样统一等六大形式美的法则。汉字的产生是中华民族发展史上的光辉篇章，经过几千年的发展和演化，形成五种成熟的字体。就楷书而言，百家齐放，风格各异，特点不同，但在字的结构上存在着一些共性，体现了形式美的基本原则。巧从法生，法由理出。经过历代书家、书论家孜孜以求研究和探索，总结出一系列间架结构美化要领，主要有以下五个方面。

一、排叠匀称，重心平稳

人们看到重心平稳的物象，必然产生安稳、舒服的感觉而知其美，反之，见到倾斜不稳的物象，必产生惊险恐惧的感觉而知其丑。楷如立，行如行，草如走。写正楷字首先要求重心不偏，好像一个人稳稳地立着而不倒。如果字写得失去重心，让人看着有一种倾斜、歪倒的感觉，又怎能谈得上美观呢？因此，重心稳定是结构安排的根本问题。

1. 整齐平正

学习楷书，首先要研究平正。明代书法家曾棨说："大抵作书，须结体平正，下笔有源；然后伸之以变化，鼓之以奇崛，则任心随意皆合规矩矣。"整齐平正的书写要领，间架布置要平正，笔画长短要参差，横写得平，竖写得直，重心不偏，字就端稳。

2. 上下平稳

字的体势要稳固，必须做到上下相称，中心对正，比例适当。王羲之说："字之形势不宜上阔下狭，如此则重轻不相称也。"假使一个字上面写得过大，下面写得过小，或者上面过小，下面过大，那一定不稳、不美。书写要领有：上下呼应，上下穿插，上下有竖要对正；点在上面，点竖对正要居中。

3. 左右匀称

所谓匀称，就是均衡相称。唐代欧阳询说："字欲排叠，疏密停匀，不可或宽或狭。"意思是说，对待布白，要左右匀称。这里所说的匀称，有绝对匀称，如"非、不"，有相对匀称，如"儿、兆"，有部分匀称，如"慈、梵"，有不规则匀称，如"繁、贺"。处理匀称要利用田字格，字中有中竖的，要以竖中线为中心均匀安排笔画，还要注意上下相称；字中没有中竖的，要以竖中线为中心左右对称排列，对称安排各种笔画，做到左右均齐。

二、比例适当，轻重平衡

独体字的间架和笔画之间，合体字的偏旁之间，都存在着一定的比例关系和搭配关系，这种关系要符合黄金分割比例。西方美学家蔡辛克认为黄金分割的比例最能引起人的美感。所以，比例是否适当，搭配是否合理，轻重是否平衡，是结构美化的重要原则之一。

1. 比例匀称

比例是指一件事物整体与局部以及局部与局部之间的关系。我们平时所说的"匀称"，就包含了一定的比例关系。郭沫若在《白鹭》文中写道："那雪白的蓑毛，那全身的流线型结构，那铁色的长喙，那青色的脚，增之一分则嫌长，减之一分则嫌短，素之一忽则嫌白，黛之一忽则嫌黑。"这段话就是反映比例关系适当产生的美感。书写汉字时要根据部件的宽窄、大小、长短、高低不同，做到宽窄合度，大小合宜，高低错落，比例匀称，无疑最美。比如上文的"嫌"字，横画很多，如何做到长短合度，肥瘦调和；横竖交错，如何做到疏密长短均匀；左小右大，左窄右宽，如何做到大小合宜，比例匀称。

2. 轻重平衡

书写汉字重心稳定是根本，而体势均衡是关键。所谓轻重平衡并非是形体大小相等，如天平两端的物体，虽然大小不一，由于支点的移动，使其两端轻重相当。依据力学上的原理，从部件之间找出重心，在不平衡中求平衡。"秤砣虽小压千斤"就是这个道理。汉字左右部件之间有大有小，有主有宾，书写时应采取大小平衡、轻重平衡、疏密平衡的原则，掌握字的重心，把较大较重的部分位置移近中心，而把较小较轻的部分移开中心，使笔画较多的部分地位放宽，较少的部分地位变窄；或者使较大较密的部分移近中心，而把较小较疏的部分移左而齐上，或者移右而齐下，把左右地位宽窄安排妥当，重心平稳，和谐依存。由此可见，不管是平衡结构的字，还是不平衡结构的字，都要使之平衡。破坏了平衡，就失去重心。同时，字的内部之间要随字形而变换笔画排列，力求避密就疏，穿宽插虚，做到中宫收紧，疏密有致。总之，要尽量避免整个字比例失调、搭配不当，轻重失衡，偏离支点，失去重心。

三、布白均匀，对比调和

调和与对比反映了矛盾的两种状态。对比是在差异中倾向于"异"（对立）；调和是在差异中趋向于"同"（一致）。每写一个字都考虑笔画、部件、线条、空白，还有字与字，行与行的对比是否均匀。布白均匀，对比调和是结构美化的重要原则之一。

1. 分布均匀

"布"是指布置安排点画，"白"是空白。所谓布白均匀，就是分间布白，疏密均匀的意思。王羲之说："分间布白，调匀点画是也。"字的间架之间有繁简疏密之分，形体有长短宽窄之别，自然形成大小不一、疏密不同的虚实对比。无画为虚，有画为实；轻画为虚，重画为实。"疏处捺满，密处提飞"，这是古人的总结。布白均匀是一种调和美，通过书写可以达到分布均匀的目的。

2. 对比调和

每个字内部笔画之间存在着长短、大小、肥瘦、疏密、空白之间的对比。王羲之说："分均点画，远近相须，播布研精，调和笔墨，锋纤往来，疏密相附。"他认为点画的空间距离必须疏密相当，才能给人以美感。他还说："初学分布，皆须停匀。"停匀就是均匀的意思。因此，这里的对比调和，指的是通过对比发现笔画长短、肥瘦、疏密之间的不和谐，从而力求做到长短合度，轻重协衡，符合调和的原则。因此，在书写过程中要特别用心把握好分间布白，处理好笔画对比。

四、连续反复，互变各异

汉字的楷书有许多字的结构是用同一个基本笔画或若干相同的间架、偏旁重叠组合而成的。同样的笔画或间架在同一个字中书写时不可笔笔相同，而应遵循"连续各异，反复变化"的美化原则，避免产生呆板、单调、厌烦之感。

1. 连续各异

连续各异的表现形式有连点、连横、连竖、连撇、连捺、连折等。古代书法家认为，在同一个字中，点画叠用，俱宜变换，不可相同，而应力求各异。这符合"反复"的美学原则。因此，对于一个字中同样笔画务求笔笔各异，避免雷同。

2. 反复变化

反复变化的表现形式有重复、重叠、重横、重竖、四横、四竖、排点、聚点等。古代的书法家认为，凡同一个间架重复或并排书写时，先后形状不可完全相同，而应变其一，或左紧右松，或上小下大，或高低参差，或上短下长，或互变各异等，同样遵循"反复"的美学原则。反复变化，体现了秩序感和节奏感，与"连续各异"有异曲同工之妙。

五、格调一致，多样统一

美学家布鲁诺说："这个物质世界如果是由完全相像的部分构成的就

不可能是美的了，因为美表现于各种不同部分的结合中，美就在于整体的多样性。"整个宇宙就是一个多样统一的和谐整体。楷书学习的高级形式就是格调一致，神气一贯，形成了一个多样统一的和谐整体。多样统一是形式美法则的高级形式，也叫和谐。从单纯齐一，对称均衡到多样统一，类似"一生二、二生三、三生万物"。多样统一体现了生活、自然界中对立统一的规律。

文徵明《太上清静经》小楷（节选）

"多样"体现了各个事物个性的千差万别。事物本身的形具有大小、方圆、高低、长短、曲直、正斜；质具有刚柔、粗细、强弱、润燥、轻重；势具有疾徐、动静、聚散、抑扬、进退、升沉。楷书间架结构中同样存在着许多对比关系，比如笔画的长与短、粗与细、藏与露、屈与伸、曲与直、方与圆、平与斜、连与断、刚与柔等；部件间的大与小、宽与窄、高与矮、欹与正、向与背、承与覆、离与合、虚与实等；体势上的主与从、争与让、顾与盼、呼与应、俯与仰、收与放、欹与正、稳与峻等。这些对比关系既是对立的，又是统一的，体现了客观事物本身所具有的多样统一特性，形成了和谐。学习楷书过程中，我们要在格调一致，多样统一的原则指导下，对点画之间彼此呼应，部件与部件的地位安排以及字与字，行与行的关系讲求各种各样的变化，而又在无穷的变化中恪守统一的规律，做到首尾呼应，前后照顾，上下相当，左右相称，风格一致，彰显"违而不犯，和而不同"的多样统一的美。

第三节　汉字的章法美

我们学习书法艺术都是从一笔一画，一字一字开始的，小学生习字何尝不是如此。当我们把这些常用汉字一个一个写得有模有样时，还不算大功告成，因为还没有达到我们最终的学习目标，还必须学习"运用横线格进行成篇书写练习"和创作"作品"。明代张绅说："古人写字，正如作文有字法，有章法，有篇法。"这种将若干单字串联成行，再将若干行安排成篇的方法，在书法里，就叫章法。

创作一幅好的作品，不仅要求书写者具备一定笔法、墨法等基本功，能在感知文字的基础上充分发挥汉字形象性的特点，灵活运用笔墨技巧，还要求书写者具有排兵布阵，谋篇布局的能力，善于"积字成行、积行成篇"，做到内容与形式的统一。一幅好的作品给人以精神上的享受，让人百看不厌，回味无穷，这就是最美的作品、最美的书法艺术。这种美就是章法美。

一、章法的作用

古人谈论书法，首重章法。明代董其昌在《画禅室随笔》中云："古人论书以章法为一大事。"雕刻大师罗丹也说过："一件真正完美的艺术品，没有任何一部分是比整体更加重要的。"王羲之的《兰亭序》之所以被誉为神品，是因为这件作品的"章法为古今第一"。由此可见，章法美的重要性。

比如，王羲之的《兰亭序》，终篇结构，首尾呼应，气势连贯，气韵生动，格调统一。上下画之间，彼此顾盼，字与字之间遂势瞻顾，前后行之间，气息连贯；结体偃仰起伏，一反一正，风神飘逸。句式整齐，工整华丽，骈散结合，错落有致，在布局上达到了上承下接，前后管领，递相映带，左右相称，打叠成一片的意境。它像一支优美抒情的曲子，是那样的精妙、和谐、神完气足、悠然神远，令人赏心悦目，引人寻味无穷。通篇构成生动自然、和谐统一的整体，符合构图形式美的法则。

又如苏东坡的《黄州寒食诗帖》，通篇结构的大小、长短、肥瘦、疏密等关系参差错落，变化多端，在有意无意之中，流露出一种不事雕琢的意趣。你瞧，那"年"字处在左右上下都比较繁密的境地中，只见一竖神来，纵笔直下，线条挺拔，造型生动。一下子，这"年"字显得非常"抢眼"，如同鹤立鸡群；又如同围棋的"活眼"，使整幅字顿时如春水微澜生动起来，显得那么有趣味盎然，沁人心脾。所有这些精彩的笔墨，仿佛情之所至，书无不至，兴会淋漓，使整幅作品平添了一种豪放雄浑的气势，天真烂漫之美。

由此观之，章法布局之美在于"无笔笔凑合之字，无字字叠成之行"。在书法技巧中，章法是纲，纲举目张，一幅作品章法美否与运笔的节奏、笔力的强弱、气势的大小，以及墨韵的变化，乃至结构的好坏、意境的深浅等诸方面息息相关。一幅作品就是一个统一的整体。在一定的幅式内通过"排兵布阵""调兵遣将"，将字形的大小、长短、伸缩、开合以至用笔的轻重徐疾的节奏、墨韵的浓淡枯润的变化等等因素考虑周全，意在笔先，在笔势的管束下，组成一个和谐而统一的有机整体。这就是章法，这就是章法之妙所在。

二、章法美的内涵

如何欣赏和评价一幅作品的章法美？章法美主要体现在以下三个方面。

1. 章法美必须体现格调统一的原则

一幅优秀的书法作品以结构体裁为格，用笔锋势为调，达到格调统一。有以下指标：风格一致、前后均匀、彼此顾盼、首尾呼应、前后管领、上下相当、左右相称、神气一贯，这是实现格调统一的有效抓手。明代书法家解缙在《春雨杂述·学书法》中说："上字之于下字，左行之于右行，横斜疏密，各有攸当。上下连延，左右顾瞩，八面四方，有如布阵：纷纷纭纭，斗乱而不乱；浑浑沌沌，形圆而不可破。"这段话生动地阐述了由字而行，由行而篇，上下左右，通盘考虑布局的美学原则。上乘的作品都非常精心构制章法，往往通篇格调统一、神气一贯、气韵通畅、生动自然、和谐统一，洋溢生命的律动，绽放万般意趣。丰子恺先生在《艺术三昧》一文中谈了欣赏吴昌硕的书法作品后的感受："有一次我看到吴昌硕写的一方字，觉得单看各笔画并不好，单看各个字各行字也并不好。然而看这方字的全体，就觉得有一种说不出的好处。单看时觉得不好的地方，全体看时都变好，非此反不美了。"这方作品从局部上看，点画不够美，结体不够美，但从整体上看却觉得美意连连，这说明这方作品整体美、章法美，说明吴昌硕写的这方字章法布局十分精妙美，说明一件优秀作品仅有细节美、局部美是不够的，整体美更重要。

2. 章法美必须符合传统审美心理

章法美必须继承传统，遵循规律。传统的布白的形式主要有三：一是纵有行、横有列；二是纵有行、横无列或横有行、纵无列；三是纵无行、横无列。对于"分行布白"如何安排，清代刘熙载在《艺概》中有十分精辟的论述："书之章法有大小，小如一字及数字，大如一行及数行，一幅及数帖，皆须有相避相形、相呼相应之妙。"又说："凡书，笔画要坚而浑，体势要奇而稳，章法要变而贯。"比如，如果采用纵有行、横无列的形式，行间常会出现自然的错落对比，所以自然需要"相避相形、相呼相应"，才能使作品呈现出"字与字之间，势瞻顾；行与行之间，递映带"的意趣。精心布局才能创造出"错彩镂金"的绮丽美或具"芙蓉出水"的清秀美。

有什么样的文字、什么样的文化、什么样的观念，就会产生什么样的文化形式。作为文化瑰宝的书法艺术，其由上而下的行序，由右而左的列序的章法布局，是有其历史原因的。这里牵涉到原始刻写的文字，原始使用的材料，原始民族的观念。只要考察一下我国现存最早的书法——殷周甲骨文的布白，上述问题就不难回答的。殷周时期甲骨文是从原始象形文字进化而来的初文。它们象形意味较浓，但由于这些文字是用尖利的工具锲刻在较硬的龟甲兽骨上，刻画时只能作直笔，难于作曲笔，故笔画瘦硬坚劲，锋芒毕露；而转折处又每每以方折之笔为之，故整个字大都横短竖直，形态结构方正、质朴，以至于体势纵长取纵势。由于龟甲兽骨的表面很不平正，其分子结构又是直丝纹的，加上文字笔顺是先上后下，因此，锲刻起来自然宜于竖刻而不适于横刻。于是行序习惯于由上而下了。至于列序，那是由于我们汉民族的观念一向是以右为尊，以右为上，作为书写行款的序列来说，当然是从右到左了。这也是后来产生的对联以右联为上联，左联为下联的根本原因。章法的基本原理主要是基于文字本身的不同价值，同时又符合民族的审美观念。

3. 章法美必须符合形式美原理

一件优秀书法作品必须具备内容与形式的统一。书法作品常用的形式有以下几种：中堂、条幅、横幅、斗方、对联等。没有规矩不成方圆。

（1）它们有固定的格式。比如，应将纸的四周适当留空，留出的空白自然形成一个白色的边框，作品更具有整体效果。竖式作品，上下边框称天头、地头，略大于左右边框所留的空白。横式的作品正好相反。又如，书法作品按传统的书写习惯，为纵行排列。不论横式、竖式都是每行从上到下，各行从右至左依次书写。字间、行间皆有一定间隔，且行距大于字距，而行距又小于边框。而隶书却相反，虽是竖式，却是字距略大于行距。

（2）幅式大小形态各异。有的竖向长方形，有的横向长方形，有的圆形，有的扇形，不一而足。比如，条式作品的竖直长度大于水平长度，其留白多为天地宽而左右窄，其中有一种特殊的形式，它由两个立轴式作品构成一幅完整的硬笔书法作品，两部分左右相列，并且对称，形如鲤鱼所跳的龙门，故可谓之"龙门对"；横式作品留白多上下窄而左右宽；扇面有折扇和团扇两种，折扇的整体呈辐射状，上大下小，行与行的上下天地齐平，团扇呈圆形，书写时可横可竖，不拘一格。

黄钰扇面精品（行书）

（3）作品的布局以"统一、变化、整齐、新款"为总要求。比如，从外观上看，虽然它们幅式大小形态各异，但是它们的形式美却是统一的，都具有对称美的特点。楷书结体要求：规范、端正、整洁，书写方式布局整齐、匀称、大方；行草表现出跳跃的笔致、流动的笔势和灵活的笔意，甚至有的越出本行，插入他行，但是从整体上、宏观上看，却是整齐的，都具有重心平稳的特点。所以，欣赏时要学会透过现象看本质，找到登堂入室的钥匙。

第四节　引导学生感受汉字美

小学语文一年级第一课《天地人》虽然只有短短的六个字"天地人，你我他"，却蕴含了"一生二、二生三、三生万物"的道家思想。孩子们正是从这里开始识字写字，由此拉开了学生系统接受文化教育的开端。鲁迅先生在《汉文学史纲要》中说："汉字具有三美，意美以感心，一也；音美以感耳，二也；形美以感目，三也。"几千年来，汉字的发展从低级到高级，笔画从少到多，字形的结构从简单到复杂。通过系统研究，研究者从中发现，汉字具有以下几种形式美。

1. "整齐平正"的美

楷书结构的第一个原则就是"整齐平正"。唐代书法家孙过庭在《书谱》中说："初学分布，但求平正；既知平正，务追险绝；既能险绝，复归平正。""整齐平正"的基本含义，就是点画布置要平正，结构精密，重心平稳，端庄美观。其核心是稳定，因为稳定的物象，如正三角的形状，人们看后必然产生安稳、舒服的感觉而知其美；反之，若见到倾斜不稳的物象，如倒三角的形状，必然产生惊险恐惧的感觉而知其丑。整齐平正的字，首先必须注意"重心平稳"，要求每个字稳立在支点上不失重心。现代著名书法家任政总结出八个结构要领，其中第一条"横平竖直"，说的是"横画写平，竖画写直，字就平稳"；第八条"重心平稳"，说的是"点画平正，重心不偏，字就端稳"。可见"重心平稳"的重要性。其次是做到"左右匀称"，这之前已述不赘述。第三要"上下对正"，包括头点高正、中直对正、点竖对正、支点居中，交叉居中、中竖宜正、底横宜长等等法则，都为了力求平正安定，不失重心。

2. "单纯齐一"的美

美的形式有一个从简单到复杂，从低级到高级的过程。"单纯齐一"的美是最简单的形式美，也叫"整齐一律"的美。"单纯"是纯粹中见不到明显的差异和对立的因素，如色彩中的某一单色，蔚蓝的天空，碧绿的草地，清澈的湖面等，单纯能使人产生明净、纯洁的感受；比如独体字"一""二""三"都是纯粹的横画，而且笔笔分离；又如"人""八""入""又"由于撇捺笔画搭接方式的不同而不同；又如"甲""申""由""田"字形相近，结构相似，仅仅由个别笔画的变化而衍生出来的。这些字笔画少，结构简单，形态各异，都具有"单纯齐一"的美。

"齐一"是整齐划一的意思。汉字是方块形的表意文字，打开书本，从整体上看，每一个汉字，就像一枚棋子，一句句、一行行、一段段、一页页排列下来，就像棋盘似的，呈现出一种整齐划一的美。在书写的过程中，每一个汉字，又像一株秧苗。写字如同农民插秧，要根据秧田的形状，按一定的株距，把一株株秧苗插得整齐饱满，表现出一种既整齐又合理的布局美。"整齐划一"能给人以庄严的秩序感。

"反复"即同一形式连续出现，如仪仗队的行列，士兵的身材、服装、敬礼动作都很一致。就各个局部所形成的整体看，仍属于更大层次的整齐，这些特征表现出一种整齐的美，因此，"反复"也属于"整齐"的范畴。比如"一""二""三"都是纯粹的横画，从局部上看，从"一"到"三"，就是"反复"；但从整体而言，每个方块字都是一个"一"。在相同笔画书写的反复中还能体现一定的节奏感。

书法理论中提倡"连续各异，反复变化"。王羲之说："二字合为一体，重不宜长，单不宜小，复不宜大，密胜乎疏，短胜乎长。"意思是凡是用若干相同笔画、间架并合而成的字，其形状不可完全相同而应变其一，反对机械呆板的整齐划一。比如，横画多的字，要做到"长短要参差，间距要匀称，形态要各异"；竖画并列的字，注意要做到高低要参差，形态要各异，宜左瘦右肥；结构左右并列的字，彼此应有所区别，宜左促而右舒。

3. "对称均衡"的美

"对称"指以一条线为中轴，左右（或上下）两侧均等的形式。从人类早期的石器造型发现，人类当时从实用的需要出发已掌握了对称的表现形式。可见"对称美"具有悠久历史传统。古希腊美学家曾指出："身体美确实在于各部分之间的比例对称。"人体中眼、耳、手、足都是对称，因此人体具有"对称美"的特征。不少动物的正常生命状态也大都如此。凡有长横长竖且竖画居中的字，做到"横平竖直"，就具有"对称美"；凡有撇捺中分字头、字中、字底的字，就具有"对称美"；凡撇点对称，撇捺对称，交叉居中的字，就具有"对称美"；凡字形左右匀称，且有中竖的字，就具有"对称美"；凡字形长方、梯形、菱形，以竖中线为轴左右匀称排列的字，就具有"对称美"；凡绝对匀称的字，就具有"对称美"。对称具有较安静、稳定的特性，对称还可以衬托中心。所以，凡具有"对称美"的字，均能给人以"重心平稳，方正端庄"的美感。

"均衡"，是"对称"里面出现了差异，但在差异中仍然保持一致。"均衡"的特点是两侧的形体不必等同，量上也是大体相当，"均衡"较"对称"有变化，比较自由，也可以说是"对称"的变体。主要有三种字形：左右相对匀称，如"辅""顾""颜""衍""街"；部分匀称，如"禁""兹""替"；不规则匀称，如"繁""贺""智""慧"。

275

4. "调和对比"的美

"调和"与"对比"反映了矛盾的两种状态。"调和"是在差异中趋向于"同"（一致）；"调和"是把两个相接近的东西相并列，如毛泽东描绘彩虹的词句"赤橙黄绿青蓝紫，谁持彩练当空舞"就是运用红与橙、橙与黄、黄与绿、绿与蓝、蓝与青、青与紫、紫与红等相邻近色彩深浅、浓淡的层次变化来表现"色彩的调和美"。书法中"三均"的字，即左中右结构三部分均等的字形，三部分之间长短宽窄对比调和，既穿插迎让，相互依存，又向中靠拢，形神合一，保持方块字的形状，达到和谐的境界，属于"调和美"；又如书法中"二段"的字，上下宽窄相当，如"雪""志""香"等，使人感到融和、协调，在变化中保持一致，也属于"调和美"。"对比"是在差异中倾向于"异"（对立）。"对比"是把两种极不相同的东西并列在一起，使人感到鲜明、醒目、振奋、活跃，如杨万里的诗句"接天莲叶无穷碧，映日荷花别样红"色彩中红与绿是对比色，属于对比的美。书法中"天复"的字形，即上广下狭的字，比如"空""宣""金"；"地载"的字形，上狭下广的字，比如"至""尖""盖"，还有左右"大小合宜""长短合度"的字均属于对比美。

5. "比例适当"的美

比例适当，指一件事物整体与局部以及局部与局部之间的关系恰到好处。这样的事物就是美的。我国古代山水画中所谓"丈山、尺树、寸马、分人"说法，体现了对各种景物之间的比例关系的合理安排；又如，正常发育的人体，各部分之间大体保持一定的比例关系。如身高与头部比例大约为 7：1；人在不同姿态中头部与身高的比例也在变化。如中国古代画论中有"立七、坐五、盘三半"的说法。关于什么样的比例才能引起人的美感呢？西方美学家蔡辛克认为黄金分割的比例最能引起人的美感。所谓黄金分割，即大小（宽长）的比例等于大小二者之和与大者之间的比例。列为公式是 $a：b=(a+b)：a$。实际上大约为三比五。一般书籍、报纸的版式大多采用这种比例。黄金分割的比例里面包含了一定合理的因素，还具有安定感。如何发现和表现汉字"比例适当"的美，需要我们都来做教学的有心人。比如，"久"字的撇捺连点都应该在中间偏上一些，即整个字的 0.618 处（黄金分割点）；"又"字的撇捺交点；"斤"字的撇横连点；"千"字的横竖交点，均宜在这个字的黄金分割点。在教学中，启发引导学生，借鉴黄金分割原理，处理汉字结构、笔画大小、长短比例关系，掌握汉字书写"比例适当"美的要领，体会"增之一分则太长，减之一分则太短。着粉则太白，施朱则太赤"的哲学思想，落实"立德树人"的根本任务。

6. "节奏韵律"的美

节奏韵律，指运动过程中有秩序的连续。构成节奏有两个重要关系：一是时间关系，指运动过程；一是力的关系，指强弱的变化。把运动中的这种强弱变化有规律地组合起来加以反复便形成节奏。宇宙间的万物没有一样是没有节奏的。郭沫若先生曾说："寒往则暑来，暑往则寒来，寒暑相推，四时代序，这便是时令上的节奏；又譬如高而为山陵，低而为溪谷，陵谷相间，岭脉蜿蜒，这便是地壳上的节奏……做艺术家的人就要在一切死的东西里面看出生命来，一切平板的东西里面看出节奏来。"

写字的过程中，好比笔尖在纸面上"跳舞"，同样存在着节奏。字有长短高低，线有粗细曲直，取势有斜有正，有的左宽画宜瘦，右窄画宜肥，有的上窄画宜重，下宽画宜轻；运笔过程自然有快有慢，运笔慢则笔画凝重有力，运笔快则笔画顺畅流利，自然有轻有重，下笔轻则笔画细，下笔重则笔画细。学习把握正确的运笔节奏，找到控笔的力量、方向、速度，逐步体会起笔、行笔、收笔的运笔感觉，逐步感受硬笔书写中的力度、速度变化，逐步体会铅笔、钢笔书写的特点，感受"节奏韵律"的美，掌握一定的运笔技巧。

7. "布白匀称"的美

所谓的"布白匀称"就是指每个字之中所有的笔画的分间布白，字与字之间的空白距离，行与行之间的远近距离均匀相当。《书法八诀》中说："分间布白，调匀点画是也。"每一个初学写字和书法的人都必须学习分间布白的技法，使写出来的字、字与字、行间所有笔画之间的空白间距疏密均匀，让人看了感到舒服省力，美好快乐，心生欢喜。主要有以下八种形式：左右对称，横向等距，竖向等距，斜向等距，中点起笔，同时等距，斜向平行，相对均衡。比如"横画等距"说的是一字之中有多个横笔画出现时，应尽量注意"横画平行等距"；不过，当横画之间有点、撇、捺等笔画穿插时，间距可以适当放宽，比如"幸"字之间部分的距离可稍大一些；又如"竖画等距"，指的是这类字往往有多个竖画并列出现，如"山""川""曲"等，应尽量保持各竖画之间的间距大体相当；不过，当竖画之间有点、横、撇等笔画出现时，间距可适当增大，比如"侧"字中间部件可略宽一些。

8. "三紧三松"的美

书法的"三紧三松"：即上紧下松，左紧右松，内紧外松。（1）"上紧下松"，上边小下边大的物体稳定性好，就像一个人上身精干下身脚板扎实，显得更有力量；（2）"左紧右松"，一紧一松，一敧一正，相得益彰；（3）"内紧外松"，中宫收紧，中心聚拢，外散内聚，避免造成结构松散。写字时注意体现"三紧三松"，就能使字更精神。

"三紧三松"，有收有放，有张有弛，凸显韵律，符合美学原则。"三紧三松"体现变化原则。学习楷书既要研究平正，又要研究变化。以独体字"二"字为例，一般是，上横短斜，下横宜长而取平势，中间稍轻略向上弯，上短下长，一长一短，自然形成"上紧下松"之势；上横左低右高，下横持平，符合右手书写时趋下趋右的生理习惯，自然形成"左紧右松"之势；上下两横居中，中点竖直对正，中间的距离最短，上仰下俯，又自然形成"内紧外松"之势。而为何不把"二"写成上边的横长，下边的横短呢？经过对比演示分析，"二"字两横组合有下列四种关系：第一种两横中间向上拱起两端下垂，给人没精打采之感；第二种与第一种正好相反，两横两端往上翘起，给人以危惧之感；第三种上下向背拱起，中间呈涵洞状，给人以相互排斥之感；第四种上横短斜，向上伸展，第二横长，稳稳抓地，稳稳托住上横，两横的中间相互吸引。对比之下不难发现，第四种最稳定、美观，也符合"上下有横，上短下长"的书写规则。像这一类型的字，诸如"王""生""三""丰"等等都与"二"书写原理相同。

又如左右结构的"鲜"字为例，其左部"鱼"略小，下面有提画做底，宜上移，右部"羊"形长，整个字左小右大，左短右长，呈"左紧右松"之势；为了保持方块字的形状，左右要穿插互让，注意"靠得紧不分家"。左部"鱼"上面"ク"部右斜，中间的"田"左伸右缩，相让于右，下面的提画左探；右部"羊"的三个横画为了相让于左，明显"左缩右伸"，上横是左尖横，中横上仰，下横左短右长，起笔处与"鱼"的提画相呼应，收笔处取俯势，整个字左右呼应，彼此容让，呈现"内紧外松"之势。再看字底部左右，左边"提画从偏左处起笔"，右边"长横右伸"，从整体上看，明显可以看出，"鲜"字上窄下宽，"上紧下松"。最后一笔，竖画是整个字的主笔，起支撑作用，要下伸、劲挺、厚重，整个字主次分明，体势稳固，气魄大方。

再如上下结构的"弄"字为例，其上部"王"形扁，下部"廾"形宽，整个字上收下展，"上紧下松"；上部"王"上横右斜，下部"廾"左撇缩右竖垂，从整体上看，呈现出"左紧右松"之势；上部"王"居中靠上，中竖压在竖中线上，下部"廾"的腰横两端探出，两竖中分，上缩下伸，上下紧凑，内紧外松，腰横的中点与上部"王"的中竖上下对正，重心平稳。

9. "首尾相应"的美

首尾相应原则，就是说笔画之间要有内在的联系，使各部分笔画之间成为一个有机的整体。明代张绅云："古人写字，正如作文有字法，有章法，有篇法，终篇结构，首尾相应。"说明笔画之间要有前后联系，彼此呼应，而不是简单的笔画的堆积。笔画之间的联系主要有以下三种。

（1）前后联系

"一点成一字之规"，说明起笔很重要。起笔之后，要注意上下管领，上一个笔画的终点和下一个笔画的起点，上下之间互相呼应，一气呵成。比如写丰收的"丰"字，写完第一横后笔意要指向第二横的起点，写完第二横之后笔意又要指向第三横的起点，这样上下三横气韵连贯，略顿调整笔势后，最后写中竖，挺拔有力。整个过程有快有慢，有轻有重，节奏鲜明，神完气足，有机统一。同样的道理，写福州的"州"字时，写完第一个笔画"垂点"后笔意就指向下一个笔画，写完第二笔画又指向下一个笔画，以此类推，使前后笔画之间互相联系，有收有放，左顾右盼，相应意连，彼此关照。

（2）首尾呼应

结字之法，宜点画呼应，顾盼有情，回抱照应，纵横得势，首尾呼应。楷书的笔画起止分明，形体独立，呼应是无形的，主要靠点画的向背和走向来完成的。一般来说，字的最后一笔要和第一笔要相互呼应，好比练太极拳，很注重前后联系，整套拳法打下来神完气足，神气不散。如"山"字末笔是竖画，宜下伸，收笔处与第一笔竖的起点，中竖和竖折的折部连接点，三点成一线，前后遥相呼应；又如"云"字，末笔斜点和首笔横画的起点上下遥相呼应；再如"河"字，从末笔竖钩的钩尖处，向首点引一条斜线，发现前后斜度一致，以示首尾呼应。

（3）中心聚拢

书法家任政先生说："笔画之间，互有联系，字就活泼。"如果点画之间没有呼应关系，只是一种机械、简单、呆板的拼凑，写出来的字就没有生命价值，不会产生审美的愉悦；而有呼应有主次之分的笔画，写出来的字仿佛一下子注入新鲜血液，顿时显得神气活现，有了生命的价值，令观赏者怦然心动。"中心聚拢"就是笔画向字的中心聚拢，形成中心，烘托出主干，层次分明，各点画彼此相互联系。如下面的"水"字，左边横撇的折角的延伸线、右边撇捺的连点都指向字的中心，即竖钩的上段三分之一处。这样一来四个笔画有一个共同的"纽带"，纲举目张，联系紧密。再比如"羊"字，字头点和撇互相呼应，点画的延伸线相交于第一横与中竖的连接点，三横上下连贯，笔断意连，相互映带，所有笔势指向这个字的中竖的起点，中竖挺拔，不偏不倚，一下子使整个字"立"了起来，显得激越昂扬。

10. "多样统一"的美

这是形式美法则的高级形式，也叫和谐。"多样"体现了汉字个性的千差万别，"统一"体现了成千上万的汉字的共性或整体联系。汉字的"多样统一"体现了生活、自然界中对立统一的规律，反映了客观事物本身所具有的特性。

从形态上看，汉字的形态各异，多姿多彩，有高低、长短、宽窄、大小、方圆、曲直、正斜之迥异；从线条上看，汉字的笔画线条婀娜多姿，美轮美奂，具有轻重、强弱、刚柔、粗细、润燥之不同质感；从汉字的布势上看，宽窄比例，穿插容让，参差错落产生疾徐、动静、聚散、抑扬、进退、升沉的强烈对比，但是却相反相成，对立统一，达到了和谐的境界，正如美学家布鲁诺所说："自然像合唱队的领队那样，指导着相反的、极度的和中等的声音唱出统一的、最好的，你想多美就多美的和音来。"

总之，汉字的"多样统一"包含了变化以及对称、均衡、对比、调和、节奏、比例等因素，使人感到既秩序，又有活泼；既单纯，又丰富；

既有美感，又有文化。所以有人说："汉字，是我们的审美，横平竖直告诉我们，中正平和才是至美；汉字，是我们的精神，颜筋柳骨告诉我们，字如其人乃是修行；汉字，是我们的哲学，止戈为武告诉我们，大国重器只为和平。"

第七章　写字教学心理

《中小学书法教育指导纲要》在"基本理念"中明确指出："识字写字，是学生系统接受文化教育的开端，是终身学习的基础。"写字是属于基本技能的训练。写字与识字有着极为密切的关系，是在识字的基础上进行的，它是识字教学的继续，是识字过程中的一个重要环节。语言是交流思想、人际沟通的工具。书面语言如果离开了规范化的文字或者没有较好的写字技能，就不可能正确有效地发挥语言的工具作用。如果学生没有熟练的写字技能，就不能很好地完成学业，不能系统地接受文化教育。写字与人的心理活动密切联系在一起。美国教育家马丁于1975年提出了儿童先学后读教学法。他认为，手是文字信息进入儿童大脑的入口，是学习的有力工具。写字技能的培养，与学生的注意力、观察力、智力，与学生的审美心理、个性发展水平密切相关。同时，写字能促进学生的感知、思维、想象、记忆、注意等认识能力和审美能力的提高，有助于培养学生健康的情感，锻炼意志，养成良好的学习习惯和良好的道德品质。因此，加强对汉字书写心理的研究，不仅有重要的理论意义，而且有重要的现实意义。

第一节　写字心理和技能形成特点

手的活动是人体最复杂的活动之一。脑部活动大部分是为手进行的。从外表上看，手的活动是关键；从内部机制看，脑的活动起核心作用。

写字是人的大脑、眼睛、手臂、手腕、手指等功能联合协调的活动。西汉的杨雄说过："书，心画也。"写字是用线条表达心理状态的一种重要形式，一个人的心理状态必然通过起笔、行笔、收笔的运笔过程将心理轨迹流露于字里行间。可见写字与人的心理活动密切联系在一起。加强对汉字书写心理的研究，发现写字过程心理机制，把握习字技能形成的规律，加强写字技能的培养，提高学生习字水平，具有重要理论价值和现实指导意义。

一、小学生知觉发展的主要特点

小学生在教学影响下，知觉不断发展，主要有以下几方面特点。

1. 小学生知觉发展的一般特点

在整个小学阶段，小学生知觉发展是从无意性和情绪性逐步到有意性、目的性的转变。低年级孩子其知觉的无意性和情绪性还表现得极为明显。比如，他们在感知教学挂图或课文插图时，往往会偏离观察要求，而注意上那些次要的，与主要内容关系不大的某些方面，诸如鲜艳的色彩或自己颇感兴趣的东西；到了中、高年级，小学生知觉的有意性、目的性逐渐增强，主要表现在知觉的选择性和持续性上，即孩子逐渐能够根据教学要求从知觉的事物中迅速、熟练地分辨出基本的需要感知的内容来，能较长时间有效地进行知觉和观察。

2. 小学生的视觉发展很快，运动觉有了较大发展

小学生的视觉发展很快，视觉感受性迅速提高。已经可以对教材中的单色插图和彩色插图的颜色进行感知。运动觉也有了较大发展，但很不完善，表现为手部的小肌肉群和末梢神经不发达，运动觉的精确度和灵活性都不够。

3. 小学生的空间知觉有了很大的发展，但很不完善

（1）对左右方位的辨认则比较困难。初入学的孩子在辨别方位时，已能较好地辨认前后、上下、远近等，但对左右方位的辨认则比较困难，

必须与具体事物相联系。比如，在识字过程中，有些学生将"短"字错写成左右对调，就是因为这个字没有具体形象的事物作依托，很难与具体事物联系起来。（2）对客观事物大体轮廓的知觉占有绝对的优势，但是分化的能力还处于低级水平阶段。于是，写字时，他们在辨别字形的细微差别和部件的空间配置上，始终存在一定的困难，他们往往对一个字的上下左右、正反里外的关系分辨认识不清，还不善于将一个汉字，尤其是笔画多、结构复杂的汉字的形体结构拆分为几个有联系的部件来分别感知、识记，比如"赢"字，他们就不懂得如何将它分解为"亡""口""月""贝""凡"来分别感知、识记。经过这样一分化就容易得多了。

二、小学生识字、写字的认知特点

由于识字、写字教学自始至终必须遵循儿童的认知规律，才能获得预期的效果。那么，我们不能不对小学生认知规律在字形的认知上的特点有所了解。

1. 注意力还处于发展不稳定阶段，无意注意占着很大的优势

写好汉字，注意力是一个基本条件。在识字任务比较繁重和比较困难的情况下，他们就更不容易坚持完成对字形的细致感知和观察了。整个小学时期，儿童的注意经常带有浓厚的情绪色彩。在无意注意的状态下，小学生对字形的认知一般来说，都是左优于右，被注意的这部分自然也就感知得清楚些，易于正确地记忆；反之，没有优先注意的那部分，则往往含混，容易记错。

2. 小学生观察能力发展的一般特点

小学低年级学生观察的自觉性比较差，还不会独立、自觉地给自己提出观察的目的和任务。学生在观察时往往凭兴趣，漫无目的，也不精确，这就需要教师给学生提出观察任务；到了中、高年级，学生才能比较独立地、自觉地、有计划地、较持久地对周围的事物进行观察。

3. 认知字形的特点是先整体后细节

东方人特有的整体思维方式决定了我们对于语言文字的认知习惯于从整体入手。这也契合了低、中年级学生"对客观事物大体轮廓的知觉占有优势"的特点，即小学生对字形的外部轮廓的认知比较明晰和印象深刻，而对字形的内部结构和个别笔画的认知则比较模糊含混，不够精确。这既是特点也是弱点。比如孩子们很容易从"哀""衷""衰"或"戊""戍""戌""戎""戒"之类形近字中捕捉共同点，但是，却不善于从中发现它们的细微差别，容易出现"张冠李戴""移花接木"的错误。(1) 由轮廓到内含，由同到异。从方法上讲，先掌握大致轮廓，再集中注意力观察内含差异的地方，这是从综合的方法开始，在观察的过程中"同中求异"做到"心中有数"。(2) 运用正误对比法，通过正误对比，可使学生对错误理解得更深刻，也就更有助于巩固正确的写法。因为通过正误对比，激发了学生自觉观察字形的内部动机，学生会积极寻找错字和正确的字的差异部分，即错误所在。"正误对比法"优于"抄正法"。抄正法只是使学生对字形反复感知，实际上属于单纯反复强化，这对纠正书写错误效果不是很好。有的教师用"错一字写十字"的方法纠错，收不到应有的效果，原因就在于此。

4. 字形强的方面往往掩盖了字形弱的方面

这里所谓的字形强的方面，是指儿童对某一个汉字的某些部件较熟悉之处（即与旧经验吻合之处）；所谓字形弱的方面，是指儿童对某一个汉字某些部件不熟悉，甚至一点也不认识（即经验中没有的）。我们发现，儿童在认知字形时，往往不自觉地先去认识自己熟悉的那部分，而往往忽略自己不熟悉的那部分。要合理使用字形教学法，同时适当采用书空的方法作为辅助。

三、写字技能的形成过程

写字技能的习得既属于动作技能，又属于智力技能。信息加工理论已证明，写字规律的把握，写字技能的形成往往需要在众多同一类笔画、布白、间架结构的不断复现、刺激、同化、顺应的基础上，才能形成熟练的技能。从心理学的角度看，写字技能的形成过程分四个阶段。

1. 手、眼不协调的书写阶段，即要素阶段

这是形成写字技能的起始阶段。其突出特点是：学生主要注意写字的诸要素，坐的姿势、握笔的姿势、运笔的方法等，视觉分析器和运动分析器之间还没有建立良好的协调关系，大脑皮层还不能通过视觉获得反馈信息，并对手的运笔动作进行有效的调控。对整个字各部件的比例关系和空间位置的配置关系没有形成完整的视觉表象。书写时只能看一笔写一笔，不能保持动作的连续性、连贯性。写出来的字多数是字形不正、比例不当、配置不妥。这个阶段，写字者心理紧张，执笔太紧，运笔过于用力，出现许多倒笔、逆笔等多余的动作。

2. 初步协调的书写阶段，即结构阶段

这个阶段，手、眼之间初步建立了协调关系，大脑皮层能够形成字形结构的整体视觉表象，把注意力分配到整个字的结构上，书写时能统观整个字的布局，对各部件的比例关系和空间位置配置心中有数，而不再看一笔写一笔，比较熟练地调节和控制书写动作。写字时的心理紧张状态消除了，不必要的动作被控制，正确的动作得到合理的组织和强化，形成稳定的条件反射系统，动作技能逐步向完善化的方向发展。

3. 比较熟练的书写阶段

由于手、眼比较协调，书写动作连贯而灵活，能比较正确地运用书写规则。在下笔前，对字的各部件比例关系、空间位置配置、笔画粗细、大小轮廓等，在大脑里有了整体的清晰表象，视觉表象和运动表象的紧密配合，能熟练地调节和控制书写动作，把字写得规范、正确、端正、整洁。写字过程中，写字者能保持心情平静，不慌不乱。

4. 书法技巧的初步形成阶段

在熟练书写的基础上，书写技能已达到自动化程度，一次能写整个句子，甚至几个句子。注意力的分配不在每个字本身，而是在字与字之间，行与行之间的排列是否整齐，间隔是否适中，大小是否匀称等。

以上四个阶段是紧密联系的，各阶段之间既没有突然的中断，也没有全新的开始。写字技能的形成是从手眼不协调到协调，从不熟练到熟练，从不灵活到灵活的渐进过程。主要表现在以下三个特征：（1）从活动的结构改变上看，许多局部、零碎、分散的动作经过组织和强化，成为一个完整的动作系统，有效避免了各动作之间相互干扰，多余的动作逐渐减少直至消失。（2）从活动的速度和品质上看，动作的速度不断加快和动作的准确性、稳定性、协调性和灵活性不断提高。（3）从活动的调节上看，视觉控制逐渐减弱，运动觉控制逐渐增强，基本动作接近自动化，紧张心理得到放松，动作的精确性不断提高。

第二节　小学生习字兴趣的培养

爱因斯坦说："兴趣是最好的老师。"兴趣可以使学习者具有积极的精神状态，让人积极地探索、想象、记忆、提出问题、研究问题，使人充满真切的情绪感受和乐于接受美的陶冶。实践反复证明，学习兴趣对人的学习和事业发展具有重要意义，它是一个人事业有成的动因之一。小学生识字习字兴趣，就是他们在语文学习活动中伴随着积极情绪色彩的心理倾向。小学生对识字写字学习有兴趣，便能产生强烈的参与意识，把学习当作一件乐事，乐此不疲，学习效果自然就好。因此，小学语文教师要在写字教学中努力培养学生练习写字的兴趣。

一、进行目的性教育，启发习字自觉性

小学生练习写字是一种比较枯燥而又困难的活动。但是练习写字又非常重要，《中小学书法教育指导纲要》明确指出："识字写字，是学生系统接受文化教育的开端，是终身学习的基础。中小学书法教育要让每一个学生达到规范书写汉字的基本要求。"教师要教育学生懂得练习写字的重要意义。进行学习目的性教育是教师一项经常性工作。首先，进行学习目的教育，要结合写字教学，结合学生实际书写水平进行教育更有针对性，效果更好。要让学生明白把字写好，不仅仅是为了更好地完成各科书面作业，在考试时因卷面整洁、字迹美观而取得好成绩，还可以培养良好习惯，陶冶性情和审美情趣，促进注意力、观察力和智力发展，将来参加工作多了一项不可缺少的本领。其次学习目的性教育，还要通过书法教育使学生感受到汉字和书法的魅力，认识到中国书法是中华民族的文化瑰宝，增强民族自豪感，激发学生学好祖国语言文字的强烈愿望。

二、通过巧妙的设计，提高写字的兴趣

在课堂教学中培养学生习字的兴趣。小学生好奇心强，求知欲旺盛，探索的倾向性大。小学语文教师要充分利用汉字的特点，抓住学生心理特点，以灵活多样的教学方式，来激发学生学习的兴趣，培养其良好的兴趣品质。

比如，在教学"一字多横，长短有别，上下有横，上短下长"相关知识时，教师引导学生从"二"的写法开始，首先，出示课件让学生思考，"二"字两横组合关系哪种方式最佳：第一种两横的两端全向下垂，给人以沮丧之感；第二种两横的两端全向上翘，给人以不稳定之感；第三种上横俯势，下横向上翘，中间空间大，给人以相互排斥之感；第四种上短横稍斜，呈仰势，下长横中间微微隆起，呈俯势，稳稳抓地，两横的中间相互吸引。其次，让学生交流表达感受，大家认为第四种写法最美观，因为上横写得短而上昂，下横写得长而平稳，上下呼应，内紧外松，彼此间距匀称，长短合度。接着继续设问，"二"字加一笔可以变成哪些字？学生争先恐后地回答，有"三、工、干、土、于、亏"等字。紧接着又设问，"二"字加两笔可以变成哪些字？学生说出，有"丰、王、井、开、夫、天、无、元、专、云、五、车、午、牛、手、仁"等。最后总结，这些字有什么共同特征？学生终于恍然大悟：这些字都至少有两个横画，都是上边的横短，下边的横长，上下两横的弯度相反。

这个片段设计由点到线，由浅入深，再归纳总结出书写规律，整个过程引人入胜，不仅开阔了学生的思路，讲清了笔画组合的规律，还活跃了课堂气氛，大大调动学生学习的积极性。因此，在写字教学过程中要通过巧妙的设计，创设出扣人心弦的问题情境，激发学生探索欲望，提高学生写字的兴趣。

三、在成功的体验中，培养学生的兴趣

每个学生都希望学有进步和获得成功。苏联著名教育家苏霍姆林斯基在《给教师的建议》中这样告诫教师："请记住，成功的快乐是一种巨大的情绪力量，它可以促进儿童好好学习的愿望。请你注意无论如何不要使这种内在的力量消失。缺乏这种力量，教育上的任何技巧措施都是无济于事的。"教师在识字写字教学过程中要多方面地为学生创造表现自己和获得成功的机会，并且要善于发现学生的进步和成功，及时给予肯定，使学生在成功的体验中增强学习的乐趣。

由于小学生的兴趣易变且稳定性差，而获得成功的学习，会使学习兴趣迅速提高。但是没有人随随便便就能成功。因此，首先，要教育和引导学生树立"我能成功"的信心，做自己的"太阳"，破除自己"不是学习书法的料子"的自卑心理。其次，教师要有"多一把衡量学生的尺子"的成功观。俗话说："十次说教，不如给学生一次表现；十次表现，不如给学生一次成功。"多一把衡量的尺子，多一批成功的学生。让每一个学生都有获得成功的机会。诸如获得"双姿"小标兵，书写作品上了专栏，作业参加了学校展览，习字作为范例在投影仪上展示等等都是"成功"的表现，都应不吝大加赞赏。不怕慢，就怕站。学生只要坚持做到认认真真练字，并日有所进，就要及时给以肯定，不断强化兴趣品质的稳定性。

四、利用新旧知识联系，培养学生兴趣品质

心理学研究表明，那些与牢固掌握的旧知识和经验相联系的新知识最能引起小学生的学习兴趣。语文教师在识字写字教学中要避免孤立地讲授新知识，要根据教材的教学要点，确定生字书写指导的重难点，善于把新旧知识有机地衔接起来进行教学。比如，一年级上册课文 8《雨点儿》教学内容为：会写生字"问、有、半、从、你"和横钩 1 个笔画。教学重点是引导学生关注独体字作偏旁时，出现的字形变化和"横钩"的书写。教学时可以用新旧"月"和"有"、"人"和"从"对比方法，从中发现出现变化的笔画。可以用新旧"横撇""横折"和"横钩"对比，发现新笔画的书写要领。这样既降低了学习难度，又充分调动学生从已有的知识和能力出发进行学习，激发起学生的学习兴趣。以旧知识为基础来学习相联系的新知识是符合循序渐进的认知规律的。既能收到良好的教学效果，又培养活化了学生良好的兴趣品质。

五、利用迁移的方法，培养学生兴趣品质

这是培养兴趣的又一方法。迁移可以用于动机的培养，也可以用于兴趣的培养。一个人对某一活动的兴趣，可以迁移到另一活动上去。兴趣的这种迁移现象，我们可以用直接兴趣和间接兴趣的相互转化过程来加以说明。兴趣可以分直接兴趣和间接兴趣两种。直接兴趣是一个人对活动本身的兴趣。而间接兴趣是一个人对活动结果的兴趣。比如，某位学生对练习写字不感兴趣，很不用心，但是对写作文十分兴趣。每一次习作都可以当作班级学生范文。有一次优秀习作被选送到学校习作专栏上发表，却因为字迹潦草被退回来，语文老师抓住这个契机对他进行教育，文章好如果能加上文字美，那无疑是"锦上添花"。历代状元参加殿试的成名之作都是文章、文字"双绝"的典范之作。经过一番努力使这位学生逐渐体会到在语文学习中写字练习的重要作用，促成兴趣迁移，引发他学习书法的兴趣。

根据兴趣的迁移的机制，教师可以运用迁移的方法，把学生对某项课外活动的兴趣，转到另一项学习活动中来，达到培养学习兴趣的目的。国家级教学名师卢家楣教授认为利用迁移规律要注意以下几点：1. 要善于发现学生原有的各种兴趣，寻找兴趣迁移的原点。2. 要善于揭示学生原有兴趣和学习活动之间的联系，选择兴趣迁移的轨迹。3. 要善于使学生在因原有兴趣而接触学习活动的过程中，尽可能多地感受到该学习活动的趣味，增强兴趣迁移的力度。

六、创设教学的情境，培养学生兴趣品质

创设情境是指在教学过程中教师根据教学内容，提供一种具体的生活情境，让学生积极主动地学习，设身处地感受良好学习环境。在这个环境中，内容丰富有趣，形象鲜明生动，问题叩动心扉，总结通俗易懂，使学生在体验中激发兴趣，促进真实学习的发生。通过创设生动的教学情境，使枯燥的写字教学变得更加有趣、有意义。美国著名心理学家布鲁纳在《教育过程》一书中明确指出："学习的最好刺激乃是对所学材料的兴趣。"小学语文教师要努力在教学活动中培养学生学习书法的兴趣。

1. 创设实践情境

兴趣不是天生的，是在实践活动中产生和发展的。教师要从实际出发多设计开展符合小学生年龄特点，与有趣的汉字、瑰丽的书法有关的语文实践活动，使学生在这些有趣语文实践活动中感受汉字和书法的魅力，提高学生学习书法的兴趣。

比如，一排永远写不工整的汉字，不信自己动手写一写：

厂卞广卞廿士十一卉半与本二上旦上二本与半卉一十士廿卞广卞厂下广卞廿士十一卉半与本二上旦上二本与半卉一十士廿卞广下厂下广卞

廿士十一卉半与本二上旦上二本与半卉一十士廿卞广下厂下广卞廿士十
一卉一十士二上旦上二本与

　　又比如，合体字是由两个或两个以上的独体字组成的。为了保持方
块字的形体美，要有主宾之分，为主的偏旁可以适当舒展，为宾的偏旁
应收缩紧凑，好比一家人和和睦睦，要互爱互让，彼此容让。一般而言，
礼让的偏旁变成部首，部首大多在左边，大都是左让右，如"你、体、
话"；部首在右边，有右让左的，如"到、刻、部"；部首在下面，有下
让上的，如"春、黑、盖"；部首在上面，有上让下的，如"肯、霜、
晨"。各部分在相让中形成穿插，中宫收紧，有主有次，体势稳固，端庄
美观。

　　通过这样一系列语文实践活动，使学生对汉字和书法的丰富内涵及
文化价值有所了解，使已经形成的习字兴趣得到强化和巩固，激发了学
生热爱祖国语言文字、热爱书法的热情。

　　2. 创设趣味情境

　　写字教学容易陷入枯燥，如何激发学生的兴趣，需要我们根据教学
内容选择恰当的教学方法。基本笔画难教难学易错，教师根据这一特点
采用"游戏激趣法"在课堂上适度营造出竞赛和游戏的氛围。在快乐的
游戏和竞赛中提高笔画教学的效率。比如，有的教师为了纠正学生写错
笔画的毛病，设计一个"健康笔画医院"，把学生经常写错的"笔画病
人"投在大屏幕上。让学生自告奋勇当"笔画医生"，给"笔画病人"
治病，并要求找出"发病原因"。对正误难辨的"笔画病人"，鼓励"笔
画医生"小组进行会诊，然后"笔画医生"对"笔画病人"进行"手术
治疗"。经过一段时间，"健康笔画医院"通知"病人家属"到医院把已
经治愈的悬针竖、垂露竖、竖钩、弯钩、竖弯、竖弯钩等"健康笔画"
带回属于自己汉字的家。这样把学生置于适合儿童年龄和心理特点，又
富有趣味的环境中，使学生以轻松愉快的情绪进行学习。通过这个游戏

让学生既对一些易错难写笔画有了正确认识并能规范书写，又进一步熟练掌握基本笔画的形态特点和书写要领。

七、强化良好兴趣品质，克服不良因素影响

虽然经过认真培养，但小学生写字兴趣品质表现各有不同。教师要帮助学生克服厌烦、急躁、不稳定等不良的兴趣品质，强化那些有利于全面发展的良好兴趣品质，以促进他们个性健全发展。培养学生兴趣由不稳定向渐趋稳定，由直接兴趣向间接兴趣，由狭窄兴趣向广泛兴趣发展。

1. 采取有针对性办法，稳定学生兴趣品质

小学生的兴趣发展逐渐趋向稳定，但易变性仍然很大。在语文识字写字教学过程中，有的学生或因教师写字课讲得有声有色，或因评为"每周写字之星"得到了精神满足，而逐渐对习字产生了兴趣；也有的学生或因为写字作品没有上"优秀硬笔书法作品专栏"产生挫折感，或因其试卷字迹潦草而被严厉扣分，导致习字兴趣热情大减。行百里者半九十。教师要留心关注培养学生习字兴趣形成过程中这些点滴变化，采取有针对性办法及时加以解决，把已经形成的写字兴趣强化起来，把正在弱化的写字兴趣强化稳定下来，使他们的兴趣品质向稳定的方向发展。

2. 把兴趣付诸行动，提高兴趣的效能

小学生求知欲比较强，出于好奇心理，一般对有兴趣的学习内容总想主动去实践。但是由于受到年龄、认识和经历的制约，小学生对学习内容的兴趣一般处于"有趣"占主导地位的兴趣发展阶段。对写字的兴趣也是如此。有的学生兴趣倾向性突出，积极参加书法学习活动，把兴趣付诸行动，久而久之取得较好的实际效果；有的学生对写字兴趣态度不明朗，光羡慕同学字写得好，可没有实际行动，这是一种低效能的兴趣。首先，教师要引导学生树立正确的习字观，养成"提笔即是练字时"的良好习惯，不应该把写字看作老师布置的机械学习任务，机械地抄写

生字几遍就了事，而要自觉地按照写字要求进行练习，把自己所写的字对照范字反复揣摩，找出差距，力求写好。在这个过程中，教师要不断鼓励学生把字写好，提高学生写字的兴趣。其次，通过课堂表扬、开展写字作业评讲、优秀作业展览、定期书法比赛活动等，鼓励学生写字自觉性，不断提高学生写字兴趣，逐渐将那种停留在愿望上的低效能兴趣变为高效能兴趣，成为语文学习的动力。

第三节　小学生习字动机的培养

学习动机是激发个体进行学习活动、维持已引起的学习活动，并使个体的学习活动朝向一定的学习目标的一种内在过程或内部心理状态。小学生习字的动机是他们学习并学好硬笔书法的内动力。"培养"是把社会和学校向青少年提出的学习识字和写字的客观要求转化为他们学习书法的需要，形成内动力。学习书法和训练书写技能的必要内因对学生高尚的远景动机的形成和健康心理的发展有着重要作用。小学生良好的写字动机，是在学校、家庭、社会等外部因素和学生的心理品质的内部因素相互作用下形成的。学校和小学语文教师有意识、有目的地培养和激发是小学生形成良好的习字动机的重要力量。

一、明确学习的价值，增进价值认同感

小学生受年龄的限制，无法深刻领会和感受学习写字的价值，不知道学习写字究竟是为了什么，无法将学习写字和自己未来生活联系起来。枯燥的学习内容，日复一日单调的学习生活，容易使他们对学习写字产生了厌倦的心理。因此，教师要有意识引导学生明确学习写字（书法）的价值，应避免单调乏味的说教，避免流于形式和走过场。写字（书法）是学生终身学习的基础，具有实用性，同时还具有丰富的文化价值。有这样一段话："物质的贫穷能摧毁你一生的尊严，精神的贫穷能耗尽你几

世的轮回。人生没有白走的路，人生没有白读的书，你读过的书、走过的路，会在不知不觉中改变你的认知，悄悄帮你擦去脸上的无知和肤浅。书便宜，但不意味着知识廉价。虽然读书不一定会功成名就，不一定能让你锦绣前程，但它能让你说话有德，做事有余，出言有尺，嬉闹有度！读书，是最低门槛的高贵。"学习写字（书法）的精神价值与读书有异曲同工之妙。

二、合理运用奖赏手段，强化学生习字动机

学习动机的强化理论认为，动机是由外部刺激引起的一种对行为的冲动力量，并特别重视用强化来说明动机的引起与作用。任何学习行为都是为了获得某种报偿。学生都喜欢活动奖赏，尤其是年龄较低的学生。因此，在鼓励和支持学生的学习时，合理地运用各种奖赏手段，可以很好地激发学生的学习动机。奖赏有物质奖赏和精神奖赏之分。对小学生而言，更多使用精神奖赏，诸如评选"每周写字之星""'双姿'小标兵""年段小书法家""学校小书法家"以及表扬、鼓励等，注意连贯性。语文教师要做写字教学的有心人，关注学生的点滴进步，不要吝啬表扬，重视言语强化学生习字动机。运用表扬手段时，须要遵循以下原则：

1. 表扬要及时。在课堂上巡视指导，发现学生的坐姿、握笔及书写表现良好，就要及时予以激励。2. 表扬要真诚，要发自肺腑，让学生感到老师是真正的认可和欣赏自己。3. 表扬要恰如其分。可以说："嗯，写得不错！进步很快！"4. 表扬的形式要多样化。可以手势"你真棒"，可以微笑致意，可以批注画红星，可以个别谈心等。

三、发挥教师期待效应，强化自主学习动机

教师期望效应蕴含着人本主义的思想。按照人本主义的观点，每个学生身上都普遍存在着一种内隐的力量，都有积极向上的要求、自我完善的愿望，只不过这种要求、愿望的强弱程度存在个体差异。学生的这

种要求和愿望一旦被教师的期待和爱心所激发，就会产生巨大的力量。教师期望对学生的影响主要通过两个步骤得以实现。首先，教师期望会影响教师的行为。其次，教师的行为会影响学生的学习动机和学业成绩。

研究表明，和谐的师生关系不仅影响学生的人格发展，而且影响其学业进步。教师期待既有积极的正面效应，也有消极的负面效应。负面效应往往会严重影响学生的情绪、行为和学业成绩。

1. 要建立良好的师生关系

师生关系是教育教学活动中最重要、最基本的双边关系，具有强烈的情感特点。古语云："亲其师，信其道；尊其师，奉其教；敬其师，效其行。"良好的师生关系大大增强了教师对学生的号召力和凝聚力。深刻影响学生的自信心、学习态度、学习成绩，乃至情感、态度和价值观的形成。当一个学生喜欢自己语文老师，崇拜自己语文老师的板书时，就会在学习中积极主动地模仿，书写作业也会更加卖力认真地表现出来，希望给语文老师留下良好的印象。这种印象又会促使语文老师对这个学生产生积极的期望，从而形成良好的师生互动。因此说，教师期望效应是一种"情感效应"。这种"情感效应"能够渗透到学生的学习生活全过程中，对学生的学习动机产生较大的影响。

2. 要公平善待每一个学生

《中小学书法教育指导纲要》明确指出："面向全体，让每一个学生写好汉字。"语文教师把学生当作学习和发展的主人，要相信每个学生都有"写好字"的愿望，公平善待每一个学生，不仅要对"写优生"保持合理的期望，对"写差生"更要保持耐心的期望。要用欣赏的眼光看待他们，多指导、多鼓励，不能采取专制的、否定的、控制的言语方式，不能表现出歧视、指责的态度和行为。研究表明，学生希望老师尊重自己的现状、想法和需要，希望能得到老师的赏识，这是所有学生的共同需求。因此，为了激发每个学生积极写字的动机，在对待学生课堂学习机会、作品展览、才艺展示、星级奖励上等方面，要把握好公平公正的原则。正确对待和尊重学生的个别差异，遵循发展性原则，要牢记人民教育家陶行知先生的教导："你的教鞭下有瓦特，你的冷眼里有牛顿，你的讥笑中有爱迪生。"教育无小处，要尽可能公平公正地善待每一个学生，这是获得学生信任的重要前提，也是激发学生学习动机的关键因素。

四、引导学生积极归因，激发学习动机和信心

所谓归因，是指人们根据有关信息线索，对自己或他人的行为结果寻找原因的过程。在日常学习、生活和工作中，归因是一种十分常见的心理过程。积极的归因方式与正向的情绪情感体验、较高的未来期望和积极的行为表现密切相关。

1. 强调努力是写好字的重要因素

努力是获得成功的必要条件。因此，在习字过程中要引导学生认识到努力的作用。在对待努力和能力的关系上，教师引导学生树立正确的学习观念。有的学生把自己字写得好归因于自己脑子聪明、心灵手巧，不需要用功。教师要让这些学生充分认识到学习能力再强，如果不努力，取得的成功也只是暂时的，不能自满自足；有的学生将写字写不好归因于自己脑子笨、能力差，没有天赋，这样的学生容易对写字失去信心。对于这样的学生，教师除了教给正确的书写技能外，要帮助他们正确地看待自己，让他们意识到悟性高、能力强虽然是写字成功的重要因素，但努力同样重要，"字无百日功""一分耕耘一分收获"。

行为结果的原因是客观存在、不可更改的，但人们对它的知觉和解释却是主观的、可以改变的。影响人们心理的是他们对原因的主观知觉，而不是原因本身。积极的归因有利于动机的激发和自信心的培养，而有时真实的原因可能会挫伤学生的积极性和自信心。例如，某个学生学习成绩比较差，真实原因在于能力比较低，如果老师告诉学生这个原因，可能对学生没有任何好处，反而会使其自暴自弃、放弃努力。这种归因虽然合乎实际，却是消极的归因。但是如果教师告诉该学生，之所以没有考好是因为基础比较薄弱，努力不够，方法不科学，那么，学生就可能保持对未来结果的较高期望，努力获得更好的学习成绩。由此可以看出，在引导学生归因的时候，教师的主要任务是帮助学形成积极的、有利于后续发展的归因方式。

2. 积极的归因有利于树立自信心

行为结果的原因是客观存在、不可更改的，但人们对它的知觉和解释却是主观的、可以改变的。影响人们心理的是他们对原因的主观知觉，而不是原因本身。积极的归因有利于动机的激发和自信心的培养。有时候真实的原因可能会挫伤学生学习积极性和自信心。比如，某个学生写字作品上交参加展览，因写得比较差，没有入选。书法老师没有把真实的原因告诉这个学生，他认为这样说没有任何好处，反而会使其自暴自弃、放弃努力。这种归因虽然合乎实际，却是消极的归因。这位教师很有经验，他是这样告诉学生的，你的作品没有入选是因为整幅作品写得不够精到，有些笔画没有交代清楚，说明你努力不够。这样一来，学生对写字依然有信心，就可能保持对未来结果的较高期望，努力获得更好习字成绩的初心不改。由此可见，在引导学生归因的时候，教师的主要任务是帮助学生形成积极的、有利于后续发展的归因方式。

五、提高学生自我效能，促进学生习成信心

自我效能是指个体对自己能否在一定水平上完成某一活动的能力知觉或信念，是个体的能力自信心在某些活动中的具体体现。也就是说，自我效能是个体相信自己能够干什么，是个体对自己能力的主观判断。自我效能也称为自我效能感，是人们行动的重要基础，是关键的动力因素。培养和提高学生的自我效能感，不仅有助于提高学生的学习成绩，而且有利于学生的健康成长。

1. 让学生获得成功的体验

获得成功经验是增强自我效能感的关键因素，作为教师和家长要帮助学生经常性地获得"习字成功"的体验。（1）帮助学生确立合理的习字目标。目标要切合学生的实际，在短时间内可以实现。目标要明确、具体，具体到每学期、每月、每周。每达成一个目标，要及时奖赏。（2）确立多种多样的评价标准。多一把衡量的尺子，多一批"成功"的学生。建立各类"书写习惯之星"、各层级"书写之星"、各层级"小书法家"的评价标准，有利于学生自我效能感的提高。（3）及时给予学生有效的奖赏。教师要关注学生的点滴进步，及时鼓励和表扬，促进学生好好习字，天天向上。

2. 为学生提供有效的榜样

榜样的力量是无穷的。语文教师要在班级里倡导"比、学、赶、帮、超"的精神，营造出你追我赶、争着向前、不甘落后的氛围。首先，语文老师要以身作则，以上率下，成为学生书写的榜样。其次，号召大家以身边"写字先进"的同学为榜样。这些年龄相仿、条件相似的榜样，对大家更有亲和力、吸引力、说服力，更容易产生影响。彼此间相互学习，取长补短，共同进步。

六、开展书写"双赛"活动，激发学生成就动机

竞赛和比赛活动是激发成就动机的有效手段。竞赛活动能营造"墨香雅韵"的校风、班风、学风。以小组、以班级、以年段为单位，常态化开展团体书写竞赛活动，掀起了"写规范汉字"的热潮。书写比赛活动能满足小学生好胜、自尊心强的心理特点。大家一人一张书桌、一支笔、一张纸，认认真真书写汉字，表现汉字的意境和美感，传承"一笔一世界，一字一乾坤"书法文化，激发了学生对汉字和书法的强烈认同感和表现欲。竞赛和比赛活动虽好，但应该适当适度：1. 大规模的校级比赛不宜多，以免给学生造成负担。2. 鼓励班级自发的小比赛，提倡与日常书写相结合，发挥"以赛促练"的作用。3. 竞赛是为了落实书法教育"面向全体，让每一个学生写好汉字"的基本理念。4. 竞赛目的，不在于一比高下，而在于营造浓郁书香墨香文化氛围，发挥以文化人的功能。

第四节　培养良好的习字态度

学习态度是一个人对学习活动较为持久的肯定或否定的内在反应倾向。它不是一种单纯的心理成分，而是一个包括认识、情感和倾向在内的复杂心理现象。从某种意义上讲，培养学生对学习本身的良好态度，从小形成热爱学习、乐于学习的优良品质，比学会一些具体的知识，掌握一些基本的技能更为重要。这是因为良好的学习态度，首先会影响学生在校学习的效果。心理学研究表明："在学校情境里，如果其他条件基本相等，学生学习态度的好坏与其学习效果的大小密切相关，态度好的学生的学习总是远胜于态度差的。"其次，在以学习为主导活动的年龄阶段，良好学习的态度会影响到学生在学校内外生活的各个方面。良好的学习态度，往往是学生全面发展的一个重要基础和起点。更为重要的是，良好学习的态度一旦成为稳定的个性结构中的一个组成部分，它会影响一个学生今后在成才、成人、成功道路上的发展。学生识字写字、学习书法是比较枯燥的活动，只有当学生达到"乐学"的境界，才能勤奋好学，以写为乐，遇写不苦，苦中求乐，逐步形成对学习书法的正确的"苦乐观"。因此，培养学生良好习字态度是书法教育的重要内容之一。这也成为检验学校书法教育效果的一个重要方面。

一、提高说服教育的接受性，深刻认识习字的重要性

明确习字目的，深刻认识习字的重要性，从而产生习字的心理意向和求知欲望，为学生形成良好的学习态度提供正确的认识基础。明确学习目的，可通过以情施教、师生情感交融教育方式，发挥情感的疏导功能，提高学生对学习书法意义的说服教育内容的接受性程度。情感的疏导功能告诉我们，一个人真挚、生动的情感容易打动他人，使他人容易接受、悦纳自己的言行；反之，大大降低对言行的接受性程度。因此，当教师对学生进行学习书法重要性的说服教育时，不光要求教育内容的正确性、逻辑性和社会性，还要求语言表述的情感性，做到以情施教、情感交融，为情感的疏导功能发挥创造有利条件。还可以通过寓教于乐，来提高学生对说服教育内容的接受性。情感疏导功能表明，一个人对他人言行的接受性程度，还会受该人当时自身的情绪状况影响，情绪快乐时更容易悦纳他人的言行，反之，则易于拒绝。实施寓教于乐的教育，更容易发挥情感的疏导功能。只有当学生乐于听从、接受教师的说服教育，才有利于明确学习目的。因此，语文教师通过有效的说服教育，提高学生对学习书法性质、任务、意义的认识，培养需要感和认同感，提高学习书法的主动性。

二、促进理智感、审美感的发展，培养学生良好的习字态度

理智感、审美感的发展，是学生良好的学习书法态度形成的情感基础。古今中外，许多科学家、学者之所以酷爱理智活动，具有高度发展的理智感，除了他们具有出于当时社会的要求和责任所内化的求知需要外，本身对理智活动的快乐所派生的求知需要也是发挥了极为重要的作用的。明代学者王心斋的《乐学歌》其中说道："乐是乐此学，学是学此乐。不乐不是学，不学不是乐。乐便然后学，学便然后乐。乐是学，学是乐。呜呼？天下之乐，何为此学？天下之学，何为此乐。"这首诗反映了丰富的乐学思想。首先，人心本是生动活泼的本体，学习应顺其自然，使其处于快乐的状态。其次，学习本身本应是乐事，故而学习能获得乐趣。再次，这种乐趣又会促进学习。学习书法也是如此。

1. 寓教于乐，让学生在学习中获得快乐的情绪体验，促进理智感的发展

理智感、审美感与道德感一样，是人的一种高级情感。理智感是一个人对智能活动中发生的一切是否符合其求知的目标而产生的情感，它是与对知识和真善美的需要相联系。理智感的发展，需要理智活动中积极情绪体验的积累，而快乐情绪的体验尤为重要。审美感是对自然、社会和艺术中各种事物是否符合其美的标准而产生的情感。它是与对美的鉴赏探索和创造的需要相联系的。在探索和创造美的活动中所表现出的热情等都属于审美感范畴。培养学生高级情感是形成良好学习态度的感情基础和人格健全发展的必然要求。教学实践表明，一个对学习活动缺乏快乐情绪体验的学生，是不会热爱学习，无法形成其理智情感的。对各年龄阶段的学生来说，在写字教学中让学生体验到充满快乐的情绪，有利于理智感的发展，也有助于审美感的陶冶。这对学习意义尚认识不清或肤浅的低年龄学生，尤为重要。由对快乐需要所派生出来的求知需要，对理智感的形成同样有积极作用，当个体内在的求知需要与由外部社会及教育要求而内化的求知需要相结合，便会形成最佳的求知需要结构，为理智感的高度发展创造有利条件。

审美的需要和求知需要一样，都属于学生需要结构中的高级社会需要。语文教师通过适当的教学手段，也能使学生审美需要获得满足而产生快乐情绪。这种快乐情绪不仅有助于理智感的发展，而且本身也有利于审美感的陶冶。因而，在写字教学中，满足学生审美需要，具有双重的积极意义，是寓教于乐的又一不可忽视的途径。这方面的具体实施方法，也是多种多样的。因此，在教学中发挥寓教于乐的作用，可以让学习活动与快乐相联系，从审美需要的满足中求乐，以使学生获得快乐情绪体验和产生由快乐派生的求知需要，促进理智感的形成；而当理智感形成后，它又以不断的快乐体验来进一步巩固和强化理智感。

2. 以情施教，以教师自身的理智感感染学生，促进学生理智感的发展

教学活动应是积极的情感参与同扎实科学的认识活动相融合的过程。教师的情感起着主导作用。教师在传授知识的同时，将自己对知识的感受、体验，通过明显或不明显的表情，自觉与不自觉地传递给学生。教师要把这之中情感因素融进自己的情感里，这种感受、体验反映了教师的理智感水平。在这些情感中，对学生影响最重要的积极情感，就是教师对教育事业的责任心和奉献精神，对自己所教学科的热爱，对下一代人的一片深情。正如教育家苏霍姆林斯基所说："热爱自己学科的老师，他的学生也充满热爱知识、科学、书籍的感情。教师的话语中不仅包含了学科的意义和内容，而且包含了思想的情感色彩；只有热爱科学的人出现在学生面前，才能唤起学生的情绪、情感。"教师的情感经情感的感染功能，引起学生的情绪体验，对学生理智感发生着潜移默化的作用，培养学生健康的情感品质。因此，教师要努力成为"德艺双馨"的良师，成为学生学习的榜样，成为名副其实的"四个引路人"。

三、促进学习兴趣发展，培养学生良好的习字态度

通过寓教于乐，师生情感交融，以情施教发展学生的学习兴趣。心理学中的"兴趣"，其实可大略分为两种：一种是作为个性心理倾向的兴趣，属个性范畴。当我们主要从兴趣的内容方面论述兴趣时，主要是指这一种兴趣。故而我们把一个人对学习方面的兴趣，称为学习兴趣。另一种是作为情绪过程或状态的兴趣，属于心理过程或状态范畴。当我们主要从兴趣的外部表现、主观体验和存在形式方面论述兴趣时，主要是指这一种兴趣。故而我们也可把它称为情绪性兴趣，或兴趣情绪。它们两者的关系有点类似于情感与情绪的关系。这里所指的学习兴趣是个体力求探究事物并带有强烈情绪色彩的认识倾向。发展学生的学习兴趣，为形成良好的学习态度提供必要的心理倾向的基础。

1. 寓教于乐，让学生在学习中获得兴趣情绪的体验，促进学习兴趣的发展

兴趣发展进程经历三个阶段：有趣，乐趣，志趣。在兴趣发展的各个阶段，兴趣情绪都起着重要的作用，它是一个人在兴趣活动过程中所具体感受到的兴趣体验的直接来源，也是兴趣活动进程中对注意力的集中与保持，对认知活动的促进和积极化的直接作用者，它更是一个人对一定事物的探究活动产生乐趣进而发展为志趣的最初引发过程。学生在教学活动中不断获得兴趣情绪的体验，会有助于学习兴趣的发展，使之由有趣，发展到乐趣，最终形成志趣。

培养学生的学习兴趣，不仅是寓教于乐的目标，也是寓教于乐的手段，是间接引发兴趣情绪的一条途径。（1）要使学生在教学活动中获得的兴趣情绪逐步地引向对掌握学习内容、探究有关知识的乐趣和志趣。（2）要善于发展学生的求知需要。兴趣是需要的延伸。学生对写字产生兴趣，是因为习字能满足写好字的愿望。（3）要让学生体验成功的快乐。当我们仔细考察学生的兴趣情况时，发现这样一个基本事实：学习兴趣促进了学生的学习。换言之，兴趣是导致学习成功的原因。进一步研究还发现，学习成功也是导致兴趣的原因，它们是一种相互影响、互为因果的复杂关系。在学生成长过程中，往往是学习的某些或某次成功，导致学生最初的学习兴趣的萌发，并在这种萌发了的兴趣推动下，取得进一步的学习成功，从而增强了学习兴趣，形成"成功—兴趣—更大成功—更浓厚兴趣"的良性循环。（4）促成直接兴趣与间接兴趣相互转化。通过迁移达到培养学习兴趣的目的。

2. 通过师生情感交融，发挥情感的迁移功能，促进学生学习兴趣的发展

情感教学不仅重视师生间的各种关系，而且格外强调渗透在各种关系中的情感因素，重视师生间的情感交融。当师生情感融洽，学生爱戴

老师，也往往会对教师所教学科发生兴趣；而当师生关系产生隔阂，学生对老师反感，也往往会对教师所教学科失去兴趣。师生情感交融对师生间的人际关系似乎也起着一定的调节作用，甚至对某些教师教学方法上的不足，学科本身内容的限制，也能给予一定程度的补偿。这就是"爱屋及乌"或"恶屋及鹊"的现象在学习兴趣上的反映。这就是情感的迁移功能的形象说明。有研究表明，学生喜欢教师与对该教师所教学科最感兴趣的一致率较高，达70%左右。在教学实践中，光有爱生之情，但无爱生之行，也难以发挥情感的迁移功能。在教学中要满足学生依恋需要、尊重需要、理解需要和求知需要。教师要积极地将满腔的师爱化作满足学生这些需要的行为，就会引起学生积极的情感反应，产生情感交融，促进学生兴趣品质的发展。

3. 以情施教，发挥情感的信号功能，提高学生对教师讲课内容的兴趣

教学活动是一个知情交流的过程。以情施教原则的基本含义，就是教师在教学中应自觉地传授知识、技能，传播思想、观点，同时伴以积极的情感，让课堂教学达到以情促知、情知交融的效果。心理学家研究证明，表达感情有7%靠语言，28%靠声调，55%靠表情。课文内容蕴藏在字里行间的情感因素，固然能感染学生，但它只是静止的、内蕴的。通过以情施教，即通过自己的声音、表情体现出来，变成具体动态的、外现的，去感染学生。情感正是借助"表情"的外显而发挥其独特的信号功能。表现为可以借助表情加强语言表达力，可以借助表情，提高语言的生动性，可以借助表情传递思想，可以借助表情传情达意。当教师在教学中运用表情来表现教学内容中的情感因素时，不仅能更好地感染学生，陶冶情感，以及提高对教学内容的思想感情的理解，还能使学生的情绪始终处于快乐、饱满、振奋的良好主导情绪状态。

第五节　几项写字练习的重要实验结论

写字是一种书写的技能，也是一种相当复杂的身心活动。加强汉字书写心理的研究，遵循书写技能形成规律对指导学生习字，具有现实指导意义。我们平常有些练字方法似是而非，事倍功半。下面收录一些关于写字训练的实验结论，聊供大家参考。希望对教师指导学生习字和学生练字有所启发，有所助益。

一、练习写字的年龄

国外对儿童的实验结论，五六岁儿童的手指和手臂肌肉不够发达，7至10岁的儿童发展迅速，以手指最为明显。所以，从生理发育水平看，在五六岁时不宜进行正式的书写练习。正式书写练习应从7岁开始。这虽然是国外儿童的实验结论，但对中国儿童仍然适用。

写字是手指、手腕、手臂等相互配合、联合协调的活动。五六岁儿童手指、手腕、手臂肌肉发育尚未成熟，不宜长时间、大量练习写字；不宜练习结构复杂的字；不宜执笔过紧，用力过大；不宜用钢笔、中性笔写字。注意指导孩子进行手部训练，做做指腕操，活动指腕关节，练指力、腕力和手感，灵活手指。

二、低年级不宜映写

所谓映写，就是摹写，就是用薄纸盖在范字上进行仿写。实验表明：1. 映写的练习效果。映写法最不适宜低年级学生使用，7—8岁学生采用映写法，不但无益，反而有害。而对高年级学生则很适宜。9岁以上学生可以尝试使用映写法。10—11岁之后学生采用映写法效果较好。2. 自由写的练习效果。自由写对各种年龄孩子都有所帮助，于低年龄学生更适宜；但随着年龄增大，习字进步的空间不大。所以，6、7、8岁的学生宜采用自由写，但对9岁以上学生采用映写法，意义不大。

从掌握字形方面和提高写字速度两方面进行比较分析，映写法与自由写法各有千秋，主要原因如下。1. 从生理方面看，低年级学生手腕肌肉发育还不够完善，特别是手的动作不够准确，要让他们支配各种书写动作是比较困难的。这时要他们映写大小一定的字形、斜直有序的笔画，的确有一定难度。而自由写则不必呆板地依照范字的字形，可以凭借各自的能力，自由地书写。对于低年级学生来说，无论从字形还是从写字速度看，映写的效果都不如自由写。随着学生年龄逐步增大，有了书写的一定经验，并能轻松支配自己的各种运动，如果再继续采用自由写，除了写字速度有进步外，字形的进步将要达到高原期，很难有进步的空间。2. 从心理方面看，自由写属于设计练习，完全以学生的需要为转移，所以趣味盎然，对于低年级学生最为适宜。而映写属于模仿练习，重在材料的组织、字形的完整，方法单一，书写比较呆板乏味。学生注意力和自制力不够，时间一长，容易敷衍了事，效果不好。3. 从经验方面看，低年级的学生书写经验不丰富，控笔能力弱，而且识字不多，笔顺生疏，写字时往往只注意笔画正误和字形正确，不太注意字形的优劣，这时采用映写，无论是对掌握字形，还是提高写字速度，都是有害的。中高年级的学生，识字较多，对字的笔画、笔顺以及结构已有相当的认识和书写经验，写字时能较多地注意字形的完善。这时采用映写，效果较好。

以上实验的结论和写字心理分析给我们的启示有四：第一，学习楷书，首先要求"写得像"，在写得好的基础上，力求有一定速度；第二，低年级应多临写，多自由写，多描红，少映写，比如，一、二年级课后生字书写分别设计为描二临一和描一临二，随着年级升高，改变为以临为主；第三，中高年级可以临摹兼顾，以临为主，减少描红和自由写；第四，各种写法各有所长，各有所短，要灵活使用，让小学生既能较好地掌握楷书字形，又能提高写字速度，减轻学生写字负担。

三、写字的遍数与效果

有研究者进行写字遍数与书写效果的实验。随机抽取二年级某班男女生 40 人，分为甲、乙、丙、丁四组进行实验。实验方式是教学完某课文要求会写生字之后半小时进行抄写，每个学生抄写 5 个生字，抄写方式不同。第一次进行"连写"实验：甲组要求每个字连写 2 遍，乙组要求每个字连写 3 遍，丙组要求每个字连写 4 遍，丁组要求每个字连写 6 遍。研究结果发现，连写 3 遍成绩最好，连写 4 遍之后，写字成绩逐渐下降。第二次进行"连写、分写"实验：甲组要求每个字各分写 2 遍，乙组要求每个字各分写 3 遍；丙组要求每个字连写 3 遍，分写 1 遍；丁组要求每个字各分写 6 遍。研究结果发现，丙组的成绩最好，乙组第二，丁组最差。

根据以上两次实验结果，对小学生抄写生字提出三点建议。1. 小学生抄写生字，连写遍数以 3 遍为好，这与人的瞬时记忆和短时记忆规律相吻合。在连写遍数超过 3 遍时，小学生的注意力就会逐渐分散，产生厌烦心理，不仅成绩不会提高，反而有下降趋势。2. 小学生分写生字，以不超过 4 遍为宜。3. 分写和连写相比较，如果以 5 个生字为一组，在每个字连写 3 遍以后，再按顺序分写一遍，其记忆效果则会更好。

四、写字时间分配和长短

有研究者曾经进行相同写字时长不同时间、不同次数分配的实验研究。甲连续 4 周，每周练字 6 次，每次练 15 分钟。乙连续 4 周，每周练字 2 次，每次练 45 分钟。丙前两周，每周练字 2 次，每次练 45 分钟；后两周，每周练字 3 次，每次练 15 分钟。丁前两周，每周练字 3 次，每次练 15 分钟；后两周，每周练字 2 次，每次练 45 分钟。

实验结果是：练习时间先后总时长相同，则分散练习次数多的远胜于次数少的效果好；练习时间分配如果每星期先后次数相同，而每次时间长短不同，前者初短后长，后者初长后短次数多，两者相比，后者占优势，但不显著。由此观之，最适宜的练习方法，是分散练习，练习次数多，练习时间短，效果最佳。

这个实验结果说明一个道理："绳可锯木断，水可滴石穿。苦干加巧干，坚持持久战。"这是做事成功的秘诀。练习写字也是如此，"贵有恒，何必三更起五更眠，最无益，只怕一日曝十日寒"。

第六节　写字教学的基本遵循

有关专家经过多年实验研究证明，至少要遵循以下几点基本要求。

第一，写字、学写字和教写字，都必须符合汉字的字形形成发展与构造规律，否则适得其反。

大家都知道，汉字源于象形而成于构形。"书同文"证明了"形"是汉字的魂。汉字的魂体现在它的构字规律之中。因此，写字的第一位要求是写正确，是默写正确。那么，怎样才能默写得快，默写得牢呢？只有按构字规律去默写，才会又快又牢。这个规律并不是"一笔一画"默出来的，而是用"部件"按照构字规律组合而成的。所以，如果你按"笔画"将汉字肢解后，让孩子们去默写，自然是增加记忆的难度。相反，按"部件"及其构成去默写，就会简单得多，效果要好得多。

第二，写字、学写字和教写字的对象是儿童，因此，写字、学写字和教写字都必须符合儿童的认知规律，否则，就会适得其反。

儿童认识事物的特点是整体认识在先，局部掌握在后，一般是从直观的总体形象切入。所以，必须为儿童建立一个"类型"的概念，养成写字之前先要判断字的整体结构类型，即所谓"字型"。这样既有助于提高部件记忆的效率，又利于将部件合理布局，把字写端正写美观。但是，长期以来，我们在教儿童写字时，由于不从整体入手，反而将其肢解成笔画来进行。这就造成了两个问题：一个是把整体结构识记与书写分离开来，增加了书写的错误率；二是把识读字理与书写分隔开来，分散了注意力，浪费了孩子的精力体力，加重了负担。

第三，在儿童入学初期，由于儿童手部小肌肉尚不发达，运用硬笔书写不宜过多，否则违反儿童生理特点，不仅增加学业负担、损伤身体，而且容易被动养成错误的握笔姿势，造成终生字形不正、不美，写字速度不快的遗憾。

实际上，用硬笔书写与用软笔书写是有很大不同的，儿童在用硬笔书写时，由于手部小肌肉尚不发达因而把注意力几乎全部放在"用力"方面；而软笔书写由于着力是由个体差异决定的，所以，主要把注意力集中于"用心"方面，用心体会写字时的落笔、运笔和收笔的过程。可见，写字要写正确、写好，关键在于"用心"。"用心"是一个"悟"的过程，悟其"形体及其类型"，悟其落笔、运笔和收笔，悟出"感觉"，恍然大悟。所以，儿童习字不在多写而在悟，在于引导儿童细心琢磨写字的体会和感觉。早期不宜过分强调用硬笔大量书写，否则贻害终生。

第四，写字、学写字和教写字的目的全在于应用，不是学知识、当书法家。

基本要求只是在规范、端正、美观，有一定的速度，仅此而已。在信息时代，学习任何东西，头等重要的宗旨就是"简捷高效"，对绝大多数儿童来说，尤其如此。越是简捷，便越容易让儿童尽可能快地产生"成就感"，也就越容易增长自信、形成兴趣，对儿童的发展来说，这是最重要的。反之，把学写字搞得烦琐细碎，只能令人生厌，望而生畏，适得其反。

第五，儿童早期"识读开发智力是无价之宝"，是最富有"增值"价值的智力开发，而写字主要是技能。将来儿童们所处的信息时代，更多的人在更多的时候使用计算机写字、写文章，相比之下，培养孩子们"获得信息与处理信息"的能力比花费大量时间精力"一笔一画地反复练"孰轻孰重一目了然。"习字有价，识读无价"，就是这个道理。

第八章　写字课堂教学重建

在新课程改革发展过程中，教学方式变革的重要性日益凸现出来。关注教学方式的改革，寻求教学创新之路，便成为我们面临的一个重要课题。那么，新课程追求什么样的学习方式或教学方式呢？2001 年，教育部印发的《基础教育课程改革纲要》明确指出，在教学过程中，应培养学生的独立性和自主性，引导学生质疑、调查、探究，在实践中学习，以改变教学过程中过分依赖教材、过于强调接受学习、死记硬背、机械训练的现状，倡导学生主动参与，乐于探究，勤于动手，赞赏学生独特和富有个性化的理解与表达，爱护学生的批判意识和怀疑精神，培养学生收集和处理信息的能力、获取新知识的能力、分析和解决问题的能力以及交流与合作的能力，大力开展探究性学习。新课程改革要求建立起新的"学习共同体"，以超越历史上的"教师中心论"和"学生中心论"，成为本次课程改革又一项重要任务。随着学习化社会的到来，学校教育的重要使命就是要把学生培养成自主的学习者，使他们能够不断更新自我、超越自我、应对挑战。于是，走向自主学习，便成为新课程发展的必然要求。教育部原部长陈宝生在 2017 年全国教育工作会议上再次明确强调，要"建立以学习者为中心的人才培养模式"。把教学关系变革提高到人才培养模式的高度，这对我们推进教学改革具有重要的指导意义。反观当下的小学语文课堂，其实还没有从根本上实现由以教为主向以学为主的转变。写字教学的根本问题就在于没有有效地调整好教与学的关系。

第一节　基于以写字为中心的教学

教学之为教学的根本，就是教和学的组合，是教和学的双边活动。学者张广君这样论述教学关系的基本状态："学是处于规约的地位，它规定着教学的可能性质与进程，体现着教学的总体预想效果；而教则是关系的次要方面，处于辅从地位，教的目的、任务、内容依存于学的目的、任务、内容，教的过程符合、适应于学的过程的内在逻辑，教的任务是否完成要看教学目标是否达到，而后者则落实、体现在学的终态上。"这是因为学是本源性的存在，教是条件性的存在；学都先于教而存在，教是为学服务的。所以，写字教学课堂改革也要实现"由以教为主向以学为主的转变"，将"教学"落实于学的状态上。

要真正地建立起新型的课堂，实现由以教为主向以学为主的转变，必须做到以下几点：第一，要致力于构建"学习中心课堂"，以学为主线、以学为本的课堂教学体系和结构。教学设计和教学活动要以学生的学习为主线，学生观察、思考、练习的全过程，学生问题生成、提出、解决的全过程，学生认识变化由浅到深、由表及里、由片面到全面的过程；学生能力的形成由不知到知、由不会到会的，特别是思维发展的全过程，应该成为贯穿课堂的主线和明线。所谓"学习中心课堂"，钟启泉教授做了这样强调："是指以学生学习活动作为整个课堂教学过程的中心或本体的课堂。相比于讲授中心课堂，在学习中心课堂中，课堂教学过程的组织要尽可能让学生能动、独立（自主）的学习成为学生学习的基本状态，并让学生能动、独立（自主）的学习占据主要的教学时空。教师的作用以激发、引导学生能动、独立的学习为最高追求和根本目的。"学习中心课堂在教学组织形式上，将学生个体自学、小组互学、全班学生共学等不同的教学组织形式结合起来，打破了传统教学以全班集体教学为唯一组织形式的格局。在这样的课堂中，学生的学习不仅是积极的、主动的、快乐的、个性的、多样的、丰富的，而且是完整的、有结构的、系统的，从而真正实现了哲学家海德格尔的"让学"理念和教育家夸美纽斯的"使教员可以少教、学生可以多学"的目标。第二，要把学习的权利和责任还给学生，激发学生的学习兴趣，培养学生的独立性和自主性，改变过于强调接受学习、机械学习的现状，倡导学生主动参与，勤于练习的学习方式。联合国教科文组织早在1972年发布的《学会生存——教育世界的今天和明天》报告中就明确指出："我们今天把重点放在教育与学习过程的'自学'原则上，而不是放在传统教育学的教学原则上。"报告还明确指出："教学过程的变化是，学习过程现在正趋向于代替教学过程。"凸显学的地位和作用是当前世界教学改革的共同走向。课堂上真正实现以学定教，不教之教，少教多学、多学多练的转变。第三，要致力于建设让学生的习字有兴趣、越写越自信、习字能力得以充分发挥出来的教学文化和教学方式。学是教学的出发点、落脚点，教学的中心、重心在学而不在教。教学应该围绕学来组织、设计、展开。基于以习字为中心的教学不仅是教学本质的体现，也是学生形成学科核心素养的必然要求。学生的个性潜能是巨大的，写字教学的目的不是往学生头脑里填充书写知识，而是去激发学生的学习潜能，培养习字的情感、兴趣和意志，提高书写水平。写字教学要共同致力于打造一种崭新的课堂文化，努力构建崭新的教育观念和学习模式：让学生的人格得到充分的尊重，让学生的潜能得到充分的开发，让学生的个性得到充分的发挥，让学生的思维得到充分的展开，让学生的性情和习惯得到充分的培养，让学生的文化自信、审美能力得到充分的发展。

第二节　以写字为中心的教学特征

如何实现从"以教为主"走向"以学为主"的根本性变革，变"先教后学"为"先学后教"是关键的抓手。苏联著名心理学家维果茨基就教学与发展问题，创造性地提出了两种发展水平的理论。第一种水平是现有发展区，第二种水平是最近发展区。维果茨基认为，只有当教学走在发展前面的时候，才是好的教学。从教学促进学生发展的角度讲，"先学"立足于解决现有发展区问题，"后教"旨在解决最近发展区问题。这是先学后教的心理学依据。从写字技能形成规律来看，学生普遍存在"眼高手低"的现象，当范字一出现，就知道范字的美在何处，但是，写出来的字与心中期望的字相去甚远，甚至破绽百出，这就是"最近发展区"，这才是施教的起点。

"先学后教"遵循人类的认识规律：实践—认识—再实践—再认识的循环递进过程，体现马克思主义认识论，主体性哲学思想，契合了人本主义心理学和构建主义心理学基本理论，遵循了教育的民主化，教育的个性化和主体性教育原则。"先学后教"对转变师生教与学的组织方式，对促进师生生命化成长具有重大意义和价值。"先学后教"的基本内涵包括基本特性和基本环节两个方面：

一、先学后教的基本特性

1. "先学"的基本特性

（1）自主性。主要指的是主体的独立性，是相对于依赖性而言的，是个体在活动中的地位问题，是指在一定条件下，个体对于自己的活动具有支配和控制的权利和能力。衡量个体在学习活动中是否具有自主性，与他进行的活动性质有着密切的关系。学生在教育活动中的自主性，首先表现在他具有独立的主体意识，有着明确的学习目标和自觉积极的学习态度，能够在教师的启发指导下独立地感知、学习教材，深入地理解教材，并运用教材，把书本上或借助于其他媒体的科学知识变为自己的精神财富，并能够运用于实践活动；其次，学生还能够把自己看作是教育对象，对学习活动进行自我支配、自我调节和控制，充分发挥自身的学习力，并利用内外两方面的积极因素，主动地认识、学习和接受外部的教育影响，并根据自身的条件进行客观的筛选、吸收、同化、构建。

（2）能动性。能动性是相对于受动性而言的。能动性指人对自己发展的自觉意识和能动作用，与他主学习相比，自主学习把学习建立在人的能动性上面，以尊重、信任、发挥人的能动性为前提；而他主学习则把学习建立在人的受动性方面，依靠外在强制力量作用于主体为主要特征。能动性在人的具体活动中的表现形式是自觉（自律）与主动（积极）。从这个角度说，自主学习是一种自律学习，也是一种主动学习。自主学习以尊重、信任、发展人的能动性为前提。在学习活动中，学生作为学习的主体，有着自己独立的思想意识、思维判断、价值取向以及人生定位。学生在教学过程中，对教师施与的影响，不是消极被动地接受而是通过积极地思考加以吸取、内化，并在原来所形成的认知结构中进行新的构建。在这一过程中，学生的心理品质也会发生变化，逐步地走向成熟、完善。它一方面能够将个体原本和外在的经验内化为自身的知识、精神、品质，而另一方面又可以使自己的知识、精神、品质通过外界事物外化，作用于其他事物。在这个过程中，"先学"使学生的学习状态发生了根本性的变化。

（3）超前性。"先学"，顾名思义即学生的学习在前，教师的教学在后。超前性使教与学的关系发生了根本性的变化，即变"学跟着教走"为"教为学服务"，从根本上落实了学的状态，体现了"教的必要性建基于学的必要性"的本源。

（4）独立性。"先学"强调的是学生要脱离对教师的依赖，能独立观

316

察生字形态、结构及笔画特点，思考书写要领，学会准确书写，自行解决能够解决的问题。教师指导是对学生独立习字的深化、拓展和提升。

（5）差异性。从时间上讲，"先学"要求每个学生按自己的能力、理解方式进行超前练习；从效果上讲，每个学生由于书写知识、书写习惯、审美能力和技能水平不一样，同样的内容，先学的质量和理解的优劣差别较大。这种差异是课堂教学开展合作学习的宝贵资源。

（6）情感性。"先学"的过程需要学生一定情感的投入，并要求学生能够以意志力控制学习过程中的困难。它强调学生通过自己的独立思考获得知识，并不排斥他人的帮助，相反，是否能有效地利用学习资源进行学业求助是自主学习的一个评价标准。自主学习强调学生主动管理自己的学习活动，要求学生不断地去获取学习活动系统各要素变化情况的有关信息，并能够及时检查学习过程和评价学习活动的效果，进行自我调控。在学生进行自我调控时，可能会遇到困难和挫折，而且随着学习过程的深入，困难会越来越多，这便需要学生以坚强的意志力克服这些困难，继续学习。

2. "后教"的基本特性

（1）针对性。"先学后教"课堂教学区别于"先教后学"课堂教学的第一个显著特征就是针对性。这个"针对性"就是根据学生"先学"中提出的问题进行教学。针对性是有效教学的法宝，只有有针对性的教学才能实现由教向学的转化，最终达到教师少教、学生多学，实现"教是为了不教"的目标。

（2）参与性。"先学"为学生的参与提供了基础。通过"先学"，学生带着自己的问题、困惑、思考、想法、见解和意见进入课堂，课堂真正成了学生求知和展示、互动和讨论的舞台。在这样的舞台上，学生不仅参与了学，也参与了教，师生真正成了互教互学的学习共同体，这是使课堂具有内在动力和充满生命活力的根本机制。

（3）发展性。先学后教的课堂具有使每个学生都得到发展的功能。其一，"先学"立足解决现有发展区问题，"后教"旨在解决最近发展区题。第一种水平是现有发展水平（也称现有发展区），由已经完成的发展秩序的结果而形成，表现为儿童能够独立地解决智力任务；第二种水平是最近发展水平（也称最近发展区），表现为儿童还不能独立地解决任务，但在成人的帮助下、在集体活动中，通过模仿能够解决这些任务。儿童今天在合作中会做的事情，到明天就会独立地做出来。教学与其说是依靠已经成熟的机能，不如说是依靠那些正在成熟中的机能，才推动自身发展前进的。因此，只有当教学走在发展前面的时候，才是好的教学。其二，先学后教的课堂为教师关注每个学生的表现提供了空间和时间、机会和平台，从而保证每个学生都在课堂上学有所思、学有所悟、学有所获。

（3）激励性。教师在自主性学习的活动中还要注重对学生进行调控、评价。调控要体现及时性与准确性，而评价则要体现形成性评价的特点，重视过程中的评价。要充分强调调控和评价的激励性，鼓励学生积极探求知识，成为知识的自我建构者。在学习过程中，许多学生学习可能缺乏积极性、主动性，需要教师进行及时有效的调节。在这里，我们也要激励学生自我调控，学生可以根据自己的能力、水平及时有效调整学习目标和进度，实行"个别化"学习，改变传统课堂教学单一化的严重缺陷。

二、先学后教的基本环节

先学环节，在所有的教学环节中，是最具有本质意义的，它是任何有效课堂都不可或缺的。离开学生对教材的先学，任何讲解、提问和讨论都将失去针对性，从而也失去实质性的意义。先学要尽可能放在课堂内，并给予充分时间保证，让学生独立或同桌互助地先学，并完成必要的练习。先学可以在老师"导教"之下进行，也可以按"自学要求"的进行自主学习，还可以完全由学生独立自主地进行。"先学后教，当堂训练"的课堂教学分为以下五个环节：

1. 教师制定"学习目标"

教师制定"学习目标"要适当、适度，注意新旧知识的联系；学生要遵循这堂课的"学习目标"，明确这堂课的"自学要求"；这个环节要十分重视给学生"读字"的机会，培养学生的悟性，给学生"想字"的机会，激发学生学习动机。

2. 学生根据"自学要求"自学

学生自学时，教师巡视指导，提醒学生注意"双姿"，随时纠正，发现学生自学中存在的共性问题。

3. 投影学生的习字，汇报交流习字心得

要善于引导学生观察分析，讨论存在的问题，总结书写要领，教给学生的"读字"方法，提高学生的分析能力。教师的示范很重要，应抓住难写的字，边写边讲解，向学生演示写字的全过程，要求学生认真观察，仔细领会，模仿运笔，正确掌握笔顺规则和书写要领。指导应有所侧重，教学方式要富有变化，不能面面俱到，平均使用力量。

4. 出示书写要领和书写提示，学生进一步练习书写

教师巡视指导，提醒学生注意"双姿"。课堂练习的作用一方面能使学生将刚刚理解的知识加以应用，并在应用中加深对新知识的理解；另一方面能迅速暴露学生对新知识理解和实践能力的不足。练习和反馈是有效课堂教学的重要环节，是提高课堂教学质量的重要保证。教师在巡视过程中发现的问题要当场反馈和订正。

5. 习字评比展示

及时的评价能有效地激发学生写字的兴趣，满足学生的好胜心。通过学生自评、同桌和小组互评、教师点评等方式，让学生在交流中发现优缺点，找到书写规律，都能在不同程度上学有所进，学有所悟。利用

黑板报、优秀习作专栏、年级学习园地等阵地和平台展示学生的习作，增强学生的荣誉感。这种在"矮个子里选拔高个子"的做法，对调动学生学习积极性作用很大。

总之，以上基本教学环节，首先让学生在先学的过程中自行解决能够解决的问题，同时发现存在的问题和困惑，然后在此基础上进行交流展示（一般可分同桌、小组或全班三种形式），教师有的放矢地进行指导、示范和小结。第二次书写练习，教师及时灵活地提炼出更有指导性书写内容、任务和要领，让学生对照要求、对照范字自主进行描红、临写、练习，做到心中有数。评比展示环节，希望所有学生在交流展示中都能明白自己所取得的进步、存在的差距和前进的方向，进一步深化和拓展学习成果，增强习字意识，提高习字能力。

第三节　随堂十分钟，做到天天练

《义务教育语文课程标准（2011 年版）》强调了写字教学的重要性，对各学段提出了明确的写字要求，在写字教学建议中明确指出："第一、第二、第三学段，要在每天的语文课中安排 10 分钟，在教师指导下随堂练习，做到天天练。""要在日常书写中提高练字意识，讲究练字效果。"那么，怎样才能增强练字意识，提高练字效果呢？

1. 科学安排教学内容，落实课堂 10 分钟

《义务教育语文课程标准（2011 年版）》要求我们在每天的语文课中安排 10 分钟写字，做到天天练。为了确保学生有充分的写字时间，教学之前，教师要精心设计，有必要对教学内容进行统筹和整合，视情况可以将要求会写字和笔画在一课时中完成，也可以分成两课时去完成。这样一来写字训练的时间就比较充裕，教师游刃有余，学生从容不迫，就不会因为时间紧迫而胡乱书写了。

2. 教给方法自主先学，找准教学的起点

运用"三画读书法"来自学课文，这是低年级语文教师常用的教学方法。所谓"三画读书法"："一画段"，即让学生在自读课文前，用数字标出自然段序号；"二画圈"，即学生在完成"一画段"的基础上，对照课后"生字表"和"写字表"用笔圈画出"要求会认的生字"和"要求会写的生字"加以区别；"三画难读字和难写字"，即在通读课文过程中把难读、难写的生字用"＿＿＿"符号画出来。通过反复朗读训练，力求把课文中的生字读得字正腔圆。再通过书空、描红、试写，力求写正确。课前的自主学习在一定程度上为识字教学做足了准备，打好了基础。教师在随后的阅读教学环节中尽量减少烦琐的分析，做到教学目标相对集中，设计安排妥当教学环节紧凑，节省宝贵时间留给学生学习写字。只有时间充分，教师才能有效地进行写字指导。

写字教学要"找准学生的学习起点，根据学情来组织教学"。在指导写字前，让学生先畅所欲言，说说对要求会写的生字已经知道了多少，哪些难写，原因在哪里，教师要准确地了解学生的知识水平、能力发展水平，避免超前，防止滞后。根据学情的起点采取切实有效的推进措施，增强了教学的针对性。

3. 明确学段目标要求，突破重点和难点

各学段在指导写字时，有不同的重点和要求。低年段是打好写字基础的阶段。一年级是以掌握汉字的基本笔画、基本笔顺规则，注意间架结构，会写 300 个基本字为重点，力求规范、端正。同时重视习惯培养。二年级是以掌握常用偏旁部首，会借助田字格把握字的笔画、笔画关系和间架结构为重点，会写 500 个常用汉字，书写力求规范、端正、整洁，初步感受汉字的形体美。同时重视习惯培养。三年级是以学习笔画关系和间架结构为重点，借助田字格，较好地把握笔画之间、部件之间的位置关系，能用硬笔写正楷，会写 500 个字常用汉字，做到规范、端正、整洁。写字姿势正确，有良好的书写习惯。四年级以上在继续巩固之前所学基础上，逐步以行款布白、章法、审美等为重点。教师要在备课上下功夫。对每一年级的教学目标、教学重点心中有数。对每一课所教的生字的字音、字形、字义、偏旁部首、字形结构等都要做到了然于心。比如，中年级每一课的生字不仅数量多了，而且字形结构更为复杂了。写字教学的重心应该是生字的各部件组合搭配。一个字由几个部分组成，各部件的大小、高矮、胖瘦、斜正等形体特点，以及向背、穿插、避让、呼应等规律和度的了解与把握。设计教学时，要根据中年段的目标要求，做足备学生的功夫，哪些生字学生已经掌握，哪些易于掌握，哪些字会出现理解上或书写上的偏差，要做到心中有数，有重点地指导写字。

4. 指导方法有所不同，方式要富有变化

低年级的写字教学是以掌握基本笔画、基本笔顺、常用偏旁部首为重点。学习掌握用笔的方法，比如运笔的快慢，提按轻重的力道，笔画虚实安排；学习掌握基本笔画的形态特征及书写方法，学习掌握笔画的关系和处理好"横平竖直"以及养成正确的"双姿"，并坚持始终如一，这些都是课堂教学的重要内容。书写生字重质不重量，对低年级小学生不能要求立竿见影，不能求全责备，不能指望今天学写的字，今天必须全部掌握，要允许孩子有一定的"弹性悟期"。有些笔画、有些字需要教师不厌其烦反复示范讲解，学生在一定时间内反复强化练习，反复吸收、消化才能忽然开窍，因此，创造较为宽松的习字环境尤为重要。中年级的教学重点已经由识字转向对语言文字的感悟和理解，课堂上用于识字、写字的时间较短，不可能也不必要像低年级那样一一指导，这就要求教师准确把握中年级写字教学重点和难点。一课的生字当中，有的难以读准，有的难以理解，有的难以记住，有的难以写好，教师要根据生字加以整合，归类指导，选准切入点，教在该教处，学在该学处，不能平均用力，应有侧重，真正做到贴近学生的最近发展区。

要想方设法运用儿童喜欢的方式进行教学。写字教学方式很单一，教师教得无味，学生学得枯燥。要改变这种状况，提高识字写字教学的效率，教师就要想方设法地创设儿童喜欢的方式，激发儿童的习字兴趣，调动儿童习字的积极性和主动性。（1）使用"微课"，将学习任务以鲜活的形式呈现在学生面前，情趣化、动态化的教学给学生感官和思维以全新的体验，激发学生习字的热情。（2）使用整体观察、对比分析的方法，直观、明了，效果好。如教"夺"字时，引导学生与"奇"进行比较，从整体上看，都是上下结构，从局部上看，"奇"上小下大，"夺"上大下小，上放下收，上下紧凑。经过比较、分析、综合等学习过程，培养学生的分析能力，提高学生的悟性。（3）还可以将"书写要领"编进朗朗上口的儿歌，便于学生理解运用。比如，在范写"燕"时，教师边范写边说："廿字上边坐，口子挤中间，北字分两边，最后横四点。"学生反复吟诵，强化记忆，趣味无穷。（4）精心制作写字知识小视频，增强习字的趣味性，比如将竖钩、斜钩、竖弯钩的正误辨析和书写指导制作成"钩画门诊"小视频。视频中"村民"把规范和不规范的笔画统统送到"钩画门诊"，请"小医生们"诊断病因。"小医生们"在诊断单上开出不规范的钩画，并说说诊断理由。"小医生们"踊跃发言（有的说左边的斜钩太弯了，有点像竖弯钩了，有的说斜钩太直而且太倾斜了，有的说竖弯钩应该是竖直、弯圆、底部平）。这类小视频可以在课间休息时播放，学生在课前就能够在轻松的环境中踏入课程学习的旅途。

5. 发挥教师示范作用，教给读字的方法

小学生普遍具有向师性心理，好教师就是小孩子心目中学习榜样。语文教师要练就一手好字，板书要做到规范、工整、美观，充分发挥教师书写示范作用。在指导学生写字的过程中，教师的范写很重要，看着老师在黑板一板一眼，有提有按地书写，学生的注意力一下子被调动起来，个个平心静气，静观默察。当一个个结构匀称、端正美观的汉字呼之欲出时，扑入眼帘是强烈视觉冲击，并产生审美愉悦，激发学生"心摹手追"练字欲望。在小学低年级写字教学中，为了达到理想的教学效果，教师还可以课前制作精美直观的教学课件，调动学生的学习积极性。课件中精准的示范讲解，让学生学会如何观察分析汉字的间架结构，提高学生的观察能力，要教给学生"读"字方法。

范字的美如玉树临风，相信绝大多数的学生都深有同感。但是你若要他说出美在哪里，很多人却不知从何说起。观察是认识事物的基础。写字教学首先要指导学生按照从整体到部分再到整体的顺序观察每个字的结构，每一个部件的大小比例，在田字格中的位置等，重点分析各种基本笔画的运笔特点和字的构造特点、组合规律，使学生有清晰的感知，印象深刻。

（1）"四端两线"观察法。所谓"四端"是指观察一个字在田字格里上下左右四端的笔画；所谓"两线"是指观察这个字写在横中线、竖中线上或者紧靠横中线、竖中线的笔画。

（2）"三看"观察法。所谓"三看"是指一看结构（大小、形状），二看宽窄高矮（宽窄长短），三看关键笔画。

（3）"先整体后部分"分析法。就单字而言，可引导学生从字形、关系、笔画三个方面观察。①读字形，即读字的形态，如"日"字形短方，"小"字呈菱形，"众"字呈三角形；②读关系，包括读笔画关系和读部件关系。笔画关系有横轻竖重、横短撇长、撇轻捺重、长轻短重等；部件关系有上宽下窄、上下对正、左低右高、左高右低、以左让右、左右穿插等；③读笔画，包括读笔画形态和笔画的姿态两个方面。读笔画形态，如撇画由粗到细再出尖，横画的两头粗中间细，弯钩呈弓背形略带点弯等；读笔画姿态，借助田字格中的横竖中线读笔画位置，起收、曲直、斜正各在何处等。

6. 鼓励学生善于思考，发现构字的规律

在写字教学中，要善于引导学生学会思考，学会观察分析，在观察分析中发现构字规律，掌握书写要领，发展思维、提高分析综合能力。比如，书写独体字"木"字，书写要领是横短竖长，横画上扬，撇捺舒展，上收下放，对称工整。"木"字在左当偏旁时，书写要领是"木"字左边站，体形变窄长，竖靠横右边，捺画缩成点。"木"在字头时，书写要领是"木"字站上面，字头要略扁，下伸则上缩，下短则上长，比如"李、杏"。"木"在字底时，书写要领是"木"字写在下，要把身压低。上收下就放，下部撇捺展，比如"果、朵"；上展下就收，撇捺变成点，比如"条、亲"。在领悟了"木"字的书写要领及"木"字与其他偏旁之间的搭配关系后，举一反三，其他同偏旁部首的字也能写好。又比如，像"口"和"撇捺"在字中不同位置，写法就不一样，学一个字带动一连串，让学生从熟悉的课本中找出与与之相匹配的生字，在这种寻找和书写的过程中强化了方法，归纳出了书写要领，准确把握了书写规律。

7. 多维评价提高认识，总结优点和缺点

多维评价是书写指导的重要环节。在教学中要充分调动学生的主观能动性开展自评、互评、点评活动，建立良好的评价机制。在学生书写练习结束后，为学生提供了展示的机会，鼓励学生大胆展示自己的作品。出示评价标准及评价内容，比如"书写是否规范，布局是否均匀，对比是否合理，主要的笔画是否突出，字面是否整洁"，组织学生互评、点评，讨论"你喜欢谁写的字？好在哪里？有什么特点？和范字比，哪些点画像范字，哪些结构像范字"，最后教师总结本课写字练习对书写的要领、方法、技巧的收获，评出"书写小明星"。教师对展示的作品进行评价，指出优点和不足，针对存在的问题，再引导学生认真观察，反复揣摩，讨论原因，及时矫正。对写得好的、进步快的学生，要加以表扬，激发学生的写字兴趣。

第四节　硬笔写字课教学"六步法"

依据"信息论、控制论、系统论"的基本原理，把硬笔写字课教学设计为"激趣、练写、示范、修改、评议、总结"六个步骤。这六个步骤是六个相对独立的子系统，它们之间有着相互联系、相互依存的关系。"六步法"要坚持"以学生为主体，以教师为主导，以信息为手段，以训练为主线"来安排课堂教学。在激趣阶段，要注意通过创设情境，使学生对书法产生兴趣；在练写阶段，要运用直观形象化的教学手段调动学生注意力，让学生迅速发现规律和书写要领；在示范、修改、评议阶段，要通过师与生、生与生之间平等的交流、评议，增进学生的习字信心；在总结阶段，通过评比、展示学生书写成果，常常让学生享受成功的喜悦，并使这种成功的喜悦变成一种巨大的情绪力量，从而让学生真正体悟到习字是他们学习生活中不可缺少的一部分，树立"我要练"的意识；在教学中，宜努力实现各环节教学的局部优化，更重视六个环节之间的整体效应，从而达到整体大于部分之和的效果。

一、启发激趣

用孩子喜欢的方式激趣导入，鼓舞信心：或猜谜，或介绍名家故事，或欣赏佳作（展示优秀习字本），或小结上一节课的收获，以加强新旧联系；提出本课练习内容与要求，明确方向，做到有的放矢。（用时约为3分钟）

二、读帖练写

练前让学生养成读帖的习惯，要求仔细观察范字大小、形状、间架结构以及笔画粗细、长短、曲直、正斜等特点；练写时要严格训练学生保持专心致志的态度，做到眼到、心到、手到。教师巡视指导，从中发现典型性的问题，随后再作针对性的示范。要提醒学生保持正确的坐姿、

握姿。(用时约为 10 分钟)

三、示范书写

出示范字和学生习字，让学生说说书写难点。运用投影把种种病字、病笔与正确笔画进行比较分析，引导学生从正反对比之中发现造成病笔的原因，认识正确写法，归纳书写要领；教师示范重难点，学生观察教师书写，帮助学生发现突破难点的要领，直观认识具体应该怎样写，使示范成为最形象、最生动、最切实的指导。(用时约为 7 分钟)

四、修改书写

根据上一环节的示范指导，让学生对照范字自查，或者与同桌互查，找出毛病，写下批注，再反复临写，在反复矫正中做到规范、端正、美观。(用时约为 10 分钟)

五、集体评议

围绕书写重点难点和书法要领进行集体评议。采用同桌互看互评、集中评议等形式交流习字作业，根据书写要领对存在的问题提出评议意见。教师当堂批改部分学生的习字作业并给予评价。(用时约为 6 分钟)

六、总结练情

回顾书写要领和书写难点，总结本节课练写情况，发现规律，举一反三；肯定成绩，提出希望；布置适量课外习字练习，巩固所学内容；整理好书写用具，养成洁净，有条理的习惯。(用时约为 4 分钟)

补充说明：

1. "六步法"中每步骤的时间分配不是一成不变的，教者可根据实际情况灵活调整，或缩短或增加某步骤的时间分配。

2. "六步法"可以是某一课生字教学过程，也可以是某个重点笔画、重点部首、重点字的教学过程。

3. 根据教学的需要，"六步法"中除"读帖练写、示范书写、修改书写、集体评议"外，其他的步骤可以根据情况省略。

4. 把动笔练字贯穿于整堂课。让全体学生有充分的实践、练笔的时间，让全体学生在临写、描红、反复练习中领悟技法，提高书写能力。

第五节　硬笔写字课教学设计及意图

现阶段硬笔写字指导课，主要有两种形式：一是专项的硬笔写字技能指导课，每节课40分钟；二是结合识字写字教学的随堂练习课，在每天的语文课中安排10分钟进行随堂指导练习。文中附录的两节写字教学设计就属于前者。这两节专项的硬笔写字技能指导课，具有以下几个特点。

1. 善于营造轻松愉悦的习字氛围

通过音乐熏染、儿歌、顺口溜、猜谜语、视频等形式创设教学情境，重视非智力性因素对于学生身心发展的影响作用。习字是心摹手追的过程，也是熟能生巧的过程。这个过程虽然非常枯燥，但通过创设情境让学生感觉到很有趣，学生尝到甜头，就是播种希望的开始。

2. 重视良好习字习惯的养成

《中小学书法教育指导纲要》在"实施建议与要求"中明确指出："在书法教学过程中，尤其是学习的初始阶段，教师要对学生的书写态度、书写姿势、书写用具的使用和保持书写环境整洁进行指导，严格要求。"这两节设计生动地体现了《中小学书法教育指导纲要》的这一主要精神。比如，从上课伊始的导入环节，到学生练字，教师巡视指导环节，一直到这一节课的课尾提炼总结环节，都处处体现对养成正确"双姿"的重视，处处体现养成读帖的习惯，形成"习惯如自然"的意识等。

3. 善于总结字形特点和书写要点

比如，教师抓住"国"字形的特点，巧妙引导学生从内外两方面入手思考讨论，发现"内外相称"的重要性，言简意赅，突破难点，水到渠成地总结出书写规律和方法。又比如，出示"口"字变化的范字，观察"口"字作为部件，引导学生发现"口"随着位置的变化，他们的形态也发生了变化，在揣摩并讨论的基础上，归纳总结书写要领：口在上下居正中，口字在左小而上，口字在右不落地，口字在里空白匀，口字在外框站稳。

4. 强调书写练习和实践

书写基本技能的掌握，书写能力的提高，是循序渐进的过程，俗话说："光说不练假把式，又说又练真把式。"比如，在课堂中临写环节，教师强调"一看二写三对照，一个更比一个好"。既是教给学生临写的方法，又是重视学生的练字过程。这个教学环节，紧紧围绕"看不准到看得准，看得准到写得像"，引导学生说说、想想、议议、写写、悟悟，从而水到渠成地总结出书写规律和方法。

5. 重视进行书法文化教育

汉字和以汉字为载体的书法是中华民族的文化瑰宝。因此，在写字教学活动中要适当进行书法文化教育。比如，从"口"的变化，进而上升到汉字构字的变化规律，适时融入文化和文明思想的教育，使学生对汉字的丰富内涵和文化价值产生兴趣，深化主题思想，激发了学生热爱汉字和学习书法的热情。

附录1

《"口"字的变化及写法》写字教学设计

教学目标：

1. 知识与技能。

（1）复习"口"字的字形特点和写法；

（2）掌握"口"字在不同结构中的写法；

（3）让学生了解"口"字的变化规律；

（4）了解部件形态变化的一般规律；

2. 过程与方法。

（1）在观察、比较和临摹的基础上，不断改进，初步掌握了"口"字在不同结构中的写法；

（2）让学生在点评、互评、自评过程中，肯定自己的成绩，改进不足，不断进步。

3. 情感态度与价值观。

（1）激发学生习字的兴趣，养成正确的习字方法，逐步提高习字水平；

（2）培养学生的审美能力和对汉字文化的情感，把习字当作一件乐事。

教学重难点：

了解"口"字的变化规律，掌握"口"字在不同结构字形中的形状特点和写法。

教学准备：挂图、范字、教学课件、磁性小黑板等。

教学课时：一课时。

教学过程：

一、谜语激趣，新课导入

1. 播放音乐，念写字歌，强调"双姿"。

（凝神静虑想字形，用心临写勤比照，"双姿"正确益身心，书写更能快又好）

（设计意图：这是写字课的基本要求，目的是引导学生端正学习态度，平心静气，轻松自然地做好习字前的准备。）

2. 谜语竞猜，揭开谜底。

（1）谜语竞猜（听着有，看着无；跳着有，走着无；高者有，矮者无；右边有，左边无；后面有，前面无；凉天有，热天无；哭者有，笑者无；骂者有，打者无；活着有，死了无。)

(2) 出示"口"的范字 (引导学生书空)

(设计意图：激活孩子们写字地兴趣，自然而然地引出课题，让学生在轻松愉悦的氛围中不知不觉进入学习境界。)

3. 复习归纳"口"的字形、间架和写法。(出示课件)

4. 导入新课，板书课题。("口"字的变化及写法)

(设计意图：温故而知新。从一年级所学知识入手，激发学生表现欲，自然而然地引出新课。)

二、观察示范、练习评价

1. 出示含有"口"的一组字 (谜语内容再现)，让学生自己先观察，再讨论并思考：

(1) 它们有什么共同之处？ (2) 这些"口"的位置有什么变化？ (3) 你还认识哪些"口"字变化的字？

预设之一："口"在上面的字 (足、号、吴、虽、骂、器)

预设之二："口"在下面的字 (台、吉、召、告、否、吕)

预设之三："口"在左边的字 (呀、吹、叶、吓、吵、吐)

预设之四："口"在右边的字 (加、和、如、知、扣、咖)

预设之五："口"在外边的字 (国、团、困、围、因、回)

预设之六："口"在里头的字 (向、点、哀、吏、亮、豆)

2. 出示"口"字变化的范字，观察"口"字作为部件，在各类字中的位置。

(1) 随着位置的变化，它们的形态发生了什么变化？

(2) 引导学生观察，揣摩并讨论 (出示写在米字格中的范字)。

(3) 归纳总结书写要领 (写字歌)：口在上下居正中，口字在左小而上，口字在右不落地，口字在里空白匀，口字在外框站稳。

(4) 从它们的形态变化中，你发现了什么规律？

（设计意图：树立"格在心中"的意识。格就是规范。规范是写好字的第一要求。格有助于帮助学生观察范字的笔画位置，准确定位，养成了写字之前认真观察的好习惯。）

3. 强调"双姿"，巩固学法。

（1）强调正确的坐姿（头正、身直、肩平、臂开、胸离、足安）和执笔姿势（一寸距、两指圆、三指齐、四点稳）。

（2）临帖五字法：读、想、临、对、改。努力做到：一看二写三对照，一个更比一个好；努力把握好，上下要留天地头，左右要留空白边。

（设计意图：良好的写字姿势是学生写好字的先决条件，对书写技能的形成有很大影响，要重视"双姿"指导，逐步养成良好习惯。）

4. 指导书写。

（1）仔细观察，分小组讨论，认真思考怎样写才好看？为什么？

（2）让学生自己找出其中比较难写的一组字进行练习。

（3）指名上台演示，并谈谈写字过程中的感受，说一说为什么这样写会更好看。

（4）师生评议。

（5）再指名上台演示，师生评议。

（设计意图：注意引导学生自己观察，分析字形，善于自我比较，归纳写好字的要领，运用多元评价激励每一个学生，树立学生的信心，增强学生独立习字的意识。）

5. 学生念写字歌，谈体会并归纳。

（1）看准字形大小；（2）在格中的点画形状、位置、起止等；

（3）一气呵成；（4）认真对照、改进，一个比一个更好。

三、教师总结

1. 同一个字，作为单个字与作为偏旁、部件时的字形结构是不一样的。随着位置的变化，形态也发生了变化，由此衍生出各式各样多彩多姿的汉字文化。

2. 汉字是中华民族的文化瑰宝，是人类文明的财富。汉字历经几千年的演变而不衰，自有它的规律、规范和强大生命力。著名书法家沈尹默说："写字虽然是小技，但它也有它的法则，也是字体本身所固有的，不依赖个人的意志而存在，因而它不会因人们的好恶而有所迁就。"

（设计意图：由"口"的变化，进而上升到汉字构字的变化规律，由汉字发展升华到文化和文明，深化了主题思想的教育，大大提高了认识。）

附板书设计：

"口" 字的变化及写法

吹	口字在左小而上	中心对正
加	口字在右不落地	左右平衡
向	口字在里空白匀	布白均匀
国	口字在外框站稳	方正稳固

附录 2

《全包围结构字的书写指导》教学设计

【教学目标】

1. 知识与技能。

（1）掌握全包围结构字的形态类型、笔画的特点及书写规律，了解被包围部分的宽窄大小决定整个字的宽窄大小。

（2）训练学生"心中有格"，借助习字"格"的横竖中线找准范字笔画的位置、走向、轻重、始终，尤其要反复指导学生写好首笔，借助竖中线找好首笔的位置，领会"一字在首"的道理。

（3）基本把握全包围结构字的书写要领。

2. 过程与方法。

（1）在观察、比较和临摹的基础上，不断修正、不断贴近范字，初步掌握全包围结构字的书写要领。

（2）让学生在点评、互评、自评和反复比照过程中，肯定自己的成绩，改进不精到的结构和部件，不断进步。

3. 情感态度与价值观。

（1）激发学生习字的兴趣，掌握正确的临写方法，逐步提高习字水平。

（2）培养学生的审美能力和对汉字文化的情感，把习字当作一件乐事，持之以恒，学有所获，学有所长。

【教学重难点】

学习全包围结构字的写法，初步掌握全包围结构字的书写规律，较准确地把握外框收放的尺度，努力把字的外框书写方正，内部居中，布白均匀、饱满。

【教学准备】米字格、范字、磁性小黑板、练习纸、小尺子

【教学课时】一课时

【教学过程】

一、复习旧知，导入新课

1. 播放音乐，读《写字歌》，强调习字要求。

（写字姿势歌：脚不动，身坐正，胸要开，肩放平，看得准，写得像。）

2. 复习"日"字的写法，导出"目"和"因"。

出示范字"日"，引导学生说出"日"字的字形特点和写法，并请学生先后上台书写"目"和"因"。

3. 板书课题："囗"部形字的书写指导。

（设计意图：其一，正确的写字姿势是写字教学过程中不可忽视的一

项重要内容。上课伊始，教者没有急于让学生下笔，而是在舒缓的音乐声中，重温习字姿势，把心态调整到最佳状态，目的在于养成"双姿错误不动笔，下笔即是练字时"的好习惯；其二，从旧知入手，温故知新。"日"字一年级就已经学过，相信绝大多数学生能比较熟练掌握书写要领，降低难度，由浅入深，循序渐进，既消除学生的畏难情绪，又能激趣生情，轻松自然导入新课。）

二、观察范字，寻找规律

1. 出示一组含有"囗"部形的字。

因、国、回、困、田、围、囚、圆、圈、固

（1）思考：这一组字有哪些共同点和不同点？

（2）让学生自己仔细观察，再讨论发言。

（3）总结字形特点和书写要领。

2. 学生练习，互相交流，发现难点。

（设计意图：字形特点和书写要领是本课的重点，初步了解字形特点和书写要领，让学生从"知"入手，落实于"行"，从"行"中去体会"知易行难"的道理，为后面的看得"准"和写得"像"作铺垫，旨在逐步领悟"凝神静虑想字形，用心临写勤对照"的重要性。）

三、指导习字，发现规律

1. 强调"双姿"，做一做健身操。

（1）坐姿要正确，头正、身直、肩平、臂开、足安；执笔姿势要正确，一寸距、二指圆、三指齐，四点稳。

（2）做一做健身操。

2. 再次出示范字。

（1）抓住一个你认为最难写的字，借助米字格，认真仔细观察。

（2）凭借米字格，指名说一说，如何"看得准"。（借助田字格观察字在格中的点画形状、位置、起止、框内布白均匀）

（3）指名学生上台板演，其余的在本子上练习。

（设计意图：习字是心摹手追的过程。看得准是前提，看得清未必看得准，要有"格在心中"的意识。更何况，即便看得"准"，也未必能写得"像"。）

3. 教师引导，思考：如何做到看得"准"，写得像呢？

（1）师生共同评议，谈体会并归纳书写方法。临帖五字法：看、想、临、对、改，做到一看、二写、三对照，一个更比一个好。

（2）学生写字练习，教师巡视。

4. 演示学生习字，谈体会。

（设计意图：这个教学环节，紧紧围绕"看不准到看得准，看得准到写得像"，引导学生说说、想想、议议、写写、悟悟，从而水到渠成地总结出书写规律和方法。）

四、教师提炼，总结规律

全包围结构字的书写规律，即前两笔是关键，起笔要准，收笔要稳，避免把字写得过宽或过窄；被包围部分要上提，避免下沉，不美观。动笔之前，要用好格中线，仔细观察范字，做到看得准、写得像。

（设计意图：俗话说，内行看门道，这个"道"就是规律。教师抓住"国"字形字的特点，从内外两方面归纳书写规律，言简意赅，一语破的，突破难点，掌握了书写要领。）

五、布置作业，巩固成果

用米字格练习纸将以上十个字每字写四遍。

附：板书设计

日　目　因

第六节　毛笔书法课"五段十一步"教学模式

毛笔书法课的教学模式相对比较固定，在继承传统的基础上，借鉴新课程教学改革的新理念、新思想、新成果，结合教学实践总结出"五段十一步"写字教学模式，"五段"指"激趣导入、先读后导、先描后临、范练结合，巩固延伸"；十一步指"激发兴趣、规范双姿、学会读帖、指导总结、描红得意、临摹得法、示范引领、背临练习、对照评改、总结规律、迁移延伸"。"五段十一步"写字教学模式的每个环节不是孤立的，而是彼此相互联系的。课堂教学中十个环节的顺序也不是一成不变的，每节课上也不一定非要经过十个环节，教师可根据教学内容、学生学情适时调整。

第一段：激趣导入

上课伊始，播放古典音乐，烘托氛围，激趣导入，应简洁明了，迅速进入新课。

第一步：激发兴趣

但凡上课伊始，要像凤头一样绚丽，吸引眼球，要像序曲"未成曲调先有情"，力求一下子集中学生注意力，调动学生习字的积极性、主动性，激发学生的习字兴趣。方法很多，有书法家趣事、猜谜语、编儿歌、音乐渲染、佳作长廊、微课法等，但要注意恰到好处。

第二步：规范"双姿"

写字姿势包括坐的姿势、执笔的姿势。导入新课后，伴随着音乐让学生边练边纠正姿势。这样，便把技能操作、形象感知和运动记忆结合起来，符合学生年龄特点，生动有趣，持之以恒，有利于良好的写字习惯的养成。《语文课程标准》（2011 年版）在每个学段的写字教学中都强调重视养成良好的书写习惯和态度。对书写用具的使用和保持书写环境整洁都有严格要求。科学研究也表明，"双姿"对学生写好字和身心发展非常重要。

第二段：先读后导

读帖是写得像的前提。读帖是学生自己的事情。更重要的是要树立学生主体性的意识，增强学习责任心。先读后导，导才有针对性。教给学生读帖的方法，引导学生之间互相碰撞彼此的发现，比一比谁看得准，说得清，引导学生仔细观察汉字形态和结构特点，精准提醒书写要领，理解发现汉字之美。

第三步：学会读帖

教学中，教给学生直观读帖法。运用"一格三读"法，达到看得清、看得准。就单字而言，紧紧依靠"米字格"，引导学生从字形、结构、笔画三方面进行观察：一读字形，就是读字的外围形态，比如，"大"字呈正向梯形，"小"字呈菱形，"众"字呈三角形，"国"字呈长方形。二读结构，就是读字的笔画关系和部件关系。笔画关系指长轻短重、横轻竖重、撇轻捺重、横短撇长、撇低捺高、左右右竖、左缩右垂等；部件关系有上宽下窄、左窄右宽、上下对正、左低右高、左高右低、左小右大、左重右轻等。三读笔画，就是读笔画形态、起止及走向和部件在田米格里大小宽窄高低的占位等。

第四步：指导总结

学生读帖的目的就是看得清、看得准、写得像。学生读帖过程中，难免东一榔头，西一棒槌，有一说一，有二说二。但是教师要发挥主导作用，要善于启发点拨，从凌乱细碎的发言中归纳出某一类形字的书写要领，不但让学生把字写好，更重要的是，通过一步一步引导学生观察，让学生知其然，更要让学生说出所以然。比如观察"得"字，归纳出"偏旁部首，搭配得宜，字就紧凑"的书写要领，到此为止，显然还不够，还要进一步让学生明白：为了保持方块字的形态，必须"偏旁容让，向中靠拢"，好比同桌的你我彼此"容让"，互助友爱，形同一人，其乐融融。习字的过程融入文化，习字的过程学习相处，落实立德树人的任务。

除了直观读帖法，还有意象读帖法。意象读帖就是运用美来源于生活、美来源于自然的原理，借助自然、生活中与写字相通的意象，从美学原理和文化的高度，指导学生理解汉字之美，表现汉字之美。例如教学"单人旁与双人旁"一课，甲骨文的"人"，描绘的是一个人的侧影，他朝左站立，双手下垂，身子前倾。后来逐渐变成了一撇一捺，到了隶书阶段才形成了现在"人"的样子。因此"双人旁"可以形象描绘为"一个人戴着草帽，朝着左侧，双手下垂，身子前倾"，显得特别非常谦卑恭谨，温文尔雅。这种意象读帖，形象生动，学生明白字源、字理，体会字义，掌握了写法，又明白了做人，可谓一举三得。

第三段：先描后临

描红可以验证观察所得，发现观察的偏差，从另一个侧面提醒自己，要调整观察的方式，力求看得更精准一些。临摹是在描红的基础上，把描红所得的感悟进行反复练习，像小鸟一样反复试飞，才能飞向天空。

第五步：描红得意

描红是学生掌握笔顺规则和字形结构搭配及笔画书写的重要一环。它有两种形式，一种是直接在字的上面描写，另一种是将透明纸蒙在范字上压实，然后顺着透出来的字迹进行描写（也叫映写）。描红时要求学生一丝不苟、实事求是地按笔顺一气呵成，做到不出红、不漏红，不反复涂描。描红的过程旨在存其骨架，要求学生对照观察所得，对照书写要领用心体悟例字结体的特点，从中发现笔画长短，运笔轻重的感觉，并发现之前的观察所得有些偏差，及时再读帖比照，纠正偏差。在学生描红的过程中，教师要提醒学生注意"双姿"，反复巡视其间，适时个别辅导，及时纠正问题。

教育部审定西泠印社版《书法练习指导》教材每一课都有"要领图解"和"我来动笔"两个环节。"要领图解"中有"笔顺图示"和"笔法图示";"我来动笔"就是空心字的"填墨",文中提示:用铅笔或钢笔先填双沟,再填写下面几个字。应要求学生看清笔画的形状,想到笔画的写法和字体的结构,每笔做到一笔写成,尽量把"空心"填满,又不要出界。"填墨"就是试笔,通过"填墨",使学生对范字的笔画特点、字体结构、运笔方法等都进一步加深了领会。

第六步:临摹得法

临摹就是临写和摹写的意思,它是对读帖结果的检验和练习。临摹就是以例字作为范本照着样子练习书写,是对例字亦步亦趋的模仿,是心摹手追的过程。临摹的最理想效果是临得像,力求与例字分毫不差。临摹之前,要向学生提出要求:1. 必须端正态度,做到心到、眼到、手到;2. 必须按照"一看二写三对照,一个更比一个好"方法临摹;3. 临摹时要一气呵成写下来,不能看一笔写一下,要写完之后再与例字进行比对,看看哪里像不像,写第二遍时就要进行适当的调整,争取越写越好。

教师巡视其中要注意三点:一是提醒学生注意"双姿",纠正学生不正确的写字姿势,培养学生良好的书写习惯;二是适时进行个别辅导,及时解决学生临摹过程中的个性问题;三是发现学生的共性问题,自我教学反思,为下一步的评价提前做准备。

第四段:范练结合

该出手时就出手。经过读帖、描红、临摹之后,学生仍然出现这样那样的偏差,那么教师的示范作用就要发挥出来。教师的示范更易于学生理解和模仿。教是为了不教,重在引导,重在付诸实践。光说不练是假把式。因此要鼓励学生花力气、下功夫,通过反复练习,心摹手追,才能意到笔随,熟能生巧,巧能开花。

第七步：示范引领

示范是读帖的延续。教师的示范必不可少。教师的准确示范是儿童最直观、最亲切、最鲜活的榜样。对于低年级学生，范写时要一边讲解一边范写，先指导笔顺，适当运用书空的方法作辅助，让学生迅速准确地掌握字的笔画顺序；对于中高年级学生来说，要选择重点，方法引领。注重写字姿势和运笔方法的提醒、个别辅导，才能更扎实有效。其次是指导运笔，让学生掌握运笔方法：即字的笔画起笔、行笔、收笔的基本特点，注意速度和力度，力求把每一笔笔画的形态、角度、弯度、粗细、长短写出来；偏旁部首要注意笔画的伸缩与变化。再次指导字的结构特点，掌握部件的比例以及结构布局原则。教师范写和讲解要有助于学生对书写要领的理解，激发学生动手临写的欲望。教师示范书写也可以利用软件制作范书微课或下载名师范书微课，可暂停、可回放，能满足不同层次学生学习写字的需求，实现因材施教。更适合中高年级学生反复模仿，学生印象深、兴趣浓，效果更好。

第八步：背临练习

"背临"，顾名思义就是不看字帖凭着记忆进行默写练习，它是对读帖、临摹结果的检验，是一种很高效的练习方法，目的是促进学生吸收内化。默练时，提醒学生不要提笔就写，而要先凝神静思例字的形态、占位情况、结构布局、笔画特点以及书写要领，做到意在笔先。写完后要认真比照，找出不足之处，反思写不到位的原因。"多练"就是让学生在有效的时间内进行有重点、有针对性的模仿练习，力求接受新知识，突破重难点。在学生练习的基础上，教师针对学生练习情况当场反馈，及时评价，才能立竿见影。课堂上可供学生练习时间本就不多，因此，学生练字的数量不要贪多，要抓有代表性的字，先求质，再求量，掌握规律性的书写要领，做到举一反三，触类旁通。如西泠印社版《书法练习指导》第十册中第五课左右结构（二）。课文列举"衡"字分析结构特点：这类字由左中右三部分排列而成，三部分既互相独立，又在高低、宽窄、大小等方面相互配合，形成一个和谐的整体。仔细分析"衡"字，要引导学生注意中间宽而正，两边窄而长，左边高，右边低，呈高低错落状。学会了"衡"字之后，一般的做法，及时试写"谢""卿"，再拓展"临写指导"中的字："徵""胤""瑕""附"。如此下来，时间不允许，学生书写难度加大，恐怕难以消化。可以在"勾临试写"阶段试写"谢""卿"这两个字之后，及时总结这两个字的结构规律分别对应：三部分所占比例相当或中间宽，两边窄或中间窄两边宽。后面的"临写指导"中的几个字就是以上规律的拓展。因此可以在"总结延伸"之后任选一类或一两个字加以练习。其他的留在课外去完成。实践证明，一定量重复的技法操作渐渐变成书写习惯，书写能力的提高便水到渠成。

经过以上几个环节的学习，学生恐略显疲惫，注意力会有所下降，可根据实际适当放松，玩一个与书写内容相关的游戏，让学生放松一下身心，转换一下脑筋，学生兴趣和热情会再次被激起，投入到下一阶段的学习。

第九步：对照评改

对照评改就是用对照的方法进行评价和修改。评价的标准及原则就是与例字的结构特点和书写要领进行"比对"。"比对"时要讲究方法和策略。要求学生先夸夸别人写得好的地方，再指出不足的地方，要有一说一，不要夸大其词，让学生更有信心。评价的方式有教师评、学生自评、学生互评、师生共评等。存在的共性问题宜由师生共评的方式提出，最后由教师总结；个性问题可以用学生互评或学生自评的方法解决。

师生评价之后，要留给学生"改"的时间。学生听取他人意见之后须再读帖，找出自己存在的不足，做适当调整，再读帖再调整，几次三番，就会越写越好。因此，"改"的过程是一个再完善、再提高的过程。

第五段：巩固延伸

这一阶段主要任务是检查学生对所学内容是否真正掌握，比如能否概括出学习重点，能不能灵活运用，比如字写得示范合规。教师要学会耐心等待，给学生"弹性悟期"。发现没有达到预期效果，应及时补救。

第十步：总结规律

课堂最后，由教师根据板书，引导学生作简要的回顾，对一节课的学习要点加以总结，进一步强化所学内容，体验习字的辛苦和美感，激发学生对汉字和书法的热情。要求学生依照"三看"（一看结构，二看宽窄高矮，三看关键笔画）的观察方法，在课余时间里，进一步练习暂时还没有写好的字。

第十一步：迁移延伸

课堂时间有限，容量有限，学生仅仅学会课文所举的例字书写要领或只能写好课堂学习的例字是远远不够的。习字首先是技能，讲究反复练习，举一反三，持之以恒，更重要的是运用所学知识写好更多同类型的字，达到迁移运用的目的，做到学以致用。如，学会了"青"和"清"运用迁移的方法自己练写"请""晴""情"等同一类型的字，达到知识的运用巩固，把"摄取—消化—运用"融为一体，书写能力提高了。还要善于发现和领悟，如教同偏旁的字"树、村、杏、李、梨"时，学生反复比较这几个字后，得出都是"木"，但"木"的位置不同，写法也就不同。

第九章　教学提示和书写提示

"识字与写字"是语文课程最重要的教育内容之一，是小学语文教育的起点。我国基础教育历来十分重视识字与写字教育，课改前的《语文教学大纲》和课改后的《语文课程标准》（2011年版），对此都有具体的规定和要求。新修订的《语文课程标准》进一步指出了识字写字教育的重要性："识字、写字是阅读和写作的基础，是第一学段的教学重点，也是贯穿整个义务教育阶段的重要教学内容。"对写字教学提出了明确具体的要求："按照规范要求认真写好汉字是教学的基本要求，练字的过程也是学生性情、态度、审美情趣的养成过程。"要求义务教育的各个学段的写字评价都要关注学生写字的姿势与习惯，引导学生提高书写质量。

一年级指导的重点是笔画、笔顺和习惯养成，要通过笔顺口诀、书写示范和有效引导等方法训练笔顺，掌握正确的书写笔顺。二年级指导的重点是笔画关系、间架结构，要通过集中和分散写字训练，基本掌握所学字的部件大小和构字比例规则，从而熟知汉字的基本间架结构。三、四年级重点是熟练掌握汉字基本间架结构，学习笔法和行款布局，五、六年级重点是书法欣赏，感受汉字的神奇和不同书法家的艺术魅力。第三学段要求学生会写2500个字。这些要求呈现梯度设计，从易到难，螺旋上升，无论是从最基本的汉字笔顺到汉字的间架结构，还是从书写的行款布局到书法的艺术欣赏，都渗透着知识、技能和情感的教育，需要精心统筹设计，开展有效教学，促进学生书写能力的提高。

小学语文统编教科书创造性地编排了"书写提示"栏目，从低年级到高年级依次编排了"笔顺规则""间架结构""笔画要领""行款布局""书写速度"等方面技能训练内容，前后既有层次性、连贯性，又有阶段性，针对性，容量适当，难易适度。"书写提示"栏目安排在统编教科书各册《语文园地》之中，是统编小学语文教科书整体编排体系的有机组成部分。教师要在观照《语文课程标准》和完整解读统编教科书编排体系和思路的基础之上，对分散在各处《语文园地》中的"书写提示"作整体化、阶段化解读，要依照学段、年段、学习训练点等进行深入研究，既要明确同一要点在不同年级的侧重点，又要弄清楚各个要点之间的联系。教者要瞻前顾后，统筹兼顾、突出重点精心设计《书写提示》的教学。通过一个单元的学习和《书写提示》栏目的归纳、总结、提升，学生的书写兴趣需要得到进一步激发，某一方面的书写能力应该得到相应提高，教学目标得到一一落实。

第一节　小学语文一年级写字教学提示

一、小学语文一年级第一单元写字教学提示

从本单元开始，学生进入正式的语文学习。因此，本单元写字教学有别于其他单元的学习，要突出做好以下几方面的安排：

1. 重视培养学生写字兴趣

写字教学过程中要以"我爱学语文"为主题，以图文结合的方式，呈现学习活动，感受汉字和写字的魅力，激发学生写字的兴趣，让学生知道写字是语文学习的基本内容，是学生系统接受文化教育的开端，是终身学习的基础。在小学阶段，每一个学生都必须"达到规范书写汉字的基本要求"。

2. 重视培养学生良好写字习惯

初步了解写字的正确姿势和执笔方法。在此后长期的教学活动中，

都要重视养成良好书写习惯和态度，对学生书写姿势、书写态度、书写用具的使用严格要求，随时提醒，及时纠正，持之以恒，常抓不懈。养成"提笔即是练字时"的习惯。学习使用和保管用字用具，学会爱惜文具。

3. 初步了解田字格，用《田字格拍手歌》帮助认记

讲解田字格的作用和初步感知使用方法。学写汉字，引导学生观察汉字在田字格中的占位，学习在田字格中写字，学习摆正字的位置。

4. 重视基本笔画的教学

本单元要求学生会写 15 个字和 10 个笔画。写好每一种笔画是学习写字（书法）的起点。每一种笔画都有具体的书写要求。如果基本笔画的书写不过关，不仅单字写不好，而且会影响到整篇的书写。本单元要重视基本笔画书写要领的提示、示范以及练习。

5. 课文后面生字表中均有安排描红训练，教师要重视描红的训练

对于刚刚学习写字的学生，描红非常重要。描红是理解和体验的过程。在认清字的占位及笔画位置之后，教师要进一步让学生描红，体会范字笔画安排。描红看似简单，只要照着描就行，其实不是这样的，它是手脑并用的过程。因此，应当教育学生边描边思，努力写有所获。

6. 掌握书写笔顺规则是一年级写字教学的重要内容之一

本单元要学习掌握"从上到下"和"先横后竖"笔顺规则。按照笔顺规则书写，不仅可以提高写字速度，把字写清楚、正确、端正、美观，还能培养学生认真细致的学习习惯。要引导学生善于观察发现书写规律，培养写字的兴趣，感受写字的快乐。

7. 建议集中进行"笔顺学习，书写指导"

识字单元课文的教学要点主要是识字写字。而且本单元每课要求会写的生字不多（2 至 4 个），集中进行书写指导，集中练写，集中评价，做到"当堂清"，既提高习字效果，又节约时间，还可以减轻学生的课业

负担。

二、小学语文一年级下册写字教学提示

本册要求认识 400 个常用字，要求会写其中的 200 个字（其中独体字 45 个，左右结构字 75 个，左中右结构字 1 个，上下结构的字 48 个，上中下结构字 4 个，半包围结构字 25 个，全包围结构字 2 个）重视打好写字基础，结合写字，学习基本笔画和笔顺，掌握汉字的基本笔画，常用偏旁，能按笔顺规则写字，注意间架结构，养成良好的写字习惯，写字姿势正确，书写规范、端正、整洁。喜欢学习汉字，有主动写字的愿望。与上一册的教学目标做了对比，发现本册总体教学目标不变，但突出了"掌握常用偏旁""注意间架结构""书写规范"等阶段要求。教师要认真领会编写意图，明确教学目标，加强写字指导，打好写字基础，因生因班制宜，创造性地进行教学设计，安排教学过程。

1. 教学设计要遵循书写规律，由易到难，由简单到复杂

要注意降低习字难度，贴近儿童的经验世界，内容富有童趣。要着力于激发学生写字兴趣，让孩子们喜欢"汉字宝宝"，有主动写字的愿望，有自己的感受和想法，并乐于与同伴交流，提高审美情趣。

2. 分课时完成

经统计，本册一共有 29 篇课文，除 3 篇课文要求会写 6 个字外，其余的 26 篇课文均要求会写 7 个字。为适当减轻学生的学习压力，建议分课时安排指导，完成书写任务和学习目标。

3. 重视汉字基本笔画的教学

继续学习 5 个新笔画（横斜钩、横折提、横折弯、横折折撇、横撇弯钩），同时加强对已经学过笔画的指导，要求学生做到写正确、写到位，巩固已学成果，打好写字基础。

4. 重视笔顺规则的教学

写字时不仅要注意笔画的顺序，而且要注意笔画特点、位置、走向

以及字形结构，这样才能把字写正确、规范、美观。而能按笔顺规则写字是基础之一。本册安排三次"书写提示"教学足见编者的编排意图。因此，要结合每一课的生字书写，加强指导，使学生正确地掌握书写规则。

5. 重视良好写字习惯的养成

要随机落实写字课堂常规，关注每个学生的执笔和写字姿势正确与否，每一次动笔都要认真培养，养成"提笔即是练字时"和"意在笔先"的习惯。

6. 加强对要求会写的偏旁的指导

识字的编排遵循识写分流、多识少写的原则，上学期结合识字，已经认识了36个常用偏旁，本学期继续认识23个常用偏旁。从本学期开始，会陆续随着要求会写的字出现已认识的偏旁，要求会写。

（1）对已经认识的，但第一次要求会写的偏旁，要加强指导，注意独体字化作偏旁时若干笔画的变化。

（2）对刚刚认识的，同时又要求会写的偏旁，要加强指导。如识字1《春夏秋冬》结合识字认识"雨字头"，同时要求会写"雪"等7个字。"雨字头"要作为教学重点，通过比较"雨"和"雪"，重点观察"雨"字变成"雨字头"后的变化，从而教会"雪"字书写。

（3）要求会写的偏旁中，同时包含有新笔画要求学会书写，比如识字3《小青蛙》的"言字旁"及其中的笔画"横折提"，都要求学会书写，应作为重难点加以指导。

7. 抓住典型，围绕重点，突破难点

比如，识字3《小青蛙》一课要学会7个生字，其中2个独体字（气、生），4个左右结构的字（清、晴、情、请），1个上下结构的字（青）。还要求学会书写"横折提"，学写3个偏旁"忄、氵、讠"。教者可以根据结构不同和字形相似的特点，采取先易后难，分课时实施的办法，第一课时先指导书写"气、生、青"，第二课时先对比观察"青"字变成"清"的部件，作为偏旁"青"的变化，然后聚焦"清、晴、情、请"的宽窄高低、穿插避让以及其相应偏旁及新笔画，就能省时高效，避免平均使用力量。

8. 教给方法，提高书写能力

（1）指导学生运用熟字、熟偏旁、熟结构及熟字加熟结构的方法，教会学生书写能力。比如，学写"入"时，用已经学过的熟字"人"和"八"作比较，发现构字的同异，巩固撇捺的书写；又如，学写"左、右"时，先出示半包围结构的熟字"在、有"，复习"横长撇短，横短撇长"的知识以及"左上偏左，右下偏右"构字原理，从而悟出"左"字因为瘦长，所以要"横短撇长"，"右"字因为矮胖，所以要"横长撇短"的道理；再如，学写"伙、伴"时，引导学生运用从"们、你、住"熟结构知识，去组合熟字"火、半"和熟偏旁"亻"，巩固这类字的组合原理。

（2）用好田字格，教给观察方法，总结各类字的构字特点，举一反三，逐步提高书写能力。比如，书写左右结构的字，要教给学生比宽窄、比长短、比高低、比大小的观察方法，处理好左右偏旁占位的大小、宽窄、高低、松紧的平衡以及彼此笔画穿插迎让等。

第二节　小学语文二年级写字教学提示

一、小学语文二年级上册写字教学提示

语文教科书（二年级上册）由24篇课文组成7个阅读单元，由4篇识字课组成1个识字单元。每个单元由3—4篇课文和1个语文园地组成。每课要求写8—10个字，有3个园地（一、五、八）"书写提示"，都是安排左右结构字的"间架结构"书写指导。

1. 重视合体字的间架结构指导，让学生初步感受汉字的形体美

二年级上册要求写的字有 250 个，这些字，都具有构词率较高、笔画比较简单的特点。从本册开始，合体字明显增多，占 89.2%（其中左右结构的占 59.6%，上下结构的占 21.2%，包围结构的占 8.4%），因此，合体字间架结构书写指导是教学重点。比如《树之歌》一课要求会写"杨、壮"等 10 个字，都是左右结构的合体字，而且都具有"左窄右宽"的特点，其中木字旁的字有 8 个（杨、桐、枫、松、柏、棉、杉、桂），除"棉、桂"外，其他的 6 个都具有"左高右低"的特点。运用对照竖中线，比宽窄、比高低、比长短的方法，找左右结构分界线以及关键笔画等方法，可以很快发现这类字的结构秘密。

2. 教师认真分析生字的结构特点

每一课的书写指导，要因课而异，因字制宜。根据生字特点，采用适宜的方式方法，有针对性地进行指导。有的结构相同，可以归类，举一反三，有的字笔画多，结构复杂，或者笔顺易出错，就有必要范写、书空并提醒一下，有的字部件含有熟字或者结构已经学过，就运用迁移比较的方法，还有的容易写不规范，要提醒学生注意笔画搭接，避免写错字，有些独体字比较简单，可以放手让学生自学自悟，提高学习效率。

3. 引导学生通过观察发现字的结构特点，养成先观察再写字的良好习惯

《中小学书法教育指导纲要》在实施建议与要求中明确指出"养成读帖的习惯，形成意在笔先的意识"。这是因为低年级学生注意力发展处于"不精细"的阶段，需要营造"有意注意"的学习环境，更好地提高学生书写的正确率和质量。

4. 要教给学生规律性的东西

二年级写字教学与一年级写字教学有所不同。在教学过程中要有意识地使用由扶到放的教学方法，积极引导学生去发现，去归类，找规律，

找书写要点。比如《植物妈妈有办法》要求会写的字中"如"和"娃、她"都有女字旁，可以通过观察，引导学生发现它们右偏旁的笔画长短疏密之不同，"如"的右边是"口"，笔画少、竖短、形方，所以"如"比"娃、她"的女字旁要写得大些，反之，要容让，写小些。同在这一课，像"如"这样右偏旁带有"口"的字，还有"知、识"。"口"在合体字中不同位置，写法略有不同。这在一年级下册《要下雨了》已经接触过了。那一课一连出现"呀、呢、吗、吧、加"5个含有"口"的字。因此本课书写指导可以通过温故而知新的方法，让学生进一步巩固"口"字的书写规律："口"字在左，要写小偏上；"口"字在右，要扁方偏下；"口"字在上，要写正；"口"字在下，要写扁平；"口"在中，要写扁方，四周布白均匀。

5. 在学习写字的起步阶段，写字的评价以表扬鼓励为主

对学生的点滴进步，教师应该不吝啬赏识的语言加以表扬激励。如坐姿有范，执笔正确，书写整洁，专心致志，基本笔画写得好，结构把握基本规范等，都应该成为被表扬的理由。

二、小学语文二年级下册写字教学提示

语文教科书（二年级下册）由25篇课文组成7个阅读单元，由4篇识字课组成1个识字单元。每个单元由3—4篇课文和1个语文园地组成。每课要求写8—10个字，本学期要求会写的字有250个，在3个园地（一、四、七）"书写提示"中分别安排半包围结构和全包围结构的字，以及左右结构字的"间架结构"的书写指导。

1. 重视合体字的间架结构的书写指导

二年级下册要求写的字数量不变，仍然是250个，合体字占91.2%（其中左右结构的占46%，上下结构的占32.4%，半包、全包围结构的占11.6%）独体字占8.8%。由此观之，左右结构字的数量依旧最多，但比率略有下降，上下结构字的数量明显增加，半包围结构字的数量有所增

加，独体字的数量逐渐减少。因此，尤其要重视包围结构、上下结构字的书写指导。

2. 要求写的字，都具有构词率较高、笔画比较简单的特点

每一课的书写指导，要因课而异，因字制宜。根据生字特点，采用适宜的方式方法，有针对性地进行指导。有的结构相同，可以归类，举一反三，比如，第16课《雷雨》要求会写 9 个字，按结构可以分为 4 类：独体字、上下结构、左右结构和半包围结构。教学时，先让学生分类观察，发现特点。上下结构的"雷、黑"，"雷"上部宽于下部，而"黑"字的"灬"要略宽于上半部分，稳稳地托住上面的部件。独体字的"户、乌、垂"，要提醒学生注意关键笔画在田字格中的位置。半包围结构的"压、迎"两字，内外部件的相称比较难把握好，可以借助熟字"屁、尿、座、迹、递"，引导学生回顾之前所学，做到胸有成竹努力把字写好。

3. 对难写字和易错字，要提醒学生注意关键笔画和笔顺

笔画多，结构复杂，易写错的字，或者笔顺易出错的字，或者易写成不规范的字，仍要书空，并就易错的地方提醒学生加以规避。如"姨"字右边的"夷"注意与"弟"字加以区别。"舍"字下半部分不能写成"舌"。"母"字为独体字，可以与熟字"每"进行比较，提醒学生注意笔顺。"座"是半包围结构的字，笔顺易错，要注意指导笔顺。"买"字，注意下面"头"的三点位置、姿态及大小的不同，长横从左半格横中线下起笔，穿过竖中线，在右半格的横中线上收笔，要提醒学生，其长度超过"一"。

4. 要教给学生观察字形的方法，引导学生通过观察发现字的结构特点

合体字要注意字的结构比例。比如，"整、怎"是上下结构，"怎"是上窄下宽，"整"是上宽下窄。"抽、纺、织、编、消"是左右结构，注意每个字左右两部分的宽窄比例。"布"是半包围结构，注意左上部分

要写得宽,"巾"要写得窄。还要注意字的关键笔画,比如,"恋"字之中有6个点画,每一个点的位置、姿态、长短及走向都略有差异,要提醒学生注意各点之间的协调。有的字笔画较少,宜写宽松点,如"亡、牢、劝、丢、告"等字,做到"分间布白,宽窄均匀"。有的字笔画较多,要注意疏密均衡,各部分写紧凑些,如"筋、疲"等字,做到"分间布白,远近宜均"。有撇捺笔画的字,如"愿、麦、突"等字,要注意起笔和收笔的位置和轻重,撇捺写舒展些。有相互穿插的字,如"纺、织、编",右边的撇要越过竖中线穿插到"纟"下;有避让的字,如"消"中"月"第一笔撇变为竖;"整"中"束"末笔捺变成点。

5. 在学生学习写字的起步阶段,要重视美感教育

在学习握笔、运笔过程中,逐步感到书写中的力度、速度的变化,体验了轻重缓急的力度感,掌握铅笔的书写特点。在"一横一竖,一撇一捺","有起有收,有虚有实"的书写中,感受写字的端庄美;在"长短合度,大小合宜,相生相应"的对比中,感受汉字结构和谐美;在"横平竖直、左右对称,偏旁容让"的学习中,体会汉字的结构端稳美。让学生在每天的书写实践中发现美,体验美,获得审美愉悦,不知不觉中喜欢学习汉字,主动写字的愿望便油然而生。同时,小朋友在认认真真写字过程中,养成专心致志、一丝不苟的态度,提高了审美能力和文化品位。

第三节 小学语文三年级写字教学提示

三年级依然要重视识字写字教学,要鼓励学生自主识字写字,激发学生对汉字产生浓厚兴趣,要依据学生的实际状况进行归类指导,注意针对性和实效性,使学生掌握基本的书写技能,养成主动练习书写的习惯,能使用硬笔书写正楷字,做到规范、端正、整洁。

1. 指导学生观察结构，发现规律，分类学习，帮助学生养成分析字形、归类书写的习惯。

（1）要强化学生分类观察和书写的意识。比如，先将某课要求会写的字，按结构不同进行分类。

（2）出示同结构的字，分析它们在结构上的异同点。比如，《大青树下的小学》一课有 10 个左右结构的字，可以按"绒、扮、读、停"（左窄右宽），"艳、静"（左右同宽），"服"（左窄右宽，左右等高），"汉"（左窄右宽，右高右低），"球"（左窄右宽，左低右高，左小右大），"粗"（左宽右窄，左长右短，右部居中）进行细化。

（3）先让学生自主观察，教师适时点拨指导。①关注左右部件之的结构分界线，准确把握左右占位情况。②注意指导笔画的穿插，如"绒、扮、读、粗"，要关注右边部分的笔画穿插到左边部分的位置，使左右部分结构紧凑。③找准首笔，看清压线笔，突出主笔。

2. 温故知新，掌握基本的书写技能，提高教学效率

学习"司、庭"等右上包围和左上包围的字，可以引导学生回顾二年级下册"书写提示"中关于半包围结构的书写顺序和书写要点；学习品字形结构的字"众"，可以借助熟字"森"，回顾品字形结构"上大下小，左小右大"的特点，为了结构紧凑，注意避让，"众"第二个"人"的捺变点，左促右舒，整个字呈三角形，上小下大，重心稳固。又如，指导书写"线"字时，可以出示"浅"等熟字，唤起学生的记忆。"栽、载"两个字的字形、笔顺相似，笔画较多。"载"是熟字，教学可以推陈出新，以"旧"教"新"，注意书写时笔顺不能弄错，更不能遗漏笔画。

3. 教学方法要灵活多样，注重针对性和实效性

（1）比较容易写的字，尤其是独体字，可以让学生通过自主学习完成。比如"尔、斗、内"。

（2）易错但不难写的字，可以通过学生自主发现，彼此相互提醒等

方式学习。比如，"幻"字左边是"幺"，注意不要写成"纟"；"凑"的末笔是点，易写成捺；"偶"的最后三笔是竖、提、点，不要写成竖提、点；"倦"的右上部分只有两横，右下部分是"𢎩"，不是"巳"。教学这类字应尽量从正面引导学生，要少强调"不是什么"或"易写错成什么"。

（3）易错难写的字，教师应重点提示或板书示范，关键笔画可以用彩色粉笔标注出来。比如，"聚"的第九笔是撇，第十笔是竖，不带钩，可以用红色粉笔写，加深学生第一印象。

（4）初次学习的偏旁部首要重点指导，强化认识，提高效率。比如，"紧"字要写得上宽下窄，上下对正、紧凑。下边部分"糸"第一次要求写，教学时要有意识强化学生的认识，提高书写的正确率。

（5）结构复杂，笔顺易错，要重点示范指导书写。"睡"字右边部分"垂"的笔顺是撇、横、竖、横、竖、竖、横、横，而且这个字横画较多，横画间隔要均匀。"乘"字先写中间的撇、横、竖，再写两边的竖、横、提、撇、竖弯钩，最后写下面的撇、捺。

（6）可以分开学习，因课制宜，有机地与理解课文内容相结合。比如，在引导理解"千门万户曈曈日，总把新桃换旧符"的意思时，让学生借助注释说说"旧符"指的是什么，并适时板书"旧、符"。板书时可让学生观察写好这两个字应该注意什么，重点指导"符"字，让学生说笔画笔顺，教师范写，通过板书引导学生看清字形结构。又如，在理解"借问酒家何处有，牧童遥指杏花村"的意思时，结合对"牧童"的理解，引导学生观察"牛"做偏旁时，第二个横要变成提，再通过教师板书，引导学生发现"牛"字作偏旁时的笔顺与"牛"字不同。

4. 横画较多的字，要注意长短参差，间距匀称，形态各异

学写"待、耕、其"时，提醒学生注意这些横画的长短比例和距离，避免拥挤，可以与语文园地中"书写提示"的教学联系起来。"持"字左

右结构，右边的"寺"横画较多，注意几个横画之间距离要均等。"睡"这个字横画较多，横画间隔要均匀。"喜"字横画较多，上下窄中间宽，要把字写得紧凑些，下"口"宜扁，略宽于上"口"。"凑、集、偶"等字横画平行等距，可引导学生观察比较并示范指导。

5. 按照字的笔画多少对字进行归类，引导学生关注笔画多少对写字的影响

《肥皂泡》一课要求会写的字有 12 个。一类是"皂、若、串、希"几个字的笔画较少，写时要把笔画写开一些；还有"廊、碗、越、婴"几个字的笔画较多，整个字要写得紧凑一些。写前应先观察好笔画的长短和笔画间的距离，避免笔画拥挤在一起，遇到撇和捺，要写得相对舒展些。《陶罐和铁罐》中，一类笔画较少的字，如"尘、代、价"；另一类是笔画较多的字，如"骄、傲、谦、虚、懦、弱、捧"。笔画较多的字要写得紧凑一些，笔画少的字要写得舒朗一些。《花钟》一课要求会写的字有 13 个。教学时，可以按字的笔画多少进行归类指导。对于笔画较少的字"斗、内、示"等，写时要把笔画写得开一些；对于笔画较多的字，如"醒、寿、修、建"等，应先观察好笔画的长短和笔画间的距离，避免笔画拥挤在一起，遇到撇和捺的字相对要写得舒展些。

6. 重视"布白均匀"和"对比调和"的美感教育

楷书结构的第五个原则，就是分布均匀。所谓分布均匀，是指每个字之中所有笔画的分间布白，字与字间的空白距离，行与行间的远近距离的均匀。尤其是每一个字的所有笔画之间的空白间距力求疏密均匀。横画多的字，间距疏密有致，看起来舒服、调和就是美的。左右结构大小合宜"对比调和"；上下结构宽窄合宜"对比调和"；部件之间穿宽插虚，疏密调和……都是美的表现。因此，在书写指导的教学过程中，要渗透美感教育，引导小学生善于感受美、发现美、创造美。

第四节　小学语文四年级"书写提示"的教学指导

小学一至三年级主要是"习字"阶段，学生主要学习汉字的基本笔画、常用的偏旁部首、基本的笔顺规则及基本的间架结构。经过三年时间的学习，学生基本能达到"会借助习字格把握字的笔画和间架结构，书写力求规范、端正、整洁，初步感受汉字的形体美"的教学目标。从四年级开始，写字教学指导转入"习作"的阶段。"行款整齐"是小学语文四年级汉字书写的重点。教材在《语文园地》中先后安排了四次"书写提示"，根据训练内容特点及要求，提出相应的教学建议：

1. 整行书写时能做到把字的中心写在横格的中线上，保持水平，注意字距均匀，养成提笔就练字的良好习惯

可以进行以下几点教学指导：

（1）指导学生阅读文中的小贴士，明确书写要求。

（2）出示教材中的书写范例，引导学生结合书写要求，观察分析、讨论这则范例的书写特点。教师总结书写特点：字在中线，保持水平，字形匀称，布白合理，对比调和，有收有放，端正平稳，连带自然；字距均匀，疏密得当，美观大方，错落有致，穿插揖让，相互呼应，气势贯通，生动美观。

（3）教师选择本单元某篇课文中的一个小片段让学生练习书写。教师巡视指导，注意纠正"双姿"。

（4）引导学生结合书写要求进行自评、互评，找出优缺点，并根据评价再次练写。

（5）展示学生书写作品，进行激励性评价。鼓励学生养成"提笔即是练字时"的良好习惯。

2. 能在横格里正确、工整地抄写文段，提高书写的速度

可以进行以下几点教学指导：

（1）引导学生回顾第一单元语文园地中的"书写提示"，说说在横格里书写文段的要点，并结合学生平时的书写练习进行点评：字要写在横格中间，要留出"天头地头"，不要触碰上下两条线；做到每一行字的大小、高矮合宜；字与字的距离要差不多，做到布白均匀。

（2）出示本次书写训练的目标：

①怎样才能提高书写速度？请学生互相交流。

②教师出示具体方法：书写时集中注意力；运笔方式要正确，要连贯地书写；一次尽量多看一些内容，不能看一个词语写一个词语；保持书一定书写速度，不要忽快忽慢，以免影响整体效果。

（3）学生练习书写文段，教师巡视指导，重点关注学生的运笔方式。可以设定书写时间，在学生书写时进行倒计时，促使学生产生紧迫感，保持一定书写速度。

（4）注重书写反馈，展示学生书写作品。

①引导学生从又好又快两个方面进行自我评价。

②展示学生作品，进行激励性评价。

（5）时间允许，可以再选本单元的一则文段练习书写，做到又好又快，重在质量。

3. 书写时能做到行款整齐、布局合理

可以进行以下几点教学指导：

（1）指导学生阅读文中右边的小贴士，读懂本次书写时要注意什么。

（2）出示教材中的书写范例，教师提示书写要点，引导学生结合书写要求，观察这段话的书写特点。

（3）学生临写，教师出示书写要求，提醒学生注意：字号大小相当，字距比行距小，上下统一，旁边留白大致相等。教师巡视指导，提醒学

生书写段落时要力求体现整体美感。

（4）教师指导反馈，引导学生结合书写要求进行自评、互评，发现优缺点。

（5）展示学生书写作品，教师进行激励性评价。

4. 学习在书签上书写自己喜欢的格言，了解竖写的规则

可以从以下几点进行书写指导：

（1）请学生交流书签。

展示自己课前搜集的书签，说说为什么喜欢这枚书签？说一说书签上的图案和文字给自己带来什么样美好的感受。

（2）出示教材中的示例书签，组织学生交流：写书签时，需要注意哪些格式？竖向书签可以横着写吗？为什么？教师从书签书写的方向、字距、作者位置等几个方面，引导学生讨论，初步了解书签书写的要点。在交流的基础上，出示文中右边3点小贴士，让学生读一读，想一想，来提高学生的认识。教师板书：方向、字距、位置。

（3）教师分发空白书签，学生练习书写。抄写一句自己最喜欢的格言，书写时注意方向、字距、位置。教师巡视指导。

（4）展示评价，教师总结。各小组交流，互评，挑选几枚小组里的佳作书签，参加班级的评比。举办班级书签展览会，激励学生写好汉字的信心。

（5）延伸拓展。精心制作一枚书签赠送同学好友，增进友情。

第五节　小学语文五年级"书写提示"的教学设想

人类在创造美的活动中总结出各种形式美的法则，其中单纯齐一（整齐一律）是最简单的形式美。一提起单纯齐一的美，自然容易想起开国大典上的阅兵式、运动会上的开幕式、田野上的秧田。这些宏大的场

面表现出一种震撼人心整齐划一的美。小到我们日常生活中的书写，孩子每天做作业、写作文，文字工作者从键盘上敲出的文稿等，也都具有"单纯齐一"美学的特征。小学语文五年级"书写提示"安排了四次篇章书写格式及名家碑帖欣赏，初步感受谋篇布局的章法美，发现"单纯齐一"的美学特征。

1. 了解古诗硬笔书写的两种行款，并能正确书写，体会作品的章法美

（1）让学生自主观察这两组不同章法布局和幅式的"硬笔书法作品"，并借助阅读"硬笔书法作品"右上角的"书写提示"，说说自己的发现和理解。教师引导学生进行交流：

①章法布局：第一幅作品，横向书写，从左到右，从上到下，逐行排列，上下对齐，间距均匀，诗人落款在右下角，右侧与内容对齐；第二幅作品竖向书写，从上到下，从右到左，逐列排开，上下齐平，间距均匀，诗人落款在左下角，竖式书写，底端与内容对齐。每一行诗句都居中写，上下、左右文字对齐，字距、行距要适当、匀称。注意行距大于字距，行距要小于边框。

②幅式：两幅作品都是横式作品，横向长度大于竖向长度。作品留白上下窄而左右宽。书写内容与留白比例要适宜。

③结字：单字的笔画、结构都十分用心、精到，大小匀称，字字精神，相生相应，用笔有粗细之分，干净流丽。教师小结，书写练习时要注意从章法、幅式及结字上多多用心。

（2）学生练习书写前，提示学生不要急于创作，要做到"意在笔先"，先把一些难写的字，挑出来练一练。书写时要有一定书写速度，不要看一笔写一笔。注意写字姿势。学生练习书写时，教师巡视指导，纠正"双姿"，认真掌握学生的书写状况，发现共性的问题。

（3）展示习作，交流点评。引导学生自我评价。对于共性问题，教

师要进行反馈。对于书写规范、整洁，符合书写要求的作品要给予表扬。

（4）统一发纸，创作"作品"。根据反馈，让学生再次任意书写其中一首古诗，格式自选。提示学生：要求学生把"××诗人书"前移，空一格署上书写者名字，也可以仿照示例，把诗人名字写在诗的最后。

（5）拓展延伸，展示激励。建议语文老师及时将优秀作品张贴在教室文化角，并择优推荐给年段长，张贴在年段优秀习作专栏。

2. 初步了解欧阳询楷书的用笔、结构等特点，通过对欧阳询的楷书艺术风格和表现形态的欣赏，感受汉字和书法的魅力

《九成宫醴泉铭》

（1）交流书法家及创作碑帖的背景资料。结合课前搜集到欧阳询的简要介绍和《九成宫醴泉铭》的创作背景，以及在书法史上的地位，让学生交流一下粗浅的认识，增进对中华优秀传统文化的认同感。

（2）学生阅读教材中的"书示提示"，找到并画出描写欧阳询楷书用笔和结构特点的词语，读一读，想一想这些词语表达的意思。对照《九成宫醴泉铭》（局部）碑帖想一想，说一说你从哪些字的结体，字与字之间的呼应，行与行之间的分布中体会出这些用笔和结构特点。预设：用笔特点，用笔方正，笔力刚劲，点画起收及转折处一丝不苟。结构特点，字形竖长，结构严谨，整体上既平正端庄，又险劲生动。

（3）可以出示欧阳询楷书毛笔碑帖，指导学生欣赏欧体书法的艺术风格和表现形态，让学生更全面地了解欧楷的艺术价值和历史地位；也可以通过书法课堂视频或教师现场示范等教学方式，让学生更直观、生动地理解欧体书法神采与精妙，进一步激发学生对欧楷书法的兴趣，培养学生的审美能力。

（4）如果条件允许，建议在书法专用教室上课。教师在备课的时候可以从欧阳询《九成宫醴泉铭》帖中集若干代表性字，让学生在欣赏《九成宫醴泉铭》的基础上用毛笔描摹、临摹。通过实践，初步了解书写技能，感知其艺术特点，逐步提高书写能力。

3. 了解篇章书写的格式要求，书写时做到标题和作者位置醒目、段落分明

（1）借助提示，读懂范例。出示"书写范例"，引导学生对照"书写提示"，仔细观察教材中的"书写范例"的格式，明确学习内容和学习任务。

（2）交流发现，明确要求。

预设交流内容：

①格式。标题和作者各占一行，都是居中书写的；每一自然段都要另起一行，开头空两个字的位置。

②行款整齐。字的大小整齐和谐，气息贯通，字与之字之间的距离要适度。行距比字距大。

③标点符号。标点符号所占的空间，也需要注意。（一般句号、问号、叹号、逗号、顿号、分号和冒号，占一个字的位置，居右偏下，不能出现在一行之首；引号、括号、书名号的左右两个部分不能分属两行；破折号和省略号都占两个字的位置，中间不能断开，连接号和间隔号一般占一个字的位置，上下居中；着重号和浪线式书名号标在字的下边，可以随字移行；句号要用空心的中文标点，不能用实心的英文标点。另

外，如遇到阿拉伯数字，两个数字占一个汉字的位置。）

（3）尝试抄写，巡视指导。学生尝试抄写范文。抄写要有一定速度，不可看一字写一字。教师巡视指导，发现共性问题，有针对性地加以提醒。

（4）自评互评，教师小结。学生抄写后，鼓励学生先自评，再组织同桌互评或小组交流。最后，全班交流。教师肯定优点，提出存在的问题，希望大家纠正。

（5）统一要求，自主选择。教师提供统一的作品纸，准备若干篇篇幅短小精悍的优秀文章供学生抄写选用，也可要求学生事先准备好自己喜欢的短文以备抄写之用。

（6）评选作品，展示作品。推荐写得好的作品在全班展示，激发学生的学习兴趣，促进书写水平的持续提高。同时建立学生成长记录袋，定期收集自己的作品，关注良好书写态度的养成。

4. 了解颜体楷书的基本知识，初步感受《颜勤礼碑》等颜体书法的魅力

（1）介绍颜真卿的生平事迹，让学生了解到颜真卿是唐代著名书法家，"楷书四大家"之一，也是忠肝义胆、彪炳千秋的中唐先贤，从中受到"字如其人，大气磅礴，气贯山河"人文精神的感染。

（2）投影出示颜真卿《颜勤礼碑》（局部），对照阅读教材中的"书写提示"，可引导学生对比欧阳询的书法，说说对颜体书法的初步感受。预设：化瘦硬为丰腴，变清秀为雄浑。字体宽厚，雄健有力。

（3）首先引导学生读懂碑帖，可以先让学生试着仔细辨读碑帖照片上的书法，看不懂的地方做一下批注，再对比读一读碑帖照片左右的释文，粗浅了解碑帖内容。再进一步引导学生欣赏碑帖，体会颜体书法艺术风格，感受书法之美。比如，在相同字处理上同中有异，力求生动，两个"太"字、两个"为"字，写法却略有差异，体现了"连续各异，

反复变化"的美学思想，进而感受书法生动多姿的魅力。在用笔上，除了圆笔中锋，转折处还运用方笔，使笔画坚实有力，比如，"学士弟太子"上下5字，上下对正，结字端庄，横细竖粗，笔法清晰，方圆并重，体现了"筋肉丰满，浑厚有力"的特点。在章法安排上，比如"太宗为秦王精"上下5字，字与字之间笔断意连，排列有度，端庄典雅，令人肃然。

（4）补充介绍《颜勤礼碑》或颜真卿的其他代表作品，了解颜体楷书对后世的影响，其"横细竖粗，字形方正"历代备受推崇，衍生了宋体字，随着时代的发展，宋体字也在不断完善，沿用至今。

（5）拓展延伸，增强爱国情感。通过交流颜真卿"仰天长啸，壮怀激烈"的其人其事，体会他的字具有盛唐气象，也是与其人格的完美结合体。

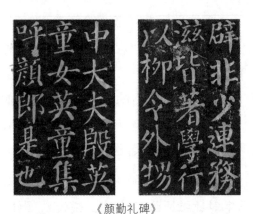

《颜勤礼碑》

第六节　小学语文六年级"书写提示"的教学设想

根据小学高年级书法教育的阶段目标，六年级语文上下册共安排四次"书写提示"。主要围绕学习规范、通行的行楷字，力求行款整齐、美观，以及学习欣赏名家经典碑帖，初步感受不同艺术风格的魅力，有初步的书法运用意识。

1. 欣赏作品，做到规范书写，养成自我检视的习惯

（1）投影出示两位同学的两幅作品，一幅是竖写《游子吟》，另一幅是横写《赵一曼写给儿子的信》（节选），说一说：这两幅作品有什么不同？好在哪里？

教师预设：第一幅"纵有行，横有列"，从右到左，从上到下，逐行排开，行行分明，列列有序，整齐端庄，疏密均匀，通篇和谐，浑然一体，体现"整齐划一"的形式美；第二幅"纵无行，横有列"，开头空两格，从左到右，从上到下，逐列排开，一列之间，互相照应，字的大小和谐，疏密得当，字的重心处于横线格的中线上，字形字态风格统一，落款另起一列空数格写起，体现了"字形匀称，布白合理"的章法美。

（2）让学生读一读教材中的"书写提示"（①行款整齐，布局合理。②书写正确、规范、美观。③养成自我检视的习惯），引导学生思考：怎样才能写好一幅作品？请学生联系自己平时的书写经验进行交流、总结。教师预设：一幅好的作品必须内容与形式和谐统一，才是完美的。第一幅作品的内容，如果用第二幅作品这样幅式来安排，会觉得留白太多，黑白比例失调，失去了章法的整体美。反之，用第一种幅式安排第二幅作品的内容，会让人感觉到内容与形式不协调，使小读者产生不习惯，不亲切的感受，大大弱化艺术作品的艺术感染力。结合生活谈感受，学生有话可说，很容易引起学生情感上的共鸣，因此，宜鼓励学生联系书写实践发表独到的见解。

（3）尝试进行"创作"。教师当场提供两种幅式作品纸，由学生选用，尝试进行习字创作练习。教师巡视指导。鼓励学生自己自评，然后小组互评，再全班交流，欢迎对同学的作品进行中肯的评价。

（4）举办班级硬笔书法作品展。教师提出书写要求，学生根据自己

的想法书写，写好之后，挑选一幅最满意的作品上交。征集作品要求：

①古诗词作品：仿照教材中第一种格式书写，行款整齐，布局合理，文字美观，可以自行配图，力求以图会文，图文并茂。

②书信作品：摘抄作品片段，自行挑选版面，行款整齐，布局合理，文字美观。有能力的同学可以自主设计版面。

2. 欣赏柳公权的书法作品《玄秘塔碑》，了解其楷书的特点

（1）呈现资料，了解柳公权。播放古典音乐，出示有关柳公权的文字、图片资料，增强对柳公权的感性认识，然后组织学生说说课前搜集到柳公权的故事，尽可能拉近学生与柳公权的距离，帮助学生初步了解这位著名书法家。预设：他为人正直，常言"用笔在心，心正则笔正"，与颜真卿齐名。

柳公权《玄秘塔碑》

（2）回顾欧颜，引出柳体楷书。

①了解柳体楷书特点，可以先呈现五年级语文园地中欣赏过的"欧体"和"颜体"作品，简述欧颜楷书特点。

②出示柳体楷书，让学生说说对这三种楷书书体的第一印象，并简述理由。预设：欧体劲健险绝，颜体粗壮厚重，柳体瘦硬挺拔。

（3）图文对照，了解柳体楷书特点。

①学生自主阅读教材中的文字简介，并勾画出概括柳公权书法特点的词语。

②出示教材中的文字和图片。组织学生欣赏柳公权的碑帖《玄秘塔碑》（局部），引导认真观察字的间架结构和笔画，尝试结合图片中的某个字或某几个字，谈谈如何理解柳体楷书特点。预设：用笔以方为主，棱角分明，方中见圆。比如，"有"字长横，起笔方，中间较细，收笔顿挫分明。"为"字四点方圆参半，形态各异，生动而有力。"大"字撇画细长，捺画粗重，对比鲜明，有很强立体感。"固"等国字框，吸收了颜体外拓的写法，干练利落。结构精妙，中宫收紧，外围舒展，字形呈放射状，骨力遒劲。如"夫、也、欲、道、不"等字。

（4）在学生交流的基础上，教师可以再补充几幅欧阳询和颜真卿的书法作品，通过同一字不同用笔、不同写法的对比，能帮助学生更快、更直观、更清晰地体会到柳体书法的瘦硬挺拔，骨力遒劲的特征。

3. 认识并临摹行书，逐渐提高自己的书写速度

（1）指导学生欣赏教材中的硬笔行书，了解行楷字的书写特点。在用笔上，行楷字的顿挫比楷书少了很多，书写更加流畅。笔画的运笔过程和形态也发生很大变化，比如横折方角变成圆角，捺画变成反捺。运笔过程中出现了很多笔画间的连带，提高了书写速度，使字的形态更加灵活生动。在结构上，为了笔画连带顺畅，出现了笔顺的改变。比如"乃"笔顺改为撇，再横折折折钩。"有"的笔顺首笔改为先撇后横。"生"的笔顺改为连笔撇横竖加"二"的连带。

（2）让学生对照教材临摹这段话，边写边体会行楷笔画变形、笔画与笔画自然相连、书写速度快的书写特点。预设：笔画变化有"长"捺变反捺，"个"撇捺连笔，变成撇点，"地"的竖弯钩变成竖弯等；笔画连带，如"生、城、出、直、现、熟、悉"等；字的大小，笔画少的字，

要写小一点，笔画多的字，要写大一点，做到大小合宜，穿插避让，有收有放。

（3）适当进行拓展练习。运用"小步子"教学法，先让学生练写简单的，可以比较快看到成果的小任务，从而树立学习信心。比如先训练使用率高的字、词语或词组，继而让学生完成一些难度不大、成果明显的任务，比如抄写一句名言，两句短诗，让学生体验到成功喜悦，信心大增；再让学生一步又一步完成力所能及的任务。鼓励学生在今后的书写实践中用行楷进行书写，逐渐提高书写速度。

4. 欣赏赵孟頫的代表作之一《三门记》，了解赵孟頫及其楷书的特点。

（1）走近赵孟頫。阅读教材中关于赵孟頫及楷书艺术的扼要介绍，有了初步感知，在此基础上引导学生交流课前搜集到的资料，说一说你所知道楷书四大家之一赵孟頫，以及他在我国书法史上的重要地位。教师小结：他是五体皆能，全面发展的杰出书法家。有人评价他是"上下五百年，纵横一万里，复二王之古，开一代风气"的大书法家。他的书风平正儒雅，妍媚多姿，倍受后人尊崇。

（2）读懂赵孟頫。结合教材提示，引导学生了解赵孟頫的楷书作品的特点。预设：用笔（圆润多姿）、结构（严谨端庄，平正宽绰）、章法（秀丽柔美，稳健大方）。引导学生欣赏教材中的赵孟頫《三门记》（局部）说说自己的感受。预设：《三门记》碑文大意：蒙昧的人，找到门的所在，悟了大道，领会玄妙之境。该碑帖用笔沉着果断，秀雅轻灵，结构上以平正为主，结体匀称，有很强的稳定感和秩序感。从章法上讲，具有庄重端严的崇高美。仔细读帖，发现通篇上下左右，静中寓动，浑然有劲，生机勃发给人以强烈的审美愉悦。比如，"为"采用了行书化写法，显得活泼，"之"用反捺，避免与右侧"运"的捺画重复，又与下面的"户"相承接，形成了嵌合呼应的态势。

（3）尊崇赵孟頫。赵孟頫在我国书法史上占有一席之地，其作品的艺术风格与其他三位楷书大家不同。他以复古为旗帜，刻苦研究书法文化，取得巨大成就，对当时和后世的影响十分深远。

（4）弘扬古文化。我们从五年级开始，陆续学习并了解我国古代"楷书四大家"的事迹及其作品，以及他们在书法史上的崇高地位。了解了书法是中华民族的文化瑰宝，是中华民族的文化创造，是人类文明的宝贵财富。作为新时代的少年儿童要有"文化自觉"意识，以弘扬书法文化为己任，热爱汉字，认真学习书法，让书法文化重放光彩。

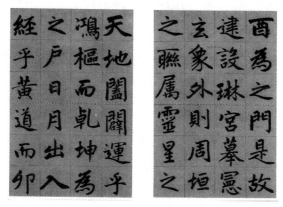

赵孟頫《三门记》

第七节　随堂写字课教学设计

一、一年级随堂写字课教学设计

1. "口、目、耳、手"及新笔画教学设计

（一年级上册识字 3《口耳目》）

教学目的：会写横折、撇、弯钩 3 个笔画，会端正书写"口、耳、目、手"4 个字。要求学生在动笔之前先仔细观察田字格中的范字。懂得少用橡皮擦。

教学过程：

一、掌握握笔要领，规范书写姿势

1. 教给握笔要领（四指定位法）：笔杆上靠食指根，下靠中指与食指并拢时的夹角处，拇指斜压笔杆，形成"三指合围"，小指侧立作支点，保持立掌姿势。

2. 规范书写姿势

（1）示范并反复强调。借助"一拳、一尺、一寸"，"头正、肩平、臂开、背直、足安"等口令，在教学过程中反复强调书写姿势。

（2）同桌互相观察，纠正姿势。

（设计意图：写字姿势很重要，它能促进儿童身体正常发育，可以帮助学生写好汉字。因此，写字教学要注意良好写字习惯的培养。）

二、复习田字格，学会使用

"田字格，四方方，写好汉字它来帮。横中线，竖中线，各个方位记心间。"用儿歌教育学生用好田字格。

（设计意图：认识田字格，知道田字格的作用。养成利用田字格观察字在田字格中的位置的习惯。）

三、书写新字新笔画

1. 书写"耳"

（1）复习笔画"横"和"竖"，说说书写要点。

（2）观察田字格中的范字"耳"，生试写。

（3）师范写，提示书写要点："耳"，共6画，独体字。注意笔顺（先横后竖，从上到下）。四横长短不同，间距均匀，中间两横连左不连右，左竖短，右竖长。字要居中写（以竖中线为中心，左右对称安排笔画）长横微右提，长竖宜直。上窄下宽，上紧下松，左紧右松。

（4）强调握笔姿势和书写姿势。

（5）学生描红、练写"耳"，教师巡视指导。

（设计意图：比如教学《口耳目》一课时，要求会写"口、目、耳、手"等4个字和横折、撇、弯钩3个笔画。"耳"字由横竖笔画组成，在这之前，"横、竖"已经学过，因此，宜从复习旧知开始，指导学生先写"耳"字。）

2. 书写"口、目"

（1）出示生字"口、目"，说说可以用什么好办法记住这两个字。

（2）仔细观察比较"口"与"目"在整体形状上有什么同异？（都是框形，第二笔都是横折；不同之处在于，"口"扁方，"目"长方，封口搭接的方式："口"字横包竖；"目"字竖包横，这里所谓的钩，是书写的时候笔锋自然带出的，是笔意相连的结果。）

（3）学习新笔画横折，书写提示：起笔写横，折处稍顿，再向下写竖，横平竖直，横轻竖重，横折要一笔写成。生试写；师范写，生书空；生先描红再练写。

（4）指导书写"口、目"。①引导学生观察笔顺和字在田字格中的书写位置（动态演示书写和笔顺）；②书写要点提示："口"3画，独体字，字形扁方，横段长，竖段短，竖段内斜，上宽下窄；"目"5画，独体字，字形长方，横段短，竖段长，上下等宽，中间短横连左，不连右。

（5）生描红、练写，教师巡视指导。

（6）借助口令，强调书写姿势。

（7）互动评价，再次练习。

（设计意图：引导学生通过观察和比较，感受同一类型字的同异，既促进对汉字结构的把握，又掌握笔顺规则。）

3. 书写"手"

（1）学习新笔画"撇"和"弯钩"。出示"手"字，"手"中藏着两个新笔画：

①平撇，提示运笔要点（下笔由重到轻，从粗到细）。

②弯钩，提示运笔要点（轻轻下笔，呈弓背形，略带点弯，出钩处稍顿，向左上方钩出）。

③教师范写，生书空。

④生练写，提醒学生"弯钩"一笔写完。

（2）指导书写"手"。引导学生观察"手"的笔顺及在田字格中的书写位置，发现书写难点。

（3）生先描红再练写"手"，师强调书写姿势，明确书写要求。

（4）要点提示："手"字的长横左伸右缩，微微向上斜，穿过横中线。"弯钩"的起收处，上下对正，落在竖中线上。

（5）生描红并练写"手"字，教师巡视指导。

（6）书写评价，生生互评，评价的标准参照"要点提示"；互评之后注意修改，再次练写。

（设计意图：养成良好的书写习惯；知道每个字的书写要点，能在田字格中找准位置，促进学生规范书写；重视发挥评价的功能。）

2.《"从上到下"和"先横后竖"的笔顺规则》的教学设计

（一年级上册语文园地3"书写提示"）

教学目的：提示写字时的书写姿势。了解汉字"从上到下"和"先横后竖"的笔顺规则，按规则书写汉字。注意笔画在田字格中的位置。养成少用橡皮擦的习惯。

教学过程：

一、复习巩固写字时的姿势

借助"头正、身直、肩平、臂开、足平"和"手离笔尖一寸，胸离桌子一拳，眼离桌面一尺"（三个一）的口令和示范纠正训练，引导学生养成正确的"双姿"。

（设计意图：重视培养学生良好的写字习惯，练字就是练心。）

二、学习"二、三"的写法

（1）学生书写，教师巡视指导，纠正不正确的执笔姿势。

（2）集体交流"二、三"的写法。请学生说说这两个字是按照什么顺序写的，用上"先、后"等表示顺序的词语来回答。

（3）学生交流，教师小结：书写汉字的第一条笔顺规则就是"从上到下。"

（4）引导学生观察字在田字格中的占位。

（5）教师范写，提示书写要点："二"字第一横短，第二横长，两横分别在田字格横中线的上、下方，字形上窄下宽；"三"字注意三横的长短区分，横画之间间隔要均匀，第二横在田字格的横中线上，字形上窄下宽。

（6）注意拓展迁移。引导学生回忆：刚刚学过的生字中，有哪些汉字也是按"从上到下"的笔顺书写的？

（设计意图：发现"从上到下"的笔顺规则是教学重点；知道每个汉字的书写要点，规范书写是教学难点。教学中要引导学生善于观察和发现，做到规范写字。）

三、学习"十、禾"的写法

（1）出示"十、禾"卡片。学生观察后交流：这两个字分别是按照什么顺序写的？小结：书写汉字的第二条笔顺规则就是"先横后竖"。

（2）教师范写，指导"十"字。书写要点提示：横画和竖画分别压在横中线、竖中线上。"禾"：撇、捺舒展，竖画写在竖中线上。

（3）学生练写，教师巡视指导，提醒注意"双姿"。

（4）注意拓展迁移。回忆：学过的生字中还有哪些"先横后竖"的字。

四、学生自主练写

投影展示学生的习字，引导学生针对每个字在田字格中的占位以及笔画的位置、长短、走向等进行互相评价。学生再次练习。

五、教师总结笔顺规则

要想把字写得又好又快，不仅笔顺要正确，还要注意观察笔画在田字格中的位置、长短、走向等，特别要写好第一笔。这样才能把字写得正确、规范、端正。

（设计意图：注意互相评价，注重发现规律，抓住重点，突破难点，把汉字写正确，养成良好的写字习惯。）

3. "水、去、来、不"的教学设计

（一年级上册识字6《画》）

教学目的：引导学生观察发现这四个字的共同之处，领会支撑笔画的作用，找准字在田字格中的占位，能在田字格中正确书写"水、去、来、不"4个字。

教学过程：

一、掌握握笔要领，规范书写姿势

1. 教给握笔要领：笔杆上靠食指根，下靠中指与食指并拢时的夹角处，拇指斜压笔杆，形成"三指合围"，小指侧立作支点，保持立掌姿势。

2. 规范书写姿势：

（1）教师示范并反复强调。

（2）同桌互相提醒，纠正姿势。

（设计意图：写字姿势很重要，姿势规范有利于学生写好汉字；反之，姿势不正确，既难于写好字，又影响学生正常发育。因此，写字教学要注意良好写字习惯的培养。）

二、复习田字格，说说书写要点

（1）认识田字格。"田字格，四方方，写好汉字它来帮。横中线，竖

中线，各个方位记心间。"

（2）用好田字格。利用好田字格的横竖中线，可以避免字写得过大过小、过高过低或不正。

（设计意图：认识田字格，知道田字格的作用，养成利用田字格观察字在田字格中的位置的习惯。）

三、书写新字"水、去、来、不"

1. 说说这四个字的笔画笔顺和结构。除"去"是上下结构，其他的都是独体字。

2. 观察范字"水、去、来、去"在田字格中的占位及共同之处。

（1）这四个字都有一个纵向支撑的关键笔画竖或竖钩写在竖中线上。

（2）这四个字都以竖中线为中心，左右对称安排笔画。

3. 学生选择自己有把握的字对照范字临写。教师巡视指导，强调"双姿"。

4. 投影展示学生习字，师生交流点评，引导学生注意田字格中的关键笔画（首笔、压线笔、主笔）。

5. 教师范写，并提示书写要点，注意笔顺。比如，"水"字竖钩居中写，写在竖中线上，以竖钩为中心，左右匀称安排笔画，撇尖捺尾水平高于竖钩的出钩处。竖钩就是起支撑作用的笔画。

6. 学生描红、临写，教师巡视指导，强调"双姿"要到位。

7. 投影习字反馈点评"来、不"和"去"。

（1）师生交流"来、不"。

①找关键。引导学生说一说"来、不"这两个字的占位特点，"来"字第五画竖落在竖中线上，撇捺左右对称；"不"字竖画要写在竖中线上，撇点要以竖画为中心左右对称。

②找首笔。引导学生说一说"来、不"这两个字的首笔的起止、走向和长短。

（2）师生交流"去"。

①作比较。"去"字是上下结构，与"云、土"字作对比，引导学生发现"去"字上下部分要显扁显宽。

②找关键。"去"字上半部分"去"的竖画和长横要写在横竖中线，下半部分"厶"的起点在田字格中心，以竖中线对中心对称安排笔画。

8. 学生对照自己写的字，再书写，写得不好的字可以多写几个，争取一个比一个好。

（设计意图：写字指导首先要教会学生发现字在田字格中秘密的本领。其次教师重在示范引领，提示书写要点，通过投影组织学生对所写的字进行反馈点评，引导学生对照自己写的字，找到改进的方向，增强习字的信心。）

4. "竹、牙、马、用、几"及新笔画教学设计

（一年级上册课文 12《雪地里的小画家》）

教学目的：仔细观察"竹、牙"等 5 个字在田字格中的位置及特点。会写"竹、牙"等 5 个字和横折弯钩 1 个笔画。在田字格中正确、端正书写。端正"双姿"，注意提醒学生努力养成先观察再写字的习惯。

教学过程：

1. 书写"竹"

（1）复习导入。出示"林、从"，让学生说说它们在结构上的共同点以及书写要点（与独体字相比，左右偏旁均变窄、变长；左右并列，左促右舒，左小右大；左右要穿插迎让，避密就疏）。

（2）出示"竹"字，引导学生观察，借鉴旧知，归纳书写要点。

（3）播放"竹"字笔顺动图，学生描红、练写。

（4）投影展示学生的习字，彼此交流点评。

（5）教师范写"竹"字，学生书空，学生点评教师"范写"的优点

和不足。

（6）强调"双姿"，学生临写，教师巡视指导。

（设计意图：在书写"竹"字之前，学生已经学过了"林"和"从"，以旧知识引入，既可以温习前面学到的知识，可以巩固旧知识，还可以为新知识做铺垫，起到事半功倍的效果。）

2. 书写"牙、马、用"

（1）出示生字："牙""马"和"用"。请观察这三个生字，说说与之前学过的哪些字比较相似或相近。

（2）比一比。出示：才——牙；鸟——马；月——用，引导学生观察，分别说一说前后两字在结构上有什么同异？（"才"和"牙"的横与竖钩交叉点偏右上。"才"字的横画左伸右缩，"牙"字的竖折的横段左缩右伸；"鸟"字的主笔竖折折钩，其两个竖段长度相当，"马"字的主笔竖折折钩，其两个竖段上短下长；"月"框窄，"用"框宽，书写要点是：外框宽，两横短，一竖立稳竖中线，横折钩摆端正，不向内收。）

（3）写一写。

①生描红练习，教师强调"双姿"，巡视指导。

②展示学生习字，师生评点。

③教师范写，小结书写要点。

④学生再写改进。

（设计意图：通过比一比，发现同异，温故知新，激发习字兴趣；通过写一写，领悟书写要点，发现规律，突破难点，把字写到位，写美观。）

3. 书写"几"

（1）出示"几"字，复习书写要领，练习一遍。

（2）再出示生字："几"，对比"几"字，观察"几"字有什么发现？（"几"多了一段短横，变成另一个生字"几"。）

（3）找一找"几"里藏着一个新笔画（横折弯钩）。教师范写，指导书写要领。（先写短横，再斜下写竖，再向右侧写一个有弧度的钩，弯圆，底平，钩向上。）

（4）学生书空、练习。

（5）师指导书写"几"字。"几"字笔画虽少，结构却难把握，引导学生注意字在田字格中的占位。（竖撇先竖后撇偏左，横折弯钩居中偏右，竖段紧依竖中线，一笔写成横折弯钩，弯处圆圆天鹅肚，呈"引鹅状"。）

（6）生练习，强调"双姿"，教师注意发现问题。

（7）师生交流，再写再评。

（设计意图：顺口溜中融合了儿童情趣与书写知识，深得学生喜欢。在书写教学中，如果直接呈现书写知识，就显得枯燥。教师可运用自编儿歌，让学生认识字的特征，了解字的结构，加深对字的印象，写字时有法可依，能写得更上手。）

5.《"先中间后两边"和"先外后内"的笔顺规则》的教学设计

（一年级上册语文园地8"书写提示"）

教学目的：了解汉字"先中间后两边"和"先外后内"的笔顺规则，能在田字格中正确书写。回顾总结本学期在"书写提示"中所学习过的内容，逐步培养学生按规则书写汉字的习惯。

教学过程：

1. 说说写字的坐势和执笔的方法

2. 书写汉字，总结规则

（1）书写"小、水"，交流感受。

①出示"小、水"，指名唱读并书空。思考：还可以有其他的写法吗？试一试说说自己的感受。

②投影出示"小、水"笔顺动图，引导学生发现，这两个字的书写顺序都是从中间的竖钩开始的。

③学生正确书写，讨论总结书写"小、水"的笔顺规则（先中间后两边）。

④观察字在田字格中的占位，特别是关键笔画起止、走向和位置。

⑤学生再次练习写好。

（2）书写"月、问"，交流感受。

①出示"月、问"，指名唱读并书空。鼓励学生思考：还有其他的书写顺序吗？

②投影出示"月、问"笔顺动图。仔细观察说说自己的发现：这类字都是框形结构的。

③交流总结"月、问"的笔顺规则是"先外后内"，学生正确书写。

④观察字在田字格中占位和关键笔画。

⑤学生再次练习写好。（步骤与上面相同）

（设计意图：学生自己先试写，通过正反对比，体会正确笔顺的好处；再通过观看笔顺动态，发现笔顺规则，加深认识。在此基础上，进一步引导学生观察字在田字格中的位置，把字写到位、写正确、写美观。）

3. 回忆拓展，巩固练习

（1）在学习过的汉字中，还有哪些也运用了"先中间后两边"和"先外后内"的笔顺规则的？

（2）学生练习，汇报交流。先中间后两边的字（山、少、东）；先外后内的字（目、四、田）。说一说这样写的好处。

（3）描红临写：仔细观察田字格中每个字的位置，交流提醒关键笔画所在的位置，再进书写。

（设计意图：由点到面，延伸拓展，巩固旧知，加深理解，强化运用，举一反三，旨在形成能力。)

4. 回顾总结，提高认识

(1) 本学期所学的笔顺规则：从上到下，先横后竖；从左到右，先撇后捺；先中间后两边，先外后内。

(2) 笔画多的字，尤其合体字的书写往往需要运用多种笔顺规则。比如"禾"字，就运用"从上到下""先横后竖""先撇后捺"的规则。

(设计意图：把本学期所学知识作一个系统的总结，强化各知识点的联系，增进对汉字书写笔顺规律的认识。)

6.《"先外后内再封口"的笔顺规则》的教学设计

(一年级下册语文园地一"书写提示")

教学目的：

1. 了解全包围结构的字"先外后内再封口"的笔顺规则。

2. 写好"白、回、国"这 3 个框形结构的字。

3. 巩固在这之前所学习过的框形结构的字，逐步掌握"先外后内再封口"笔顺规则，书写全包围结构的字。

4. 养成写字前先观察的良好写字习惯。

教学过程：

1. 复习写字姿势和执笔方法。说一说：有哪些不正确的坐势和不规范的执笔方法？说说自己的体会。

2. 书写汉字，总结规则。

(1) 观察这 3 个字，归纳共同点。发现"白、回、国"这 3 个字的共同点，是具有全包围结构的特点。"国"字形长方，上下等宽，"玉"居中靠上，与大"口"内外相协调，其四周布白均匀。"回"字大口小口四周布白均匀，"白"字与"回"字外形较扁，上宽下窄。

(2) 教师巡视指导，强调注意"双姿"。

（设计意图：仅仅明白了全包围结构的书写规则，还不够，光说不练假把式，光练不说傻把式，又说又练真把式。要把知识变成技能、能力，只有付诸实践。临写要养成先看后写，意在笔先的良好习惯。胸有成竹，意到笔到，才能写得正确，写得美观。）

3. 师生点评，总结经验

（1）教师用投影仪展示学生习字。教师引导学生针对字形结构特点及关键笔画在田字格中的占位和笔画的长短是否得体进行点评。

（2）教师小结：写字时不仅要注意笔画的顺序，而且要注意笔画摆放的位置，以及每个字的字形结构，这样才能把字写得美观、大方。

（设计意图：师生点评点的标准要围绕上一环节的"临写要点"，做到心中有数。教师抓住学生在田字格中"不正确的书写问题"引导学生进行互评，才能做到有的放矢，一目了然，心领神会。）

4. 回忆拓展，巩固练习

（1）在学习过的汉字中，还有哪些字也运用了"先外后内再封口"笔顺规则的书写？

（2）学生练习，汇报交流。师板书"先外后内再封口"的字（目、四、田）。

（3）仔细观察，描红临写。仔细观察田字格中每个字的位置，交流提醒关键笔画所在的位置，再选择自己感觉比较难写的字写一写。

（设计意图：由点到面，延伸拓展，巩固旧知，加深理解，强化运用，举一反三，旨在形成能力。）

5. 归纳总结，提高认识

（1）要正确掌握全包围结构的笔顺规则；

（2）要在田字格中正确书写汉字；

（3）要养成临写前先看清楚再动笔的良好习惯，努力做到写得准、写规范，一字更比一字好。

二、二年级随堂写字课教学设计

1. 要求会写"第、公"等 8 个字的教学设计

（二年级上册课文 22《狐狸分奶酪》）

教学目的：了解左右结构和上下结构的字的书写要点，教学生学会"三看"（看结构，看占位，看关键笔画），提高分析字形特点的能力，养成减少修改次数的书写习惯，增强写好汉字的信心。

教学过程：

一、调整姿态，准备写字

上课伊始，教师提醒：请安静，请坐好，提醒一下，写好字必须做到眼到、口到、手到、心到。

二、激趣导入，发现特点

1. 借助动态图演示。同学们，今天我们继续来认识 8 个"生字宝宝"（奶、始、吵、仔、急、咬、第、公），请你们仔细瞧瞧，这些字分别是哪种结构的字？（左右结构、上下结构）

2. 教师小结，根据字形结构特点，归为两类，分别进行书写指导。

三、仔细观察，认真临写

1. 指导书写"奶、始、吵、仔、咬"

（1）发现不同点。通过借助辅助线的手段，仔细观察这 5 个左右结构字的不同点。提示："奶、始、仔"左窄右宽，"奶、始"左高右低，而"仔"左右等高。"吵、咬"左窄右宽、左小右大，小"口"居中靠上。

（2）找出分界线。找一找左右部件的结构分界线，看清字在田字格中宽窄的占比。

（3）说清关键笔。提示：首笔、压线笔、主笔。

（4）描红，练写，提醒"双姿"。

（5）教师范写，点评交流。

（6）学生再写，展示评价，表扬总结。

2. 指导书写"急、第、公"

（1）说说"同"和"异"。提示：这3个字都是上下结构。区别在于"急"字上长下短，上窄下宽；"第"字上短下长，上下等宽；"公"字上宽下窄，上放下收，下部迎就。

（2）比比宽窄，看看长短。

①比较新旧，发现区别。出示范字，发现书写要点。

先"扶"，重点指导"急"。先出示"心、您、想"引导回顾一下"心"变成心字底的变化，再与"急"作比较，引导发现"急"字的"上半部分宜收，下半部分宜放，底部'心'要扁平一些"的书写要点。

后"放"，学生自行观察"第、公"。先出示"笑、答"这两个熟字与"第"作比较，再出示"八、分"这两个熟字与"公"作比较，让学生自己发现字的结构特点。

预设："⺮"的占位大小与下半部分的结构繁简笔画多少密切相关，"第"字"上长下短，上下同宽"；上半部"八"要写得扁平一些，舒展一些，让下部"厶"能够靠近一些，更紧凑。

②教师小结要点。书写要点：要注意上下部分的宽窄长短的比例。为了保持方块字的形状，上下部件要写得扁平一些，使上下更紧凑些。

（3）对准中线，保持平稳。

①出示田字格的范字"急、第、公"，观察"三笔"，确定中心。

预设："急"字以竖中线为中心，左右匀称排列，首笔从上半格格中竖中线起笔，首笔起笔处与横撇的撇尖，"彐"三横中点，"心"字的中点，上下6点连成一线，确保重心平稳。"第"字的竹字头以竖中线为中心左右均分，下半部分的中竖对准竖中线，上下对正，中心不偏。"公"字的上半部分"八"与下半部分"厶"均对准竖中线，左右匀称，上下对正，保持平正，不失重心。

②教师小结要点。观察"三笔"，找准中心，上下部分要紧凑，中宫要收紧，中心对正，不偏不敧，字就端稳。

（4）描红，练写"急"字，提醒"双姿"。

（5）教师范写"急"，点评交流。

（6）学生再写"急"，展示评价。

（7）迁移练写"第、公"，提高书写效率，表扬总结。

（设计意图：指导书写时，可以提示学生将8个字先进行归类教学时，可以把这几个字放在一起，组成一组进行教学，引导学生观察，用加辅助线的方式，帮助学生发现同异之处。然后通过描红习写，教师范写，师生点评交流，学生再写，展示评价等环节，掌握书写要领。）

2.《"作、法、都、别"书写指导》的教学设计

（二年级上册语文园地一"书写提示"）

教学目的：了解"作、法"和"都、别"这两种字形结构的特点，初步体会把握好左右部分的比例关系，安排好左右部分的位置是写好这类字的关键，让学生从"左右容让"中感受到汉字的和谐美，激发学生书写汉字的积极性。

教学过程：

1. 强调安静

习字氛围宜静，心静下来，才能专心致志，心无旁骛地写字。其次要有端正坐姿，注意正确的执笔姿势的庄重感。

（设计意图：练字即练心。静能生慧，练习写字的过程也是心性陶冶的养成过程。）

2. 观察范字

（1）出示田字格中的范字："作、法、都、别"，指名带读范字，并

书空。

（2）仔细观察这四个范字，找到它们的相同点或者不同点。预设：它们都是左右结构的字；它们有的左窄右宽，有的左宽右窄；有的左低右高，有的左高右低。

（3）找左右部件的结构分界线。（引导学生观察范字左边的红方蓝方组合的示意图，对照田字格的竖中线就很容易看清楚"左窄右宽"和"左宽右窄"的占位比例大小。）

（4）鼓励学生大胆说一说关键笔画。

预设：

①"作"字"左短右长"，"亻"的撇右伸，右部的首笔撇画穿过竖中线斜伸到"亻"的竖侧，左右相应。

②"法"字"左短右长"，第四笔横短斜，从首点右下方起笔穿过竖中线收于右上格，第六笔长横左伸，从第三笔提画的提尖处起笔，收于右半格的横中线上，呈稍微上扬之势。撇折的折角左伸。左右部分紧凑，气势连贯。

③"都"字"左大右小，左高右低"，左部"者"的长横穿过竖中线右伸，右部"阝"要与左部错位写，做到"右小下移"，保持"轻重平衡"。

④"别"字的"口"略扁，居中靠上偏左，横折钩的横段和竖段分别写在横竖中线上。右部"刂"要偏下一点，稳住重心，保持左右轻重平衡。

（设计意图：这些字学生已经写过，有一定的感知。通过观察，让学生进一步弄明白怎么写，为什么这样写。这段训练旨在培养学生养成先认真观察，再动笔书写的良好习惯。意在笔先，胸有成竹，是写得准，写得像，写得美的前提。）

3. 学生描红、练写（提醒坐姿和握笔姿势）

4. 教师板书范写，师生交流点评

5. 学生练写。教师巡回检查学生坐姿和纠正握笔姿势。

6. 展示评价

评价标准：提醒学生书写时是否按照字的结构特点写端正，写整洁，写美观。总结优缺点，鼓励学生不断努力。

（设计意图：把学生习字与展示评价结合起来，一方面是对照评价标准，让学生明白自己的书写成效和不足，掌握写左右结构字的方法；另一方面通过展示，让学生感受到学习的收获，增强写好字的信心。）

3. 《"匹、巨、周"和"团、圆、国"书写指导》教学设计

（二年级下册语文园地四"书写提示"）

教学目的：能根据提示，写好"三包围""全包围"结构的字，注意"包围"与"被包围"部分之间大小的协调。

教学过程：

一、复习导入

1. 复习旧知

出示"底、原"和"处、递"。

本学期初，在"语文园地一"的"书写提示"中，已经学过了"左上包围"和"左下包围"的字。你还能列举出这一类型的字吗？（出示"层、床、尿"和"起、迹"）请大家踊跃说一说"半包围"结构特点。

预设："二面包围"。

2. "右上包围"。思考：你们已学过的字还有哪种"半包围"结构？

预设："右上包围"。（出示：句、可、习、岛）

3. 导出新知

（1）"二面包围"，顾名思义，里面的部件被外面的两个面包围起来，包括"左上包围""左下包围""右上包围"。思考：写好"二面包围"

的字要注意什么？师生交流，教师小结：注意不同部分的伸展；写外围时，要先考虑内包部分的大小；内包部分要向外包部分靠近，重心摆稳。

（2）"三面包围"

①说说"三面包围"的字与"二面包围"的字的区别。

②说说你所认识"三包围"的字。出示"匹、巨、周"3个字。

（设计意图：包围结构的字是本学期书写指导的重点。学生已经学过大量各类包围结构的字，有必要进行回顾总结，让学生有一个比较全面的认识。）

二、指导书写"匹、巨、周"

1. 结构特点

观察"匹、巨、周"3个字，它们在结构上有什么特点？提示：都是"三面包围"的字，区别在于"匹、巨"是"上左下包围"，"周"是"左上右包围"。还有其他方向的"三包围"的字吗？出示"画"是"左下右包围"。

2. 书写要点

思考：书写的时候要注意什么呢？书写要点：包围部分与被包围部分大小要写得协调。仔细观察"匹"和"巨"的外框长短宽　有什么区别，为什么？

预设：内包部分的大小、形状，决定外包部分的宽窄高低。

3. 学生描红、练习书写。

根据结构特点练习书写"匹、巨、周"。教师巡视，纠正"双姿"。

4. 教师范写"周"，学生书空，师生交流写"周"字的难点。

预设：内包"吉"要居中靠上，避免下沉，四周要布白匀称。

5. 学生再描红、练写3个字。

6. 展示评价。

提示："匹"字最后一笔"竖弯钩"不要超出三面包围。"巨"字中间的矩形框要扁一些。"周"字中间"吉"字上横短下横长，要居中靠上。

三、指导书写"团、圆、国"

1. 结构特点

观察"团、圆、国"3个字，它们在结构上有什么特点？

提示：都是全包围的字。外框都是长方形的，上下等宽。左竖略短，右竖稍长，左右相向。内外部分相协调。

2. 书写指导

写"团、圆、国"时要注意些什么呢？（书写要点：国字框，形长方，外框正，字就稳；外框歪，字就斜；内部大小要合适，要居中稍靠上，避免下沉；注意最后一笔横与外框横折的搭接）

3. 练习书写

根据自己兴趣选择"团、圆、国"3个字其中一个进行描红、练写。注意"双姿"正确。

4. 同桌互相评议，再写再修改。

5. 教师范写。

提示：框内的（部件）均不可靠到框，四周要布白均匀。学生再写。

6. 展示评议，交流心得。

挑选好、中、差部分习字在全班交流，在写得好的，谈谈体会；写得不好的，多加鼓励，再修改。

（设计意图：包围结构的字，要引导学生注意内外部件特点、彼此协调和关键笔画。教学时，要分类指导，抓住典型字认真分析指导，再以点带面，迁移学法，鼓励学生大胆尝试，自主发现，提高写字的效率。）

4.《"底、原"和"处、递"》教学设计

（二年级下册语文园地一"书写提示"）

教学目的：能根据提示，在田字格中练习书写左上包围"底、原"

和左下包围"处、递"，注意不同部分的伸展关系，力求规范、端正、整洁。

教学过程：

一、观察结构特点

1. 激趣导入

小朋友们，春姑娘来到我们的教室里，给我们送来了四个生字宝宝，我们一起来看看吧。出示"底、原"和"处、递"。

2. 认识结构

（1）认真观察思考，读读泡泡中的提示语，说一说：这两组汉字分别是什么结构的字？

预设："左上包围"和"左下包围"。

（2）观察田字格中的"底、原"和"处、递"，思考：它们的结构有什么不同？

预设："底、原"是从左上两面包住里面的部件，"处、递"是从左下两面包住里面的部件。

（设计意图：这一部分属于旧知，起始于知，落实于行，知行统一，旨在培养学生养成"意在笔先"的好习惯。看清楚了再写，也有利于养成书写整洁的习惯。）

二、指导书写范字

1. 书写"底、原"

（1）回忆之前写"底、原"的书写要点。预设书写要点：根据内包的大小长短，考虑外包宽窄长短。内包要居中靠上，重心摆稳。内包左上宜收缩紧凑，右下要舒展。

（2）练习书写"底"或"原"。

①先描红再练写。书写提示：注意包围部分的撇画要舒展。教师巡视指导。

②教师范写"底"字。先写外再写内，首点居中、横上斜、居中，撇画先竖再左下撇出，撇出头，内包部分"氏"靠上贴紧左上角，斜画伸展，先慢慢往外斜，至末端顿笔向上钩。

③展示评价。师生交流书写要点，指出努力方向。

2. 书写"处、递"

（1）引导观察"处、递"两字的结构，鼓励学生说一说如何写。预设："处"先写外再写内，首笔从左上格中间偏上处起笔，收于田字格横中线左段略下处，横撇从首撇中段起笔，行至靠近竖中线处折笔向左下方撇出，长捺从首撇撇尖与横中线交接处起笔，斜着往下走，过竖中线再渐行渐按，稍顿用力捺出。内包"卜"的竖画起点与左边齐平，点画起点与左边横撇的折角同高。"递"字先写"弟"，再写"辶"。"弟"居中偏右，竖画和撇画宜下收。"辶"的点画与"弟"的点撇画斜平，平捺起笔先上山，下山要伸展，书写平捺时，略微向左回笔后右出，渐行渐重，要一波三折，沉着有力，干净收笔。

（2）学生描红、练习写"处、递"。书写提示：注意包围部分的捺画，根据结构特点，注意内外包相协调。

（3）教师范写，师生交流。

（4）学生再练写。教师巡视指导，纠正"双姿"。

（5）展示评价。先同桌互相评议，再全班交流。

三、集中评价，总结收获

四、拓展练习

找一找语文书上左上、左下包围结构的汉字，比如"床、层、扁"和"还、这、过"，运用习得的写字要领练习书写。比一比，看谁写得又工整又美观。

（设计意图：能根据提示，写正确、规范、整洁，是本课的教学目标。举一反三，熟能生巧，拓展项目有助于促进学生熟练掌握书写要点，更好更快提高书写水平，力求写美观，品尝收获的滋味，乐此不疲。)

三、三年级随堂写字课教学设计

1.《狂、排、铺、票、盖、寒、臂、假》教学设计

(三年级上册语文园地二"书写提示")

教学目的：能使用钢笔书写"狂、排"等8个字，注意执笔姿势，做到横平竖直，把字写得规范、端正、整洁，初步感受汉字的美感。

教学过程：

一、说一说

这是本套教材第一次明确指导钢笔的书写，教师要指导学生正确使用钢笔，提醒执笔姿势，增强自信心。教师提示：

1. 钢笔与铅笔在使用上有些区别。

(1) 笔尖要用正面书写，笔身倾斜45度角，以保证笔尖与纸接触良好；教师示范握笔、归纳总结要点。

(2) 笔尖有弹性，不能太用劲，握笔要尽量放松。

(3) 仔细观察范字，心中有数了再动笔写，减少涂改，保持整洁。养成眼明、心细、手准的好习惯。

(4) 不用时套上笔盖，直立或水平放置都行，避免墨水泄出。

2. 观察课本中插图，说一说写字的姿势。提示："三个一"（一尺、一拳和一寸）；"头正、肩平、身直、足安"。

3. 鼓励学生。钢笔有笔锋，和铅笔的用法不太一样。要鼓励学生说："你第一次写钢笔字已经很好了，相信你只要坚持每天练习，一定会写得跟字帖上一样好看。"

二、看一看

1. 利用横、竖中线，观察"狂、铺、盖、臂、排、票、寒、假"8个字在田字格里的占位，仔细琢磨每个字中横和竖笔画起止、走向、长

短，想一想如何写好关键的横画和竖画。

2. 学生临写"狂、铺"。先回顾之前在课堂中学习书写时老师提示的要点，再仔细临写，最后同桌互评。教师巡视，纠正"双姿"。

3. 再观察老师在田字格内范写"狂、铺"汉字，教师边写边讲解。学生重点观察横画和竖画的书写以及左右、上下部件的大小、宽窄、长短的比例。

4. 全班相互交流。如何写好横竖这两个笔画，做到"横平竖直，平稳端正"。

提示：学生通过观察、交流发现：左右结构，左窄右宽，窄的移左让右，宽的移近中心，有主有次，轻重平衡；上下结构，注意要把上下部件都写得扁平一些，上下紧凑，中心对正，字就端稳；横画从左往右行笔，略呈左低右高之态，这样才平稳；竖画从上往下，要写得正。横平竖直，字就平稳端正、美观。

三、写一写

1. 学生模仿教师的范写，在田字格中练写余下 6 个字。教师巡视指导，提醒学生注意钢笔的握笔姿势，要求运笔时注意笔画横轻竖重，不要用力过猛。

2. 展示优秀习作，鼓励学生说一说自己是如何做到"横平竖直，重心平稳"。预设："排"字左窄右宽。"扌"窄长，横画短斜，竖钩正直有力，"非"右移变窄，左右横画平行，间距均匀，两竖端正、平行，左短右长，与左部"扌"形成三竖并立，高低参差。整个字左右轻重平衡，重心平稳。"盖"字上长下短，上窄下宽。上部"羊"竖画下收，居中靠上，左右对称，三横平行均匀，下部"皿"形扁居中，竖向笔画间距均匀，底横较长，起支撑作用。整个字上下紧凑，中心对正，重心端稳。

3. 学生反复练习，力求写出规范、端正、整洁的汉字。

4. 小组内互查互帮互学，对于写得不规范的汉字用红笔标出。对于写得好的评为组内"写字小明星"。再由教师评出班级"写字小明星"。

四、拓一拓

你还学过哪些横画和竖画较多的字？在练习本上写一写、练一练。

2.《父、及、英、柔、蒙、奏、雾、翅》教学设计

（三年级上册语文园地七"书写提示"）

教学目的：能了解撇和捺要舒展的书写要点，写好"父、及"等8个带有撇、捺笔画的字，初步感受汉字的形体美。

教学过程：

一、观察范字，发现特点

指名读一读，思考：观察这些范字，你发现了什么？

预设1：发现这几个字都带有撇和捺。

预设2：发现撇捺在字头时，撇捺开张，撇低捺高，下部宜收；撇捺在字中间时，撇尖捺脚齐平，上下部宜收；撇捺在字底时，撇高捺低，上部宜收；一个字中上下两捺先后连续，或上捺改为反捺，或下捺改为反捺。

二、写好撇捺，字就优美

1. 读懂提示

让学生读一读泡泡中的提示语，了解撇捺的重要性（在上，在中，在下均作为主笔，加以突显），读懂撇和捺舒展了，字就有生气、美观，反之，感到局促，不生动。

2. 感受美感

（1）例字解释："父"字撇捺舒展，上收下放，父爱如山，稳如磐石，让人依偎；"及"字撇捺舒展，穿宽插虚，布白均匀，赏心悦目；"奏"字撇捺舒展，上下对正，左右匀称，落落大方；"翅"字撇收捺展，撇高捺低，支撑着"羽"，凌空展翅，飘飘欲飞；"英"字上下对准竖中

线，左右匀称，撇捺舒展如鸟之双翼，英姿勃发；"柔"字上窄下宽，上小下大，中横宜长，撇捺宜收，长轻适宜，不喧宾夺主，端庄秀丽；"蒙"上窄下宽，"豕"部左右撇捺，相生相映，补其空处，使整个字饱满匀称，端庄大方；"雾"字上部"雨"形扁，左右匀称，居中靠上。下部"务"撇捺开张，"力"上移迎就，上下紧凑，左右匀称，中心对正，好比腾云驾雾，稳稳当当。

（2）教师小结：一个字之中，如果有撇和捺，就要写得舒展，突出主要笔画，主次分明，才能使字显得比较平衡、优美。

3. 书写要点。学生临写，互相讨论，说一说书写要点。

教师小结：书写撇捺的要领

（1）左右对称，长短适宜，长度相当，角度相近，弧度相配。

（2）撇画，形似兰花叶子，起笔右顿，转笔向左下，中间行笔稍缓，出锋时要快。捺画，像滑滑梯，下笔轻，自左上向右下行笔，渐行渐重，至末端稍顿一下笔，取平势捺出。

（3）运笔方法。一般而言，撇轻捺重，撇低捺高，与横画倾斜度相当。

三、自主练字

1. 让学生自主练写教材中的 8 个字。

2. 教师巡视指导，发现普遍写不到位的难写字。

3. 学生互相评价。重点关注撇和捺有没有写得舒展。

4. 再一次练写。

四、拓展练习

1. 教师总结"书写要点"及"如何写好带撇捺的字"。

2. 引导学生回顾学过的带有撇捺笔画的字，如"边、处、定、是"自己练写，注意努力把撇捺写得舒展些。

第十章 写字教学评价

建立系统、科学、确实可行的写字教学评价策略、手段和方法显得十分重要。写字教学评价应充分发挥教学评价的多重功能，恰当运用多种评价方式，注重评价主体的多元与互动，突出小学写字教学评价的基础性、实践性、阶段性、规范性和综合性。要根据不同年龄学生的习字特点，按照不同学段的课程目标，抓住关键，突出重点，采用合适方式，提高评价效率。

第一节 写字教学评价目的

写字教学评价的根本目的在于改善写字教学工作，促进学生学习，提高书写质量，全面落实课程目标，推进书法教育。

一、写字教学评价目的

开展教学评价首先要有评价标准。书法教育的评价必须以《语文课程标准》和《中小学书法教育指导纲要》为依据，明确学习什么，达到什么目的，是否学习了规定的内容，是否达到规定的目标。书法教育的评价，重在让每个学生写好汉字，了解基本的书法文化。遵照《语文课程标准》和《中小学书法教育指导纲要》这两个文件关于写字教育的基本要求是评价的前提。

小学语文教学评价具有导向功能、激励功能、交流功能、预测功能和诊断功能。《中小学书法教育指导纲要》评价建议中明确指出："评价目的。中小学书法教育评价要发挥评价的发展性功能，旨在激发学生学习书法的兴趣，养成良好的书写习惯，提高书写水平和审美情趣。"

1. 发挥导向功能

教学评价要发挥导向功能，像一根指挥棒，指引小学语文写字教学向正确的方向发展，从而有利于教学目标的实现。中小学书法教育评价一般不承担甄别选拔任务，更多地要发挥形成性评价的发展性功能，而是要重视评价的反馈调节、展示激励、反思总结、记录成长、积极导向等发展性功能。要重视学生学习书法的成长过程、写字技能和动机、兴趣、习惯等非智力因素的评价，"对学生语文学习的日常表现，应以表扬、鼓励等积极的评价为主，采用激励性的评语，从正面加以引导"。

2. 发挥激励功能

所谓激励就是持续激发人的动机，使人始终维持在一个兴奋状态中，以便向更高的目标进取。心理学研究表明：人们都有争取达到理想目标的强烈愿望，也有力求超过别人取得优势地位的动机。教学评价是通过按一定的标准和尺度对学生进行测评，必然会得出不同的评价结论，从而让每个学生都明确是否达到了理想目标，即是否很好地掌握了语文基础知识和基本技能，还可以把每个学生归于不同的层次、等级。无论是被归入哪个等级的评价对象，都会被激发其争先、超过别人的欲望和情绪。这种欲望和情绪就会创造出比高低、论输赢的竞争环境。这种欲望和环境会使人的身心处在高度的激发状态，精力充沛，智慧敏锐，促使人们努力克服困难，充分发挥潜能，增强学习语文的积极性、创造性和有效性，力求达到更高的层次或等级，这就是教学评价的激励功能。

教学评价也可以激励小学生更加努力地学习语文。小学生往往根据评价获得的反馈信息把自己的学习情况与其他同学做比较，认为自己学语文很快乐，很有成就感，进而产生把语文学好的兴趣和愿望；或者把语文学习的情况与其他学科做比较，认为有自己学好语文的天赋。我们常常会遇到这样的学生，往往因为老师在某一节课中表扬了他作文写得好，而且字写得"真精神"，或者他在一次写字竞赛中获奖并上墙展览，增强学好语文的自信心，从此便使这位学生作文优秀，写字更加出色，甚至播下这位学生成为书法家梦想的种子。这就是教师对学生的一个恰当及时的评价，能激起学生产生浓厚的兴趣和强烈的学习动机，下定决心一定要把语文学好，把字写好的最生动、最鲜活的例子。

教学评价的激励功能有时也会产生负面效应。所谓负面效应，就是指教学评价有时不但起不到激励作用，反而还会挫伤了学生学习的积极性。评价的实施者和被评价者应努力避免和消除负面效应的产生。

3. 发挥诊断功能

评价的诊断功能包括两个方面：一方面，对教师而言，通过评价获得反馈信息，及时进行加工、处理和分析，发现优点和存在的不足，对教学情况有一个客观的评价，用以调整教学计划、改进教学方法。例如，教师为了反思自己的教学工作，提高科研水平，结合课题研究，设计问卷调查表，对学生前一时期的书写水平、态度、习惯、知识基础、审美趣味等作一次诊断性评价，为进一步明确课题研究方向，制定研究方案，采用研究策略提供科学依据。又如，教师根据反馈的信息，不断调整和改进教学，提高教学水平或者改进评价方法，丰富评价方式，建立科学的评价指标体系，发挥评价的激励功能。另一方面，评价的结果以科学性的、建设性的意见反馈给学生，能使学生对自己的书写水平和书写态度等方面有一个更为客观、全面的认识。教师可以根据反馈的信息，有针对性实施因材施教，促进学生进一步的发展；学生面对反馈的信息，要写出"习字反思"，总结长处和不足，了解自己的方位，调整和改进自己的学习步骤、时间和方法，以发扬优点，克服缺点，争取更大的进步。

为了提高学生自我评价和反思的能力，增强学习书法的自信心，可采取建立"成长记录袋"的方式，引导学生定期收集自己不同时期的佳作、书写作业和获奖证书等相关资料；也可以利用家长会等契机在教室里定期集中展示学生的书写作业等方式，营造浓厚的习字氛围，形成正确的舆论导向。这些收集于不同阶段的过程性的资料和习作都成为学生成长的缩影，展现学生书写水平的提高过程，具有形成性评价的积极意义。这些评价方式和活动资料充分体现了书法教育评价的发展性功能。

第二节　写字教学评价的层次目标

写字具有多重功能和奠基作用。写字课程是工具性和人文性的统一。课程标准在"总体目标与内容"中关于写字部分明确指出："能正确工整地书写汉字，并有一定的速度"。在这个"总目标"之下，按1—2年级、3—4年级、5—6年级、7—9年级四个学段，分别提出各"学段目标与内容"。各个学段目标遵循体系内隐阶梯，由低到高，螺旋上升，相互联系，最终全面达成总目标。

《语文课程标准》写字目标和教科书《书写提示》对照

学段	课程目标	纲要目标	书写提示
低年级	掌握汉字的基本笔画和常用的偏旁部首，能按笔顺规则用硬笔写字，注意间架结构。初步感受汉字的形体美。努力养成良好的写字习惯，写字姿势正确，书写规范、端正、整洁。	小学低年级学习用铅笔写正楷字，掌握汉字的基本笔画、常用的偏旁部首和基本的笔顺规则；会借助习字格把握字的笔画和间架结构，书写力求规范、端正、整洁，初步感受汉字的形体美。	1. 笔顺规则。 2. 间架结构。 3. 坐姿、握笔。先看后写，保持页面整洁。

续表

学段	课程目标	纲要目标	书写提示
中年级	能使用硬笔熟练地书写正楷字，做到规范、端正、整洁。用毛笔临摹正楷字帖。写字姿势正确，有良好的书写习惯。	小学中年级开始学习使用钢笔，能用钢笔熟练地书写正楷字，做到平正、匀称、力求美观，逐步提高书写速度。	1. 笔画要领。 2. 间架结构。 3. 行款布局。 4. 提笔练字的习惯。集中注意力，提高书写速度。
高年级	硬笔书写楷书，行款整齐，力求美观，有一定的速度。写字姿势正确，有良好的书写习惯。	小学高年级，运用横线格进行成篇书写练习时，力求行款整齐、美观，有一定速度；有兴趣的学生可以尝试用硬笔学写规范、通行的行楷字。	1. 注意笔画、结构等方面的细节。 2. 注意行款整齐、布局合理。 3. 自我检视。 4. 书法欣赏。

首先要明确各学段书法教育评价的共同要求。在《语文课程标准》具体建议中指出："每个学段都要指导学生写好汉字，要求学生写字姿势正确，指导学生掌握基本的书写技能，养成良好的书写习惯，提高书写质量。"《中小学书法教育纲要》在"评价建议"明确指出：评价的目的旨在"激发学生学习书法的兴趣、养成良好习惯、提高书写水平和审美情趣"，这就是各个学段书法教育评价的共同目标，所有评价方法都要以此为根本出发点，要以是否有利于实现这三个目标来衡量评价方法的优劣。因此，发展性评价手段，应该成为中小学书法教育评价的主要方式。

各年级、各学科、各阶段的教师要充分认识到书法教育在整个基础教育阶段的重要性，持之以恒地通过评价激发兴趣、养成习惯，在提高书写水平的过程中使学生逐步对汉字和书法的丰富内涵及文化价值有所了解，产生学习书法的热情，提高文化品位，增进爱国情感。在小学阶段，尤其是低年级，要求每一位老师都要非常重视学生的书写兴趣、习惯、态度的培养，经常提醒，反复训练，积极引导，常抓不懈。

写字的评价，要考查学生对于要求"会写"的字的掌握情况，重视书写的正确、端正、整洁，在此基础上，逐步力要求书写流利；要有利于激发学生识字、写字的兴趣，帮助学生养成写规范字的习惯，减少错别字。

不同学段的评价应有所侧重。第一学段要关注学生写好基本笔画、基本结构和基本字。《中小学书法教育纲要》在"评价建议"明确指出"小学低、中年级的书写评价，要重视学生基本笔画、结构的正确把握；关注认真的书写态度和良好书写习惯的养成"。掌握汉字的基本笔画、常用的偏旁部首和基本的笔顺规则，书写力求规范、端正、整洁，初步感受汉字的形体美。执笔方法和写字姿势正确。培养写字兴趣，学习使用和保管写字用具。书写评价要了解学生是否认识各种笔画的形体，是否知道它们的名称和写法，通过书写练习，是否掌握各种笔画基本的书写技巧。第二学段要掌握基本笔画的名称、笔形和运笔原则，做到笔画正确、笔形清楚，能使用硬笔熟练地书写正楷字，初步掌握独体字的书写要领，初步掌握左右结构、上下结构的偏旁搭配、形体结构和书写方法，能养成良好的"双姿"和运笔习惯，并保持整洁的书写习惯，做到规范、端正、整洁。书写评价要了解学生是否掌握各种笔画的书写要领，通过观察法了解学生是否养成良好的书写习惯，行款是否符合要求，是否掌握偏旁搭配时笔画的变化，通过书写练习，是否掌握独体字的布白技巧和书写要领，是否初步了解左右结构的组合规律。第二、第三学段还要关注学生的毛笔书写。第三学段要求能流畅写出美观的基本笔画，能正确掌握笔画、笔顺、偏旁部首和结构，能保持良好的书写习惯，尤其自我检视的习惯，并且运笔熟练，注意行款整齐，力求美观，有一定的速度，布局合理，逐步掌握汉字的结构，这些结构包括"独体字、左右结构、上下结构、左中右结构、上中下结构、全包围结构，半包围结构"

等。书写评价要了解学生是否掌握偏旁部首的形体特点和书写方法，是否知道偏旁组合时哪些笔画发生变化，是否初步了解偏旁变化和结构原理，通过书写练习，是否掌握上下、左右结构字的书写技巧，运用横线格进行成篇书写练习时，能否达到行款整齐、美观，有一定速度；要求学生会写 2500 个字。"小学高年级还要关注书写的美观与流利"，这是比较高的要求，需要与平时"硬笔楷字"的练习结合起来。第四学段还要关注学生基本行楷字的书写和对名家书法作品的临摹。

第三节 评价方式与方法

培养学生从小练就一手漂亮的好字，使他们充分领悟祖国语言文字的美，弘扬中华民族优秀文化传统，提高学生审美能力和丰富艺术修养。但是习字过程是十分枯燥的，并特别需要耐心。培养学生的写字兴趣并非一朝一夕的事情，要让生性好动的孩子喜欢写字，并养成良好的写字习惯，必须重视学生写字兴趣、情感、意志的培养。如果不能很好地激发他们的写字兴趣，并形成稳定的心理品质，写字练习就会变成学生应付教师的"苦差事"了。《中小学书法教育指导纲要》评价建议中明确指出："中小学书法教育评价应结合教学需要，灵活采用多种评方法，可以采用圈点法、批注法、示范法以及作业分析法，也可以采用展示激励、反思总结以及建立成长记录袋等方法。评价过程中要综合采用自评、他评、互评等式。提倡在各学科考试中设置卷面分。中小学书法教育不举行专门的考试，不开展书法等级考试。"多种的评价符号、多彩的评价语言、多样的展示形式，让学生在温馨的评价中品尝到写字的喜悦，激发他们的写字兴趣，把他们引向成功之路。具体做法有以下几种：

一、评价标准差异化

熟练的写字技能形成需要一个长期练习的过程。低年级的孩子在练习写字过程中常常出现不能准确地写出笔画，难以把握字的间架结构，写出来的字总是歪歪斜斜的。有的学校写字教学评价存在着"一刀切"的现象，评价的标准不能很好对准学段目标，评价方式过于单一，过于注重甄别和选拔，忽视了差异性和发展性，不能尊重学生的个体差异，教学评价挫伤孩子们习字的积极性，使孩子逐渐失去了对写字的兴趣。因此，写字差异化的评价至关重要，体现尊重差异，善待差异，接纳差异的思想。其实，每一个班级，孩子的写字水平都是不一样，这是客观存在的。差异化写字评价极大地调动了学生学习的积极性，促使他们树立起习字的信心，进一步向所期望的目标积极努力。更重要的是让他们感受到老师和同学们的关心和爱护，有助于孩子们的身心健康。新课改实施以来，学生的主体性得到了充分的重视与发展，在差异化教学评价中，学生的互评、师生的评价也得到了充分地重视，根据个人水平差异综合评价，这种评价手段保护学生小小的自尊，实践证明是有效性。在学生与教师之间的集体评价中，他们的视野会变得更加开阔，变得更加活泼与自信，写字真美好，一起向未来。

二、评价主体多元化

传统的评价中，评价主体单一，以他人评价为主，也适当地进行自我评价。一般来说，教师是"他人评价"的主导者、执行者，学生是评价的被动接受者。评价的结果往往是教师的"一言堂"评价代表评价的信度和效度。新课程改革要求评价主体多元化，教师变评价的执行者成为评价活动的组织者、协调者。评价的主体成多元性，有利于提高评价的信度和效度，有利于激发被评价者习字动机，调动被评价者参与积极性。

1. 学生自我评价——"我也能评自己的字"

在"自我评价"过程中，学生始终以自己为主体，大大增强主人翁意识，逐步学会正确认识自我，树立写好字的信心。要引导学生按照写字四步法"看—写—比—改"，边写边评，动笔之前仔细观察范字，写好一个字后，认真对照范字，找出不足之处，以便在写下一个字时加以改进。与范字比较后，在自认为写得最棒的字旁边画上一颗五角星奖赏自己，以满足自己小小的虚荣心，点点滴滴的成就感，激发了孩子们习字兴趣，激励学习书法的热情。在学生练习时，老师要巡视指导，适时评价，如此一来，学生信心大增，调动了学生习字积极性、主动性。孩子们自始至终都很认真对待，及时自评写字质量，努力把字写出彩。在自评中孩子们觉得"我也能评自己的字"，学会赞赏自己，提高了审美能力。"自我评价"是最能促进学生素质发展过程的评价方法。教师要积极引导学生主动参与自我评价，逐步学会客观地实事求是地评价自己，从而悦纳自己，不断超越自己。

2. 小组互相评价——"我们当小老师了"

在课堂中，教师不仅要培养学生自己学会自我评价，还要让同学之间互相评价，学会取长补短，学会相互欣赏。在"作品"完成之后，应及时组织学生进行小组互相评价。评价之前，教师要把"书写总评表"分发给学生，统一评价原则和评价标准。评价内容要全面，应包含"写字姿势""写字习惯"与"写字技能"等方面，而且要细化，比如针对高年级的"写字技能"要体现"笔画是否规范，疏密是否匀称，比例是否适当，行款是否整齐"。有了评价标准和要求之后，学生评价时就能有的放矢。一方面要引导学生善于发现别人长处。"你的字我来评"认为同学某一笔画某一字写得较好，也可以将这一笔画这一字圈出；如果同学的字写得与范字的字一样"精神"，可以用红笔将字圈出，并画上一颗五角星。在评价他人时，当然也可以自评，看着同学写的字，对照自己展开自评，学习借鉴，以便改进自己的不足之处。另一方面要正确对待他人的评价。"我的字你来评"，就是要相信同学的眼光和态度，要正视同学对自己"作品"的评价，同学的评价有可能较高，不能沾沾自喜，洋洋得意，要本着虚心的态度，不要骄傲；当同学的评价与自己的期望落差较大时，不必心生怨气，破罐破摔，要诚恳反思存在的问题，争取更大进步。通过小组互评，不仅能激发上进心，提高书写质量，发展审美能力，还能培养学生正确的荣誉观，戒骄戒躁，能正确全面地看待他人和自己的成绩。同时，在互评的过程中，学生良好的个性品质潜移默化地互相熏陶和感染。

3. 师生互评——"我给老师当老师"

师生互评，顾名思义，就是老师和学生互相评价，这样老师和学生便都成了评价的主体，充分发挥有效评价的作用。相对而言，上写字课或随堂写字 10 分钟，教师有更多的时间走下讲台，与学生亲密地沟通、交流。比如，经过讨论总结出"书写要领"之后，学生试写，教师巡视，从中发现问题后再作有针对性示范，并给予启发和引导，学生再试写，进步明显了，教师对学生的表现及时予以评价和鼓励，并指明继续努力的方向，大大激发孩子们习字热情；同时，学生也可以评价老师，对教师而言，"示弱"是一种教学手段之一，体现"让学"的思想；对学生而言，"我给老师当老师"好比在"太岁头上动土"，充满兴奋、好奇和挑战，有利于调动学生习字的积极性和主动性。比如在教学"翼"字时，投影出示"翼"，引导学生观察，这个字是什么结构？由哪些部件组成的？写的时候要注意什么？学生试写，师生讨论分析；教师范写一个"翼"字，让学生来当老师、当评委，说说哪些地方写得好，哪些地方需要改进？教师虚心接受学生的意见，随后再范写一字，追问："小老师们，你们认为这个字写得怎么样？"这个过程既让学生轻松愉快学会了书写的方法，更重要的是学生对于评价老师的字显得十分在意，成就感十足。师生互评恰恰利用这种"成就感"让学生认真写好每个字。整个过程教师放下身段，与学生平起平坐，通过示范、讨论、交流、激励、鞭策，引导学生积极主动参与评价。对暴露出的问题再练写，教师当堂批改学生的习字作业并给予评价，最后总结炼情，肯定成绩，提出希望。

4. 教师点评——"我受表扬了"

从沟通的角度来看教育的效能。研究者发现在学校中，学生往往是先喜欢教师，再喜欢教师所提供的教育。他们很注重对教师的整体感觉是"喜欢"还是"不喜欢"，然后再来决定对教师的教育是"接受"还是"不接受"。研究表明，学生首先需要对教育活动产生热情，才会有对教育活动的投入；只有对教师产生尊敬、好感等正面的情绪，才能接受教师所传递的教育影响。教师首先需要通过各种教育技巧唤起学生的情感，再进行逻辑层面的教学，才会产生相应的思维热情。在评价过程中，首先教师与学生关系要和谐，学生喜欢老师，对老师具有"向师性"，才最在乎老师的看法，一写完写字作业总会争着让老师来欣赏他的"作品"，这时候，教师的点评往往起到关键作用。教师一句鼓励性的点评可以增强学生写好字的信念；一句苛刻的点评可能浇灭了学生写好字的信心。这就要求教师的点评要注意方式方法，在不同的场合，用不同的方式；对不同的学生，用不同的方法。比如，在课堂上，发现学生出现了带有普遍性不规范的错误，可把这类字展示到黑板上，进行"广而告之"纠偏，不给孩子留情面；又比如，对于学困生，信心刚刚萌发，要善于捕捉孩子的闪光点，给学困生以更多的鼓励，不断累积他们的自信心；对孩子写得不足的地方，可以委婉地指出，帮助其修正完善，使他们认识到自己还需要进一步努力。多使用一些"加油，你一定能行"等鼓励性的话语，让他们感受到老师一片真挚关爱之心。再比如，对于优秀学生的作业评价："你写的字间架结构把握得很好，如果每个字减减肥那就更棒了，继续努力！"教师的评价带有针对性，说到关键处，让评价与指导相结合，学生看了心花怒放，激发学生向上向善之志。

5. 家长点评——"你的'双姿'正"

与自己孩子相处是一门学问，作为家长如果时不时伤害了孩子的自尊和感情，与孩子之间容易变成熟悉的陌生人，那么，家长无论有怎样的良好用心，孩子并不一定领情，反而会从内心深处对家长产生很大的抵触感。如果家长与自己孩子和睦相处，那么家长所给予的教育影响会产生很大的亲和力，孩子会带着良好的情感来回应父母的关切、关怀，心悦诚服接受家长的教育和要求。所以有人说，家庭教育主要是人格教育、习惯教育。

写字教育有两难：一是"提笔即是练字时"很难，孩子往往练与用脱节；二是"双姿"习惯培养难，许多大知识分子终其一生握笔姿势都是不正确的。解决的方案在于得到家庭教育的配合和衔接。所以家长点评是写字教育在家庭的延伸和补充。家长点评对"双姿"习惯的养成和在家中的作业书写情况的评价非常重要。教师需要家长每隔一段时间协助学校评价一下孩子在家写字情况，这是写字教学评价主体多元化的一项有益探索。有经验的教师通常会设计一份"学生习字家庭评价表"，经过"家长委员会"讨论研究通过，这份"学生习字家庭评价表"内容包括：写字姿势、写字态度、书写习惯、评语或建议。评价标准直观明了，易于操作，家长根据表格内容及时对孩子的写字作业进行评价，可以用"优秀""良好""合格""须努力"等来评价孩子的作业。学校可以定期邀请优秀家长在班级微信群里进行经验交流。比如某某班学生的妈妈在"亲子日记"中写道："我和孩子一起认真观察课本上的范字，努力把每一个笔画写在正确的位置。通过长期、不断的训练，孩子的书写水平有了很大提高。"另一位妈妈在班级群里分享自己的做法："孩子每天写完作业，对于写得不好的字，我会及时指出来，一边告诉他书写的方法，一边耐心地鼓励'你进步真大！你看，后面的字就比前面的字写得更漂亮'，'好好练，明天老师看到你写的作业，肯定会给你点个赞的。'"写字教学的成功与否，离不开家校合作，家校保持教育的一致性，形成教育合力非常关键。

三、评价方式多样化

评价的根本目的在于促进学生的发展。运用多种评价方法，突出评价的激励功能，激发学生的内在发展动力，促进其不断地进步。

1. 等级评价

在"双减"的大背景下，积极开展写字作业设计、布置、评价的研究，显得十分必要。抓好写字作业批改的常规工作，制定《学生习字作业等级评价标准》规范等级评价，主要体现普及性、基础性和阶段性。对于低年级小学生写字作业的评价，应特别关注学生认真书写的态度，培养学生良好的写字习惯，注重引导他们对基本笔画、汉字基本结构的把握，重视汉字的正确书写和簿本的干净整洁；对于中高年级的学生作业主要关注点在于双姿是否正确，笔画是否规范，提按是否清晰，书写是否整洁，疏密是否匀称，比例是否适当，结构是否紧凑，行款是否整齐等等。教师可以对照标准，按"优""良""合格""须努力"四个等级来评价孩子的作业。凡学生达到优秀的标准就评为优，以此类推，科学合理。通过等级评价，让学生掌握汉字书写的基本规范和基本要求，端正学生书写的态度，使学生逐步掌握基本技法，书写力求美观，渗透美感教育，不断提高学生书写质量。

2. 星级评价

通过星级评定营造出"比、学、赶、超"的氛围，有力调动了学生习字的积极性，变"要我写"为"我要写"，大大增强学生习字的主动性和紧迫感。

"每周写字之星"评价策略有四：一是尊重差异。语文教师要引导班级学生根据自己实际书写水平，选择适合自己的"争星"目标，不能"一刀切"；二是程序规范。整个"争星"流程要规范化，具有可操作性，让学生做到"静有其位，动有其规"；三是细化标准。各年级语文教师应针对本年级学生的年龄特点、认知水平及书写能力，将每一个星级标准分解为若干个细化目标。引导学生每一次、每一周、每一阶段书写练习要努力达成具体可行的小目标，一旦引入"争星"机制之中，做起来就不再遥不可及；四是人人参与。写字要面向每一个学生，要努力营造"参加就能进步，努力就能获星"的氛围，激发人人主动参加的热情。

"每周写字之星"要有计划、有步骤、有侧重点地分步实施。

（1）知星。

①五星等级："每周写字之星"分别为：一级蓝星，二级绿星，三级黄星，四级橙星，五级红星；

②教师和学生都要明确星级类别、标准、评价程序及"争星"依据。

（2）选星。在学生系统了解整个"争星"的目的、意义以及理解各类星的评价标准基础上，在语文老师帮助下慎重"选星"，并征得家长的同意之后，学生自己确定近期的"争星"目标。要遵循"高目标，小步子，后来居上"的原则，力争每天进步一点点。

（3）争星。"达标授星"，是激励原则在"争星"活动中的具体运用。语文教师要正确引导学生的热情和行动，注意不断净化其思想，把单纯为了"争星"，追求荣誉的低层次动机，引导到热爱汉字和书法的高尚志趣上来，逐步提高审美能力和文化品位。同时要发挥小组激励作用，群体之间的互相激励作用，并使之融为一体，营造出催人向上又活泼健康的"争星"氛围。

（4）评星和授星。

①评星时间：每周星期五各班要召开一次学生民主评星会，将评星结果上报教导处存档，教导处于下周一"升旗仪式"上予以公布表彰。

②评星条件：凡是基本上达到该年级所争之星的标准即可授星，不必过于苛求。

③评星指标：蓝星、绿星、黄星、橙星、红星分别占各班学生总数的 80%、60%、50%、30%、10%。

④晋级说明：学生从一级"蓝"星争起，只要能基本达到评星标准，即可得一枚这一级"蓝星"；连续三周荣获"蓝星"，即可晋升二级"绿星"；连续三周荣获"绿星"，即可晋升三级"黄星"；连续三周荣获"黄星"，即可晋升四级"橙星"连续三周荣获"橙星"，即可晋升五级"红星"。荣获"红星"者学校将授予该生为"年段小书法家"称号。连续荣获三次"年段小书法家"称号者，授予学校"小书法家"称号。

3. 段位考核

"成长"是教育中永恒的话题，孩子是成长的主人。成长无法替代，发展必须主动。写字教学和教学评价要更新观念、改革新的评价方式，以此来评价学生的书写，通过段位考核评价来唤醒学生主体意识，促进学生主动设定成长目标，提出申请，积极参与考核，不强求统一，自我加压，立志成长成功。

（1）制定出《写字段位考核评定标准》。根据《中小学书法教育指导纲要》中的"硬笔学习的目标和内容"和"毛笔学习的目标和内容"制定写字段位考核评价分层目标及段位。段位分为：1—2年级考核1—3段；3—4年级考核4—6段；5—6年级考核7—9段。

（2）自我设定目标主动提出申请。学生可以逐级提出申请参加考核认定，也可以越级提出申请参加考核认定。比如，如果在二年级的第一学期初，觉得自己已经达到了三段水平，就可以向本班语文老师提出考核申请，经语文老师同意后，就可以在下一次班级组织的段位考核中参加考核；如果在五年级的第一学期初，觉得自己刚刚达到了五段水平，也可以向本班语文老师提出考核申请，经语文老师同意后，就可以安排在下一次中年级班级组织的段位考核中参加考核。

（3）向考核小组申请段位特长证书。

各年级每学期对学生进行一次段位考核评定。考核由本班语文教师主持。成绩通过网络上传考核小组。考核结果通过之后，学生个人向考核小组申请段位特长证。本人须提交认证申请表、个人"作品"一张、本人写字时的照片复印件一张。经考核小组审核同意，发给"写字段位特长认证证书"。证书从一段到九段，分成软笔与硬笔两大项。

（4）考核的内容，是在统一纸张上书写相同的字。评价内容包含写字姿势、笔画规范、间架结构、卷面整洁和书写速度五个方面。评价尺度宜低不宜高。比如1—2年级考核1—3段，成绩在60—70之间的则认定为一段，成绩在71—89之间的则认定为二段，成绩在89—99之间的则认定为三段。其他年级的段位认定方法如此类推。

（5）建立写字成长记录袋。像这样的《小学生写字段位特长认证证书》每个学生都有好几份，就像"素质报告单"一样，跟随孩子从一年级升到六年级，完整地记录了一个学生写字能力的提高过程，也见证学生成长的历程。需要说明的是，书写段位考核是根据学生的兴趣爱好，自愿参加，不能强求统一。

4. 评语鼓励，激发学生书写激情

课间休息时，在低年级的教室里常常能看到这样一幕：一群小脑袋凑在一起"老师说我写的字真精神""老师说我的字进步最大""我又得了一个大拇指""我的作业又得五颗星啦"……这就是教师批改作业的艺术和力量。批改学生的写字作业可以使用简短的评语对学生进行鼓励，比如"书写有进步，真不简单""笔画有力度，用心写字""横平竖直，工整大方""工整美观，你真棒"，等等；也可以采用符号表示，比如，跟学生约定"画圆圈表示写得好，画多个圆圈表示好极了""问号表示写得不够好"；也可以网购各种各样图案精美的小印章，有针对性地在学生的作业本上盖上一个个性化小印章，有时候也能起到意想不到的效果。比如，给书写工整漂亮、字迹干净的作业盖上"大拇指"，在书写态度端正进步很快的学生作业本上印上"小蜜蜂"等。

5. 佳作展示，活动促写

学习动机的强化理论认为，动机是由外部刺激引起的一种对行为的冲动力量。任何学习行为都是为了获得某种报偿。如学生努力学习取得了好成绩，获得了老师的表扬，那么学生就会更加努力。因此，在学习活动中，采取各种外部手段如奖赏、赞扬、评分、等级、竞赛等，都可以激发学生的学习动机，引起其相应的学习行为。学生都喜欢获得奖赏，尤其是年龄较小的学生。他们把教师的表扬和奖励看得非常重要。因此，在鼓励和支持学生的学习时，合理地运用各种奖赏手段，可以很好地激发学生的学习动机。

教师常用到的奖励大致包括：物质奖励（如奖品等）、活动奖励（如参与某项活动的特权，使用特殊设备等）、荣誉的展示（如成果、作品的展示等）、口头表扬等。不过，教师可以根据学生的特点和实际情况来灵活选择有效的强化物。

在写字教学中，可以采取以下两个措施：

一是每周评选一次"每周写字之星"，并将获奖者张榜公布在班级"光荣榜"上。择优挑选出一部分优秀的生字作业，张贴在班级《习字园地》上；另外有一部分学生虽没有获得，但相比上一周书写有进步的孩子，就给他们写"表扬信"，这样一来，既给其他进学生树立了学习的榜样，也激发了获奖学生写字的积极性，增强了他们书写的信心。

二是每月组织一次全班性写字比赛，营造了良好的写字氛围。不但按比例设立了一二三等奖，还单独设立了"进步最大奖"，并在班会课上举行颁奖仪式。获奖学生的书写作品不仅要张贴在"光荣榜"上，还要拍照发到班级微信群，让孩子充分体验努力写字带来的成就感。

四、写字教学管理制度化

教师对写字教学的重视程度和本身的书写水平对写字教学的影响非常大。教师不改变，则一切都是空话。写字教学不是书法教师、语文教师的独当之任，也是其他教师应尽责任和义务。因此，加强对教师业务管理和评价十分关键。

1. 开展"写字特色班"评比

学校制定出"写字特色班评定标准"，开展全校性"写字特色班"评比。学校结合常规检查，每学期开展写字教学专项评比，在一年两次考评中总评成绩排在年段第一名的班级命名为"写字先进班"，如果某班连续两年被评定为"写字先进班"，则该班可授予"写字特色班"荣誉称号；学校将为此召开专门会议授牌表彰，同时通过校报、校园网和橱窗等渠道大力宣传；如果某班连续三年被评定为"写字特色班"则该班可享受"荣誉写字特色班"殊荣，与"写字特色班"享受同等物质待遇，且写字教学常规免检。今后特色评比，该班不再占用本年级名额。"荣誉写字特色班"可以作为评选"文明班级"加分依据之一。

2. 对教师的评价管理

优秀教师的板书、作业批改、评语等等书写都成为学生模仿的范本，并潜移默化影响学生一生。反之，如果教师不重视自己的书写，课堂板书不规范，写字随心所欲，字迹潦草，给学生带来负面的"示范效应"，贻害无穷。由此可见，所有教师的写字态度、写字习惯、写字水平乃至字体都会对学生产生举足轻重的影响。因此，学校要重视对教师的评价管理，不断提高教师的业务水平，充分发挥教师的示范引领作用。

（1）开展专业指导提高师能

①成立领导小组和兴趣小组

成立书法教育工作领导小组，加强领导，统一管理。书法教育工作领导小组负责"写字教学"的研究和管理，组织制定评价方法和等级评定标准，组织开展写字教学课题研究，探索写字教学规律，指导教师开展写字经验交流和教学工作。成立"教师写字俱乐部"，为教师们提供一个相互交流、相互学习与共同提高的平台。学校拨付一定专项活动经费供使用。俱乐部聘请书法名家为专业指导教师。定期邀请书法研究专家和书法专职教研员为老师开讲座和艺术沙龙。每个星期六晚上为教师们集中练习时间。各位成员每两周要交一幅临摹或创作的作品，或由书法教师对每幅作品进行点评，或进行学员之间的切磋交流，相互学习，取长补短，或由专家顾问面授并亲自示范。

②开展"三笔字"竞赛

"一支粉笔描世界，两袖清风论昔今。"足可见粉笔字的重要性。"三笔字"是教师传统的基本功，在信息时代大背景下，"三笔字"依然魅力不减。许多学校依然十分重视"三笔字"训练。许多传统文化特色校每年结合重大节庆，组织教师开展"三字"基本功竞赛。书法教育领导小组则将教师们的获奖作品装裱后举办"获奖教师作品展"，营造浓厚学习书法弘扬传统文化氛围。

③开辟"教师'三笔字'长廊"等

开辟"教师'三笔字'长廊"（场馆或园地），充分发挥环境文化育人功能，营造浓厚的墨香雅韵氛围。生活在这样的校园里，在课间活动时，三三两两的学生在教师书画作品前指指点点；在开放日活动时，一拨拨家长在教师的作品前驻足品评……这些无声的评价，教师们都看在眼里记在心上。"桃李不言，下自成蹊。"谁都不愿意在自己的学生和家长面前留下一丁半点的遗憾。几度春秋的洗礼，教师的书法作品的水平也在潜滋暗长。

（2）健全教学常规管理机制

学校教导处把写字教学纳入常规管理工作，通过制度化规范化评价工作，促进写字教学工作深入开展。

巡课督导制度。学校每天负责"行政值日"的干部必须履行巡课督导制度，巡查省颁课程计划落实情况，要求教师不能挤占技能科的课程，尤其督促各班认真执行"写字教学常规"，上好写字课，做到不挪、不占，要上足、上好。发现问题及时整改，并记录在案，上报教导处备案。教导处将每天巡课督导的结果纳入每个教师"常规评比量化考核"，直接影响到教师年度考核得分高低和评优评先竞争力。

"月查期评"制度。一般学校都会进行常规月查和常规学期检查。常规月查一般是开展专项检查；常规学期检查一般进行全面检查。就写字教学这一块，一查教师教案设计内容，批注情况；二查教师写字作业完成的量与质；三查教师写字作业设置和批改情况；四查教师辅导学生写字获奖情况。学校书法教育工作领导小组每学期都会进行写字教育的"优秀老师"和"优秀辅导员"专项评比。对被评为"优秀教师"与"优秀辅导员"者，学校一律予以表彰与奖励。

（3）落实评价结果奖励制度

一方面加强"文化兴校"建设。校园书法文化建设是学校可持续发展最有效的管理手段。通过打造"墨香雅韵"的文化品牌，形成了"校园无闲处，处处墨韵香；校园无闲人，个个文化人"风气和氛围，发挥了文化影响人、塑造人、培育人的功能。另一方面通过不断改革教师评价管理办法，不断充实完善写字评价管理制度，建立科学的评价体系，加大奖惩力度，形成"能者有位有为，庸者思后思进"的忧患意识，大大调动了教师学习书法、研究写字教学的积极性。相信健全常规管理和科学的评价机制一定促进教师的"三笔字"水平大幅度提高，写字指导水平、教学能力也一定会得到整体提升。随着教师的文化素养和理论水平的不断提高，必将在更高的起点上推动"文化兴校"建设，促进学校实现跨越式发展。

附录

教育部关于印发
《中小学书法教育指导纲要》的通知

教基二〔2013〕1 号

各省、自治区、直辖市教育厅（教委），新疆生产建设兵团教育局：

为贯彻《国家中长期教育改革和发展规划纲要（2010—2020 年）》，适应新时期全面实施素质教育的要求，继承与弘扬中华民族优秀文化，我部组织专家研究制定了《中小学书法教育指导纲要》（以下简称《指导纲要》），经教育部基础教育课程教材专家工作委员会审议，现印发给你们，请于 2013 年春季开始执行。现将有关要求通知如下：

1. 加强书法教育工作的指导和管理。地方各级教育行政部门要按照《教育部关于中小学开展书法教育的意见》（教基二〔2011〕4 号）和本通知的要求，结合本地实际，制订切实可行的实施方案，力求区域性整体推进书法教育。

2. 加强书法教师队伍建设。要逐步形成以语文教师为主体、专兼职相结合的书法教师队伍。要加强书法教师的培训，组织教师研学《指导纲要》，把握其基本要求，提高教师的书法教育教学专业能力。中小学语文教师应逐步达到能兼教书法。师范院校要重视培养师范生的书法教育能力。

学校要充分发挥本校优秀书法教师的专长，指导和引领学校全体教师提高书写水平，为整体提高学校书法教育教学水平创设条件。要充分发挥书法教育学术团体的作用。学校可以聘请书法家、书法教育工作者、有书法专长的家长等作为兼职指导教师。

3. 提供必需的保障。学校图书馆要为书法教育置备相应的碑帖、挂图、书籍、电子出版物等必需资料。有条件的学校可设置专用书法教室。

4. 各级教研部门要把书法教育纳入教学研究工作的范围。要配备专职或兼职书法教研员，研究中小学书法教育的教学规律和评价方法，及时组织经验交流，指导学校和教师开展书法教学工作。

5. 加强督导评估。书法课开设情况要纳入教育督导的专项内容。教育行政部门不组织、不鼓励学生参加各类书法考级活动。

6. 要对书法教育学生用书进行审查。义务教育 3 至 6 年级《书法练习指导》、普通高中书法选修课教材须经教育部审定通过后使用。义务教育其他年级的书法教育学生用书由省级教育行政部门审定通过后使用。现有未经过审查的学生用书逐步退出使用。

附件：中小学书法教育指导纲要

中华人民共和国教育部
2013 年 1 月 18 日

中小学书法教育指导纲要

汉字和以汉字为载体的中国书法是中华民族的文化瑰宝，是人类文明的宝贵财富。书法教育对培养学生的书写能力、审美能力和文化品质具有重要作用。为推进中小学书法教育，传承中华民族优秀文化，特制定本纲要。

一、基本理念

中小学书法教育以语文课程中识字和写字教学为基本内容，以提高汉字书写能力为基本目标，以书写实践为基本途径，适度融入书法审美和书法文化教育。

1. 面向全体，让每一个学生写好汉字。识字写字，是学生系统接受文化教育的开端，是终身学习的基础。中小学书法教育要让每一个学生达到规范书写汉字的基本要求。

2. 硬笔与毛笔兼修，实用与审美相辅。中小学书法教育包括硬笔书写和毛笔书写教学。书法教育既要重视培养学生汉字书写的实用能力，还要渗透美感教育，发展学生的审美能力。

3. 遵循书写规范，关注个性体验。中小学书法教育要让学生掌握汉字书写的基本规范和基本要求，还要关注学生在书法练习和书法欣赏中的体验、感悟和个性化表现。

4. 加强技能训练，提高文化素养。中小学书法教育要注重基本书写技能的培养，不断提高书写水平。同时在教学活动中适当进行书法文化教育，使学生对汉字和书法的丰富内涵及文化价值有所了解，提高自身的文化素养。

二、目标与内容

（一）书法教育总体目标与内容。

1. 学习和掌握硬笔、毛笔书写汉字的基本技法，提高书写能力，养成良好的书写习惯。

2. 感受汉字和书法的魅力，陶冶性情，提高审美能力和文化品位。

3. 激发热爱汉字、学习书法的热情，珍视中华优秀传统文化，增强文化自信与爱国情感。

（二）硬笔学习的目标与内容。

1. 掌握执笔要领，书写姿势正确，不急不躁，专心致志。学习正确的运笔方法，逐步体会起笔、行笔、收笔的运笔感觉，逐步感受硬笔书写中的力度、速度变化，逐步体会铅笔、钢笔书写的特点。养成"提笔就是练字时"的习惯。懂得爱惜文具。

2. 小学低年级学习用铅笔写正楷字，掌握汉字的基本笔画、常用的偏旁部首和基本的笔顺规则；会借助习字格把握字的笔画和间架结构，书写力求规范、端正、整洁，初步感受汉字的形体美。小学中年级开始学习使用钢笔，能用钢笔熟练地书写正楷字，做到平正、匀称，力求美观，逐步提高书写速度。小学高年级，运用横线格进行成篇书写练习时，力求行款整齐、美观，有一定速度；有兴趣的学生可以尝试用硬笔学写规范、通行的行楷字。初中阶段，学写规范、通行的行楷字。高中阶段，可以学习用硬笔书写行书，力求美观。

（三）毛笔学习的目标与内容。

小学 3—4 年级

1. 掌握毛笔的执笔要领和正确的书写姿势，了解笔、墨、纸、砚等常用书写用具的常识，学会正确使用与护理。注意保持书写环境的整洁。

2. 学习用毛笔临摹楷书字帖，掌握临摹的基本方法。学会楷书基本笔画的写法，初步掌握起笔、行笔、收笔的基本方法。注意利用习字格把握字的笔画和间架结构。

3. 开始接触楷书经典碑帖，获得初步的感性认识。尝试集字练习。

小学 5—6 年级

1. 继续用毛笔写楷书。比较熟练地掌握毛笔运笔方法，能体会提按、力度、节奏等变化。借助习字格，较好地把握笔画之间、部件之间的位置关系，逐步做到笔画规范，结构匀称，端正美观。保持正确的书写姿势和良好的书写习惯。

2. 尝试临摹楷书经典碑帖，体会其书写特点，逐步提高临摹能力。在临摹或其他书写活动中，养成先动脑再动手的习惯。

3. 学习欣赏书法作品。了解条幅、斗方、楹联等常见的书法作品幅式。留意书法在社会生活中的应用。通过欣赏经典碑帖，初识篆、隶、草、楷、行五种字体，了解字体的大致演变过程，初步感受不同字体的美。

4. 有初步的书法应用意识，喜欢在学习和生活中运用自己的书写技能。

初中阶段

1. 继续用毛笔临摹楷书经典碑帖，力求准确。有兴趣的学生可以尝试学习隶书、行书等其他字体，了解篆刻常识。

2. 了解一些最具代表性的书家和作品。学习从笔画、结构、章法以及内涵等方面欣赏书法作品，初步感受书法之美，尝试与他人交流欣赏的心得体会。

3. 愿意在班级、学校、社区活动及家庭生活中积极运用自己的书写技能。

高中阶段

1. 巩固提高义务教育阶段书法学习成果，继续用毛笔临摹经典碑帖。

2. 结合语文、历史、美术、艺术等相关学科的学习，认识中国书法的丰富内涵和文化价值，提升文化修养。

3. 可以通过书法选修课深入学习，发展特长；可尝试书法作品的创作。

三、实施建议与要求

（一）教学建议与要求。

1. 合理安排书法教育的教学时间。义务教育阶段书法教育以语文课为主，也可在其他学科课程、地方和校本课程中进行。其中，小学 3—6 年级每周安排 1 课时用于毛笔字学习。普通高中可开设书法选修课。

2. 注重培养学生的书法基本功。临摹是书法学习的基本方式，临摹过程包括读帖、摹帖、临写、比对、调整等阶段。在临写的初始阶段，要充分发挥习字格在读帖和临写过程中的重要作用，引导学生观察范字的笔画、部件位置和比例关系。在临摹的过程中，养成读帖的习惯，形成"意在笔先"的意识。学生用毛笔临摹楷书经典碑帖，力求准确。部分书写水平较高的学生可尝试较准确的背临。

3. 重视养成良好的书写习惯和态度。在书法教学过程中，尤其是学习的初始阶段，教师要对学生的书写态度、书写姿势、书写用具的使用和保持书写环境整洁进行指导，严格要求。

4. 遵循书法学习循序渐进的规律。小学生初学书写首先学用铅笔，随着年龄增长，逐步学习使用钢笔和毛笔。书法教学要以书写笔画为起点，一般应从结构简单的字到结构复杂的字，从单字练习到篇章练习，从观察例字、描红、仿影、临帖到独立书写。教师要科学、合理、系统地安排教学进程，使学生逐步掌握基本技法，不断提高书写能力。硬笔书写教学要贯穿中小学书法教育的全过程。

5. 强化书写实践。要通过课堂练习、书写作业和各学科书面作业等多种方式保证学生的书写实践活动。各学科教师要注重对学生书写实践的指导，对日常作业要有明确的书写要求。努力把练字与应用有机结合起来，避免加重学生课业负担。

6. 明确书法教学中文字的使用要求。按照《中华人民共和国国家通用语言文字法》有关规定，硬笔教学应使用规范汉字，毛笔临帖要以经典碑帖为范本。

7. 发挥教师的示范作用。各科教师都要在板书、作业批改和日常书写中发挥表率作用，成为学生认真书写的榜样。

8. 倡导多样化的教学方式方法。书法教学可采用书写实践、作业展示、欣赏评价、讨论交流等形式，激发学生学习兴趣，提高教学效率。鼓励学校、教师、学生通过互联网获取丰富的书法教育资源，加强交流，构建开放的网络书法教学平台，充分利用现代信息技术进行生动活泼的书法教学。

9. 重视课内外结合。要引导学生在生活中学书法、用书法，积极开展书法教育实践活动。通过社团活动、兴趣小组、专题讲座、比赛展览、艺术节、文化节等多种形式，创设书法学习环境和氛围。充分利用少年宫、美术馆、博物馆、名胜古迹等资源，拓展书法学习空间。有条件的地区、学校还可开展校际、地区以及国际书法教育交流活动。鼓励学生在学习、生活中应用书法学习成果，发展实践能力。

（二）评价建议。

1. 评价目的。中小学书法教育评价要发挥评价的发展性功能，旨在激励学生学习书法的兴趣，养成良好的书写习惯，提高书写水平和审美情趣。

2. 评价重点。小学低、中年级的书写评价，要重视对基本笔画、结构的正确把握；关注认真的书写态度和良好书写习惯的养成。小学高年级还要关注书写的美观与流利。中学要关注书写练习的坚持和书写水平的持续提高。

3. 评价方式与方法。中小学书法教育评价应结合教学需要，灵活采用多种评价方法，可以采用圈点法、批注法、示范法以及作业分析法，也可以采用展示激励、反思总结以及建立成长记录袋等方法。评价过程中要综合采用自评、他评、互评等方式。提倡在各学科考试中设置卷面分。

中小学书法教育不举行专门的考试，不开展书法等级考试。

（三）教学用书编写建议。

1. 中小学书法教学用书包括学生用《书法练习指导》和教师用《书法教学指导》。教学用书的编写应该依照《义务教育语文课程标准（2011年版）》、高中语文、美术、艺术等相关课程标准和本纲要的有关要求，循序渐进地安排教学内容，设计教学活动，落实教学目标；要体现书法教育的基础性、实践性、阶段性和规范性。

2. 义务教育阶段《书法练习指导》应符合学生的身心发展特点，以书写练习为主体，编入精要的书写技法指导的内容，适当融入书法审美和书法文化的内容。容量适当，难易适度，注意激发学生的学习兴趣，提高学习效率。

小学低年级《书法练习指导》的编写，要参照《义务教育语文课程标准（2011年版）》附录4"基本字表"，参考同学期语文教科书的识字、写字内容，以硬笔书写的范例和书写练习为主体，适当编入精要的书写姿势和书写习惯的指导内容。

小学中、高年级《书法练习指导》的编写，以硬笔楷书、行楷和毛笔楷书为主体，重视书写练习，适当编入精要的书写姿势、书写习惯、书写技法的指导内容，适当融入书法审美和书法文化的内容。

初中《书法练习指导》的编写，以硬笔行楷字书写练习和毛笔楷书经典碑帖临摹为主体，适当编入精要的书写技法指导内容，适当融入书法审美和书法文化的内容。

高中阶段可以按照相关课程标准要求编写书法选修教材。

3. 教师用《书法教学指导》可分学段编写，在教学内容、教学方法、书法文化和书法欣赏等方面为书法教师提供典范资料和方法指导。

中华人民共和国教育部

（2013年1月8日颁发）

后 记

　　每个年代的人，都有明显的时代烙印。

　　我在师范求学时期，正好处于 20 世纪 80 年代初。80 年代，那是一个烟火与诗情迸发的年代，一个开放包容和充满情怀的年代，一个思想自由且百花争艳的年代。那个年代的年轻人普遍有理想情结，个个意气风发，豪情万丈，对未来充满幻想。

　　曾记否，我们是看着《青春万岁》的电影，哼唱着《年轻的朋友来相会》的歌儿成长的。早熟的我们，在校期间就开始思考人生和憧憬理想。大家求知若渴，勤奋好学，总想多学一点知识。用现在时髦的话说："鲜衣怒马少年时，不负韶华行且知。""普师"两年下来，绝大多数的"普师生"专业思想都比较牢固，琴棋书画样样粗通，就像现在工作在基层的全科医生。我生性愚钝，且胆小好静，课余时间总是喜欢写写毛笔字，看看文学杂志。久而久之，我说起书法家和文学家的典故总能如数家珍，慢慢地养成了爱练字、爱看书的习惯，所幸这些习惯一直沿袭至今。想当年，师范毕业时，个个书生意气，思绪蹁跹，激情飞扬，跃跃欲试，总想在广阔的教育园地里干出一番不平凡的业绩。

　　从教几十年，我总是勤勤恳恳，本本分分。少年不经事，经事已中年。不知不觉已到了中年，蓦然回首，韶华已逝，鬓发已秋霜，而自己的事业依然平平淡淡。关汉卿在《隔尾其三》中说："恰不道'人到中年万事休'，我怎肯虚度了春秋？"一想到，日复一日像老农般"只问耕耘，不问收获"忙活了一辈子，到了某一天一无所获地离开了钟爱的教学岗位，心有不甘呀！然而，一个普普通通的小学教师，没有出类拔萃的才华，要想在平凡的岗位上做出一番不平凡的业绩，该有多难呀！真是"惶恐滩头说惶恐"。

我后知后觉，很惭愧到了中年才懂得，人这一生总得为一件事而来，干完一件事情而去，哪怕只能干成一件事也算"没白来这一遭"。余生很贵，容不得我犹豫再三，踟蹰不前。我想，只能结合本职工作，做自己喜欢做的事情，从写字艺术研究做起吧，一步一个脚印，脚踏实地，像挑山工一样。人们常说，生活不会辜负每一分努力，也不会亏待每一个奋斗不止的人。三思而行，再思可矣！

对于写字艺术的研究，有的教师也许会不屑一顾，认为它是"小儿科"。但是，把简单的事情做好，也是不简单的事嘛！从自己擅长的领域做起，相信越做会越有信心，而且容易做好。于是我开始全力以赴，"不让一日闲过也"。"在小小的花园里，挖呀挖呀挖，种小小的种子，开小小的花。"既然我没有能力挖出一条沟渠，就专心致志挖一口小井，挖深挖透，挖出汩汩清泉来，灌溉了"一亩三分地"，滋润了稚嫩秧苗，不也是很有意义的事吗！

俗话说："思想不对头，一步一回头；思想对头，一步一层楼。"当我明确了自己的努力方向和奋斗目标之后，一下子醍醐灌顶，浑身似乎有使不完的劲，于是，紧锣密鼓地制订研究计划，不断收集资料，踔厉奋发，勇毅前行。有句话说，"庸常之中，微芒不朽"。在平庸的生活里，每一个人都可以发出不朽的光芒。只要保持对生活的热爱，毫无波澜的日子也能创造出诗意。三年多来，我埋头苦干，牺牲了许多休息时间，付出了比别人多得多的辛劳，却始终甘之如饴。苦心人天不负，有志者事竟成。这沓厚厚的《写字艺术漫谈》初稿终于写出来了，总算对自己有个交代，感到如释重负，满心欢喜。

本书具有如下特点：1. 讲求实用性、可操作性，难易适度，易于掌握，尤其适合小学语文教师指导学生写字；2. 突出基础性、规范性，重视学生的书法基本功的培养，重视养成良好的书写习惯和态度，倡导多样化的教育教学方法；3. 遵循书法技能循序渐进的形成规律，重视非智力因素的激发和培养；4. 重视实践性，强化书写实践，努力把练字与运用结合起来，提高习字效果，避免加重学生课业负担；5. 侧重于硬笔写字教学，侧重于正楷字教学指导。

在这里，我向福建教育学院科研处处长、编审，福建省教育学会书法教育委员会会长，书法家徐小敏老师致以深深的敬意，感谢他在我这本书创作过程中，曾给予我不尽的关心、支持和鼓励，感谢他在百忙中为此书撰写序言。感谢海峡文艺出版社任心宇副总编辑和林可苹、李永远等编辑老师为书稿的篇章逻辑更加完备提出许多意见和建议，为审阅书稿付出大量心血。感谢我的同事陈福、游小红、吕珠琴、林美玲、翁妹妹、林来静、陈臻、陈小芳、陈愉青为此书初稿润色做了许多工作。特别感谢陈长青先生、王光信先生给予我的大力支持和鼓励。虽然历时三年，我倾尽全力，但是由于本人才疏学浅，本书存在的不足之处，在所难免。恳请广大读者，尤其是一线教师和教研员批评、指正。如果此书能对小学书法教师、语文教师、家长朋友，尤其是低年级语文教师开展写字教学有所启发、有所帮助，将使我更觉欣慰。

肖祈福

2024 年 2 月 1 日